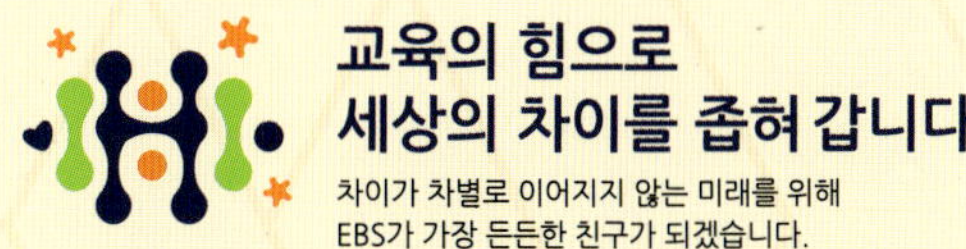

모든 교재 정보와 다양한 이벤트가 가득!
EBS 교재사이트 book.ebs.co.kr

고등학교 입문서 NO. 1

고등 예비 과정

공통국어

기획 및 개발

최정인
경희원
이미애
정혜진

본 교재의 강의는 TV와 모바일 APP, EBS 중학사이트(mid.ebs.co.kr), EBS*i* 사이트(www.ebs*i*.co.kr)에서 무료로 제공됩니다.

발행일 2024. 11. 1. **5쇄 인쇄일** 2025. 10. 30. **신고번호** 제2017-000193호 **펴낸곳** 한국교육방송공사 경기도 고양시 일산동구 한류월드로 281
표지디자인 ㈜무닉 **편집** ㈜동국문화 **인쇄** 금강인쇄주식회사 **사진** 이미지파트너스
인쇄 과정 중 잘못된 교재는 구입하신 곳에서 교환하여 드립니다. 신규 사업 및 교재 광고 문의 pub@ebs.co.kr

정답과 해설 PDF 파일은 EBS*i* 사이트(www.ebs*i*.co.kr)에서 내려받으실 수 있습니다.

교재 내용 문의	교재 정오표 공지	교재 정정 신청
교재 내용 문의는 EBS*i* 사이트(www.ebs*i*.co.kr)의 학습 Q&A 서비스를 활용하시기 바랍니다.	발행 이후 발견된 정오 사항을 EBS*i* 사이트 정오표 코너에서 알려 드립니다. 교재 → 교재 자료실 → 교재 정오표	공지된 정오 내용 외에 발견된 정오 사항이 있다면 EBS*i* 사이트를 통해 알려 주세요. 교재 → 교재 정정 신청

고등학교
입 문 서
NO. 1

고등 예비 과정

공통국어

구성과 특징 STRUCTURE & FEATURES

이 책의 특징

국어 교과서 속 개념, 기초부터 탄탄하게! 내신과 수능까지 든든하게!
2022 개정 교육과정에 따른 국어 교과서의 기본 개념들을 이해하기 쉽게 정리하였습니다. 새 교육과정의 핵심 내용을 뽑아 요약정리한 단기 학습서입니다. 고등학교 입학 단기간에 학습하여, 고등학교 국어에 대한 자신감을 얻고 내신과 수능의 기본 실력을 탄탄하게 쌓을 수 있습니다.
새 교육과정에 따라 엄선한 지문과 문제들을 풀어 봄으로써 내신에 효과적으로 대비하고, 수능 기출 문제 풀이를 통해 수능의 기초까지 든든하게 다질 수 있습니다.

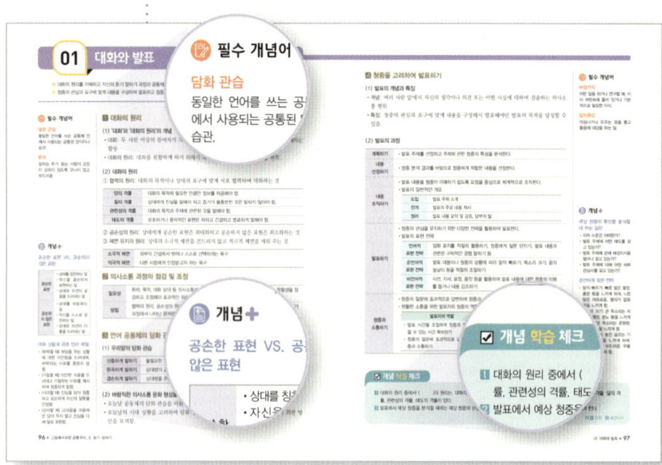

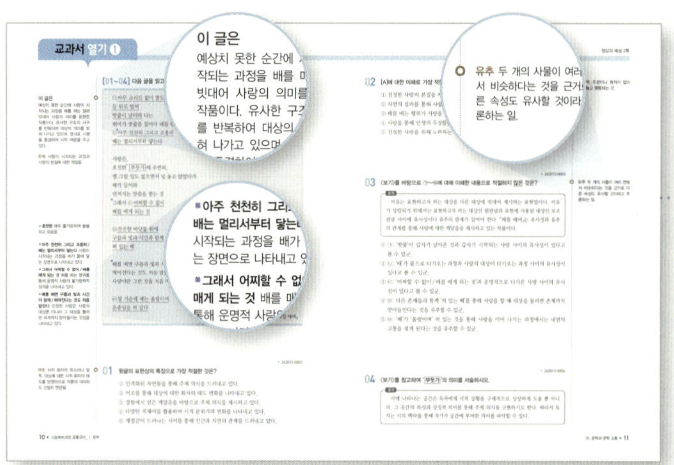

이 책의 구성

교과서 핵심 개념 익히기

새 교육과정을 바탕으로 해당 단원에서 꼭 알아 두어야 할 핵심 내용을 체계적으로, 알기 쉽게 정리하였습니다. 고등학교 국어에서 꼭 익혀야 할 필수 개념과 어휘를 정리하여 기초 개념을 탄탄하게 익히고 정리할 수 있도록 하였습니다. 교육과정에 따른 학습 목표를 제시하여 학습자 스스로 성취기준에 맞는 학습을 할 수 있도록 하였습니다.

- **필수 개념어** 해당 단원에서 알아 두어야 할 필수 개념 어휘를 정리하였습니다. 기초 개념을 익히고 어휘력을 향상할 수 있도록 합니다.
- **개념+** 필수 개념과 관련한 심화된 내용을 정리하여 학습할 수 있도록 하였습니다. 핵심을 보다 탄탄하게 다질 수 있도록 합니다.
- **개념 학습 체크** 괄호 채우기 문제와 O/X 문제를 통해 필수 개념을 정확히 이해하였는지 스스로 점검하도록 합니다.

교과서 열기

새 교육과정을 바탕으로 지문을 엄선하고, 학습 목표에 따라 필수 유형의 문항들을 개발하여 수록하였습니다. 지문을 익히고 문제를 푸는 과정을 통해 내신에 대한 자신감을 기를 수 있습니다.

- **이 글은** 해당 지문이 어떤 성격의 글이며, 어떤 부분에 초점을 두고 읽어야 할지 안내합니다. 주제를 제시하여 지문을 제대로 이해할 수 있도록 하였습니다.
- **어휘 풀이, 구절 풀이** 핵심 어휘와 구절을 상세하게 풀이하여 어휘력과 독해력을 기를 수 있도록 하였습니다. 또한 어휘 풀이와 구절 풀이를 통해 지문에 대한 깊은 이해를 도울 수 있도록 하였습니다.
- **문항 풀이** 문항과 관련한 어휘나 보충 자료를 제시하여 배경지식을 쌓고 이해를 심화할 수 있도록 하였습니다.

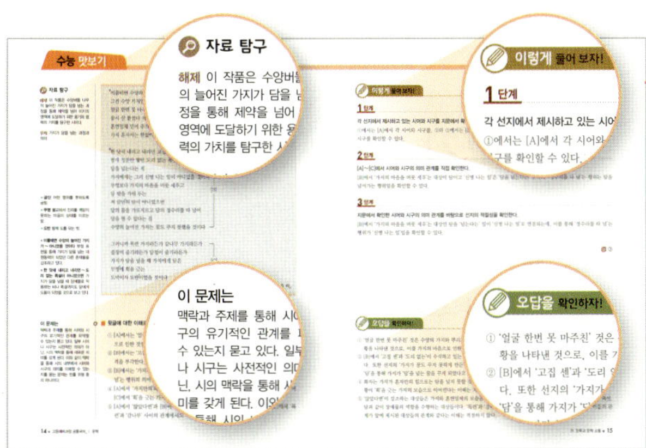

수능 맛보기

해당 단원 학습과 관련한 수능 기출 문항을 선별하여 제시하였습니다. 교육과정의 내용이 어떻게 수능으로 연계되는지를 익히고 상세한 문제 풀이를 통해 수능의 기초를 다질 수 있도록 하였습니다.

- **자료 탐구** 수능 기출 지문을 분석하여 제시하였습니다.
- **이 문제는** 수능 기출 문항 유형을 분석하고 이러한 유형의 문제를 해결하기 위한 접근 방법을 제시하였습니다.
- **이렇게 풀어 보자!** 수능 기출 문항의 풀이 방법을 단계별로 정리하여 수능 문제 풀이 과정을 익힐 수 있도록 하였습니다.
- **오답을 확인하자!** 틀린 선지에 대한 근거를 제시하여 정답만 맞추는 것이 아닌 확실한 문제 해결 학습을 할 수 있도록 하였습니다.

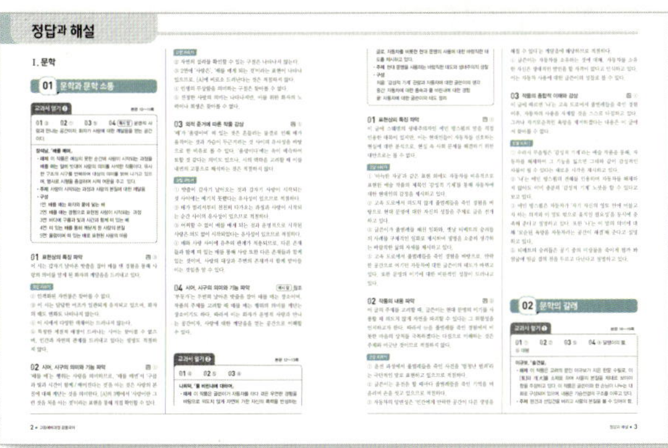

정답과 해설

정답 박스를 제시하여 보다 쉽게 정답을 확인할 수 있도록 하였습니다. 정답 박스 안에 지문에 대한 해제, 주제, 구성이나 줄거리를 제시하여 채점을 하는 과정에서 일어날 수 있는 궁금증을 해소할 수 있도록 하였습니다. 정답과 오답에 대한 해설을 보다 친절하게 구성하였습니다.

차례 CONTENTS

중학교와 달라지는 고등학교, 이렇게 시작하세요

모의고사는 어떻게 대비하지?

입시 전략 세우는 법은?

달라지는 내신 평가 방법?

시작이 반! 제대로 시작하기

대입으로의 첫걸음을 딛는 고등학교 생활! 막연한 두려움을 가질 필요는 없습니다. 어디를 향해 출발해야 할지 알고 목표를 명확하게 세운다면 좋은 결과를 얻을 것입니다. 고등학교에서 배우는 내용의 깊이와 낯선 수능 유형 적응이라는 관문이 높게 보이겠지만, 중학교에서 학습한 내용에 근간을 두고 있다는 점을 명심하고 자신감 있게 시작해 봅시다.

수능 첫 관문, 전국연합학력평가

3월에 시행되는 전국연합학력평가는 나의 성취 수준을 가늠할 수 있는 고등학교 1학년 전국 단위 첫 시험으로 중학교 전 범위가 출제범위입니다. 6월, 9월, 10월에도 전국연합학력평가가 시행되며, 고등학교 1학년 공통과목(국어, 수학, 영어, 한국사, 통합사회, 통합과학) 교육과정 순서에 따라 일부 단원까지만 출제범위에 포함됩니다.

고1 3월 전국연합학력평가 출제범위

영역(과목)		출제범위
국어		중학교 전 범위
수학		
영어		
한국사		
탐구	사회	
	과학	

대학수학능력시험 출제범위

영역(과목)		출제범위
국어		화법과 언어, 독서와 작문, 문학
수학		대수, 미적분 Ⅰ, 확률과 통계
영어		영어 Ⅰ, 영어 Ⅱ
한국사		한국사
탐구	사회	통합사회
	과학	통합과학

성공적인 대입을 위한 내신 관리의 중요성

대학 입시 전형에서 수시 모집 인원이 차지하는 비중은 70% 내외로 수시 모집 전형은 대체로 높은 내신 성적을 요구합니다. 그러므로 고등학교 입학과 동시에 철저한 내신 관리가 필요합니다. 내신 관리의 가장 중요한 점은 학교 수업에서 강조한 부분이 무엇인지 알고 어떤 문제 유형이 출제되는지 아는 것입니다. 성공적인 학습 성과를 거두기 위해 자신의 적성과 진로에 맞춰 과목을 선택하고, 수동적으로 수업을 듣는 것에 그치지 않고 꾸준히 자기 주도 학습을 하는 것이 중요합니다.

★ EBS 100% 활용하기 (+만점을 위한 학습 습관 기르기)

– 교재에 수록된 문항코드를 검색해 모르는 문제는 강의까지 꼼꼼하게 복습한다.

– 기출은 필수! EBSi에서 기출문제 내려받아 풀고, AI단추를 활용해 취약 영역 중심으로 반복 학습한다.

문학, 이렇게 준비해요!

고등학교 문학은 중학교 때 배운 내용의 연장선이지만, 더 깊고 넓은 이해가 요구됩니다. 다루는 작품의 범위가 확장되고, 문학 감상의 방법도 다양해지며, 사용하는 용어와 개념도 더 전문화됩니다. 따라서 새로운 환경에 빠르게 적응하기 위해서는 체계적인 준비가 필요합니다.

- **교과서에서 다루는 문학 개념 익히기** 고등학교 문학에서는 중학교 때 배운 문학 용어와 개념을 더 심화해서 다룹니다. 예를 들어, 구성 요소의 유기적 관계, 맥락, 서사적 구조, 표현 방식, 형상화 방법 등 중요한 개념들을 미리 학습하고, 이를 실전에서 어떻게 적용할 수 있을지 생각해 보세요. 이런 기초적인 학습이 문학 작품을 더 깊이 있게 이해하는 데 큰 도움이 될 것입니다.

- **문학의 갈래별 특성 이해하기** 초등학교 때 이미 학습한 적이 있는 문학의 갈래에 대해 좀 더 깊이 있는 공부를 하게 됩니다. 따라서 서정, 서사, 극, 교술 갈래별로 나타나는 특성과 주제를 드러내는 방식 등에 대해 알아 두는 것이 좋습니다.

- **한국 문학사의 흐름 파악하기** 한국 문학사가 전개되는 과정에 나타나는 특성, 갈래나 작품 형식의 변화, 향유층의 다양화 등에 대해 공부하게 됩니다. 대표적인 작품들을 감상하면서 한국 문학사의 흐름을 파악하고, 더불어 그 작품이 한국 문학사에서 가지는 가치와 의의 등에 대해서도 알아가는 것이 필요합니다.

이제 시작하는 단계인 만큼 이 책의 내용을 함께 공부하다 보면 고등학교 문학 공부에 필요한 기본 지식을 익혀 가는 것은 물론 문학 실력도 탄탄하게 다져 나갈 수 있을 것입니다. 더 나아가 주체적으로 작품을 해석하고 평가하는 과정을 통해 문학 감상 능력을 키우며 문학을 생활화하는 태도를 기를 수 있을 것입니다.

I. 문학

01 문학과 문학 소통

- 문학 소통의 특성을 고려하며 문학 소통에 참여한다.
- 작품 구성 요소의 유기적 관계와 맥락에 유의하여 작품을 수용하고 생산한다.

필수 개념어

유기성
따로 떼어 낼 수 없을 만큼 긴밀히 연관되어 있는 성질.

1 문학의 개념

(1) 문학의 개념

인간의 체험과 상상력으로 이루어진 언어 예술이자 소통 행위로, 개인과 공동체의 생활 경험 및 미의식을 담은 문화의 한 양식

(2) 문학의 구조: 문학은 내용과 형식의 상호 유기성을 바탕으로 구성되어 있음.

2 문학 소통

(1) 문학 소통의 개념

개념	문학 작품을 능동적으로 읽고 창작하는 과정에서 문화 활동에 참여하며 다른 사회 구성원과 소통하는 행위

- 문학 소통은 문학의 규칙과 관습, 문학 작품을 둘러싼 사회적 맥락에 대한 이해를 통해 이루어짐.
  ⋯› 문학의 규칙과 관습, 사회적 맥락은 시대의 흐름과 기술 발전에 따라 변화할 수 있음.

(2) 작가와 독자의 문학 소통

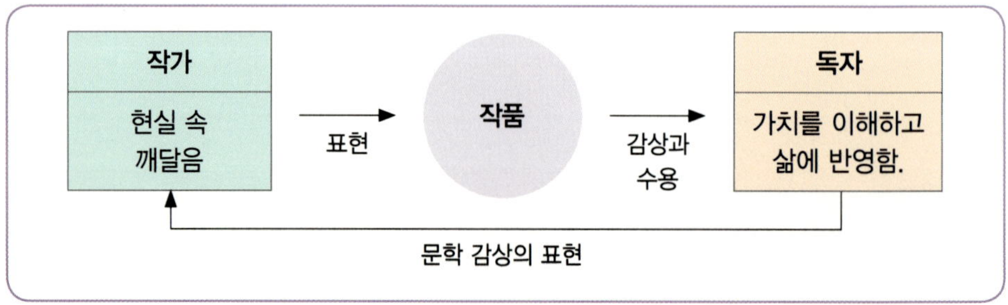

작가	현실에 대해 작가가 가치 있다고 인식한 것을 문학적 요소를 활용하여 표현함.
독자	• 작품의 감상을 통해 작가가 표현하고자 한 가치를 이해하고 나아가 이를 감상한 내용을 삶에 반영함. • 적극적인 문학 감상의 표현과 소통을 통해, 작가 또는 작품의 해석에 영향을 미칠 수 있음. 예 사회 관계망 서비스나 강연을 통한 작가와 독자의 만남

주체적
어떤 일을 실천하는 데 자유롭고 자주적인 성질이 있는 것.

(3) 문학 비평을 통한 문학 소통

■ 문학 비평

개념	독자가 주체적인 관점에서 문학 작품을 해석하고, 아름다움과 가치를 평가하는 감상 활동
문학 비평의 의의	• 문학 비평을 통해 작품을 능동적으로 감상할 수 있으며 나아가 문학 소통에 주체적으로 참여할 수 있음. • 문학을 비평하는 과정을 통해 문학의 가치를 이해하고 사회와 문화에 대한 폭넓은 안목을 기를 수 있음.

개념+

문학의 가치
풍부한 어휘와 수준 높은 표현을 익힐 수 있으며, 다양한 삶의 가치를 이해하고 이를 바탕으로 창조적인 상상을 가능케 함.

☑ 개념 학습 체크

1 (   )은/는 체험과 상상력으로 이루어진 언어 예술이자 소통 행위이다.
2 독자는 작품에 대한 이해와 감상을 통해 문학의 (   )을/를 수용할 수 있다.
3 문학을 수용하고 창작하는 사회적 맥락은 시대의 흐름과 기술의 발전에 따라 (   )할 수 있다.

답 1 문학 2 가치 3 변화

교과서 열기 ①

[01~04] 다음 글을 읽고 물음에 답하시오.

㉠아무 소리도 없이 말도 없이
등 뒤로 털썩
밧줄이 날아와 나는
뛰어가 밧줄을 잡아다 배를 맨다
㉡아주 천천히 그리고 조용히
배는 멀리서부터 닿는다

사랑은,
호젓한 [부둣가]에 우연히,
별 그럴 일도 없으면서 넋 놓고 앉았다가
배가 들어와
던져지는 밧줄을 받는 것
그래서 ㉢어찌할 수 없이
배를 매게 되는 것

㉣잔잔한 바닷물 위에
구름과 빛과 시간과 함께
떠 있는 배

배를 매면 구름과 빛과 시간이 함께 ┐
매어진다는 것도 처음 알았다 [A]
사랑이란 그런 것을 처음 아는 것 ┘

㉤빛 가운데 배는 울렁이며
온종일을 떠 있다

– 장석남, 「배를 매며」

이 글은
예상치 못한 순간에 사랑이 시작되는 과정을 배를 매는 일에 빗대어 사랑의 의미를 표현한 작품이다. 유사한 구조의 시구를 반복하여 대상의 의미를 밝혀 나가고 있으며, 명사로 시행을 종결하여 시적 여운을 주고 있다.

주제 사랑이 시작되는 과정과 사랑의 본질에 대한 깨달음

●**호젓한** 매우 홀가분하여 쓸쓸하고 외로운.

■**아주 천천히 그리고 조용히 / 배는 멀리서부터 닿는다** 사랑이 시작되는 과정을 배가 뭍에 닿는 장면으로 나타내고 있다.

■**그래서 어찌할 수 없이 / 배를 매게 되는 것** 배를 매는 행위를 통해 운명적 사랑의 불가항력적 성격을 나타내고 있다.

■**배를 매면 구름과 빛과 시간이 함께 / 매어진다는 것도 처음 알았다** 진정한 사랑은 사랑의 대상뿐 아니라 그 대상을 둘러싼 세계까지 받아들이는 것임을 나타내고 있다.

▸ 242013-0001

01 윗글의 표현상의 특징으로 가장 적절한 것은?

① 인격화된 자연물을 통해 주제 의식을 드러내고 있다.
② 어조를 통해 대상에 대한 화자의 태도 변화를 나타내고 있다.
③ 경험에서 얻은 깨달음을 바탕으로 주제 의식을 제시하고 있다.
④ 다양한 색채어를 활용하여 시적 분위기의 변화를 나타내고 있다.
⑤ 계절감이 드러나는 시어를 통해 인간과 자연의 관계를 드러내고 있다.

어조 시적 화자의 목소리나 말투. 대상에 대한 시적 화자의 태도를 반영하므로 작품의 의미와도 긴밀히 연관됨.

▸ 242013-0002

02 [A]에 대한 이해로 가장 적절한 것은?

① 진정한 사랑의 본질을 깨닫게 된 화자의 인식이 나타나고 있군.
② 자연의 섭리를 통해 사랑의 필연성이 간접적으로 제시되고 있군.
③ 배를 매는 행위가 사랑을 비유한 표현임이 비로소 드러나고 있군.
④ 사랑을 통해 인생의 무상함을 깨달은 화자의 고백이 나타나고 있군.
⑤ 진정한 사랑을 위해 노력하는 화자의 맹목적인 희생이 제시되고 있군.

맹목적 주관이나 원칙이 없이 덮어놓고 행동하는 것.

▸ 242013-0003

03 〈보기〉를 바탕으로 ㉠~㉤에 대해 이해한 내용으로 적절하지 않은 것은?

보기

비유는 표현하고자 하는 대상을 다른 대상에 빗대어 제시하는 표현법이다. 비유가 성립되기 위해서는 표현하고자 하는 대상인 원관념과 표현에 사용된 대상인 보조관념 사이에 유사성이나 유추의 관계가 있어야 한다. 「배를 매며」는 유사성과 유추의 관계를 통해 사랑에 대한 깨달음을 제시하고 있는 작품이다.

① ㉠: '밧줄'이 갑자기 날아온 것과 갑자기 시작되는 사랑 사이의 유사성이 있다고 볼 수 있군.
② ㉡: '배'가 뭍으로 다가오는 과정과 사랑의 대상이 다가오는 과정 사이의 유사성이 있다고 볼 수 있군.
③ ㉢: '어찌할 수 없이 / 배를 매게 되는 것'과 운명적으로 다가온 사랑 사이의 유사성이 있다고 볼 수 있군.
④ ㉣: 다른 존재들과 함께 '떠 있는 배'를 통해 사랑을 할 때 대상을 둘러싼 존재까지 받아들인다는 것을 유추할 수 있군.
⑤ ㉤: '배'가 '울렁이며' 떠 있는 것을 통해 사랑을 이어 나가는 과정에서는 내면의 고통을 겪게 된다는 것을 유추할 수 있군.

유추 두 개의 사물이 여러 면에서 비슷하다는 것을 근거로 다른 속성도 유사할 것이라고 추론하는 일.

▸ 242013-0004

04 〈보기〉를 참고하여 '부둣가'의 의미를 서술하시오.

보기

시에 나타나는 공간은 독자에게 시적 상황을 구체적으로 상상하게 도울 뿐 아니라, 그 공간의 특성과 상징적 의미를 통해 주제 의식을 구현하기도 한다. 따라서 독자는 시의 맥락을 통해 작가가 공간에 부여한 의미를 파악할 수 있다.

교과서 열기 ❷

[01~03] 다음 글을 읽고 물음에 답하시오.

광주 비엔날레에서 태국의 수라시 쿠솔웡이라는 작가의 '감성적 기계'라는 작품을 본 적이 있다. 이 작품은 1965년형 폴크스바겐의 엔진과 핸들, 바퀴, 섀시 등을 완전히 제거하고 차체를 뒤집어 그네 침대로 설치한 것이다. 그네 옆에는 타이어를 비롯한 부속을 재활용해 만든 의자들이 놓여 있었다. 차체로 만들어진 그네 침대 속에서 아이들이 텔레비전을 보고 있는 동안 나는 타이어를 쌓아 만든 의자에 걸터앉아 그 '감성적 기계'를 바라보았다. ▪흔히 '달리는 무기'라고 불리는 자동차가 완전히 해체됨으로써 새로운 용도로 거듭난 모습은 예술 고유의 전복성을 보여 줄 뿐 아니라 자동차에 대한 생각을 곱씹어 보게 했다.

그 무렵 나는 초보 딱지도 떼지 않은 상태여서 자동차가 주는 편리와 불안을 아주 예민하게 느끼고 있었다. 면허를 따 놓고 오 년이 넘도록 차를 살 생각이 별로 없었다. 그런데 아이들을 데리고 객지로 이사한 후로는 하나부터 열까지 내 손으로 해결해야 했고, 어쩔 수 없이 운전을 하게 되었다. 물론 처음엔 출퇴근 때나 장을 볼 게 많을 때만 차를 가지고 다녔다. 그러나 마음이 답답할 때 무작정 차를 몰고 교외로 나가는 습관이 생겨나기 시작했고, 실제적인 목적 없이도 차를 모는 일이 늘어 갔다. 누구의 방해도 받지 않고 나를 어디로든 데려다 줄 수 있는 밀폐된 공간에 그렇게 조금씩 길들여져 갔다.

▪스웨덴의 생태주의자인 에민 텡스룀은 자동차라는 물건이 "자기 자신의 영토 안에 머물고자 하는 의지와 이 영토 밖으로 움직일 필요성"을 동시에 충족해 준다고 말한 바 있다. 현대인들이 자동차라는 '아늑한 자궁'으로부터 잠시도 떨어지고 싶어 하지 않는 것도 바로 이 모순된 욕망을 자동차라는 공간이 해결해 주기 때문일 것이다. 앞에서 말한 '감성적 기계'처럼 자동차를 해체하지 않아도 자동차는 이미 충분히 '감성적 기계' 노릇을 하고 있는 셈이다.

하지만 얼마 안 가서 자동차에 대한 낯설고 당혹스러운 경험을 하게 되었다. 나는 초보 주제에 식구들을 태우고 서울로 가는 고속 도로로 접어들었다. 긴장을 해서인지 무사히 서울에 도착해서 일을 보고 다음 날 밤에 광주로 내려올 수는 있었다. 그런데 밤에 고속 도로를 달리다 보니 차창에 무언가 타닥타닥 부딪치는 소리가 났다. 처음엔 그저 속도 때문에 모래알갱이 같은 게 튀는 소리려니 했다.

다음 날 아침 출근을 하려는데 유리창은 물론이고 앞 범퍼에 푸르죽죽한 것들이 잔뜩 엉겨 있었다. 그것은 수많은 풀벌레들이 달리는 차체에 부딪혀 죽은 잔해였다. ㉠<u>그것을 닦아 내려다 나는 지난밤 엄청난 범죄라도 저지른 사람처럼 손발이 후들후들 떨려 도망치듯 세차장으로 갔다.</u> 그러나 세차 기계의 물살에도 엉겨 붙은 풀벌레들의 흔적은 완전히 지워지지 않았다. ㉡<u>운전대를 잡을 때마다 풀 비린내는 몸서리쳐지는 기억으로 남았고, 나는 손을 씻고 또 씻었다.</u>

시속 100킬로미터 정도의 속력에 그렇게 많은 풀벌레가 짓이겨졌다는 것도 믿기 어려웠지만, 이런 살상의 경험을 모든 운전자들이 초경처럼 겪었으리라는 사실이야말로 나에게는 예상치 못한 충격이었다. ㉢<u>인간에게 안락한 공간이 다른 생명을 해칠 수 있다는 자각이 그제서야 찾아왔다.</u>

옛날 티베트의 승려들은 입을 열어 말을 할 때마다 공기 중의 미생물을 죽이게 될까 봐 얼굴에 일곱 겹의 천을 두르고 다녔다고 한다. 그걸 생각하면 자동차를 몰고 다니는 것 자체가 엄청난 살생 행위라고도 말할 수 있을 것이다. 그렇다고 하루아침에 차를 없앨 수도 없는 형편이어서 나는 자동차에 대한 태도를 정리할 필요를 느꼈다. 차를 유지하되 사용을 최소화하고 의존도를 낮추는 선에서 타협할 수밖에 없었다. 그리고 그 '감성적 기계'의 편안함에 길

이 글은
글쓴이가 자동차를 타다 겪은 우연한 경험을 바탕으로 의도치 않게 자연에 가한 자신의 폭력을 반성하는 글로, 자동차를 비롯한 현대 문명의 사용에 대한 바람직한 태도를 제시하고 있다.

주제 현대 문명을 사용하는 바람직한 태도와 생태주의적 성찰

▪**흔히 '달리는 무기'라고 ~ 생각을 곱씹어 보게 했다.** 글쓴이가 자동차에 대한 자신의 평소 생각을 되돌아본 계기가 나타나고 있다.

▪**스웨덴의 생태주의자인 에민 텡스룀은 ~ 말한 바 있다.** 자동차는 누구의 방해도 받지 않고 나를 어디로든 데려다 줄 수 있는 밀폐된 공간으로, 현대인들이 자동차 사용에 매력을 느끼게 되는 이유를 제시하고 있다.

▪**그것이 풀 비린내뿐 아니라 ~ 잊지 않으려고 한다.** '풀 비린내'는 문명의 이기에 파괴된 자연의 모습을, '피비린내'는 자연 파괴가 가져올 인간 생존에 대한 위협을 의미하고 있다.

들여지려는 순간마다 그것이 풀 비린내뿐 아니라 피비린내를 불러올 수도 있다는 자각을 잊지 않으려고 한다.

운전을 시작하기 전까지 나는 걷기 예찬자였고, 인공적인 공간보다 자연 속에 머물기를 누구보다 좋아했다. ㉣그러나 차를 소유하고부터는 생태적인 어떤 발언도 할 자격이 없다는 생각이 들곤 한다. 차를 소유하되 그에 종속되지 않는다는 것, 이런 아슬아슬한 줄타기가 앞으로 얼마나 지속될 수 있을지 모르겠다. ㉤다만 그날 아침의 풀 비린내가 원죄 의식처럼 운전대를 잡은 내 손에 남아 있을 따름이다.

– 나희덕, 「풀 비린내에 대하여」

▸ 242013-0005

01 윗글에 대한 설명으로 적절하지 않은 것은?

① 다양한 비유를 통해 대상에 대한 생각을 드러내고 있다.
② 주관적인 경험에서 얻은 깨달음을 바탕으로 글을 전개하고 있다.
③ 구체적인 일화를 통해 작가가 추구하고자 하는 삶의 자세를 제시하고 있다.
④ 권위자의 말을 직접 인용하여 사회 문제를 해결할 수 있는 대안을 제시하고 있다.
⑤ 대상에 대한 태도가 바뀌는 과정을 제시하며 문명에 대한 비판적 입장을 드러내고 있다.

▸ 242013-0006

02 ㉠~㉤에 대한 이해로 적절하지 않은 것은?

① ㉠: 자신의 의도와 무관하게 일어난 비극적 상황에 죄책감을 느끼고 있다.
② ㉡: 과거의 행동을 반성하고 이를 잊고 싶은 바람이 행동으로 표현되고 있다.
③ ㉢: 우연한 경험에서 비롯한 각성을 바탕으로 자동차의 양면성을 제시하고 있다.
④ ㉣: 자동차에 대한 새로운 인식을 통해 자동차 사용에 대한 성찰이 드러나고 있다.
⑤ ㉤: 비극적인 경험에서 비롯한 마음의 상처를 극복하겠다는 다짐이 드러나고 있다.

양면성 한 가지 사물에 속하여 있는 서로 맞서는 두 가지의 성질.

▸ 242013-0007

03 윗글 속 인물들의 가상 대화로 적절하지 않은 것은?

① 수라시 쿠솔웡: 자동차는 '달리는 무기'처럼 느껴지지만, 그 구조의 해체를 통해 새로운 시각의 해석이 가능합니다.
② '나': 자동차의 구조를 굳이 해체하지 않아도, 이미 자동차는 충분히 감성적인 역할을 수행하는 기계라는 생각을 했습니다.
③ 에민 텡스룀: 현대인의 모순적인 욕망을 실현해 주는 도구라는 점에서 자동차는 현대인들에게 매력적일 수밖에 없습니다.
④ '나': 그 때문에 현대인들은 자동차의 사용을 자제하고, 모순적인 욕망을 제거할 수 있도록 감정을 다스리는 훈련이 필요하겠군요.
⑤ 티베트의 승려: 아무리 작은 생명체라도 함부로 살생하지 않기 위해, 저희는 얼굴에 일곱 겹의 천을 두르는 방식으로 생명 존중 사상을 실현하고 있습니다.

자료 탐구

해제 이 작품은 수양버들 나무의 늘어진 가지가 담을 넘는 과정을 통해 제약을 넘어 미지의 영역에 도달하기 위한 용기와 협력의 가치를 탐구한 시이다.

주제 가지가 담을 넘는 과정과 의미

이를테면 수양의 늘어진 가지가 담을 넘을 때
그건 수양 가지만의 일은 아니었을 것이다
얼굴 한번 못 마주친 애먼 뿌리와
잠시 살 붙였다 적막히 손을 터는 꽃과 잎이
혼연일체 믿어 주지 않았다면
가지 혼자서는 한없이 떨기만 했을 것이다 [A]

한 닷새 내리고 내리던 고집 센 비가 아니었으면
밤새 정분만 쌓던 도리 없는 폭설이 아니었으면
담을 넘는다는 게
가지에게는 그리 신명 나는 일이 아니었을 것이다
무엇보다 가지의 마음을 머뭇 세우고
담 밖을 가둬 두는
저 금단의 담이 아니었으면
담의 몸을 가로지르고 담의 정수리를 타 넘어
담을 열 수 있다는 걸
수양의 늘어진 가지는 꿈도 꾸지 못했을 것이다 [B]

그러니까 목련 가지라든가 감나무 가지라든가
줄장미 줄기라든가 담쟁이 줄기라든가
가지가 담을 넘을 때 가지에게 담은
무명에 획을 긋는
도박이자 도반이었을 것이다 [C]

– 정끝별, 「가지가 담을 넘을 때」

- **금단** 어떤 행위를 못하도록 금함.
- **무명** 불교에서 진리를 깨닫지 못하는 마음의 상태를 이르는 말.
- **도반** 함께 도를 닦는 벗.

이를테면 수양의 늘어진 가지가 ~ 아니었을 것이다 부정 표현을 통해 가지가 담을 넘는 데 원동력이 되었던 다른 존재들을 강조하고 있다.

한 닷새 내리고 내리던 ~ 도리 없는 폭설이 아니었으면 가지가 담을 넘을 때 장애물로 작용하는 비나 폭설까지도 담에게 도움이 되었을 것으로 보고 있다.

▸ 242013-0008

■ 윗글에 대한 이해로 가장 적절한 것은?

① [A]에서는 '얼굴 한번 못 마주친' 상황과 '손을 터는' 행위가 '한없이' 떠는 가지의 마음으로 인한 것임을 드러낸다.
② [B]에서는 '고집 센'과 '도리 없는'을 통해 가지가 '꿈도 꾸지 못'하게 만든 두 대상의 성격을 부각한다.
③ [B]에서는 '가지의 마음을 머뭇 세우'는 대상을 '신명 나는 일'에 연결하여 '정수리를 타 넘'는 행위의 의미를 드러낸다.
④ [A]에서 '가지만의'와 '혼자서는'에 나타난 가지의 상황은, [B]에서 '담 밖'을 가두어 [C]에서 '획'을 긋는 가지의 모습으로 이어진다.
⑤ [A]에서 '않았다면'과 [B]에서 '아니었으면'이 강조하는 대상들의 의미는, [C]에서 '목련'과 '감나무' 사이의 관계에서도 나타난다.

이 문제는

맥락과 주제를 통해 시어와 시구의 유기적인 관계를 파악할 수 있는지 묻고 있다. 일부 시어나 시구는 사전적인 의미가 아닌, 시의 맥락을 통해 새로운 의미를 갖게 된다. 이와 같이 맥락을 통해 시의 내부에서 시어와 시구의 의미를 이해할 수 있는지를 묻는 문제는 빈출 유형 중의 하나이다.

이렇게 풀어 보자!

1 단계

각 선지에서 제시하고 있는 시어와 시구를 지문에서 확인한다.

①에서는 [A]에서 각 시어와 시구를, ②와 ③에서는 [B]에서 각 시어와 시구를, ④, ⑤에서는 [A]와 [B], [C]에서 각 시어와 시구를 확인할 수 있다.

2 단계

[A]~[C]에서 시어와 시구의 의미 관계를 직접 확인한다.

[B]에서 '가지의 마음을 머뭇 세우'는 대상이 담이고 '신명 나는 일'은 '담을 넘는다는' 일이며, '정수리를 타 넘'는 행위는 담을 넘어가는 행위임을 확인할 수 있다.

3 단계

지문에서 확인한 시어와 시구의 의미 관계를 바탕으로 선지의 적절성을 확인한다.

[B]에서 '가지의 마음을 머뭇 세우'는 대상인 담을 '넘는다는' 일이 '신명 나는 일'로 연결되는데, 이를 통해 '정수리를 타 넘'는 행위가 '신명 나는 일'임을 확인할 수 있다.

 ③

오답을 확인하자!

① '얼굴 한번 못 마주친' 것은 수양의 가지와 뿌리가 떨어져 있는 상황을, '손을 터는' 것은 꽃과 잎이 가지에서 떨어지는 상황을 나타낸 것으로, 이를 가지의 마음으로 인한 것으로 이해하는 것은 적절하지 않다.

② [B]에서 '고집 센'과 '도리 없는'이 수식하고 있는 대상은 각각 '비'와 '폭설'이며, '가지의 마음을 머뭇 세우'는 대상은 '담'이다. 또한 선지의 '가지가 꿈도 꾸지 못하게 만든'은 '가지'가 '담'을 넘는 '꿈'조차 꾸지 못했다고 전제하고 있으나, [B]는 '담'을 통해 가지가 '담'을 넘는 꿈을 꾸게 되었다고 제시하고 있으므로 적절하지 않다.

④ 화자는 가지가 혼자만의 힘으로는 담을 넘지 못할 것이라 생각하고 있으므로 '가지만의'와 '혼자서는'에 나타난 가지의 상황이 '획'을 긋는 가지의 모습으로 이어진다는 이해는 적절하지 않다.

⑤ '않았다면'이 강조하는 대상들은 가지와 혼연일체의 모습을 보이는 대상들이고, '아니었으면'이 강조하는 대상은 비, 폭설, 담과 같이 장애물의 역할을 수행하는 대상들이다. '목련'과 '감나무'는 수양과 같이 담을 넘으려는 존재들이므로 이들의 관계가 앞에 제시된 대상들의 관계와 같다는 이해는 적절하지 않다.

02 문학의 갈래

갈래에 따른 형상화 방법의 특성을 고려하며 작품을 수용한다.

1 문학의 갈래

(1) 문학의 갈래

개념	다양한 양상으로 존재하는 문학 작품들을 일정한 기준에 따라 분류한 것

2 문학의 갈래 종류

(1) 서정 갈래

개념	서정적 자아인 화자의 주관적인 정서를 함축적이고 운율적인 언어로 표현하는 문학
갈래의 특징	• 시적 표현 – 운율: 특정한 시어나 음절, 또는 음절 및 어절의 수가 반복되며 생성된 리듬감 – 함축적 의미: 지시적 의미에 추가되어 시의 맥락 속에서 생성된 의미 – 비유: 어떤 현상이나 사물을 다른 비슷한 현상이나 사물에 빗대어서 설명하는 방법 – 심상: 구체적인 감각과 관련된 표현을 통해 마음속에 떠오르는 모습이나 느낌
하위 갈래	고대 가요, 향가, 한시, 고려 속요, 시조, 민요, 현대시 등

(2) 서사 갈래

개념	서술자가 등장인물들의 갈등에 따른 사건의 전개 과정을 서술하는 문학
갈래의 특징	• 시점: 등장인물 및 사건을 바라보는 서술자의 위치 및 거리, 서술 태도 등을 의미함. • 사건과 인물의 제시 – 말하기(직접 제시): 서술자가 직접 인물의 성격 및 내면, 사건, 상황을 해설·논평·요약하여 제시하는 방법 예 그러나 포졸들 앞에 선 홍길동의 내심은 담대하기 그지없었다. – 보여 주기(간접 제시): 인물의 말이나 행동, 내면을 통해 인물의 성격이나 사건 및 상황을 제시하는 방법 예 홍길동의 도술을 본 군관의 표정은 파랗게 질려 있었다.
하위 갈래	설화(신화, 전설, 민담), 고전 소설, 현대 소설 등

필수 개념어

양상
드러나는 생김새, 모습.

서술자
소설에서 사건이나 인물의 내면 등을 펼쳐서 이야기하는 사람.

개념+

공감각적 심상
한 종류의 감각을 다른 종류의 감각으로 옮겨서, 즉 전이시켜 표현함으로써 형성되는 심상. 대상을 느낄 수 있는 A라는 감각을 B라는 감각으로 전이할 경우, 'A의 B화'와 같이 표현함.
예 향기로운 님의 말소리 → 청각의 후각화

시점의 종류
시점은 서술자의 위치와, 서술 방식에 따라 구별됨.

1인칭 주인공 시점
주인공인 '나'가 자신의 이야기를 직접 서술해 나가는 시점
1인칭 관찰자 시점
관찰자인 '나'가 주인공에 대해 독자에게 이야기해 주듯 서술하는 시점
전지적 작가 시점
서술자가 전지적 위치에서 마치 신(神)처럼 모든 것을 알고 서술하는 시점
3인칭 관찰자 시점
서술자가 외부 관찰자의 위치에서 이야기를 서술하는 시점. 작가 관찰자 시점이라고도 함.

(3) 극 갈래

개념	인간의 행위와 사건의 전개를 직접 눈앞에서 연출해서 보여 주는 문학
갈래의 특징	• 대사 – 대화: 등장인물 사이에서 서로 주고받는 말 – 독백: 상대역 없이 등장인물이 혼자 자신의 내면을 겉으로 드러내는 말 – 방백: 관객에게는 들리지만 무대 위의 상대방에게는 들리지 않는 것으로 약속하고 하는 대사 • 지시문 – 막이 오른 후의 배경이나 효과, 조명, 등장인물의 행동, 표정, 심리 등을 지시하고 설명하는 부분
하위 갈래	희곡, 민속극, 가면극, 시나리오 등

(4) 교술 갈래

개념	글쓴이가 자유롭게 자신의 경험과 깨달음을 형상화한 문학
갈래의 특징	• 제재가 다양하고 글쓴이의 개성이나 인간성이 두드러지게 나타나며, 문체를 통해 글쓴이의 개성이 드러나기도 함. • 글쓴이의 구체적인 경험이나 사실적인 내용이 서술되며, 성찰과 깨달음이 비교적 명시적으로 드러남.
하위 갈래	기(記), 설(說), 논(論), 수필, 기행문, 비평문 등

필수 개념어

문체
시대나 글쓴이에 따라 나타나는 문장의 개성적인 특색.

명시적
내용이나 뜻을 분명하게 드러내 보이는 것.

개념+

희곡과 시나리오

희곡
– 연극의 대본 – 무대에서 공연되기 때문에 시·공간 및 등장하는 인물의 수에 제약이 있음.
시나리오
– 영화나 드라마의 대본 – 시·공간 및 등장하는 인물의 수로 인한 제약이 적음. – 다양한 촬영 기법을 통해 연출자의 의도를 드러낼 수 있음.

☑ 개념 학습 체크

1 서정 갈래에서 시어를 통해 환기되는 감각을 (　　　)(이)라고 한다.
2 교술 갈래는 글쓴이가 자유롭게 자신의 경험과 (　　　)을/를 형상화한 산문 문학이다.
3 극 갈래에서 등장인물이 상대역 없이 홀로 자신의 내면을 겉으로 제시하는 것을 (　　　)(이)라고 한다.
4 서사 갈래에서 서술자가 등장인물의 내면을 직접 제시하거나 논평하는 제시 방식은 (　　　)에 해당한다.

답 1 심상 2 깨달음 3 독백 4 말하기(직접 제시)

교과서 열기 ①

이 글은
고려 시대의 문인 이규보가 지은 한문 수필로, 이[虱]와 개[犬]를 소재로 하여 사물의 본질을 제대로 보아야 함을 주장하는 작품이다. 이 글은 글쓴이와 한 손님이 나누는 대화로 구성되어 있다.

주제 편견과 선입견을 버리고 사물의 본질을 볼 수 있어야 함.

[01~04] 다음 글을 읽고 물음에 답하시오.

㉠ 어떤 손[客]이 나에게 이런 말을 했다.

"어제저녁엔 아주 처참(悽慘)한 광경을 보았습니다. 어떤 불량한 사람이 큰 몽둥이로 돌아다니는 개를 쳐서 죽이는데, 보기에도 너무 참혹(慘酷)하여 실로 마음이 아파서 견딜 수가 없었습니다. 그래서 이제부터는 맹세코 개나 돼지의 고기를 먹지 않기로 했습니다."

이 말을 듣고, 나는 이렇게 대답했다.

"어떤 사람이 불이 이글이글하는 화로(火爐)를 끼고 앉아서, 이를 잡아서 그 불 속에 넣어 태워 죽이는 것을 보고, 나는 마음이 아파서 다시는 이를 잡지 않기로 맹세했습니다."

손이 실망하는 듯한 표정으로,

"이는 미물(微物)이 아닙니까? 나는 덩그렇게 크고 육중한 짐승이 죽는 것을 보고 불쌍히 여겨서 한 말인데, 당신은 구태여 이를 예로 들어서 대꾸하니, 이는 필연(必然)코 나를 놀리는 것이 아닙니까?"

하고 대들었다.

㉡ 나는 좀 구체적으로 설명할 필요를 느꼈다.

"㉢ 무릇 피[血]와 기운[氣]이 있는 것은 사람으로부터 소, 말, 돼지, 양, 벌레, 개미에 이르기까지 모두가 한결같이 살기를 원하고 죽기를 싫어하는 것입니다. 어찌 큰 놈만 죽기를 싫어하고, 작은 놈만 죽기를 좋아하겠습니까? 그런즉, 개와 이의 죽음은 같은 것입니다. ㉣ 그래서 예를 들어서 큰 놈과 작은 놈을 적절히 대조한 것이지, 당신을 놀리기 위해서 한 말은 아닙니다. 당신이 내 말을 믿지 못하겠으면 당신의 열 손가락을 깨물어 보십시오. ㉤ 엄지손가락만이 아프고 그 나머지는 아프지 않습니까? 한 몸에 붙어 있는 큰 지절(支節)과 작은 부분이 골고루 피와 고기가 있으니, 그 아픔은 같은 것이 아니겠습니까? 하물며, 각기 기운과 숨을 받은 자로서 어찌 저놈은 죽음을 싫어하고 이놈은 좋아할 턱이 있겠습니까? 당신은 물러가서 눈 감고 고요히 생각해 보십시오. 그리하여 달팽이의 뿔을 쇠뿔과 같이 보고, 메추리를 대붕(大鵬)과 동일시하도록 해 보십시오. 연후에 나는 당신과 함께 도(道)를 이야기하겠습니다."

라고 했다.

– 이규보, 「슬견설」

● **필연** 그리되는 수밖에 다른 도리가 없음.

● **지절** 팔다리의 관절뼈.

■ **나는 덩그렇게 크고 ~ 놀리는 것이 아닙니까?** '손'이 '나'의 말에 자신을 놀리려는 의도가 포함되어 있다고 파악하고 의문문 형식을 이용하여 불쾌감을 드러내고 있다.

■ **그리하여 달팽이의 뿔을 ~ 동일시하도록 해 보십시오.** 작은 달팽이의 뿔을 큰 짐승인 소의 뿔과 동등하게 보아야 한다는 의미로, 사물의 외면이 아닌 본질을 보아야 한다는 의미를 드러내고 있다.

▸ 242013-0009

01 윗글에 대한 설명으로 적절하지 않은 것은?

① 옛 성현의 말을 인용함으로써 결론을 강화하고 있다.
② 대화의 형식을 통해 주제를 극적으로 제시하고 있다.
③ 유추의 과정을 통해 주제의 보편화가 이루어지고 있다.
④ 일반적인 통념을 반박하고 새로운 깨달음을 주고 있다.
⑤ 일상에서의 경험을 바탕으로 교훈을 이끌어 내고 있다.

성현 성인과 현자.
극적 극의 형식을 띤 것.
통념 일반적으로 널리 통하는 개념.

▸ 242013-0010

02 '어떤 손'의 생각으로 가장 적절한 것은?

① 이의 죽음은 개의 죽음과 마찬가지로 불쌍히 여길 만한 것이다.
② 이는 작은 동물이기 때문에 개의 죽음과 마땅히 구별되어야 한다.
③ 개는 돼지와 달리 덩그렇게 크고 육중한 동물에 해당하지 않는다.
④ 개나 이의 죽음은 부정적인 것으로 대화의 주제에 어울리지 않는다.
⑤ 개는 이와 달리 사람에게 도움이 되는 동물이므로 그 죽음은 불쌍하다.

▸ 242013-0011

03 〈보기〉를 참고하여 ㉠~㉤을 이해한 내용으로 적절하지 않은 것은?

보기

'설(說)'은 한문 양식 중의 하나로, 사물의 이치나 상황에 대한 글쓴이의 주관적인 해석이 드러난다. 이는 자신의 체험을 바탕으로 깨달음을 제시한다는 점에서 현대 수필과 비슷하다고 볼 수 있다. 설은 주로 비유나 우의를 통해 주제를 전달하며, 글쓴이의 통찰 및 깨달음을 제시하는 교훈적인 성격이 강하다.

① ㉠: '나'와 '손'과의 대화는 글쓴이가 체험한 일에 해당하는 것이겠군.
② ㉡: '나'가 '손'에게 자신의 깨달음을 제시할 필요성을 느낀 것이겠군.
③ ㉢: '나'가 '손'에게 새로운 통찰을 제시하기 위해 사례를 들고 있는 것이군.
④ ㉣: '나'가 '손'에게 비유적 방식을 통해 깨달음을 유도하려 했음을 밝히고 있군.
⑤ ㉤: '나'가 '손'에게 경험을 통해 통찰을 얻는 방법의 중요성에 대해 조언하고 있군.

우의 다른 사물에 빗대어 비유적인 뜻을 나타내거나 풍자함. 또는 그런 의미.

▸ 242013-0012

04 윗글에서 〈보기〉의 ⓐ, ⓑ에 해당하는 대상을 찾아 쓰시오.

보기

「슬견설」은 고려 시대의 문인 이규보가 쓴 고전 수필이다. '나'는 '손'에게 편견을 버리고 사물의 본질을 보아야 한다는 깨달음을 유도하기 위해 '이'와 '개'처럼 한 쌍의 단어들을 제시하고 있다. 예를 들어 '쇠뿔'과 (ⓐ), 메추리와 (ⓑ)이/가 이에 해당한다.

교과서 열기 ❷

[01~04] 다음 글을 읽고 물음에 답하시오.

어머니의 손이 사방을 더듬었다. 그러다가 붕대 감긴 자기의 다리에 손이 닿자 날카롭게 속삭였다.

"가엾은 내 새끼 여기 있었구나. 꼼짝 말아. 다 내가 당할 테니."

어머니의 떨리는 손이 다리를 감싸는 시늉을 했다. 그때부터 어머니의 다리는 어머니의 아들이었다. 어머니는 온몸으로 그 다리를 엄호(掩護)하면서 어머니의 적을 노려보았다. 어머니의 적은 저승의 사자가 아니었다.

㉠"군관 동무, 군관 선생님, 우리 집엔 여자들만 산다니까요."

어머니의 눈의 푸른 기가 애처롭게 흔들리면서 입가에 비굴한 웃음이 감돌았다. 나는 어머니가 환각으로 보고 있는 게 무엇이라는 걸 알아차렸다. 가엾은 어머니, 차라리 저승의 사자를 보시는 게 나았을 것을…….

㉡어머니는 그 다리를 어디다 숨기려는지 몸부림쳤다. 그러나 어머니의 다리는 요지부동이었다.

"군관 나으리, 우리 집엔 여자들만 산다니까요. 찾아보실 것도 없다니까요. 군관 나으리."

그러나 절체절명의 위기가 어머니에게 육박해 오고 있음을 난들 어쩌랴. 공포와 아직도 한 가닥 기대를 건 비굴이 어머니의 얼굴을 뒤죽박죽으로 일그러뜨리고 이마에선 구슬 같은 땀이 송글송글 솟아오르고 다리를 감싼 손과 앙상한 어깨는 사시나무 떨듯 떨고 있었다.

㉢가엾은 어머니, 하늘도 무심하시지, 차라리 죽게 하시지, 그 몹쓸 일을 두 번 겪게 하시다니…….

"어머니, 어머니, 이러시지 말고 제발 정신 차리세요."

나는 어머니의 어깨를 흔들면서 울부짖었다. 어머니는 어디서 그런 힘이 솟는지 나를 검부러기처럼 가볍게 털어 내면서 격렬하게 몸부림쳤다.

"안 된다. 안 돼. 이노옴. 안 돼. 너도 사람이냐? 이노옴, 이노옴."

나는 벽까지 떠다밀린 채 와들와들 떨면서 점점 심해 가는 어머니의 광란을 지켜볼 수밖에 없었다. 어머니의 몸에서 수술한 다리만 빼고는 온몸이 노한 파도처럼 출렁였다. 그래서 더욱 그 다리는 어머니의 몸이 아닌 이물질처럼 괴기스러워 보였다. 어머니의 그 다리와 아들과의 동일시가 나한테까지 옮아 붙은 것처럼 나는 그 다리가 무서웠다.

"안 된다 이노옴"이라는 호통과 "군관 나으리, 군관 선생님, 군관 동무"라는 아부를 번갈아 하며 몸부림치는 서슬에 마침내 링거 줄이 주삿바늘에서 빠져 버렸다. ㉣혈관에 꽂힌 채인 주삿바늘을 통해 피가 역류해 환자복과 시트를 점점 물들였다. 피를 보자 어머니의 광란은 극에 달했다.

"이노옴, 게 섰거라. 이노옴, 나도 죽이고 가거라 이노옴."

어머니는 눈물이 범벅된 얼굴로 이를 갈았다. 틀니를 빼놓아 잇몸만으로 이를 가는 시늉을 하는 게 얼마나 처참한 것인지 나 말고 누가 또 본 사람이 있을까. 이게 꿈이었으면, 꿈이었으면. 어머니는 이 세상 소리가 아닌 기성을 지르며 머리카락을 부득부득 쥐어뜯다가 오줌을 받아 내는 호스도 다 뜯어 버렸다. 피비린내가 내 정신을 혼미케 했다. 퍼뜩 정신이 나서 구원을 청하려 나가려는데 어머니의 기성이 바깥까지 들렸던지 간호원이 뛰어왔다. 뒤미처 나이 지긋한 수간호원도 달려왔다. 어머니의 몸에 부착시켰던 의료 기구들을 원상 복구시키기 위해선 여러 사람의 힘이 필요했다. 어머니는 힘이 장사였다. 내가 수간호원과 다른

이 글은
'나'를 서술자로 하여 6·25 전쟁으로 말미암아 가족들이 겪은 비극적인 사건과 그 기억을 안고 분단 사회를 살아가는 사람들의 고통을 드러내고 있다. 특히 눈앞에서 아들이 총을 맞고 죽는 일을 경험했고 고향에도 돌아가지 못하고 있는 어머니의 상처를 통해 분단의 아픔이 계속되고 있는 우리의 현실을 고발하고 이에 대한 극복 의지를 담은 작품이다.

주제 전쟁의 후유증과 분단 문제의 극복 의지

- **엄호** 덮거나 가려서 보호해 줌.
- **절체절명** 몸도 목숨도 다했다는 뜻으로, 어찌할 수 없는 절박한 경우를 비유적으로 이르는 말.
- **기성** 기이한 소리.

가엾은 어머니, 차라리 저승의 사자를 보시는 게 나았을 것을……. '나'는 '어머니'가 과거 아들을 잃었던 사건을 다시 환각으로 보고 있음을 인지하고 있다.

간호원과 함께 어머니를 힘껏 찍어 누르는 동안 담당 간호원이 어머니가 뽑아낸 것들을 다시 삽입했다. 링거는 숫제 발등으로 옮겨 꽂았다.

"세상에 이런 일도 있습니까?"

나는 수간호원에게 원망스럽게 말했다.

㉤"너무 심려 마세요. 흔하진 않지만 이런 특이 체질이 아주 드문 것도 아니니까요. 곧 나아지실 겁니다."

수간호원이 이렇게 나를 위로했다. 어머니의 악몽이 특이 체질 탓이라구? 하긴 타인의 꿈에 대해 누가 감히 안다고 할 수 있으랴?

– 박완서, 「엄마의 말뚝 2」

▸ 242013-0013

01 윗글의 서술상 특징으로 가장 적절한 것은?

① 이야기 속의 서술자가 대화를 통해 과거에 일어난 사건의 의미를 부정하고 있다.
② 이야기 밖의 서술자가 다른 인물들의 내면을 제시하며 사건의 전말을 밝히고 있다.
③ 이야기 속의 서술자가 과거의 일을 떠올리며 중심 사건에 대한 관점을 드러내고 있다.
④ 이야기 밖의 서술자가 특정 인물의 내면을 중심으로 사건을 객관적으로 전달하고 있다.
⑤ 이야기 속의 서술자가 바뀌면서 여러 시점에서 중심 사건을 입체적으로 제시하고 있다.

전말 처음부터 끝까지 일이 진행되어 온 경과.

입체적 사물을 여러 각도에서 종합적으로 파악하는 것.

▸ 242013-0014

02 ㉠~㉤에 대한 설명으로 적절하지 않은 것은?

① ㉠: '나'가 '어머니'가 보고 있는 환각의 정체를 알게 되는 대목으로, '어머니'의 간절함이 드러나고 있다.
② ㉡: '어머니'는 자신의 다리를 환각 속의 아들과 동일시하고 있으며, 아들을 숨기려고 하고 있다.
③ ㉢: '나'는 '어머니'에게 있어 아들이 죽는 현장을 다시 보는 것이 죽음보다 고통스럽다고 생각하고 있다.
④ ㉣: '어머니'는 '피'를 아들의 죽음으로 착각하고, 아들을 죽음으로 몰고 간 대상에 대해 격렬한 감정을 표출하고 있다.
⑤ ㉤: '수간호원'의 말을 통해 '어머니'의 고통을 이해하는 사람들이 있고, 언젠가 '어머니'가 상처를 극복할 수 있음을 암시하고 있다.

기정사실 이미 결정되어 있는 사실.

도처 여러 곳. 방방곡곡.

범람 바람직하지 못한 것들이 마구 쏟아져 돌아다님.

▸ 242013-0015

03 〈보기〉를 바탕으로 윗글을 이해한 내용으로 가장 적절한 것은?

보기

우리나라의 분단은 이제는 하나의 기정사실입니다. 분단은 오래전에 피 흘리기를 멈추고 **굳은 딱지**가 되었고, 통일을 꿈꾸지 않은 지도 오래입니다. **통일이란 말**은 도처에 범람하고 있습니다만 **산 채로 분단된 자**의 애절한 꿈으로서가 아니라 그것을 직업으로 삼고 사는 사람들이 만들어 낸 구호로서 행세하고 있을 뿐입니다. **통일이 직업인 사람**은 될 수 있는 대로 많은 구호를 만들어 내어 분단을 치장하면 되겠지만 진실로 통일이 꿈인 사람은 끊임없이 **분단된 상처를 쥐어뜯**어 괴롭게 피 흘리게 할 수밖에 없습니다. 고통스럽지만 방법은 그것밖에 없습니다. 토막 난 채 아물어 버리면 다시는 이을 수 없게 되리라는 걸 알기 때문입니다.

– 작가의 말

① 비극적인 기억을 다시 맞닥뜨린 어머니의 모습을 통해 '분단된 상처를 쥐어뜯'는 고통을 나타내고 있군.

② 분단의 극복을 절실하게 바라는 어머니의 모습을 통해 '통일이 직업인 사람'의 필요성을 역설하고 있군.

③ 전쟁이 남긴 상처로 고통스러워하는 어머니의 모습을 통해 '통일이란 말'이 '도처에 범람'해야 할 이유가 드러나는군.

④ 환각에 빠져 아들의 죽음을 겪고 있는 어머니의 모습을 통해 '산 채로 분단된 자'의 상처를 아물게 하는 방안을 모색하고 있군.

⑤ 전쟁의 기억으로 고통스러워하는 어머니의 모습을 통해 분단의 상처가 '굳은 딱지'가 되었다는 세간의 인식을 부정하고 있군.

▸ 242013-0016

04 〈보기〉를 참고하여 윗글의 제목인 '엄마의 말뚝'이 무엇을 의미하는지 서술하시오.

보기

6·25 전쟁을 다루고 있는 작품들은 전쟁 이후에도 끝나지 않는 개인의 고통을 다루기도 한다. 전쟁의 기억은 개인에게 정신적인 상처를 남기기도 하는데, 이러한 정신적 상처는 오랜 시간이 지나도 극복하기 어려운 고통으로 남기도 한다.

교과서 열기 ③

정답과 해설 5쪽

[01~04] 다음 글을 읽고 물음에 답하시오.

파수꾼 '나'가 들어온다.

나 또, 헛치었습니다. 이리는 워낙 교활해서요, 친 것 같아도 가 보면 달아나구 없어요.
촌장 다음에는 꼭 잡히겠지요.
나 ㉠미안합니다. 이번에 잡았더라면 그 껍질을 촌장님께 선사하구 싶었는데…….
촌장 받은 거나 다름없이 감사합니다.
나 (촌장에게 안겨 있는 '다'를 가리키며) 그 앤 지금 몹시 아픕니다.
촌장 네. 열이 있는 것 같군요.
나 간밤에 담요를 덮지 않아서 병이 났어요.
촌장 ㉡이만한 나이 때 누구나 한번씩은 앓는 병이겠지요.
나 내 잘못이었어요. 담요를 꼭 덮어 줘야 하는 건데. ('다'에게) 얘야, 난 널 좋아해. 아픈 것 빨리 좀 나아 주렴.
다 고마워요…….
나 (관객석 쪽으로 돌아서다가, 흠칫 놀라며) 웬 사람들이 이렇게 몰려오죠?
촌장 마을 사람들이죠.
나 마을 사람들요?
촌장 (관객들을 향해) 어서 오십시오, 주민 여러분. 이 애가 그 말을 꺼낸 파수꾼입니다. 저기 편지를 공개한 식량 운반인, 이 애가 틀림없지요? 네, 그렇다고 확인했습니다. 이리 떼인지 아니면 흰 구름인지, 직접 이 아이의 입을 통하여 들어 봅시다.

파수꾼 '다', 쓰러질 것 같은 걸음으로 망루를 향해 걸어간다. '나'가 근심스럽게 쫓아간다.

나 얘야, 괜찮겠니?
다 …… 네.
나 아무래도 걱정이 되는구나. 넌 이리 떼란 말만 들어도 벌벌 떠는 겁쟁이인데. 망루 위에 올라가서 엎드리면 안 돼. 이렇게 많은 사람들이 널 보러 오지 않았니? 얼마나 큰 영광이냐. 이 기회에 말이다, ㉢넌 너 자신이 파수꾼이라는 걸 힘껏 자랑해야 한다. 알았지, 응?
촌장 그만 올라가게 하십시오.

파수꾼 '다'는 망루 위에 올라간다. 긴 침묵. 마침내 부르짖는다.

다 ㉣이리 떼다, 이리 떼! 이리 떼가 몰려온다!

파수꾼 '가'의 손이 번쩍 들려지며 그도 외친다. 파수꾼 '나'는 신이 나서 양철 북을 두드린다. 북소리, 한동안 계속된다.

가 북소리 중지! 이리 떼는 물러갔다!

이 글은
진실이 은폐되고 있는 상황을 우의적으로 표현한 희곡으로, 진실과 평화를 상징하는 '흰 구름'과 권력을 유지하기 위한 거짓을 의미하는 '이리'를 통해 1970년대 독재 정권의 위선을 풍자하고 있다.

주제 진실이 은폐된 사회의 비극과 이러한 현실에 대한 비판 의식

● **파수꾼** 경계하여 지키는 일을 하는 사람. 또는 어떤 일을 한눈팔지 아니하고 성실하게 하는 사람을 비유적으로 이르는 말.

● **망루** 적이나 주위의 동정을 살피기 위하여 높이 지은 다락집.

■ **쓰러질 것 같은 걸음** 파수꾼 '다'가 정신적으로 힘들어하고 있음을 보여 주고 있다.

■ **이리 떼다, 이리 떼! 이리 떼가 몰려온다!** 파수꾼 '다'가 끝내 촌장에게 회유당했음을 나타내고 있다.

촌장 주민 여러분! 이것으로 진상은 밝혀졌습니다. ⓜ흰 구름은 없으며 이리 떼뿐입니다. ▪이 망루는 영구히 유지되어야겠지요. 양철 북도 계속 쳐야 할 것입니다. 여러분, 다음 이리의 습격 때까진 잠시 시간적 여유가 있습니다. 그 틈을 이용하여 돌아가십시오. 가시거든 마을 광장에 다시 모이시기 바랍니다. 수다쟁이 운반인의 처벌을 논의합시다. 그럼 어서 돌아가십시오. 이리 떼가 여러분을 물어뜯으러 옵니다.

– 이강백, 「파수꾼」

▪**이 망루는 영구히 유지되어야 겠지요.** 촌장이 자신의 권력과 현재 체제를 영원히 유지하고자 하는 욕망을 드러내고 있다.

역순행적 구성 시간의 흐름이 자연적인 시간의 흐름과 달리 현재에서 과거로 거슬러 가는 구성 방식. 대표적으로 현재 시점에서 과거의 사건을 회상하는 구성이 있음.

▸ 242013-0017

01 윗글에 대한 설명으로 가장 적절한 것은?

① 역순행적 구성을 통해 사건의 전모를 드러내고 있다.
② 독백을 통해 인물이 갈등하는 내면을 드러내고 있다.
③ 구체적인 시대적 배경을 통해 시대상을 드러내고 있다.
④ 이름을 통해 등장인물들의 고유한 성격을 드러내고 있다.
⑤ 상징적 소재를 통해 작가가 의도한 주제를 드러내고 있다.

▸ 242013-0018

02 윗글을 이해한 내용으로 가장 적절한 것은?

① '나'는 '이리'를 보았기 때문에 '이리'가 교활하다는 특성을 알고 있다.
② '촌장'은 '이리'를 잡을 수 있다는 '나'의 희망을 진심으로 응원하고 있다.
③ '식량 운반인'은 '이리'가 없다는 '다'의 편지를 마을 사람들에게 공개했다.
④ '가'는 '다'와 함께 '이리 떼'가 몰려오는 것을 직접 목격하고 이를 알리고 있다.
⑤ '촌장'은 진실을 밝히기 위해 '양철 북'과 '망루'가 유지되어야 함을 강조하고 있다.

▸ 242013-0019

03 〈보기〉를 바탕으로 ㉠~㉤을 이해한 것으로 적절하지 않은 것은?

보기

이강백의 「파수꾼」은 우화적인 기법을 통해 북한과 군사적으로 대치하고 있는 안보 상황의 위험성을 강조하여 언론과 지식인들을 통제하고 독재 정권을 유지하려 했던 1970년대 우리나라의 정치 현실을 풍자하고 있다. 이 작품은 '이리 떼는 없고 흰 구름뿐'이라는 진실을 알리려 했으나 촌장에게 회유되어 결국 권력의 파수꾼으로 전락하게 된 '다'의 처지와 상징적인 대사를 활용하여, 이러한 주제 의식을 간접적으로 제시하고 있다.

① ㉠: 진실에 무관심하고 권력에 아첨하는 세력을 풍자하고 있다.
② ㉡: 진실을 알리기 위한 지식인의 고민을 흔한 병으로 비하하고 있다.
③ ㉢: 자신의 과오를 깨닫고 진실을 알리는 노력이 중요함을 강조하고 있다.
④ ㉣: 권력의 회유에 넘어가 타락하고 만 지식인의 나약함을 풍자하고 있다.
⑤ ㉤: 권력 유지를 위한 거짓 선동으로, 진실을 알리는 것의 어려움을 강조하고 있다.

회유 어루만지고 잘 달래어 시키는 말을 듣도록 함.
전락 나쁜 상태나 타락한 상태에 빠짐.
선동 남을 부추겨 어떤 일이나 행동에 나서도록 함.

▸ 242013-0020

04 〈보기〉를 참고하여 윗글에서 관객에게 극 중 역할을 부여함으로써 얻는 효과를 서술하시오.

보기

일반적인 극은 무대와 객석을 분리하여, 무대 위의 상황과 극을 관람하고 있는 관객의 현실을 분리한다. 그러나 일부 극은 관객에게 극 중 역할을 부여하고 극에 참여하게 유도함으로써 독특한 효과를 얻는다.

자료 탐구

해제 이 작품은 작자와 창작 연대가 알려지지 않은 국문 고전 소설로, 「지하국 대적 퇴치 설화」를 비롯한 다양한 설화를 바탕으로 완성된 소설이다. 괴상한 모습으로 태어난 주인공은 자신의 본래 모습을 회복한 후, 황제의 명을 받아 요괴에게 납치된 공주를 구출하러 갔다가 용왕의 딸을 구한 후 그녀와 혼인하여 인간 세계에 나오게 된다. 그 후 김원은 용왕이 준 보화를 도적에게 빼앗기고 죽임을 당하게 되는데, 용녀의 부탁으로 용왕이 약을 먹여 김원을 살린다. 고국에 돌아온 김원은 황제의 딸과 결혼하여 행복하게 살다가 신선이 된다.

주제 요괴로부터 공주를 구출해 내는 김원의 영웅적 활약

[A] 황상과 만조백관이 어찌할 줄 모르더니 좌장군 서경태가 급히 입직군을 동원하여 칼을 들고 내달아 크게 꾸짖길,

"이 몹쓸 흉악한 놈아, 어찌 이런 변을 짓느냐?"

하고 칼을 들어 치니 아귀가 몸을 기울여 피하고 입을 벌려 숨을 들이쉬니 서경태가 날리어 아귀 입으로 들어갔다. 상이 보시다가 크게 놀라,

"짐이 여러 번 전장을 지내었으되 이런 일은 보도 듣도 못하였으니 제신 중에 뉘 이 짐승을 잡아 짐의 한을 씻으리오."

정서장군 한세충이 나와 아뢰길,

"소장이 비록 재주 없으나 저것을 베어 황상께 바치리이다."

하고 황금 투구에 엄신갑을 입고 팔 척 장창을 들고 청룡마를 내달아 외쳐 말하길,

"흉적은 목을 늘여 내 칼을 받으라."

아귀가 크게 웃고 말하길,

"아까는 내 숨을 들이쉬니 모기 같은 것도 삼켰으니 지금은 숨을 내쉴 것이니 네 눈을 부릅뜨고 자세히 보라."

하고 입을 벌려 숨을 내부니 황상과 만조백관이 오 리나 밀려갔다. 아귀가 궁중이 텅 빈 것을 보고 세 공주를 등에 업고 돌아갔다.

이때 황상이 제신과 함께 정신을 겨우 차려 환궁하시니 세 공주가 다 없었다. 상께 이 연고를 아뢰니 상이 크게 놀라 하교하시되,

"이런 해괴한 변이 천고에 없으니 경들의 소견이 어떠하뇨?"

하고 용루를 흘리시니 조정에 모인 여러 신하가 감히 우러러 보지 못하였다.

이우영이 아뢰길,

"전 좌승상 김규가 지모 넉넉하오니 불러 문의하심이 마땅할까 하나이다."

상이 깨달아 조서를 내려 김규를 부르셨다.

이때 승상이 원을 데리고 평안히 지내더니 천만의외에 사관이 조서를 가지고 왔거늘 받자와 본즉,

"전임 좌승상에게 부치나니 그사이 고향에서 무사한가. 짐은 불행하여 공주를 잃고 종적을 모르니 통한함을 어찌 측량하리오. 경에게 옛 벼슬을 다시 내리나니 바삐 올라와 고명한 소견으로 짐의 아득함을 깨닫게 하라."

하였다. 승상이 사관을 후대하고 국변을 물으니 아귀 작란하던 일과 세 공주 잃은 말을 대강 고하니 승상이 못내 슬퍼하며 상경하여 사은숙배하니, 상이 보시고,

"경이 고향에 돌아감은 짐이 불명한 탓이로다. 국운이 불행하여 세 공주를 일시에 잃었으니 짐의 이 원을 어찌하리오? 경의 소견으로 이 일을 도모하면 평생의 한을 풀리로다."

승상이 엎드려 아뢰길,

"소신이 자식이 있삽는데 창법 검술이 일세에 무쌍하와 매일 종적 없이 다니옵기 연고를 물으니 철마산에 가 무예를 익히다가 일일은 그 산에서 아귀라 하는 짐승을 만나 겨루고 그 뒤를 좇아 바위 구멍으로 들어감을 보았노라 하옵기 과연 허언이 아닌가 싶사오니 자식을 불러 들으심이 마땅하올까 하나이다."

– 작자 미상, 「김원전」

- **황상** 현재 살아서 나라를 다스리고 있는 황제를 이르는 말.
- **만조백관** 조정의 모든 벼슬아치.
- **천고** 아주 오랜 세월 동안.
- **작란** 난리를 일으킴.
- **사은숙배** 임금의 은혜에 감사하며 공손하고 경건하게 절을 올리던 일.

▸ 242013-0021

■ [A]의 서술상 특징에 대한 설명으로 가장 적절한 것은?

① 서술자가 개입하여 인물에 대한 평가를 제시하고 있다.
② 대화를 통해 인물 간의 위계나 관계를 보여 주고 있다.
③ 현재와 과거를 교차하여 장면의 전환을 보여 주고 있다.
④ 인물의 회상을 통해 인물 간 갈등의 원인을 암시하고 있다.
⑤ 상황에 대한 인물의 반응을 과장되게 서술하여 사건의 비극성을 완화하고 있다.

이 문제는
고전 소설에 사용된 서술상의 특징과 그 효과를 정확하게 이해할 수 있는지 묻고 있다. 이처럼 서술상의 특징을 묻는 문제는 제시된 지문의 내용을 이해할 수 있는지를 묻는 문제와 함께 빈출 유형 중 하나이다.

이렇게 풀어 보자!

1 단계

각 선지에서 제시하고 있는 서술상의 특징이 무엇인지 파악한다.

①에서는 '서술자가 개입'을, ②에서는 '대화'를, ③에서는 '현재와 과거를 교차'를, ④에서는 '인물의 회상'을, ⑤에서는 '상황에 대한 인물의 반응을 과장되게 서술'을 각각 서술상의 특징으로 제시하고 있다.

2 단계

각 선지에서 제시한 서술상의 특징이 지문에 나타나 있는지 확인한다.

[A]에는 황상과 좌장군 서경태, 정서장군 한세충, 아귀 간의 대화가 나타나 있다.

3 단계

지문에서 확인한 서술상의 특징이 선지에서 제시한 효과를 보여 주고 있는지 파악한다.

인물들의 대화에서 '짐', '소장', '경'과 같이 인물들의 지위와 관련된 호칭이 나타나고 있으며, '씻으리오'와 '바치리이다'와 같은 표현을 통해 대화 상대와의 위계가 드러나고 있다. 또한 좌장군 서경태가 아귀를 '이 몹쓸 흉악한 놈'이라고 부르고, 정서장군 한세충이 아귀를 '흉적'이라고 부르는 부분에서 아귀와의 관계가 드러나고 있다.

 ②

오답을 확인하자!

① 서술자의 개입은 제시되어 있지 않다.
③ 현재와 과거의 교차는 드러나지 않으며, 장면의 전환 또한 제시되어 있지 않다.
④ '짐이 여러 번 전장을 지내었으되'와 같이 황제가 과거를 회상하고 있기는 하지만, 이를 통해 악귀와의 갈등 원인이 제시되어 있지 않다.
⑤ [A]에는 충격을 받은 황상의 모습이 나타나 있으며, 황상은 '해괴한 변'으로 인한 슬픔에 빠져 있다. 따라서 상황에 대한 인물의 과장된 반응으로 사건의 비극성을 완화하고 있다는 설명은 적절하지 않다.

03 한국 문학의 흐름 1 - 고전

○ 한국 문학사의 흐름을 고려하여 작품을 감상할 수 있다.

필수 개념어

원시 종합 예술
시가, 무용, 음악 따위가 분화하지 않고 종합적으로 제시되는 예술. 주로 고대인들이 제천 의식을 행할 때 이렇게 노래와 춤, 음악 따위가 종합적으로 나타나는 것을 볼 수 있음.

향찰
신라 때에, 한자의 음과 뜻을 빌려 국어 문장 전체를 적은 표기법. 특히 향가의 표기에 쓴 것을 이름.

1 고려 시대 이전

	개념	특징	
고대 가요	고대 부족 국가 시대부터 향가 성립 이전까지 불린 노래	형식 원시 종합 예술에서 발생했으며, 구전되어 오다가 후대에 한역(漢譯)되어 전함. 내용 주술적·종교적인 기능을 가진 노래와 개인의 서정을 노래한 작품이 존재함. 예 작자 미상의 「구지가」, 유리왕의 「황조가」, 백수 광부 아내의 「공무도하가」	
향가	신라 시대에서 고려 초기까지 창작되었던 시가	형식 향찰로 표기되어 전승되며 4구체, 8구체, 10구체가 있음. 10구체의 낙구(9~10행)의 첫머리에는 감탄사가 나타남. 내용 다양한 주제의 작품이 있으나 주술적 내용과 불교적 신앙심을 노래한 작품이 많음. 예 무왕의 「서동요」, 월명사의 「제망매가」, 득오의 「모죽지랑가」, 충담사의 「찬기파랑가」	
한시	한문으로 이루어진 정형시	형식 4행으로 구성된 절구(絕句)와 8행으로 구성된 율시(律詩) 등이 있음. 예 을지문덕의 「여수장우중문시」, 최치원의 「추야우중」과 「촉규화」	
설화	예로부터 전해 내려오는, 일정한 서사 구조를 갖고 있는 이야기	• 신화, 전설, 민담 등으로 구분됨. • 『삼국사기』, 『삼국유사』 등의 문헌을 통해 전해짐.	
		신화	• 자연 현상의 근원이나 초월적 존재의 위업에 관한 이야기 • 천지 창조 신화, 건국 신화 등이 있음. 예 「단군 신화」, 「주몽 신화」, 「박혁거세 신화」
		전설	• 주로 구체적 사물이나 지명의 유래를 다룬 이야기 • 뚜렷한 시간과 장소가 존재하며, 사건의 내용과 관련된 구체적인 증거물이 존재함. 예 「아기 장수 우투리 설화」, 「도미 설화」, 「연오랑세오녀」
		민담	• 흥미 위주로 만들어진 이야기 • 신화의 신성성과 전설의 신빙성은 없지만, 체계적인 서사 구조는 가지고 있음. 예 「지하국 대적 퇴치 설화」, 「이야깃주머니」

2 고려 시대

	개념	특징
고려 속요	고려 시대에 주로 평민들이 부르던 민요적 시가	형식 3음보를 기본으로 함. 여러 개의 연이 연속되어 나타나기도 하고, 대부분 각 연의 뒷부분에 후렴구가 나타남. 내용 남녀 간의 애정, 이별의 정한, 삶에 대한 고뇌 등 주로 평민들의 정서를 나타냄. 예 작자 미상의 「가시리」, 「서경별곡」, 「청산별곡」
경기체가	고려 중기에 발생하여 사대부가 자신들의 삶을 노래한 시가	형식 여러 개의 연이 계속되는 형식을 취하고 있으며, 한 연은 6행으로 이루어짐. 내용 귀족들의 풍류·예찬·송축·찬양·자기 과시 등의 내용이 주류를 이룸. 예 한림제유의 「한림별곡」, 안축의 「죽계별곡」
시조	고려 시대 중엽에 새롭게 등장한 우리나라 고유의 정형시	형식 3장 6구 45자 내외를 기본으로 하며, 3·4조 또는 4·4조의 4음보로 이루어짐. 내용 주로 유교적 충의(忠義) 사상을 노래하며, 고려 말 유신들이 망국의 한탄을 노래하기도 함. 예 우탁의 「한 손에 가시를 들고~」, 이조년의 「이화에 월백하고~」, 정몽주의 「단심가」
가전	'전(傳)'의 형식을 빌려 사물을 의인화하여 사물의 내력과 속성, 가치, 행적 등을 전기 형식으로 서술한 문학	• 사물을 역사적 인물처럼 의인화하여, 그 인물의 생애, 성품, 공과(功過) 등을 기록함. • 인간사의 문제를 우회적인 수법으로 비판하기 때문에 풍자적 성격을 지님. 예 임춘의 「국순전」과 「공방전」, 이규보의 「국선생전」, 이곡의 「죽부인전」

개념+

'경기체가(景幾體歌)'라는 명칭

'경(景) 긔 엇더ᄒᆞ니잇고' 또는 '경기하여(景幾何如)'라는 구절이 반복되는 것에서 유래함.

전(傳)

어떤 사람의 독특한 행적을 기록하고, 여기에 교훈적인 내용이나 비판을 덧붙인 글.

한번 더 체크

■ 고려 속요와 시조

	고려 속요	시조
형식	• 3음보의 율격 예 가시리∨가시리∨잇고 • 흥을 돋우기 위한 여음(조흥구)과 후렴구가 있는 작품들이 많음. 예 아으 동동다리 – 「동동」, 얄리얄리 얄라셩 얄라리 얄라 – 「청산별곡」 • 후렴구를 기준으로 연 구분이 있는 작품들이 많음. 예 「가시리」, 「서경별곡」, 「동동」, 「청산별곡」	• 4음보의 율격 예 이 몸이∨죽어죽어∨일백 번∨고쳐 죽어 • 3장(초장, 중장, 종장) 6구 45자 내외로 구성됨. 한 구는 3·4조 또는 4·4조의 음수율을 지님. 예 이화에❸ 월백하고❹ / 은한이❸ 삼경인 제❹ • 종장의 첫 음보는 3음보로 고정됨. 예 **어즈버** 태평연월이 꿈이런가 하노라

필수 개념어

송축
경사를 기리고 축하함.

권계
잘못함이 없도록 타일러 주의시킴.

3 조선 시대

	개념	특징
악장	조선 초에 궁중의 의식과 행사에서 불리던 시가	형식 2절 4구가 기본형이지만, 여러 형식으로 이루어짐. 내용 조선 왕조에 대한 찬양과 송축(頌祝), 후대 임금에 대한 권계(勸戒) 등을 다룸. 예 정인지 외 「용비어천가」, 정도전의 「신도가」
시조	고려 시대 중엽에 새롭게 등장한 우리나라 고유의 정형시	• 고려 시대에 이어 조선 시대에도 활발하게 창작됨. • 조선 전기에는 주로 사대부들의 유교적 이념을 표현하거나 강호에서의 삶을 노래하였으며, 조선 후기에는 작가층이 다양화되면서 사설시조가 크게 유행함.
가사	3·4조 또는 4· 4조를 기본으로 하는 4음보의 연속체 시가(시가와 산문 중간 형태의 문학)	형식 행수에 제한이 없으며, '서사-본사-결사'의 구조를 갖춤. 내용 작가층이 사대부, 중인, 여성, 평민 등으로 다양해지면서 내용과 주제가 다채로워짐. [조선 전기] 자연 친화, 안빈낙도의 삶, 임금에 대한 사랑 등 예 정극인의 「상춘곡」, 송순의 「면앙정가」, 정철의 「사미인곡」 [조선 후기] 여행의 감상, 유배의 체험, 여인들의 삶의 애환 등 예 김인겸의 「일동장유가」, 박인로의 「누항사」, 작자 미상의 「덴동 어미 화전가」
고전 소설	사실 또는 작가의 상상력에 바탕을 두고 허구적으로 이야기를 꾸며 나간 산문체의 문학	• 조선 전기에 중국의 영향으로 한문 소설이 발생함. • 조선 후기에 평민 계층이 소설 향유에 적극 가담함. 예 허균의 「홍길동전」, 김시습의 「만복사저포기」, 작자 미상의 「숙영낭자전」
고전 수필	생각이나 느낌을 자유롭게 쓴 글	• 처음에는 한문으로 쓰이다가 점차 한글로도 창작됨. • 한문 수필은 중국 한문의 형식을 빌린 설(說), 문(文), 기(記) 등이 있으며, 국문 수필은 제문, 일기, 내간 등의 다양한 양식으로 지어짐. 예 권근의 「주옹설」, 박지원의 「일야구도하기」, 유씨 부인의 「조침문」, 작자 미상의 「규중칠우쟁론기」
민속극	민간에 전하여 내려오는 극	• 주로 서민들에 의해 상연되었으며, 지배층에 대한 비판 의식을 드러냄. • 배우가 탈을 쓰는 '가면극'과 배우 대신 인형이 등장하는 '인형극' 등이 있음. 예 작자 미상의 「봉산 탈춤」, 「하회 별신굿 탈놀이」
민요	민중 사이에서 발생하여 오랫동안 전해 온 구전 가요	형식 3음보나 4음보의 노래가 많으며, 연속체의 긴 노래로 대체로 후렴이 있음. 내용 노동의 고달픔과 보람, 삶의 애환, 남녀 간의 애정 등 다양하게 나타남. 예 「논매기 노래」, 「시집살이 노래」, 「강강술래」, 「정선 아리랑」

■ 평시조와 사설시조

	평시조	사설시조
형식	3장 6구 45자 내외의 단형 시조	3장 6구 중 두 구 이상이 길어지는데, 대체로 중장이 길어짐.
내용	유교적 충의 사상, 강호 한정, 기녀들의 정서 등	현실 풍자, 서민들의 진솔한 삶 등
주요 작품	성삼문의 「수양산 바라보며~」, 맹사성의 「강호사시가」, 황진이의 「동짓달 기나긴 밤을~」	작자 미상의 「님이 오마 하거늘~」, 「두터비 파리를 물고~」, 「댁들에 동난지이 사오~」
작자층	조선 후기에 시조의 향유 계층이 사대부에서 중인과 평민층으로 확대됨.	

■ 고전 소설의 종류

구분	내용
몽자류 소설	꿈속에서 겪은 일을 적은 소설 예 김만중의 「구운몽」, 남영로의 「옥루몽」
우화 소설	의인화한 동물이나 사물을 통해 인간 사회를 풍자하는 소설 예 작자 미상의 「서동지전」, 「장끼전」, 「두껍전」
염정 소설	남녀 간의 애정을 다룬 소설 예 김시습의 「이생규장전」, 작자 미상의 「운영전」, 작자 미상의 「채봉감별곡」
군담 소설	전쟁에서 영웅이 활약하는 내용을 담은 소설 예 작자 미상의 「조웅전」, 「홍계월전」, 「전우치전」
풍자 소설	사회 현실에 대한 비판 의식을 바탕으로 현실을 풍자하는 소설 예 박지원의 「양반전」, 「호질」, 「허생전」
판소리계 소설	판소리 사설이 문자로 기록된 소설 예 작자 미상의 「춘향전」, 「심청전」, 「흥부전」, 「토끼전」

개념+

연시조

한 제목 아래 두 수 이상의 시조가 엮인 것.

예 윤선도의 「오우가」, 이황의 「도산십이곡」, 이이의 「고산구곡가」

판소리

광대가 고수(鼓手)의 장단에 맞추어 서사적인 이야기를 풀어내는 민속악.

예 작자 미상의 「춘향가」, 「흥부가」, 「수궁가」

판소리와 판소리계 소설

판소리의 사설이 문자로 기록되어 판소리계 소설로 정착되는 과정에서 내용이 수정되거나 추가되면서 다양한 이본(異本)이 나타남.

☑ 개념 학습 체크

1 설화는 (　　　), 전설, 민담으로 나눌 수 있다.

2 (　　　)은/는 고려 중기에 신흥 사대부들이 호탕한 기상과 자부심을 과시한 시가이다.

3 시조는 조선 후기에 작자층이 확대되면서 3장 6구 중에서 두 구 이상이 길어진 (　　　)이/가 나타났다.

답 1 신화 2 경기체가 3 사설시조

교과서 열기 ①

[01~05] 다음 글을 읽고 물음에 답하시오.

생사(生死) 길은
예 있으매 머뭇거리고,
㉠ **나는 간다는 말도**
못다 니르고 어찌 갑니까.
어느 가을 이른 바람에
이에 저에 떨어질 잎처럼,
한 가지에 나고
가는 곳 모르온저.
아아, **미타찰(彌陀刹)**에서 만날 ㉡ 나
도 닦아 기다리겠노라.

– 월명사, 「제망매가(祭亡妹歌)」

이 글은
월명사가 죽은 누이를 위해 지은 10구체 향가이다. 누이의 죽음으로 인한 슬픔을 종교적으로 승화하여 극복하고, 이를 고도의 비유로 잘 표현하여 높은 문학성을 인정받고 있다.

주제 혈육의 죽음으로 인한 슬픔의 종교적 승화

● **생사** 삶과 죽음을 아울러 이르는 말.

● **미타찰** 아미타불이 살고 있는 정토(淨土)로, 괴로움이 없으며 지극히 안락하고 자유로운 세상.

■ **어느 가을 이른 바람에 / 이에 저에 떨어질 잎처럼** 누이의 죽음을 바람에 떨어지는 잎에 비유하여 나타냈으며, 특히 '이른 바람'이라는 표현을 통해 누이의 이른 죽음을 나타내고 있다.

■ **미타찰에서 만날 나 / 도 닦아 기다리겠노라.** 극락세계에서 죽은 누이와 재회하겠다는 내용으로, 혈육의 죽음으로 인한 슬픔을 종교적으로 승화하고 있다.

▸ 242013-0022

01 윗글에 대한 설명으로 가장 적절한 것은?

① 사물에 인격을 부여하여 표현하고 있다.
② 원경에서 근경으로 시선을 이동하고 있다.
③ 자연물을 활용하여 시적 상황을 드러내고 있다.
④ 색채 대비를 통해 이상향의 이미지를 부각하고 있다.
⑤ 동일한 단어를 반복적으로 사용하여 운율을 형성하고 있다.

▸ 242013-0023

02 〈보기〉의 ⓐ와 ⓑ에 각각 들어갈 말을 짝지은 것으로 가장 적절한 것은?

보기

'한 가지'는 (ⓐ)를 비유적으로 나타낸 것으로, 화자는 혈연으로 맺어졌던 이승의 인연도 죽음 앞에서는 어쩔 수 없이 헤어질 수밖에 없는 상황에 대해 (ⓑ)을 느끼고 있다.

	ⓐ	ⓑ		ⓐ	ⓑ
①	한 부모	그리움	②	한 부모	안타까움
③	죽음의 장소	쓸쓸함	④	죽음의 장소	좌절감
⑤	죽음의 장소	애틋함			

▸ 242013-0024

03 〈보기〉를 참고하여 윗글을 이해한 내용으로 적절하지 않은 것은?

보기

『삼국유사』에 따르면 월명사가 죽은 누이동생을 위해 재를 올릴 때 이 노래를 불렀더니 갑자기 회오리바람이 일어 종이돈이 서쪽으로 날아갔다고 한다. 이 노래에는 유언도 남기지 못하고 일찍 죽은 누이에 대한 작가의 슬픔과 함께 혈육의 죽음으로 인한 고통을 종교적으로 이겨 내겠다는 적극적 의지가 담겨 있다.

① '나는 간다는 말도 / 못다 니르고'는 누이가 유언도 남기지 못하고 죽은 것을 의미하는군.
② '어느 가을 이른 바람에'에서 '이른 바람'은 누이가 일찍 죽었음을 나타낸 것이군.
③ '이에 저에 떨어질 잎처럼'에서 떨어지는 잎은 죽음을 맞이한 누이의 모습을 나타낸 것이군.
④ '미타찰'은 종이돈이 날아간 서쪽을 가리키는 말로 화자가 두려워하는 세계를 나타내는군.
⑤ '도 닦아 기다리겠노라'는 누이의 죽음으로 인한 슬픔을 종교적으로 극복하겠다는 의지를 드러낸 것이군.

▸ 242013-0025

04 ㉠의 '나'와 ㉡의 '나'가 가리키는 대상이 누구인지 각각 쓰시오.

▸ 242013-0026

05 윗글과 〈보기〉를 비교하여 감상한 내용으로 적절하지 않은 것은?

보기

십 년(十年)을 경영ᄒᆞ여 초려 삼간(草廬三間) 지어 내니
나 ᄒᆞᆫ 간 ᄃᆞᆯ ᄒᆞᆫ 간에 청풍(淸風) ᄒᆞᆫ 간 맛져 두고
강산(江山)은 들일 듸 업스니 둘러 두고 보리라

– 송순의 시조

① 윗글은 〈보기〉와 달리 삶과 죽음에 대한 성찰의 자세를 나타내고 있다.
② 윗글은 〈보기〉와 달리 감탄사를 이용해 화자의 정서를 집약시키고 있다.
③ 〈보기〉는 윗글과 달리 화자의 자연 친화적인 태도가 드러나 있다.
④ 윗글과 〈보기〉 모두 대상의 부재가 창작의 동기로 작용하고 있다.
⑤ 윗글과 〈보기〉 모두 화자의 의지적 어조로 시상을 마무리하고 있다.

송순, 「십 년을 경영ᄒᆞ여~」
이 작품은 조선 중종 때 창작된 평시조로, 자연에 대한 사랑과 안빈낙도(安貧樂道)의 자세를 노래하고 있다. 특히 자연을 자신의 집에 들여놓고 함께 살아간다는 표현에서 자연과 하나가 되고자 하는 화자의 마음을 엿볼 수 있다.

교과서 열기 ❷

[01~05] 다음 글을 읽고 물음에 답하시오.

"암행어사 출두야."

외치는 소리에 **강산이 무너지고 천지가 뒤집히는 듯 초목금수(草木禽獸)인들 아니 떨랴.**

남문에서, "출두야."

북문에서, "출두야."

동서문 출두 소리 청천(靑天)에 진동하고, "모든 아전들 들라."

외치는 소리에 육방(六房)이 넋을 잃어, "공형이오."

등채로 휘닥딱.

"애고 죽겠다."

"공방, 공방."

공방이 자리 들고 들어오며,

"안 하겠다던 공방을 하라더니 저 불속에 어찌 들랴."

등채로 휘닥딱.

"애고 박 터졌네."

좌수(座首), 별감(別監) 넋을 잃고 이방, 호방 혼을 잃고 나졸들이 분주하네. 모든 수령 도망갈 제 거동 보소. **인궤 잃고 강정 들고, 병부(兵符) 잃고 송편 들고, 탕건 잃고 용수 쓰고, 갓 잃고 소반 쓰고, 칼집 쥐고 오줌 누기. 부서지는 것은 거문고요, 깨지는 것은 북과 장고라.** ㉮본관 사또가 똥을 싸고 멍석 구멍 새앙쥐 눈 뜨듯 하고, 안으로 들어가서,

"어 추워라. 문 들어온다 바람 닫아라. 물 마르다 목 들여라."

관청색은 상을 잃고 문짝을 이고 내달으니, 서리, 역졸 달려들어 후닥딱.

"애고 나 죽네."

이때 어사또 분부하되,

"이 골은 대감이 좌정하시던 골이라. 잡소리를 금하고 객사(客舍)로 옮겨라."

자리에 앉은 후에,

"본관 사또는 봉고파직하라."

분부하니,

"본관 사또는 봉고파직이오."

사대문(四大門)에 방을 붙이고 옥형리 불러 분부하되,

"네 골 옥에 갇힌 죄수를 다 올리라."

호령하니 죄인을 올린다. 다 각각 죄를 물은 후에 죄가 없는 자는 풀어 줄새,

"저 계집은 무엇인고?"

형리 여쭈오되,

"기생 월매의 딸이온데 관청에서 포악한 죄로 옥중에 있삽내다."

"무슨 죄인고?"

형리 아뢰되,

"본관 사또 수청 들라고 불렀더니 수절이 정절이라. 수청 아니 들려 하고 사또에게 악을 쓰며 달려든 춘향이로소이다."

어사또 분부하되,

이 글은
판소리로 불리다가 소설로 정착된 판소리계 소설로, 이본이 120여 종에 이를 정도로 조선 후기에 큰 인기를 누린 작품이다.

주제 표면적 주제 – 이몽룡과 성춘향의 신분을 초월한 사랑
이면적 주제 – 신분적 제약을 벗어난 인간 해방

- **초목금수** 풀과 나무와 날짐승과 길짐승을 아울러 이르는 말. 온갖 생물을 이름.
- **공형** 조선 시대에 각 고을의 세 구실아치. 호장, 이방, 수형리를 이름.
- **등채** 무장할 때 쓰던 채찍. 굵은 등(藤)의 도막 머리 쪽에 물들인 사슴 가죽이나 비단 끈을 닮.
- **좌수** 조선 시대에, 지방의 자치 기구인 향청의 우두머리.
- **인궤** 관아에서 쓰는 각종 도장을 넣어 두던 상자.
- **병부** 조선 시대에, 군대를 동원하는 표지로 쓰던 동글납작한 나무패.
- **탕건** 벼슬아치가 갓 아래 받쳐 쓰던 관(冠)의 하나.
- **용수** 싸리나 대오리로 만든 둥글고 긴 통.
- **봉고파직하다** 어사나 감사가 못된 짓을 많이 한 고을의 원을 파면하고 관가의 창고를 봉하여 잠그다.

"너 같은 계집이 수절한다고 관장(官長)에게 포악하였으니 살기를 바랄쏘냐. ㉠죽어 마땅하되 내 수청도 거역할까?"

춘향이 기가 막혀,

"㉡내려오는 관장마다 모두 명관(名官)이로구나. 어사또 들으시오. ㉢**층암절벽 높은 바위가 바람 분들 무너지며, 청송녹죽 푸른 나무가 눈이 온들 변하리까.** 그런 분부 마옵시고 어서 바삐 죽여 주오."

하며,

"향단아, 서방님 어디 계신가 보아라. 어젯밤에 옥 문간에 와 계실 제 천만당부하였더니 어디를 가셨는지 나 죽는 줄 모르는가."

어사또 분부하되,

㉣"얼굴 들어 나를 보라."

하시니 춘향이 고개 들어 위를 살펴보니, 걸인으로 왔던 낭군이 분명히 어사또가 되어 앉았구나. 반 웃음 반 울음에,

"얼씨구나 좋을시고, 어사 낭군 좋을시고. 남원 읍내 가을이 들어 떨어지게 되었더니, 객사에 봄이 들어 이화춘풍(李花春風) 날 살린다. ㉤꿈이냐 생시냐? 꿈을 깰까 염려로다."

한참 이리 즐길 적에 춘향 어미 들어와서 가없이 즐겨 하는 말을 어찌 다 설화(說話)하랴.

춘향의 높은 절개 광채 있게 되었으니 어찌 아니 좋을쏜가. 어사또 남원의 공무 다한 후에 춘향 모녀와 향단이를 서울로 데려갈새, 위의(威儀)가 찬란하니 세상 사람들이 누가 아니 칭찬하랴. 이때 춘향이 남원을 하직할새, 영귀(榮貴)하게 되었건만 고향을 이별하니 일희일비(一喜一悲)가 아니 되랴.

[A]
놀고 자던 부용당아, / 너 부디 잘 있거라.
광한루 오작교며 / 영주각(瀛州閣)도 잘 있거라.
봄풀은 해마다 푸르건만 / 떠난 객은 돌아오지 않는다고 이른 시(詩)는
나를 두고 이름이라. / 다 각기 이별할 제
길이길이 무고하옵소서. / 다시 보기 기약 없네.

이때 어사또는 좌도와 우도의 읍들을 순찰하여 민정을 살핀 후에, 서울로 올라가 임금께 절을 하니 판서, 참판, 참의들이 입시하시어 보고서를 살핀다. **임금께서 크게 칭찬하시며 즉시 이조 참의 대사성을 봉하시고 춘향으로 정렬부인을 봉하신다.** 은혜에 감사드리고 물러 나와 부모께 뵈오니 성은(聖恩)을 못 잊어 하시더라. 이때 이조 판서, 호조 판서, 좌의정, 우의정, 영의정 다 지내고 퇴임한 후에 정렬부인으로 더불어 백년동락(百年同樂)할새, 정렬부인에게 삼남삼녀(三男三女)를 두었으니 모두가 총명하여 그 부친보다 낫더라. 일품 관직이 대대로 이어져 길이 전하더라.

– 작자 미상, 「춘향전」

- **관장** 관가의 우두머리.
- **설화** 여기에서는 '자세히 이야기함.'을 뜻함.
- **위의** 위엄이 있고 엄숙한 태도나 차림새.
- **영귀하다** 지체가 높고 귀하다.
- **민정** 백성들의 사정과 생활 형편.
- **입시** 대궐에 들어가서 임금을 뵙던 일.
- **정렬부인** 조선 시대에, 정조와 지조를 굳게 지킨 부인에게 내리던 칭호.

▸ 242013-0027

01 윗글의 서술상 특징으로 적절하지 않은 것은?

① 작품 속 인물의 후일담을 전하고 있다.
② 시를 삽입하여 인물의 심리를 드러내고 있다.
③ 인물 간의 대화를 통해 사건을 전개하고 있다.
④ 시간의 흐름에 따라 사건을 순차적으로 제시하고 있다.
⑤ 작품 속 서술자가 자신의 속마음을 솔직히 드러내고 있다.

▸ 242013-0028

02 ㉠~㉤에 대한 이해로 적절하지 않은 것은?

① ㉠: 어사또가 속마음을 숨긴 채 상대를 시험하고 있다.
② ㉡: 춘향이 본관 사또를 처벌한 어사또를 칭송하고 있다.
③ ㉢: 춘향이 자신의 변치 않는 절개를 자연물에 빗대어 나타내고 있다.
④ ㉣: 어사또가 춘향으로 하여금 자신을 알아보게 하고 있다.
⑤ ㉤: 춘향이 낭군을 다시 만난 것에 대한 감격을 드러내고 있다.

▸ 242013-0029

언어유희 말을 재미있게 꾸미는 표현법. 동음이의어의 활용, 유사 음운의 활용, 도치, 발음의 유사성을 활용하는 방법 등이 있음.

03 〈보기〉를 참고하여 윗글을 감상한 내용으로 적절하지 않은 것은?

보기

'판소리계 소설'은 연희(演戲)에서 부르던 판소리의 창을 산문화하여 기록한 서사 문학이다. 판소리계 소설은 판소리에서 유래했기 때문에 문체와 수사적 특징, 인물형과 세계관 등이 판소리와 유사하다는 특징을 갖는다. 서술자가 작품 상황에 개입하여 서술하는 것, 한자어나 상투적 표현이 자주 나타나는 것, 언어유희를 사용한 해학적 표현이 쓰이는 것, 내용을 과장하여 표현하는 것, 특정 상황을 장황하게 나열하는 것 등이 그 예이다.

① '강산이 무너지고 ~ 초목금수인들 아니 떨랴.'라는 구절에서, 서술자가 작품 속 상황에 개입하여 서술한다는 것을 확인할 수 있군.
② '인궤 잃고 강정 들고, ~ 깨지는 것은 북과 장고라.'라는 구절에서 특정 상황을 장황하게 나열한다는 것을 확인할 수 있군.
③ '어 추워라. 문 들어온다 바람 닫아라. 물 마르다 목 들여라.'라는 구절에서 언어유희를 사용한 해학적 표현이 쓰인다는 것을 확인할 수 있군.
④ '층암절벽 높은 바위가 ~ 청송녹죽 푸른 나무가 눈이 온들 변하리까.'라는 구절에서 상투적인 한자어 표현이 자주 나타난다는 것을 확인할 수 있군.
⑤ '임금께서 크게 칭찬하시며 ~ 정렬부인을 봉하신다.'라는 구절에서 내용을 과장하여 표현한다는 것을 확인할 수 있군.

▸ 242013-0030

04 [A]에 대한 이해로 적절하지 않은 것은?

① 대상에게 말을 건네는 방식이 나타난다.
② 시가의 화자는 작품 속 인물인 춘향이다.
③ 사물을 의인화하여 내용을 전개하고 있다.
④ 화자가 자신이 지내던 공간을 소재로 사용하고 있다.
⑤ 화자는 특정 공간에 다시 돌아올 것을 약속하고 있다.

▸ 242013-0031

05 윗글의 ㉮와 〈보기〉의 ⓐ에 나타난 공통점으로 적절한 것은?

보기

말뚝이 (가운데쯤에 나와서) 쉬이. (음악과 춤 멈춘다.) 양반 나오신다아! 양반이라고 하니까 노론(老論), 소론(少論), 호조(戶曹), 병조(兵曹), 옥당(玉堂)을 다 지내고 삼정승(三政丞), 육판서(六判書)를 다 지낸 퇴로 재상(退老宰相)으로 계신 양반인 줄 아지 마시오. 개잘량이라는 '양' 자에 개다리소반이라는 '반' 자 쓰는 양반이 나오신단 말이오.

양반들 야아, 이놈, 뭐야아!

말뚝이 아, 이 양반들, 어찌 듣는지 모르갔소. 노론, 소론, 호조, 병조, 옥당을 다 지내고 삼정승, 육판서 다 지내고 퇴로 재상으로 계신 이생원네 삼 형제분이 나오신다고 그리하였소.

양반들 ⓐ(합창) 이 생원이라네. (굿거리장단으로 모두 춤을 춘다. 도령은 때때로 형들의 면상을 치며 논다. 끝까지 그런 행동을 한다.)

– 작자 미상, 이두현 채록, 「봉산 탈춤」 중

① 대상의 위업을 예찬하고 있다.
② 대상을 풍자하여 웃음을 유발하고 있다.
③ 대상의 심리를 상세하게 표현하고 있다.
④ 대상이 지닌 모순적 태도를 드러내고 있다.
⑤ 대상에 대한 연민의 정서를 나타내고 있다.

작자 미상, 「봉산 탈춤」
이 작품은 황해도 봉산 지방에서 전승되던 가면극으로, 전체 일곱 개의 과장으로 이루어져 있다. 〈보기〉에 제시된 부분은 제6과장으로 양반을 모시고 다니는 말뚝이가 양반의 권위를 실추시키거나 무시함으로써 그들을 조롱하는 것이 주된 내용이다.

수능 맛보기

2021학년도 대학수학능력시험 39번

이 몸 삼기실 제 님을 조차 삼기시니
ᄒᆞᆫ ᄉᆡᆼ **연분(緣分)**이며 **하ᄂᆞᆯ** 모ᄅᆞᆯ 일이런가
나 ᄒᆞ나 **졈어 잇고** 님 ᄒᆞ나 날 괴시니
이 ᄆᆞ음 이 ᄉᆞ랑 견졸 ᄃᆡ 노여 업다
평ᄉᆡᆼ(平生)애 원(願)ᄒᆞ요ᄃᆡ ᄒᆞᆫᄃᆡ 녜쟈 ᄒᆞ얏더니
늙거야 므ᄉᆞ 일로 외오 두고 그리ᄂᆞᆫ고
엇그제 님을 뫼셔 광한뎐(廣寒殿)의 올낫더니
그 더ᄃᆡ 엇디ᄒᆞ야 하계(下界)예 ᄂᆞ려오니
올 저긔 비슨 머리 헛틀언 디 **삼 년**일쇠
연지분(臙脂粉) 잇ᄂᆡ마ᄂᆞᆫ 눌 위ᄒᆞ야 고이 ᄒᆞᆯ고
ᄆᆞ음의 ᄆᆡ친 실음 텹텹(疊疊)이 빠혀 이셔
짓ᄂᆞ니 한숨이오 디ᄂᆞ니 눈믈이라
인ᄉᆡᆼ(人生)은 유ᄒᆞᆫ(有限)ᄒᆞᆫᄃᆡ 시ᄅᆞᆷ도 그지업다
무심(無心)ᄒᆞᆫ 셰월(歲月)은 믈 흐ᄅᆞ듯 ᄒᆞᄂᆞᆫ고야
염냥(炎凉)이 ᄯᅢᄅᆞᆯ 아라 **가ᄂᆞᆫ ᄃᆞᆺ 고텨** 오니
듯거니 보거니 늣길 일도 하도 할샤
동풍이 건듯 부러 젹셜(積雪)을 헤텨 내니
창(窓) 밧긔 심근 ᄆᆡ화(梅花) 두세 가지 픠여셰라
ᄀᆞᆺ득 ᄂᆡᆼ담(冷淡)ᄒᆞᆫᄃᆡ 암향(暗香)은 므ᄉᆞ 일고
황혼의 ᄃᆞᆯ이 조차 벼마ᄐᆡ 빗최니
늣기ᄂᆞᆫ ᄃᆞᆺ 반기ᄂᆞᆫ ᄃᆞᆺ 님이신가 아니신가
뎌 ᄆᆡ화 것거 내여 님 겨신 ᄃᆡ 보내오져
님이 너ᄅᆞᆯ 보고 엇더타 너기실고

– 정철, 「사미인곡」

자료 탐구

해제 이 작품은 정철이 고향 창평에 은거할 때 지은 가사로, 여성 화자가 이별한 임을 그리워하는 마음에 빗대어 임금을 향한 자신의 충절과 연군의 마음을 나타낸 작품이다.

주제 임에 대한 변함없는 사랑

- **연분** 서로 관계를 맺게 되는 인연.
- **광한뎐** 달 속에 있다는, 선녀가 사는 가상의 궁전.
- **하계** 천상계에 상대하여 사람이 사는 이 세상을 이르는 말.
- **염냥** 더위와 서늘함.
- **암향** 그윽이 풍기는 향기. 흔히 매화의 향기를 이름.

- **나 ᄒᆞ나 졈어 잇고 님 ᄒᆞ나 날 괴시니** 화자가 임과 이별하기 전에 누렸던 행복했던 상황을 말한다.
- **염냥이 ᄯᅢᄅᆞᆯ 아라 가ᄂᆞᆫ ᄃᆞᆺ 고텨 오니** 세월이 덧없이 흘러가는 것에 대한 화자의 안타까움이 나타난다.
- **뎌 ᄆᆡ화 것거 내여 님 겨신 ᄃᆡ 보내오져** '매화'를 통해 임에 대한 화자의 그리움을 강조하고 있다.

▸ 242013-0032

이 문제는
외부 정보를 바탕으로 작품 속 화자가 처한 상황, 화자의 심리 상태 등을 적절하게 파악할 수 있는가를 평가하는 문제이다.

■ 〈보기〉를 바탕으로 윗글을 감상한 내용으로 적절하지 않은 것은?

보기

이 글에는 천상의 시간과 지상의 시간이 모두 나타난다. 천상에서는 지상과 달리 생로병사의 과정 없이 끝없는 사랑이 지속된다. 이러한 시간적 질서는 지상에 내려온 화자를 힘겹게 하는데, 이 과정에서 화자는 지상의 물리적 시간을 심리적으로 변형하여 자신의 심경을 드러낸다.

① 임과의 '연분'을 '하ᄂᆞᆯ'과 연결 짓는 것은, 임과의 사랑이 천상의 시간 질서처럼 끝없이 이어지기를 바라는 마음이 반영된 것이라 볼 수 있겠어.
② '졈어 잇고'와 '늙거야'를 통해 화자가 천상의 시간에서 벗어나 지상의 시간으로 편입되었음을 알 수 있겠어.

③ '삼 년' 전을 '엇그제'로 인식하는 것에서, 임과 함께한 기억이 아직도 선명하게 남아 있어 지상의 물리적 시간이 심리적으로 압축되어 나타나고 있음을 알 수 있겠어.
④ '인싱은 유혼'과 '무심호 셰월'을 통해 지상의 시간적 질서에 따라 소망을 이룰 수 있는 시간이 줄고 있는 것에 대한 불안한 마음을 엿볼 수 있겠어.
⑤ '염냥'이 '가는 돗 고텨' 온다는 인식에서, 임과의 관계 단절에 따른 절망감으로 인해 지상의 물리적 시간이 심리적으로 지연되어 나타나고 있음을 알 수 있겠어.

이렇게 풀어 보자!

1 단계

〈보기〉의 내용을 파악한다.

〈보기〉는 천상의 시간과 지상의 시간 차이로 인해 화자가 어려움을 겪고 있으며, 화자가 지상의 물리적 시간을 심리적으로 변형하여 자신의 심경을 드러낸다는 내용이다.

2 단계

선지에 언급된 내용을 지문에서 확인한다.

화자는 '염냥'이 '가는 돗 고텨' 온다고 인식하고 있는데, 이는 유한한 인생에서 임과 떨어져 지내는 시간이 지속되고 있으며, 그 시간이 속절없이 빨리 흐른다고 보는 것이다.

3 단계

〈보기〉와 지문의 내용을 바탕으로 선지의 적절성을 확인한다.

'시간이 속절없이 빨리 흐른다'는 것은 화자가 지상의 시간을 빠르게 인식하는 것이므로, 지상의 물리적 시간이 심리적으로 지연되어 나타난다는 것은 적절하지 않다.

답 ⑤

오답을 확인하자!

① 〈보기〉에서 천상에서는 끝없는 사랑이 지속된다고 했으므로, 임과의 '연분'을 '하늘'과 연결 짓는 것은 임과의 사랑이 끝없이 이어지기를 바라는 마음이 반영된 것이다.
② '졈어 잇고'는 화자가 '광한뎐'에서 임과 행복한 시간을 보내던 때이고, '늙거야'는 임과 헤어져 '하계'에서 외로이 지내고 있는 때이다. 그러므로 화자는 천상의 시간에서 벗어나 지상의 시간으로 편입되었음을 알 수 있다.
③ 〈보기〉에서 화자는 지상의 물리적 시간을 변형한다고 했으므로, 화자가 임과 함께 한 시간을 '엇그제'로 표현한 것은 임과 함께한 기억이 선명하여 '삼 년'이라는 물리적 시간을 심리적으로 압축한 것이라 할 수 있다.
④ 〈보기〉에서 천상과 다른 지상의 시간적 질서가 화자를 힘겹게 한다고 했으므로, '인싱은 유혼'과 '무심호 셰월'이라는 표현을 통해 지상의 유한한 시간에 임과의 사랑을 이루지 못할 것을 불안해하는 마음을 엿볼 수 있다.

04 한국 문학의 흐름 2 - 현대

○ 한국 문학사의 흐름을 고려하여 작품을 감상할 수 있다.

필수 개념어

문예 사조
한 시대를 통하여 문예를 창작하는 데에 근원이 되는 사상의 흐름.

개념+

카프(KAPF)
1925년 8월에 박영희, 김기진, 이기영 등 주로 신경향파(사회주의 경향의 문학 추구) 작가가 중심이 되어 조직한 문학 단체. 정치성이 짙은 문학 운동을 조직적으로 전개하다가 일제의 탄압으로 1935년에 해산됨.

1930년대의 다양한 문학 경향
- 시문학파: 세련된 언어와 음악성 등 예술적 기교를 중시함.
- 모더니즘: 도시적 감각과 시의 회화성을 중시함.
- 생명파: 생명의 강렬한 충동, 삶의 의미와 고뇌 등을 중시함.
- 전원파: 자연을 이상 세계로 설정하여 자연 친화적인 태도를 중시함.

1 개화기～일제 강점기

	시대적 특징		문학의 특징
개화기 문학	1894년 갑오개혁에서 1910년 국권 피탈까지의 시기로, 봉건주의를 극복하고 외세의 침략에 맞서기 위한 작품들이 나타남.	시가 문학	전통적인 가사의 형식을 빌린 '개화 가사', '창가', 근대적인 자유시에 접근한 '신체시'가 등장함. 예 최남선의 「해에게서 소년에게」
		서사 문학	신교육, 자유연애, 미신 타파 등을 소재로 한 새로운 형식의 '신소설'이 등장함. 예 이인직의 「혈의 누」, 안국선의 「금수회의록」
1910년대 문학	국권 상실의 시기로 민족 의식을 회복하려는 작품들이 나타나고, 서구 문학의 영향을 받아 근대적 문학 양식과 예술성을 추구하는 작품들이 나타남.	시	서구의 다양한 문예 사조가 소개되었으며, 주요한의 시 「불놀이」가 자유시의 새로운 시대를 엶.
		소설	자아의 각성과 계몽 의식을 나타내는 작품들이 나타나고, 이광수의 「무정」이 현대 소설의 출발점이 됨.
		극	일본에서 유입된 신파극이 크게 유행하고, 조중환의 「병자 삼인」이 현대 희곡의 면모를 보여 줌.
1920년대 문학	1919년 3·1 운동 이후 일제의 문화 정책으로 신문과 잡지가 많이 발행되면서, 서구의 문학을 본격적으로 수용하는 작품들이 나타남.	시	퇴폐적 낭만주의 시, 전통적인 정서와 율격을 계승한 시, 카프(KAPF)에 의한 경향시 등이 나타남. 예 한용운의 「님의 침묵」, 이상화의 「나의 침실로」
		소설	일제 강점기 현실을 사실적으로 그린 소설과 계급 의식을 일깨우는 사회주의 소설이 나타남. 예 현진건의 「운수 좋은 날」, 최서해의 「홍염」
		극	사실주의, 사회주의, 표현주의 등 다양한 경향을 가진 연극들이 공연됨. 예 김우진의 「산돼지」
1930년대 문학	문학적 예술성과 순수성이 강조되고, 서구에서 주지주의, 모더니즘, 초현실주의 등의 문예 사조가 도입됨.	시	순수 서정시, 모더니즘 시, 생명시, 자연 친화적인 시 등이 나타남. 예 정지용의 「향수」, 유치환의 「생명의 서」
		소설	농촌 계몽 소설, 도시적 삶의 실상을 그린 소설, 전통적인 의식 세계를 추구한 소설 등 다양한 제재의 소설이 나타남. 예 심훈의 「상록수」, 박태원의 「천변 풍경」
		극	신파적 대중극이 나타나고, 사실주의 근대극이 정착됨. 예 유치진의 「토막」
1940년대 문학 (광복 이전)	일본의 군국주의 강화와 태평양 전쟁의 발발로, 우리나라의 문학 전체가 암흑기에 접어들어 작품들이 거의 발표되지 못함.	시	유교적 지사 의식을 바탕으로 한 이육사의 시와 도덕적 순결성에 대한 고뇌를 드러낸 윤동주의 시가 대표적임. 예 이육사의 「절정」, 윤동주의 「서시」
		소설, 극	우리말의 사용이 금지되었기 때문에, 우리말로 된 소설이나 희곡이 거의 발표되지 않음.

2 광복 이후~1950년대

	시대적 특징	문학의 특징	
광복 이후의 문학	광복의 기쁨과 새로운 국가 건설에 대한 희망이 생겨났지만, 좌익과 우익의 갈등 상황도 지속됨.	시가 문학	광복의 기쁨과 새로운 민족 국가 건설의 희망을 노래한 시, 모더니즘 시 등이 발표됨. 예 신석정의 「꽃덤불」, 박두진의 「해」
		서사 문학	일제 강점기의 체험을 반성하거나 광복 이후의 사회적 혼란을 다룬 작품 등이 발표됨. 예 채만식의 「논 이야기」, 이태준의 「해방 전후」
1950년대 문학	6·25 전쟁은 남북의 분단을 고착화하는 계기가 되었으며, 3년에 걸친 전쟁과 그 이후의 분단 상황은 문학계에 큰 영향을 줌.	시가 문학	전쟁으로 인한 민족적 상처와 인간의 실존 및 허무 의식을 다룬 시, 전통적인 순수 서정시를 계승하는 시, 문명에 대한 비판적 감수성을 드러내는 시 등이 발표됨. 예 구상의 「초토의 시」, 박인환의 「목마와 숙녀」
		서사 문학	전쟁 상황이나 부조리한 현실 인식 등을 다룬 소설들이 발표됨. 예 황순원의 「카인의 후예」, 오상원의 「모반」

3 1960~1980년대

	시대적 특징	문학의 특징	
1960년대 문학	4·19 혁명, 5·16 군사 정변 등으로 민중 의식과 독재 정권에 대한 저항 의식이 팽배해짐.	시가 문학	순수 문학과 참여 문학의 논쟁이 발생하면서 '순수시'와 '참여시'가 각각 중요한 위치를 차지함. 예 김춘수의 「샤갈의 마을에 내리는 눈」, 신동엽의 「껍데기는 가라」
		서사 문학	분단의 원인과 치유 방안에 대해 새로운 인식을 형상화한 소설, 새로운 감수성의 소설들이 발표됨. 예 최인훈의 「광장」, 김승옥의 「서울, 1964년 겨울」
1970년대 문학	급속한 산업화·도시화로 인한 인간 소외와 빈부 격차가 나타남.	시가 문학	현실 문제를 비판적으로 인식하고 사회의 변혁을 촉구하는 민중시, 언어와 형식을 통해 새로운 미학을 추구하는 순수시가 나타남. 예 신경림의 「농무」, 오규원의 「그 이튿날」
		서사 문학	산업화와 도시화로 삶의 뿌리를 상실한 사람들의 처지를 형상화한 소설들이 발표됨. 예 이문구의 「관촌수필」, 조세희의 「난장이가 쏘아 올린 작은 공」
1980년대 문학	1980년 5·18 민주화 운동을 계기로 민주화에 대한 요구, 역사의식 등이 널리 확대됨.	시가 문학	억압된 상황을 고발하고 비판하는 시, 전통적 서정성을 계승하는 시 등이 나타남. 예 박노해의 「노동의 새벽」, 천상병의 「귀천」
		서사 문학	왜곡되고 모순된 현대사에 대한 반성으로 역사를 재조명하는 소설이 나타남. 예 이문열의 「우리들의 일그러진 영웅」, 조정래의 「태백산맥」

필수 개념어

'좌익'과 '우익'

'좌익'과 '우익'이라는 말은 1792년 프랑스 국민 의회에서, 급진파인 자코뱅당이 의장의 왼쪽 의석을 차지하고, 온건파인 지롱드당이 의장의 오른쪽 의석을 차지한 데서 유래함.

- 좌익: 급진적이거나 사회주의적·공산주의적인 경향. 또는 그런 단체.
- 우익: 보수적이거나 국수적인 경향. 또는 그런 단체.

개념+

'순수시'와 '참여시'

- 순수시: 시에서 의미를 전달하는 산문적 요소를 없애고 순수하게 감동을 일으키는 정서적 요소만으로 쓴 시
- 참여시: 정치·사회 문제에 관심을 가지고 비판적인 의식으로 그 변혁을 촉구하는 내용을 담은 시

개념 학습 체크

1 1930년대에는 서구에서 주지주의, 모더니즘, 초현실주의와 같은 (   )이/가 도입되었다.
2 6·25 전쟁 후에는 전쟁의 상흔이나 인간의 (   )적 문제를 다루는 작품들이 등장했다.
3 1970년대에는 (   )와/과 도시화의 영향으로 삶의 터전을 상실한 사람들의 이야기가 소설로 창작되었다.

답 1 문예 사조 2 실존 3 산업화

교과서 열기 ①

이 글은
윤동주의 유고 시집 『하늘과 바람과 별과 시』의 서두에 실린 작품으로, 어둡고 괴로운 현실 속에서도 자기의 양심을 지키며 순수한 삶을 살고자 했던 젊은 지식인의 모습을 나타내고 있다.

주제 순수한 삶에 대한 간절한 소망과 의지

●**잎새** 나무의 잎사귀. 주로 문학적 표현에 쓰임.

▪**죽는 날까지 하늘을 우러러 / 한 점 부끄럼이 없기를,** 현실의 삶에 타협하지 않고 양심에 부끄럽지 않은 삶을 살아가겠다는 화자의 태도가 드러나고 있다.

▪**잎새에 이는 바람에도 / 나는 괴로워했다.** 나뭇잎의 아주 작은 흔들림에도 끊임없이 괴로워하는 화자의 모습이 제시되어 있다.

▪**모든 죽어 가는 것을 사랑해야지** 모든 죽어 가는 것이란 살아 있는 모든 존재가 가진 생명의 유한성을 의미하며, 화자는 이러한 존재들을 사랑하겠다는 태도를 드러내고 있다.

[01~04] 다음 글을 읽고 물음에 답하시오.

죽는 날까지 하늘을 우러러
한 점 부끄럼이 없기를,
잎새에 이는 바람에도
나는 괴로워했다.
별을 노래하는 마음으로
모든 죽어 가는 것을 사랑해야지
그리고 **나한테 주어진 길을**
걸어가야겠다.

오늘 밤에도 별이 바람에 스치운다.

– 윤동주, 「서시」

▸ 242013-0033

01 윗글의 표현상의 특징으로 적절한 것은?

① 수미상관을 통해 시상의 안정을 꾀하고 있다.
② 화자의 내적 독백을 통해 시상을 전개하고 있다.
③ 통사 구조의 반복을 통해 리듬감을 나타내고 있다.
④ 역설적 표현을 통해 부정적 대상을 비판하고 있다.
⑤ 명령형의 문장을 사용하여 화자의 의지를 강조하고 있다.

▸ 242013-0034

02 윗글을 〈보기〉와 같이 구조화했을 때, 이에 대한 설명으로 적절하지 않은 것은?

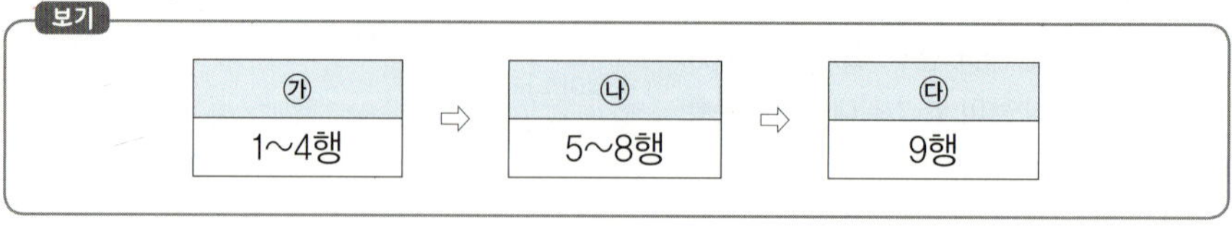

① ㉮~㉰를 시간순으로 본다면 ㉮는 과거, ㉯는 미래, ㉰는 현재에 해당된다.
② ㉮에서 화자는 윤리적 판단의 기준인 '하늘'을 우러러보며 자신의 바람과 소망을 드러내고 있다.
③ ㉯에서 화자는 살아 있는 모든 존재들에 대한 연민과 사랑을 나타내고 있다.
④ ㉰에서 화자는 '밤'과 '바람'이라는 소재를 통해 자신이 처한 상황을 보여 주고 있다.
⑤ ㉮에서 화자가 겪은 일로 인해 ㉯에서 절대자에 대한 화자의 태도가 변화하고 있다.

▸ 242013-0035

03 〈보기〉를 바탕으로 윗글을 감상한 내용으로 적절하지 않은 것은?

보기

이 시의 화자는 일제 강점기라는 암울한 시대 상황에서도 양심을 지키며 현실에 타협하지 않는 삶을 추구하고 있다. 화자는 때로 이상과 현실 사이의 갈등에 괴로워하면서도 순결한 삶을 살기를 소망하고 있으며, 자신에게 주어진 삶을 꿋꿋하게 살아갈 것을 다짐하고 있다.

① '한 점 부끄럼이 없기를'에는 암울한 시대 상황에서도 양심을 지키며 살아가려는 화자의 삶의 태도가 나타나는군.
② '나는 괴로워했다.'에는 이상과 현실 사이의 갈등에서 괴로워하는 화자의 모습이 드러나는군.
③ '별을 노래하는 마음'에서 '별'은 화자가 소망하는 순결한 삶을 상징하는군.
④ '나한테 주어진 길을 / 걸어가야겠다.'에는 자신에게 주어진 삶을 꿋꿋하게 살아가겠다는 화자의 다짐이 드러나는군.
⑤ '오늘 밤에도 별이 바람에 스치운다.'에서 '별'은 끝내 고난을 이겨 낸 화자를 의미하는군.

▸ 242013-0036

04 윗글과 〈보기〉에서 공통으로 발견할 수 있는 화자의 정서나 태도로 적절한 것은?

보기

푸른 하늘에 닿을 듯이
세월에 불타고 우뚝 남아 서서
차라리 봄도 꽃 피진 말아라

낡은 거미집 휘두르고
끝없는 꿈길에 혼자 설레이는
마음은 아예 뉘우침 아니라

검은 그림자 쓸쓸하면
마침내 호수 속 깊이 거꾸러져
차마 바람도 흔들진 못해라.

– 이육사, 「교목(喬木)」

① 고향에 대한 간절한 그리움
② 인간 존재의 본질에 대한 성찰
③ 부정적 상황에 굴하지 않는 의지
④ 새로운 세계에 대한 혼돈과 불안
⑤ 도시 문명에서 느끼는 고독과 비애

이육사, 「교목」
이 작품은 강인하고 의지적인 어조를 통해 죽음까지 불사하며 부정적 현실에 맞서는 화자의 모습을 효과적으로 나타내고 있다. 특히 '말아라', '아니라', '못해라' 등과 같이 부정어로 문장을 종결함으로써 화자의 강한 저항 정신을 잘 나타내고 있다.

교과서 열기 ②

[01~03] 다음 글을 읽고 물음에 답하시오.

한번은 장인님이 헐떡헐떡 기어서 올라오더니 내 바짓가랑이를 요렇게 노리고서 단박 움켜잡고 매달렸다. 악, 소리를 치고 나는 그만 세상이 다 팽그르 도는 것이

"빙장님! 빙장님! 빙장님!"

"이 자식! 잡아먹어라, 잡아먹어!"

㉠"아! 아! 할아버지! 살려 줍쇼, 할아버지!"

하고 두 팔을 허둥지둥 내절 적에는 이마에 진땀이 쭉 내솟고 인젠 참으로 죽나 보다, 했다. 그래도 장인님은 놓질 않더니 내가 기어이 땅바닥에 쓰러져서 거진 까무러치게 되니까 놓는다. ㉡더럽다 더럽다. 이게 장인님인가, 나는 한참을 못 일어나고 쩔쩔맸다. 그러다, 얼굴을 드니(눈에 참 아무것도 보이지 않았다.) 사지가 부르르 떨리면서 나도 엉금엉금 기어가 장인님의 바짓가랑이를 꽉 움키고 잡아 나꿨다.

내가 머리가 터지도록 매를 얻어맞은 것이 이 때문이다. 그러나 여기가 또한 우리 장인님이 유달리 착한 곳이다. 여느 사람이면 사경을 주어서라도 당장 내쫓았지 터진 머리를 불솜으로 손수 지져 주고, 호주머니에 히연 한 봉을 넣어 주고 그리고,

"올 갈엔 꼭 성례를 시켜 주마. 암말 말구 가서 뒷골의 콩밭이나 얼른 갈아라."

하고 등을 뚜덕여 줄 사람이 누구냐.

나는 장인님이 너무나 고마워서 어느덧 눈물까지 났다. 점순이를 남기고 인젠 내쫓기려니, 하다 뜻밖의 말을 듣고,

"빙장님! 인제 다시는 안 그러겠어유."

이렇게 맹서를 하며 불랴살야 지게를 지고 일터로 갔다.

그러나 이때는 그걸 모르고 장인님을 원수로만 여겨서 잔뜩 잡아당겼다.

"아! 아! 이놈아! 놔라, 놔."

장인님은 헛손질을 하며 솔개미에 챈 닭의 소리를 연해 질렀다. 놓긴 왜, 이왕이면 호되게 혼을 내 주리라 생각하고 짓궂이 더 당겼다마는, 장인님이 땅에 쓰러져서 눈에 눈물이 피잉 도는 것을 알고 좀 겁도 났다.

"할아버지! 놔라, 놔, 놔, 놔놔." / 그래도 안 되니까,

㉢"얘, 점순아! 점순아!"

이 악장에 안에 있었든 장모님과 점순이가 헐레벌떡하고 단숨에 뛰어나왔다.

나의 생각에 장모님은 제 남편이니까 역성을 할는지도 모른다. 그러나 점순이는 내 편을 들어서 속으로 고소해하겠지. — 대체 이게 웬 속인지(지금까지도 난 영문을 모른다.) ㉣아버질 혼내 주기는 제가 내래 놓고 이제 와서는 달려들며,

"에그머니! 이 망할 게 아버지 죽이네!"

하고 귀를 뒤로 잡아당기며 마냥 우는 것이 아니냐. 그만 여기에 기운이 탁 꺾이어 나는 얼빠진 등신이 되고 말았다. 장모님도 덤벼들어 한쪽 귀마저 뒤로 잡아채면서 또 우는 것이다.

이렇게 꼼짝도 못 하게 해 놓고 장인님은 지게막대기를 들어서 사뭇 내려조겼다. 그러나 나는 구태여 피하려 하지도 않고 ㉤암만해도 그 속을 알 수 없는 점순이의 얼굴만 멀거니 들여다보았다.

– 김유정, 「봄 · 봄」

이 글은
우직하고 순진한 '나'가 점순과의 결혼을 핑계 삼아 '나'에게 임금도 주지 않고 고된 일을 시키는 장인과 갈등하는 내용을 다루고 있는 작품이다.

주제 순박한 데릴사위와 이를 이용하는 장인 간의 갈등

- **사경** 머슴이 주인에게서 한 해 동안 일한 대가로 받는 돈이나 물건.
- **불솜** 상처를 소독하기 위하여 불에 그슬린 솜방망이.
- **히연** 일제 강점기 때 있었던 담배의 한 종류.
- **성례** 혼인의 예식을 지냄.
- **뚜덕이다** 잘 울리지 않는 물체를 좀 세게 두드리는 소리를 내다.
- **불랴살야** 부랴사랴. 매우 부산하고 급하게 서두르는 모양.
- **역성** 옳고 그름에는 관계없이 무조건 한쪽 편을 들어 주는 일.

터진 머리를 불솜으로 ~ 한 봉을 넣어 주고 장인이 '나'의 부상을 치료하고 담배 한 봉을 넣어 주는 모습으로, '나'를 달래기 위한 행동이다.

이렇게 맹서를 ~ 일터로 갔다. '나'가 장인의 말에 속아 또다시 일터로 가는 장면으로, '나'의 어수룩함이 나타난다.

나의 생각에 장모님은 ~ 속으로 고소해하겠지. '나'의 속마음이 나타난 부분으로 장모님과 달리 점순은 자기편을 들어줄 것이라고 기대하고 있다.

▸ 242013-0037

01 윗글에 대한 설명으로 적절한 것은?

① 역순행적 구성을 통해 회상 장면이 나타난다.
② 인물의 외양을 상세히 묘사하여 성격을 드러내고 있다.
③ 비현실적인 소재를 통해 환상적인 분위기를 조성하고 있다.
④ 공간적 배경을 구체적으로 묘사하며 사건을 지연시키고 있다.
⑤ 작품 속의 서술자가 사건의 내용을 객관적으로 보여 주고 있다.

▸ 242013-0038

02 ㉠~㉤에 대한 설명으로 적절하지 않은 것은?

① ㉠: '나'가 장인에 대한 호칭을 바꾸는 모습에서 해학이 드러난다.
② ㉡: 독백체의 서술을 통해 '나'의 심리를 그대로 드러내고 있다.
③ ㉢: 점순을 찾는 모습에서 점순에 대한 장인의 분노를 엿볼 수 있다.
④ ㉣: '나'에 대한 점순의 모습에서 이중적 태도가 나타난다.
⑤ ㉤: 예상하지 못한 상황 전개에 망연자실한 '나'의 심정이 나타난다.

▸ 242013-0039

03 <보기>를 바탕으로 윗글을 감상한 내용으로 적절하지 않은 것은?

보기

이 소설은 '데릴사위'라는 소재를 통해 영악한 장인과 어수룩한 '나'를 대조적으로 그리고 있다. 그런데 1930년대의 마름과 소작인의 관계를 고려할 때, 강자인 마름이 머슴이라는 약자를 착취하며 수탈하는 당대의 모순적인 사회 구조를 그려 낸 것으로 볼 수 있다.

① 장인님이 유달리 착하다고 말하는 것에서 '나'의 어수룩함이 나타나는군.
② 성례를 빌미로 다시 콩밭을 갈라고 말하는 것에서 장인의 영악함이 드러나는군.
③ '나'가 농사일을 하는 이유는 데릴사위가 되려고 점순네 집에 들어왔기 때문이군.
④ '나'에 대한 장인의 횡포는 약자인 머슴에 대한 강자인 마름의 착취로 볼 수 있겠군.
⑤ '나'가 장인의 바짓가랑이를 움켜쥔 것은 당대의 모순적인 사회 구조를 깨달았기 때문이군.

마름 지주를 대리하여 소작권을 관리하는 사람.

자료 탐구

해제 이 작품은 주인공 김달채가 무전기와 비슷하게 생긴 우산을 통해 권력을 갖게 되었다가, 결국 그 권력을 잃게 되는 과정을 그리고 있다. 특히 김달채가 자신이 지닌 힘을 과시하기 위해 일부러 우산 케이스를 노출시키는 모습, 자신의 우산을 무전기로 보지 않는 청년 앞에서 비굴해지는 모습 등을 통해 타산적인 소시민의 모습을 비판적으로 드러내고 있다.

주제 소시민의 타산적 태도에 대한 비판

지하철이나 버스 혹은 공중변소나 포장마차 안에서, 백화점에서 사지도 않을 물건을 흥정하거나 정류장에서 토큰 아니면 올림픽복권을 사면서, 그리고 행인에게 담뱃불을 빌거나 더욱 과감하게는 파출소에 들어가 경찰관에게 길을 묻는 시늉을 하는 사이에 마주치는 각계각층의 사람들을 상대로 달채 씨는 실수를 가장하기도 하고 때로는 또렷한 목적의식을 드러내기도 해 가며 우산의 존재를 알리기 위해 갖가지 수단과 방법을 다 동원했다. 그런 다음 상대방의 눈에 과연 우산이 어떻게 비치는지, 그리하여 상대방이 우산 임자인 자기를 어떻게 대우하는지 반응을 떠보는 작업을 일삼아 계속해 나갔다. 참으로 긴장과 전율이 넘치는 뻐근한 나날들이었다. 구청 호적계장의 직위에 오르기까지 여태껏 전혀 몰랐던 세계가 구청과 자기 집구석 바깥에 따로 있음을 그는 우산을 통해서 비로소 실질적으로 체험할 수가 있었다. / 그는 사람들의 반응을 종합해서 몇 가지 결론을 얻어 내는 데 성공했다.

첫째는, 진짜 무전기에 익숙한 일부 극소수의 사람들을 제외한 거개의 서민들은 의외로 쉽사리 우산에 속아 넘어간다는 사실이었다.

둘째는, 상대방이 무전기를 지니고 있다고 알아차리는 그 순간부터 사람들의 태도가 확 달라진다는 사실이었다. 일껏 하던 이야기를 뚝 그치거나 얼렁뚱땅 말머리를 돌리는 등으로 지은 죄도 없이 공연히 겁부터 집어먹고는 꾀죄죄한 몰골의 자기한테 갑자기 저자세로 구는 것이었다. 밤늦도록 수고가 많다면서 한사코 술값을 받지 않으려 하던 어떤 포장마찻집 주인의 경우가 단적인 예였다.

셋째는, 노골적으로 손에 쥐고 보여 줄 때보다 그냥 뒤꽁무니에 꿰 찬 채 부주의한 몸가짐인 척하면서 웃옷 자락을 슬쩍 들어 케이스의 끝부분만 감질나게 보여 주는 편이 오히려 사람들을 놀라게 하는 데 훨씬 더 효과적이고 반응도 민감하다는 사실이었다.

김달채 씨는 그러잖아도 짧은 머리를 더욱 짧게 깎았다. 옷차림도 낡은 양복에서 스포티한 잠바 스타일로 개비했는가 하면 구청 밖에서는 항상 선글라스를 끼고 다녀 버릇했다.

(중략)

사복 경찰관들한테 붙잡혀 끌려오는 학생의 모습이 구경꾼들 어깨 너머로 내다보였다. 달채 씨는 저도 모르는 사이에 앞사람들 틈바귀를 비집고 전면으로 썩 나섰다.

"이봐요, 거기!"/ 김달채 씨는 창문마다 철망이 쳐진 버스 안으로 학생들을 마구 밀어 넣는 사복들을 향해 느닷없이 목청을 높였다.

"아직도 어린애야! 다치지 않게 살살 좀 다뤄!"

어디서 그런 용기가 솟아나는지 김달채 씨 자신도 깜짝 놀랄 지경이었다.

"당신 뭐야?" / 옷깃에 비표를 단 사복 차림의 청년 하나가 달려와서 김달채 씨의 가슴을 떼밀었다. / "나 이런 사람이오."

김달채 씨는 엉겁결에 잠바 자락 한끝을 슬쩍 들어 뒷주머니에 꿰 찬 우산 케이스를 내보였다. 하지만 상대방 청년은 그런 물건 따위는 애당초 거들떠볼 생심조차 하지 않았다.

"당신도 저 차에 같이 타고 싶어? 여러 소리 말고 빨리 집에나 들어가 봐요!"

이른바 닭장차에 어린 학생들과 함께 실리고 싶은 생각은 물론 털끝만큼도 없었다. 옷깃에 비표를 단 청년이 우산을 우산 이상의 것으로 보아 주지 않는다면 그건 어쩔 도리 없는 노릇이었다. 김달채 씨는 남의 채마밭에서 무 뽑아 먹다 들킨 아이처럼 무르춤한 꼬락서니가 되어 맥없이 돌아설 수밖에 없었다.

– 윤흥길, 「매우 잘생긴 우산 하나」

● **토큰** 예전에, 버스 요금을 낼 때 돈을 대신하여 내는 동전 모양의 주조물.

● **거개** 거의 대부분.

● **비표** 남들은 모르고 자기들만 알 수 있도록 표시한 표지.

■ **일껏 하던 이야기를 ~ 단적인 예였다.** 권력을 지닌 것으로 보이는 사람 앞에서 저자세를 취하는 사람들의 모습을 구체적으로 그려 내고 있다.

■ **김달채 씨는 엉겁결에 ~ 우산 케이스를 내보였다.** 무전기 모양의 우산 케이스를 통해 청년에게 자신을 권력을 지닌 인물로 보이게 하려는 행동이다.

■ **김달채 씨는 남의 채마밭에서 ~ 돌아설 수밖에 없었다.** 청년을 속이려는 시도가 실패로 돌아간 후 자신의 안위를 위해 타산적으로 행동하는 모습이 나타난다.

▸ 242013-0040

■ 〈보기〉를 바탕으로 윗글을 감상한 내용으로 적절하지 않은 것은?

보기

소시민은 자신의 기득권을 지키기 위해 권력관계에 민감하게 반응한다. 권력관계가 형성되기 위해서는 타인의 승인이 요구되며, 이로 인해 힘의 우열 관계가 발생한다. 이 작품은 허구적 권력 표지를 통해 타인의 승인을 얻음으로써 자신감을 갖게 된 인물이, 승인을 거부하는 타인 앞에서는 소시민적 면모를 드러내는 상황을 그려 낸다. 이를 통해 상황 논리를 따르는 소시민의 타산적 태도를 비판하고 있다.

① 김달채가 각계각층 사람들의 반응을 떠보는 것은, 권력이 타인들에게 미치는 영향을 살핀다는 점에서 김달채가 권력관계를 의식하는 인물임을 드러내는군.
② 김달채가 준 술값을 포장마찻집 주인이 받지 않으려는 것은, 권력에 대한 사람들의 태도를 나타낸다는 점에서 권력이 인물 간의 우열 관계를 형성하는 요인임을 보여 주는군.
③ 김달채가 외양에 변화를 준 것은, 타인의 승인을 용이하게 받으려 한다는 점에서 허구적 권력 표지를 이용하는 데 더 적극적으로 나서려는 김달채의 의도를 나타내는군.
④ 김달채가 사복들에게 목청을 높이며 항의하는 것은, 자신도 모르게 용기를 드러냈다는 점에서 승인받은 경험들을 통해 얻게 된 김달채의 자신감을 보여 주는군.
⑤ 김달채가 비표를 단 청년 앞에서 돌아서는 것은, 학생들과 맺은 유대 관계를 단절하여 기득권을 지키려 한다는 점에서 상황 논리를 따르는 김달채의 타산적 태도를 드러내는군.

이 문제는

외적 준거를 바탕으로 작품 속 인물의 행위가 갖는 의미를 적절하게 파악할 수 있는가를 평가하는 문제이다.

이렇게 풀어 보자!

1 단계

〈보기〉의 내용을 파악한다.

허구적 권력 표지를 통해 권력을 얻은 특정 인물이 상황 논리에 따라 소시민적 면모를 드러내고 있다.

2 단계

선지에 언급된 내용을 지문에서 확인한다.

김달채는 학생들과 유대 관계가 없으며, 비표를 단 청년 앞에서 굴복했다.

3 단계

〈보기〉와 지문의 내용을 바탕으로 선지의 적절성을 판단한다.

김달채가 비표를 단 청년 앞에서 돌아선 것은 김달채의 타산적 태도를 드러낸 것이지만 김달채가 학생들과 유대 관계를 단절하여 기득권을 지키려 했다는 것은 사실이 아니다.

 ⑤

오답을 확인하자!

① 김달채가 각계각층의 반응을 떠본 것은 무전기로 상징되는 권력에 대한 사람들의 태도를 살핀 것이므로, 김달채는 권력관계를 의식하는 인물이라고 할 수 있다.
② 포장마찻집 주인이 술값을 받지 않으려는 것은 김달채를 권력자로 오인했기 때문이므로, 권력이 우열 관계를 형성하는 요인임을 보여 준다고 할 수 있다.
③ 김달채가 외양에 변화를 준 것은 이를 통해 타인의 승인을 더 쉽게 얻으려 한 것이므로, 무전기를 이용하는 데 더 적극적으로 나서려는 의도라고 할 수 있다.
④ 김달채가 사복들에게 항의한 것은 그동안 자신을 권력을 지닌 인물로 오인하게 만들었던 때의 경험들을 통해 얻은 자신감이 행동으로 표출된 것이라 할 수 있다.

05 문학의 수용과 생산

○ 주체적인 관점에서 작품을 해석하고 평가하며 문학을 생활화하는 태도를 지닌다.

필수 개념어

수용
받아들임.

맥락
사물이 서로 이어져 있는 관계나 연관.

문학사
문학의 역사.

1 문학 작품의 수용

(1) 문학 작품의 구성과 맥락

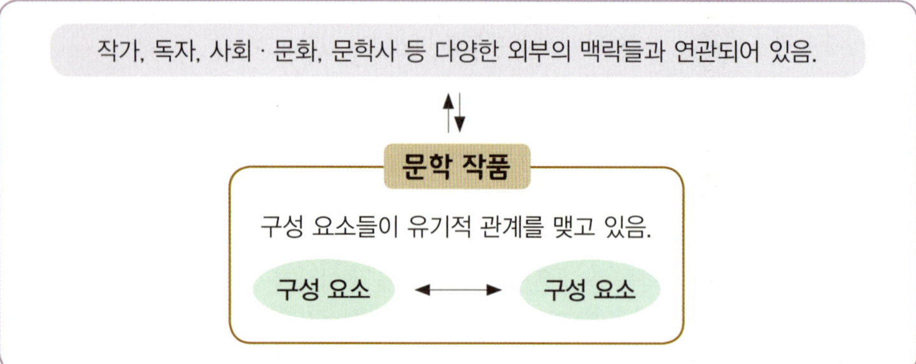

➡ 문학 작품의 구성 요소와 외부 맥락의 이해를 통해 작품에 대한 감상이 이루어짐.

(2) 문학의 맥락

- 작가 맥락, 독자 맥락, 사회 · 문화적 맥락, 문학사적 맥락 등이 다층적으로 작용함.
- 시간의 흐름에 따라 독자, 사회 · 문화적 맥락 등이 새롭게 형성되면서 새로운 가치를 창출함.

(3) 문학의 내용과 형식

<table>
<tr><td>내용</td><td colspan="2">작가가 문학 작품에 담아내고자 하는 것
예 주제, 소재, 사건의 전개 과정, 작품 속 사회·문화적 상황 등</td></tr>
<tr><td rowspan="4">형식</td><td colspan="2">작가가 자신이 전달하고자 하는 내용을 효과적으로 담아내기 위해 선택한 문학 갈래 및 장치</td></tr>
<tr><td>서정 갈래</td><td>운율, 비유, 심상, 상징 등
예 금으로 타는 태양의 즐거운 울림
⋯› 공감각적 심상과 울림소리의 반복을 통해 밝은 태양을 효과적으로 형상화함.</td></tr>
<tr><td>서사 갈래</td><td>시점, 사건과 인물의 제시 방법 등
예 미덥지 않게 보인 인상과는 달리 임 씨는 흠집 하나 내지 않고 욕조를 들어내었다.
⋯› 3인칭 시점을 통해 외양에 대한 판단과 이에 걸맞지 않은 일솜씨를 제시함으로써, '임 씨'라는 인물의 성격을 효과적으로 제시하고 있음.</td></tr>
<tr><td>극 갈래</td><td>대본, 지시문 등
예 곰치: (단호하게) 내일이라도 당장 배 탈 참이다!
⋯› 지시문과 대사의 내용을 통해 인물의 고집스러운 성격을 제시하고 있음.</td></tr>
</table>

2 문학 작품의 생산

(1) 문학 갈래 특성 이해의 의의

문학 갈래 특성 이해의 의의	문학 작품의 각 구성 요소를 유기적으로 결합하여, 개별 요소의 합을 넘어서는 가치와 개성을 창조할 수 있음.

➡ 문학 작품은 작가가 의도한 각 구성 요소의 총합으로 이루어져 있음. 따라서 갈래의 특성을 이해함으로써, 작품을 창작한 작가의 의도를 이해할 수 있으며, 이를 통해 독자도 일상생활 속의 문학적 언어 사용에 익숙해짐.

(2) 문학 작품 생산의 의의

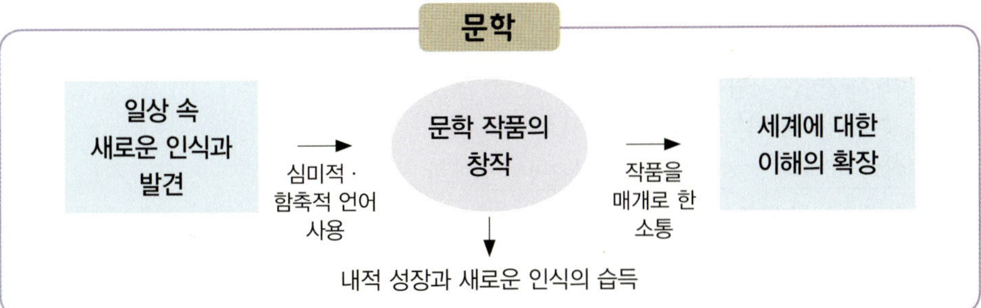

➡ 문학 작품의 구성 요소와 외부 맥락의 이해를 통해 작품에 대한 감상이 이루어짐.

(3) 문학의 생활화와 그 의의

개념	문학 작품을 향유하고 그 가치를 이해하며 재구성이나 창작 등을 통해 일상생활 속에서 문학을 수용하고 생산하는 것

➡ 현대 사회에 필요한 창의적 사고와 심미적 감성을 갖춘 독자는 한국 문학의 발전에 적극적으로 참여하는 문학 향유자로 성장함.

필수 개념어

향유
누려서 가짐.

☑ 개념 학습 체크

1 작가, 사회 · 문화, 문학사는 문학 작품의 내적 요소에 해당한다. (O/×)
2 문학 작품의 각 구성 요소는 서로 (   )으로 밀접하게 연관되어 있다.
3 작품의 갈래, 작품 내용의 구성, 어조, 운율은 문학 작품의 형식에 해당한다. (O/×)

답 1 × 2 유기적 3 O

교과서 열기 ①

[01~04] 다음 글을 읽고 물음에 답하시오.

오늘 저녁 이 좁다란 방의 흰 바람벽에
어쩐지 쓸쓸한 것만이 오고 간다
이 흰 바람벽에
희미한 ㉠십오 촉 전등이 지치운 불빛을 내어던지고
때글은 다 낡은 무명 샤쯔가 어두운 그림자를 쉬이고
그리고 또 달디단 따끈한 감주나 한잔 먹고 싶다고 생각하는 내 가지가지 외로운 생각이 헤매인다
그런데 이것은 또 어인 일인가
이 흰 바람벽에
㉡내 가난한 늙은 어머니가 있다
내 가난한 늙은 어머니가
이렇게 시퍼러둥둥하니 추운 날인데 차디찬 물에 손은 담그고 무이며 배추를 씻고 있다
또 내 사랑하는 사람이 있다
내 사랑하는 어여쁜 사람이
㉢어늬 먼 앞대 조용한 개포가의 나즈막한 집에서
그의 지아비와 마조 앉어 대구국을 끓여 놓고 저녁을 먹는다
벌써 어린것도 생겨서 옆에 끼고 저녁을 먹는다
그런데 또 이즈막하야 어늬 사이엔가
이 흰 바람벽엔
내 쓸쓸한 얼골을 쳐다보며
이러한 글자들이 지나간다
– 나는 이 세상에서 가난하고 외롭고 높고 쓸쓸하니 살어가도록 태어났다
그리고 ㉣이 세상을 살어가는데
내 가슴은 너무도 많이 뜨거운 것으로 호젓한 것으로 사랑으로 슬픔으로 가득 찬다 [A]
그리고 이번에는 나를 위로하는 듯이 나를 울력하는 듯이
눈질을 하며 주먹질을 하며 이런 글자들이 지나간다
– 하늘이 이 세상을 내일 적에 그가 가장 귀해하고 사랑하는 것들은 모두
가난하고 외롭고 높고 쓸쓸하니 그리고 언제나 넘치는 사랑과 슬픔 속에 살도록
만드신 것이다 [B]
㉤초생달과 바구지꽃과 짝새와 당나귀가 그러하듯이
그리고 또 '프랑시쓰 쨈'과 도연명과 '라이넬 마리아 릴케'가 그러하듯이

– 백석, 「흰 바람벽이 있어」

이 글은
고향을 떠나 외로운 처지에 놓인 화자가 흰 바람벽을 보며 자신에 대해 성찰하는 과정을 한 편의 영상물처럼 그려 낸 작품이다.

주제 고단한 삶 속에서도 고결함을 잃지 않으려는 삶의 자세

- **바람벽** 방이나 칸살의 옆을 둘러막은 둘레의 벽.
- **때글은** 때에 절어 검어진.
- **앞대** 어떤 지방에서 그 남쪽의 지방을 이르는 말.
- **개포** 평북 방언으로 강이나 내에 바닷물이 드나드는 곳.
- **호젓한** 매우 홀가분하여 쓸쓸하고 외로운.
- **울력** 여러 사람이 합친 힘.

이 흰 바람벽엔 ~ 그러하듯이 화자의 자아 성찰이 흰 바람벽을 통해 직접 드러나고 있다.

▸ 242013-0041

01 윗글에 대한 설명으로 적절하지 않은 것은?

① 화자가 고백적 어조를 통해 자신의 내면을 성찰하고 있다.
② 화자의 내면을 투사하는 매개물을 바탕으로 시상이 전개되고 있다.
③ 화자의 감정을 고조시키는 대상들이 애상적 분위기를 자아내고 있다.
④ 화자가 내적 성찰을 통해 자신의 현실을 바꾸기 위한 시도를 하고 있다.
⑤ 감각을 환기하는 시어들을 통해 화자의 정서를 구체적으로 드러내고 있다.

애상적 슬퍼하거나 가슴 아파하는.

유랑 일정한 거처 없이 떠돌아 다님.

▸ 242013-0042

02 〈보기〉를 읽고 [A], [B]를 이해한 내용으로 가장 적절한 것은?

보기

백석의 「흰 바람벽이 있어」는 화자의 자기 인식과 성찰이 드러나는 작품이다. 화자의 자기 인식은 화자가 처한 부정적인 상황에서 비롯한 체념에서 시작하지만, 자아 성찰의 과정에서 자신의 처지를 재인식하게 된다. 이후 화자는 자신이 처한 부정적인 상황을 대하는 새로운 시각으로 자신의 참모습을 응시하고자 하는 의지를 보이고 있다.

① [A]에는 화자의 자기 성찰을 통한 내면의 인식이 드러나며, [B]에서는 운명을 극복한 화자의 참모습을 제시하고 있군.
② [A]에는 화자가 상황을 수용하는 태도가 드러나며, [B]에는 부정적인 상황에서 가치를 발견한 화자의 새로운 인식이 드러나고 있군.
③ [A]에는 화자의 숙명론적 태도가 드러나며, [B]에는 화자가 부정적인 상황을 그대로 수용하는 비극적인 자기 인식이 드러나고 있군.
④ [A]에서는 나열을 통해 화자가 처한 부정적인 상황에 대한 인식이 드러나며, [B]에는 화자가 외로움을 극복할 수 있는 현실적인 대안을 열거하고 있군.
⑤ [A]에는 운명론적 체념을 벗어나려는 화자의 의지가 드러나며, [B]에서는 화자가 자아 성찰을 통해 자신의 단점을 바꿀 수 있다는 희망을 드러내고 있군.

객관적 상관물 시에서 표현하려는 자신의 정서나 감정, 사상 등을 다른 사물이나 상황에 빗대어 표현할 때 이를 표현하는 사물이나 사건을 뜻함.

▸ 242013-0043

03 ㉠~㉤에 대한 설명으로 적절하지 않은 것은?

① ㉠: 고단하고 지친 화자의 상황을 나타내는 객관적 상관물이다.
② ㉡: 부정적 상황이 중첩되면서 애틋함을 불러일으키는 인물이다.
③ ㉢: 멀리 떨어진 곳으로 화자와 반대의 상황을 나타내는 공간이다.
④ ㉣: 화자에게 위로가 되는 공간으로 따뜻한 연민을 불러일으키고 있다.
⑤ ㉤: 화자가 동일시하고자 하는 대상들로 여리고 순수한 속성을 가지고 있다.

▸ 242013-0044

04 〈보기〉에 소개된 작가들과 화자의 삶에서 공통점을 찾고, 이 작가들을 제시한 화자의 의도를 추측하여 서술하시오.

보기

- 프랑시스 잠(1868~1938): 프랑스의 시인으로, 일생을 자연 속에서 은둔하다시피 살았으며, 진실한 표현으로 자연의 아름다움을 노래한 작품들을 씀.
- 도연명(365~427): 중국의 대표적 시인으로, 전란으로 인해 비극적인 인생을 살았으나, 소박한 표현으로 세상에 대한 자신의 격정을 노래한 작품들을 씀.
- 라이너 마리아 릴케(1875~1926): 독일의 시인으로, 병약한 몸으로 고통받으면서도 유럽의 각지를 유랑하였으며, 고독 · 사랑 · 초월 등의 문제에 관해 자신의 진지한 고민을 담은 작품들을 씀.

[01~04] 다음 글을 읽고 물음에 답하시오.

한편 만 금을 빌린 허생은 다시 집으로 돌아가지 않고, 그길로 바로 경기도 안성으로 내려가 거기에 머물며 거처를 마련하였다. 안성 지방이 경기도와 충청도의 경계이고, 삼남 지방의 길목이 된다고 생각했기 때문이다. 거기서 대추, 밤, 감, 배, 석류, 귤, 유자 등의 과일들을 모두 시세의 곱절 가격으로 모조리 사들였다.

허생이 과일을 사재기하는 바람에 나라 안에서는 연회(宴會)를 열거나 제사를 지낼 수 없었다. 얼마 지나자 허생에게 곱절의 가격으로 팔았던 장사치들이 도리어 열 배의 가격으로 되사 가게 되었다. 허생이 한숨을 쉬며 탄식하였다.

㉠"겨우 만 금으로 한 나라를 휘청하게 만들었으니, 나라의 경제 규모를 짐작할 만하다."

허생은 다시 칼, 호미, 베, 명주, 솜을 사 가지고 제주도로 들어가서 그곳의 말총을 다 거두어들였다.

"몇 해가 지나면 나라 사람들이 머리를 싸매지 못할 것이다."

과연 얼마 있다가 망건값이 열 배로 치솟았다.

(중략)

다음 날이 되어 바닷가에 허생이 돈 삼십만 냥을 싣고 나타나자, 모두 크게 놀라 허생에게 줄을 지어 절을 하였다.

"오직 장군의 명령대로 따르겠소이다."

"있는 힘대로 지고 가게나."

㉡그리하여 도적들이 돈을 짊어졌으나, 사람마다 고작 백 금을 넘지 못했다. 허생이

[A] "너희들 힘이란 게 고작 백 금을 들기에도 부족하거늘, 어찌 도적질이라도 변변히 할 수 있겠는가? 지금 너희들은 비록 평민이 되려고 해도 이름이 이미 도적의 명부에 올라 있으니 어디 갈 곳도 없을 것이다. 내가 여기서 너희들을 기다릴 터이니, 각자 백 금씩 가지고 가서 아내 한 사람과 소 한 마리씩 장만해 오너라."

하자, 군도들이 모두 좋다고 승낙하며 흩어졌다.

그동안 허생은 이천 명이 한 해 동안 먹을 양식을 장만하여 그들을 기다렸다. 도적들이 기한(期限)한 날짜에 모두 도착해 뒤에 처진 사람이 하나도 없었다. 드디어 모두 배에 싣고, 빈 섬으로 들어갔다. ㉢허생이 도적을 모두 쓸어 가자 나라 안에는 도적 걱정이 없어졌다.

한편 섬으로 들어간 허생과 도적들은 나무를 찍어서 집을 짓고, 대나무를 엮어서 울타리를 만들었다. 땅 기운이 온전하다 보니 온갖 곡식이 심는 대로 크고 무성하게 자라고, 김을 매고 쟁기질을 하지 않아도 한 줄기에 아홉 이삭이 달렸다. 삼 년 먹을 식량을 비축해 두고 나머지는 모두 배에 싣고 장기도(長碕島)로 가서 팔았다. 장기도는 일본에 속한 고을로, 삼십일만 호가 되는 큰 지방인데 바야흐로 큰 기근이 들어 있었다. ㉣그리하여 굶주린 사람들을 진휼(賑恤)하고 은 백만 냥을 얻게 되었다.

허생이 탄식하면서,

㉤"이제야 나의 자그마한 시험을 마치게 되었구나."

하고는 남녀 이천 명을 모두 모아 놓고 명을 내렸다.

[B] "내가 처음 너희들과 이 섬에 들어올 때의 계획으로는 먼저 너희들을 풍부하게 만들어 놓은 다음에 따로 문자를 만들고, 의관 제도를 새로이 제정(制定)하려고 하였느니라. 그런데 여기 땅이 좁고 내 덕이 얇으니, 나는 이제 여기를 떠나련다. 아이들이 태어나

이 글은

조선 후기 박지원이 지은 한문 소설로, 허생이라는 선비를 내세워 당시 조선의 취약한 경제 구조를 지적하고 북벌이라는 허울 좋은 구호에만 집중했던 당시 위정자의 허위를 풍자하였다.

주제 지배층인 사대부의 무능과 허위 의식 비판

- **말총** 말의 갈기나 꼬리털. 갓이나 망건의 재료로 쓰임.
- **진휼** 흉년에 곤궁한 백성을 도와줌.
- **제정** 제도나 법 따위를 만들어 정함.

숟가락을 잡게 되면 오른손으로 잡도록 가르치고, 하루라도 나이가 많은 사람이 먼저 먹도록 양보하게 하라."

그러고는 다른 배를 모두 불살라 버리고,

"나가는 사람이 없으면 들어오는 사람도 없을 테지."

하고 은자 오십만 냥을 바닷속에 던지며,

"바다가 마르면 얻는 사람이 생기겠지. 백만 냥이나 되는 돈은 나라 안에서도 놓아둘 곳이 없거늘, 하물며 이 작은 섬에서야."

했다. 글을 아는 사람은 모두 배에 실어서 함께 섬을 빠져나오며,

"이 섬에 ㉮화근을 없애려 함이네."

라고 하였다.

– 박지원, 「허생전」

▸ 242013-0045

사재기 물건값이 오를 것을 예상하고 폭리를 얻기 위하여 물건을 몰아서 사들임.

01 윗글을 이해한 내용으로 적절하지 않은 것은?

① 제주도의 말총은 망건을 만들기 위해 반드시 필요한 재료이다.
② 허생이 과일을 모두 사재기하자 나라에서 연회를 열 수 없게 되었다.
③ 빈 섬은 땅 기운이 온전하여 곡식이 잘 자랄 수 있는 조건을 갖췄다.
④ 허생은 백만 냥이라는 돈을 두기에는 장기도가 너무 좁다고 생각했다.
⑤ 허생은 문자와 의관 제도 이전에 풍족한 경제력을 먼저 갖추려고 계획했다.

▸ 242013-0046

02 [A], [B]에 대한 설명으로 적절한 것은?

① [A]에서는 상대의 현실적인 한계를 지적하고 있으며, [B]에서는 자신의 부족함을 언급하고 있다.
② [A]에서는 신분 제도의 허점을 비판하고 있으며, [B]에서는 문자와 의관 제도의 필요성을 강조하고 있다.
③ [A]에서는 질문을 통해 상대의 성찰을 유도하고 있으며, [B]에서는 회상을 통해 자신의 과거를 반성하고 있다.
④ [A]에서는 상대에게 요구하는 바를 직접적으로 제시하고 있으며, [B]에서는 열거를 통해 상대의 부족한 점을 지적하고 있다.
⑤ [A]에서는 상대가 처한 상황을 부정적으로 진단하고 있으며, [B]에서는 미래에 대한 어두운 전망을 제시하며 상대에게 조언하고 있다.

▸ 242013-0047

03 〈보기〉를 읽고 ㉠~㉤을 이해한 내용으로 적절하지 않은 것은?

보기

연암 박지원은 소설을 통해 당시 지배 계층인 양반들의 허위(虛威)와 모순을 풍자하였으며, 동시에 실학자로서 자신의 생각을 드러냈다. 특히 「허생전」은 백면서생(白面書生)이었던 허생이 만 금으로 나라의 경제를 뒤흔들고, 자신이 꿈꿨던 이상 사회를 실현해 나가는 모습을 통해 조선의 취약한 경제 구조와 이로부터 파생된 치안 문제, 인재 등용 구조, 무역의 필요성 등을 지적하고 있다.

① ㉠은 허생의 탄식을 통해 적은 돈만으로도 흔들리는 조선의 경제 현실을 비판하는 것이겠군.
② ㉡은 허약한 도적들의 모습을 통해 도적들의 본질이 결국 굶주린 백성들임을 지적하는 것이겠군.
③ ㉢은 허생이 홀로 도적 문제를 해결하는 상황을 통해 인재를 알아보지 못하는 지배 계층을 비판하는 것이겠군.
④ ㉣은 장기도와 섬의 사람들 모두 이득을 보는 상황을 통해 무역의 필요성을 제시하는 것이겠군.
⑤ ㉤은 허생이 섬에서의 시험을 통해 자신이 꿈꿔 온 이상 사회를 이루어 냈음을 의미하는 것이겠군.

허위 실속 없이 겉으로만 그럴듯하게 꾸민 위세.

백면서생 글만 읽고 세상일에는 경험이 없는 사람.

▸ 242013-0048

04 ㉮가 의미하는 바를 (1) 본문에서 찾아 3어절로 쓰고, (2) 허생이 그렇게 생각한 이유가 무엇인지 당시 조선 사회의 현실을 바탕으로 서술하시오.

(1): ______________________

(2): ______________________

수능 맛보기

자료 탐구

해제 (가) 곤궁한 생활을 벗어날 수 없음을 탄식하면서 결국 그것을 수용하는 자세를 노래한 가사이다. 화자의 가난한 생활상이 일상적 소재를 바탕으로 사실적으로 그려져 전달의 효과를 높이고 있다.
(나) 농가의 생활과 즐거움을 진솔하게 노래함으로써 농부들의 생활상이나 생활 감정을 잘 드러낸 총 9수의 연시조이다. 농촌을 건강한 노동이 이루어지는 공간으로 인식하고 있으며, 가난을 벗어나 이상적인 농촌상을 그려낸 점이 이색적이다.

주제 (가) 가난으로 인한 고통과 이를 수용하려는 자세
(나) 농가의 생활과 농사일을 하는 즐거움

(가)

베틀 북도 쓸데없어 빈 벽에 남겨 두고
솥 시루 버려두니 붉은 빛이 다 되었다
세시 삭망 명절 제사는 무엇으로 해 올리며
원근 친척 내빈왕객(來賓往客)은 어이하여 접대할꼬
이 얼굴 지녀 있어 어려운 일 하고 많다
[A] 이 원수 궁귀(窮鬼)를 어이하여 여의려뇨
술에 후량을 갖추고 이름 불러 전송하여
길한 날 좋은 때에 사방으로 가라 하니
웅얼웅얼 불평하며 원노(怨怒)하여 이른 말이
어려서나 늙어서나 희로우락(喜怒憂樂)을 너와 함께하여
죽거나 살거나 여읠 줄이 없었거늘
어디 가 뉘 말 듣고 가라 하여 이르느뇨
우는 듯 꾸짖는 듯 온가지로 협박커늘
돌이켜 생각하니 네 말도 다 옳도다
무정한 세상은 다 나를 버리거늘
네 혼자 유신하여 나를 아니 버리거든
위협으로 회피하며 잔꾀로 여읠려냐
하늘 삼긴 이내 궁(窮)을 설마한들 어이하리
빈천도 내 분(分)이니 서러워해 무엇하리

– 정훈, 「탄궁가」

(나)

서산에 돋을볕 비추고 구름은 느지막이 내린다
비 온 뒤 묵은 풀이 뉘 밭이 우거졌던고
두어라 차례 정한 일이니 매는 대로 매리라

〈제1수〉

[B] 면화는 세 다래 네 다래요 이른 벼의 패는 모가 곱난가
오뉴월이 언제 가고 칠월이 반이로다
아마도 하느님 너희 삼길 제 날 위하여 삼기셨다

〈제7수〉

아이는 낚시질 가고 집사람은 절이채 친다
새 밥 익을 때에 새 술을 걸러셔라
아마도 밥 들이고 잔 잡을 때에 흥에 겨워 하노라

〈제8수〉

– 위백규, 「농가」

- **궁귀** 가난을 뜻하는 귀신.
- **후량** 생선포나 육포처럼 마른 양식.
- **유신하다** 신의와 신용이 있다.

이 원수 궁귀를 ~ 가라 하여 이르느뇨 가난함을 의인화한 궁귀를 달래서 쫓아내기 위해 의식을 치렀으나, 궁귀의 원망하는 말을 제시하며 화자의 가난이 운명적인 것임을 드러내고 있다.

▸ 242013-0049

■ [A], [B]에 대한 이해로 적절하지 않은 것은?

① [A]에서 '술에 후량'을 갖춘 화자는 의례를 통해 '궁귀'에 대한 예우를 표하고 있다.
② [B]에서 화자는 시간의 경과를 의식하며 '세 다래 네 다래' 열린 '면화'에 대한 만족감을 드러내고 있다.
③ [A]에서 화자는 '이내 궁'과의 관계를, [B]에서 화자는 '너희'와의 관계를 운명적인 것으로 여기는 관점을 취하고 있다.
④ [A]에서 화자는 '옳도다'라는 응답으로 '네 말'을 수용하는 태도를, [B]에서 화자는 '반이로다'라는 감탄으로 '패는 모'에 대한 기대감을 드러내고 있다.
⑤ [A]와 [B]에서 화자는 각각 초월적인 존재인 '하늘'과 '하느님'을 예찬하는 어조를 취하고 있다.

이 문제는
고전 시가에서 화자의 태도를 파악하고, 구절의 내용을 정확하게 이해할 수 있는지를 묻고 있다. 특히 뜻풀이가 없는 낯선 어휘의 경우, 맥락을 통해 어휘의 의미나 화자의 태도를 파악할 수 있어야 한다.

이렇게 풀어 보자!

1 단계

각 선지에서 언급하고 있는 내용을 지문에서 확인한다.

①에서는 [A]에서 '술에 후량'을 갖춘 화자가 의례를 통해 '궁귀'를 예우하고 있는지를, ②에서는 [B]에서 화자가 시간의 경과를 의식하고 있는지를, ③에서는 [A], [B]에서 각각 화자와 '이내 궁', '너희'와의 관계를, ④에서는 [A], [B]에서 각각 화자가 수용하는 태도와 기대감을 드러내고 있는지를, ⑤에서는 [A], [B]에서 초월적인 존재인 '하늘'과 '하느님'이 나타나는지를 파악한다.

2 단계

맥락을 통해 선지에서 확인한 내용이 적절한지 파악한다.

[A]에서 '하늘'은 '이내 궁'을 만든 존재로, 운명에 해당하는 초월적 존재임을 알 수 있다. [B]의 '하느님'은 '너희'를 창조한 존재로, 조물주에 해당하는 초월적 존재에 해당한다. 따라서 [A]의 '하늘'과 [B]의 '하느님'은 각각 초월적인 존재에 해당한다.

3 단계

선지의 진술 내용이 적절한지 확인한다.

[A]의 '하늘'은 가난을 수용하는 체념적인 자세와 관련된 것으로, '하늘'을 예찬하는 어조를 취하고 있다고 볼 수 없다. [B]의 '하느님' 또한 화자를 위해 '너희'를 만들었다는 점에서 감사의 대상이 될 수는 있으나, 예찬하는 어조를 사용하고 있는 것은 아니다.

 ⑤

오답을 확인하자!

① [A]에서 화자가 '술'과 마른 음식을 갖추고 '궁귀'를 전송하는 것은 의례에 따라 '궁귀'를 예우하고 있는 것으로 볼 수 있다.

② [B]의 '오뉴월이 언제 가고 칠월이 반이로다'에서 화자가 시간의 경과를 의식하고 있음이 드러나며, '면화는 세 다래 네 다래요'를 통해 풍성하게 열린 면화에 대한 만족감을 드러낸 것으로 볼 수 있다.

③ [A]의 '빈천도 내 분이니'라는 표현을 통해 화자가 자신의 가난을 운명적인 것으로 여기고 있음을 알 수 있다. [B]는 '하느님 너희 삼길 제 날 위하여 삼기셨다'를 통해, 농민인 화자와 농작물인 '면화', '벼'가 함께 운명적으로 연결되어 있음을 알 수 있다.

④ [A]에서 '네 말도 다 옳도다'를 통해 화자가 '궁귀'의 말을 수용하고 있음을 알 수 있다. [B]에서 '칠월이 반이로다'를 통해 화자가 곧 수확의 시기를 기대하고 있음을 알 수 있는데, 이는 곧 모를 패는 시간인 수확에 대한 기다림으로 볼 수 있다.

읽기, 이렇게 준비해요!

고등학교 읽기에서도 중학교 때와 마찬가지로 글을 읽으며 핵심 내용을 정확히 파악하고, 비판적으로 이해하는 능력이 중요합니다. 다만 중학교와 비교할 때 글에 담긴 정보량이 많고 사용되는 어휘와 글의 구조가 복잡해집니다.

- **글의 중심 내용과 글쓴이의 의도 파악하기** 읽기에서 중요한 점은 단순히 내용을 파악하는 것에 그치지 않고, 글쓴이의 의도와 관점까지 분석할 수 있어야 한다는 점입니다. 이를 위해서는 글의 구조와 흐름을 정확히 이해하고, 다양한 글의 유형에 맞는 읽기 전략을 익혀야 합니다.

- **주제 통합적 읽기** 같은 화제를 다루었더라도 글에 따라 관점과 형식이 다양하게 나타날 수 있습니다. 따라서 자신의 읽기 목적에 따라 글이나 자료를 비판적으로 재구성할 수 있는 주제 통합적 읽기 능력이 필요합니다.

- **비판적 읽기** 글쓴이의 주장이 담긴 글이나 자료를 읽을 때는 내용을 무비판적으로 받아들이지 말고 내용의 타당성과 신뢰성을 비판적으로 평가할 수 있어야 합니다. 글에 사용된 논증 방법을 파악하고 논증의 타당성을 평가한 후, 자신의 관점에 기반하여 논증을 비판적으로 재구성하는 능력을 갖추어야 합니다.

고등학교에서의 읽기 학습은 글의 구조와 논리를 깊이 있게 파악하는 능력을 요구합니다. 다양한 글을 읽으며 자신의 사고력을 키우고, 능동적으로 글을 분석하고 비판하는 능력을 기르는 것이 고등학교 읽기 공부의 핵심입니다. 천 리 길도 한 걸음부터입니다. 이 책에 실린 글을 읽어 가면서 핵심 정보를 정확하게 짚어 그 내용을 정확하게 이해하는 연습을 시작해 보죠.

II. 읽기

01 읽기의 본질과 태도

○ 자신의 진로나 관심 분야와 관련한 다양한 글이나 자료를 찾아 주제 통합적으로 읽고 읽은 결과를 공유한다.

필수 개념어

인지 과정
외부의 사건이나 지식을 받아들이고 이해하여 표현하는 일련의 과정. 깨달음, 기억, 상상, 판단, 추리 등을 포함함.

확립
견해나 조직, 체계 따위가 굳게 섬. 또는 그렇게 세움.

쟁점
논쟁의 핵심이 되는 지점.

1 읽기의 개념

(1) 읽기의 정의

- 사전적 의미의 읽기: 활자로부터 뜻을 얻어 내는 인지 과정을 의미함.
- 상호 작용으로서 읽기: 독자가 읽는 과정에서 마주하는 문제를 해결하면서 새롭게 의미를 구성하고, 새롭게 구성한 의미를 바탕으로 다른 사회 구성원과 영향을 주고받는 사회적 상호 작용을 포함함.

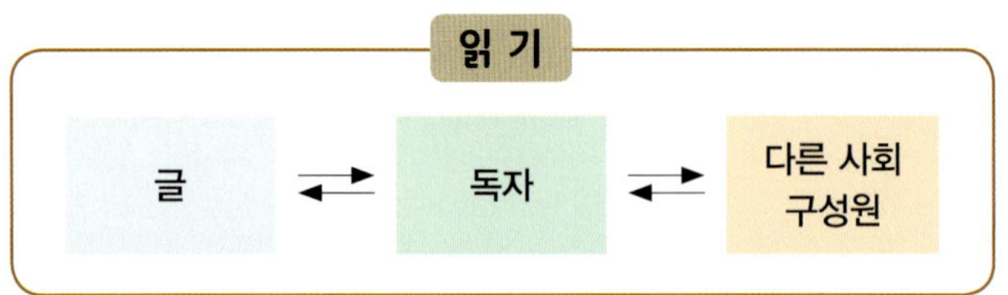

2 읽기와 진로 탐색

(1) 읽기와 진로 탐색

진로 독서의 개념	자신의 관심사나 적성을 바탕으로 자신의 진로에 도움이 될 만한 독서를 하는 활동 ⋯→ 독서를 통해 진로에 대한 탐구 및 이해, 설계가 이루어짐.
진로 독서의 방법	취미나 흥미 등 자신의 관심 분야와 관련한 책을 찾아 읽음.
진로 독서의 이점	• 독서를 통해 자신의 관심사를 탐구하는 과정에서 가치관을 확립하고, 미래에 대한 계획을 세울 수 있음. • 독서를 통해 직업에 대한 이해도가 높아져 자신의 진로를 위해 필요한 것들이 무엇인지 파악할 수 있음.

➡ 진로 독서는 읽기를 통해 자신의 진로를 고민하고, 자신과 타인의 다양한 관심사를 이해하며 나아가 자신의 미래의 삶을 설계하는 사회적 상호 작용에 해당함.

3 읽기와 사회적 상호 작용

(1) 읽기의 사회적 의미

- 사회적 쟁점 및 삶의 문제를 다룬 글을 읽고, 자신의 상황 및 사회적 · 문화적 · 역사적 배경을 고려하여 자신의 생각을 형성하거나 자신의 삶을 성찰함.

(2) 사회적 의미의 읽기 과정

① 사회적 쟁점과 현안을 파악하고 이와 관련한 읽기 자료를 탐색함.

> 예 최근 기후 위기로 인한 환경 문제가 사회적 쟁점이야. 이와 관련된 글을 찾아볼까?
> ···› 기후 위기를 다루는 글을 모두 읽기는 어려우니, 소재를 좁혀 기후 위기의 책임과 해결 방안에 대한 글을 찾아봐야겠군.

② 탐색한 읽기 자료를 읽고 주제, 논거와 같은 핵심 내용을 파악함.

> 예 지금 우리가 목격하고 있는 현실은 인간의 온실가스 배출로 인한 기후 변화의 시작에 불과하다. 온실가스 배출과 그로 인한 피해에 우리 모두에게 똑같은 책임이 있는 것은 아니다.
>
> 전 세계 인구의 가장 부유한 1%는 가장 가난한 3분의 2가 배출하는 만큼 많은 탄소를 배출하고 있다. 이들은 호화로운 생활을 유지하기 위해 지구의 자원을 탈취하고 있다. 전용기를 타고 짧은 여행을 다녀오면 일반인이 1년 동안 배출하는 탄소보다 더 많은 탄소를 배출한다. 그들은 탐욕의 제단에서 우리를 희생시키고 있다.
>
> (중략)
>
> 우리는 이 불평등을 끝내야 한다. 현재 우리가 시행하고 있는 정책으로는 이번 세기말까지 지구 평균 기온이 (산업화 이전보다) 3.2도 상승할 것이다. 분명 재앙을 초래할 것이다. 지구에 돌이킬 수 없는 피해를 최소화할 기회를 얻으려면 지금 당장 선택해야 한다. 모든 미래 세대를 위해 환경을 보호하느냐, 아니면 소수의 부자가 파괴적인 생활 방식을 유지하고 단기적인 경제 성장과 주주 이익에 초점을 맞춘 경제 시스템을 유지하도록 내버려두느냐 선택해야 할 때이다.
>
> – 그레타 툰베리(〈한겨레〉 기고 / 23.11.23.)
>
> ···› 글쓴이는 기후 위기의 책임이 소수 부유층의 생활 방식과 경제 시스템에 있으며, 이러한 사회 구조를 바꿔야 한다고 보고 있군.

③ 읽기 자료에 대한 자신의 입장을 형성하며, 이를 구체화하기 위한 추가적인 읽기 활동을 계획함.

> 예 글쓴이의 주장이 맞다면, 기후 위기의 대부분의 책임은 소수 부유층에게 있겠군.
> ···› 탄소 배출량이 어째서 소수 부유층의 활동에 집중되어 있는지 추가적인 읽기 자료를 탐색해 보아야겠군.

④ 자신의 생각을 사회적으로 표현하여 여론을 형성할 수단을 탐색하고 실천함.

> 예 소수 부유층들이 사용하는 개인용 제트기가 배출하는 탄소의 양을 경고하는 사회 운동이 필요하겠어.
> ···› 사회 관계망 서비스를 통해 나와 같은 생각을 가진 사람들이 더 있는지 찾아보자.

논거
어떤 이론이나 논리, 논설 따위의 근거.

☑ 개념 학습 체크

1 본질적 의미의 읽기는 사회 구성원과 영향을 주고받는 사회적 상호 작용으로서의 읽기를 의미한다. (○/×)

2 독자는 글을 읽는 도중 발생하는 (　　　) 문제를 해결하는 과정에서 글의 의미를 새롭게 구성한다.

3 독자는 자신의 관심사나 적성과 관련된 글을 읽는 과정에서 새롭게 진로를 정하거나, 기존 진로에 대한 이해를 심화할 수 있다. (○/×)

답 1 × 2 인지적 3 ○

교과서 열기 ①

[01~04] 다음 글을 읽고 물음에 답하시오.

이 글은
도시의 구조와 기능을 설명하기 위해 20세기에 제시된 중심지 이론, 르 코르뷔지에의 도시 모델, 도시 기능의 핵심에 대한 제인 제이콥스의 주장, 이후 학자들의 신도시주의 사조 등 여러 관점을 통시적으로 설명하고 있다.

주제 도시의 구조와 기능을 이해하기 위한 다양한 관점

20세기 초 학자들은 효율적인 도시 구조에 대해 다양한 이론을 제시했다. 그중 대표적인 이론인 중심지 이론은 금융이나 문화 시설, 백화점과 같은 도시의 주요 기능을 갖춘 중심지는 모든 지역에 고루 분포할 수 없고, 따라서 도심에 발달하게 된다고 보았다. 그 이유로 도심은 교통 시설이 집중되며, 주요 시설들이 도심에 위치할수록 그 기능을 소비하는 배후지를 더욱 넓게 가질 수 있기 때문이다. 배후지는 중심지의 기능이 닿을 수 있는 영향권으로, 중심지 이론은 도심의 기능이 배후지의 외곽 지역까지 효율적으로 분배되기 위해서는 도로의 배치를 중요하게 간주했다. 특히 도심에서 사방의 외곽 지역으로 뻗어 가는 형태인 방사형 도로망은 도시의 기능을 효율적으로 활용할 수 있는 적절한 형태로 여겨졌다.

효율적인 도시 구조에 대한 담론은 세계 대전 이후 도시를 재건하는 과정에서 다시 주목받았다. 1933년, 현대 건축의 아버지라 불리는 르 코르뷔지에는 방사형 도로를 바탕으로, 도시를 거주, 여가, 노동, 교통의 기능을 담당하는 네 가지 구역으로 나눈 '빛나는 도시'라는 모델을 선보였다. 그는 도시 거주민들의 쾌적한 삶을 위해서는 이전의 도시에 없던 녹지나 공원과 같은 여가 시설을 반드시 확보해야 한다고 보았다. 녹지나 공원은 많은 공간을 차지하기 때문에, 르 코르뷔지에는 도시가 기존의 면적을 유지하면서도 녹지나 공원을 확보하기 위해 필연적으로 도시 중심부의 밀도를 높이고, 도심에 고속 도로와 같은 교통수단을 증대해야 한다고 주장했다. 르 코르뷔지에의 '빛나는 도시' 모델은 비록 현실에서 실현되지는 못했으나, 이후 세계의 여러 도시 구조, 특히 개발 도상국들의 도시 개발에 지대한 영향을 끼쳤다.

그러나 1961년 제인 제이콥스는 『미국 대도시의 죽음과 삶』이라는 저서를 펴내며 이러한 관점에 의문을 제기했다. 르 코르뷔지에는 도시의 각 구역 간 수월한 이동을 위해 차량은 지상의 고속 도로로 이동하고, 보행자들은 차량의 통행을 방해하지 않는 고가 도로를 이용해야 한다고 보았다. 그녀에 따르면 지상의 고속 도로가 도시 교통 시설의 핵심적인 역할을 수행하면서 도시의 기능이 고르게 분배되므로, 각 구역의 기능은 쇠퇴하지 않고 유지될 수 있었다. 그러나 20세기 중반, 교통이 유리하다는 이유로 공장과 같은 대규모 단일 시설이 도심에 위치하면서 주변의 거주 환경이 악화되었다. 결국 도심 곳곳에 빈민가가 형성되었고 중산층은 이를 피해 도시 외곽의 주택 단지로 이주하였다. 그러자 도시 외곽에서 도심으로 출퇴근하는 교통량이 증가하면서 도심에는 지속적으로 교통 체증이 발생하였다. 결국 도심의 원활한 교통은 물거품이 되었으며, 도심의 거주 환경은 불량해진 채 방치 상태에 놓이게 되었다.

제인 제이콥스는 도시 기능의 핵심은 수월한 교통과 중심부의 밀집도가 아니라 다양성에 있다고 주장했다. 도시의 다양성은 지상에 위치한 보행로와, 보행로를 다니는 시민들, 그리고 보행로 주변의 복합적인 상가들이 복잡한 상호 작용을 주고받으면서 형성된다. 이를테면 번화가의 경우, 밤늦게까지 영업하는 상가의 불빛과 상가를 이용하는 시민들로 인해 범죄가 발생하기 어려운 환경이 만들어진다. 실제로 이로 인해 범죄가 감소하는 효과가 생겨나는데, 그녀는 이처럼 도시의 복잡성이 자연스러운 치안 효과를 가져온다고 보았다. 그녀의 관

- **배후지** 도시나 상업 지역의 경제적 세력권에 들어 밀접한 관계를 가지는 주변 지역.
- **방사형** 중앙의 한 점에서 사방으로 거미줄이나 바큇살처럼 뻗어 나간 모양.
- **담론** 이야기를 주고받으며 논의함.
- **고가 도로** 기둥 따위를 세워 땅 위로 높이 설치한 도로.
- **사조** 한 시대의 일반적인 사상의 흐름.

점을 주목한 학자들은 이후 도시의 다양성에 주목하여 도시 구역 내부 기능의 다양성과 유기성을 존중하는 신도시주의 사조를 제시했다. 이러한 사조에 따라 최근 마을 내 녹지를 조성하거나 지역 주민 간 소모임을 지원하는 정책들이 실현되고 있다.

▸ 242013-0050

01 윗글에 대한 설명으로 가장 적절한 것은?

① 중심 화제를 다룬 관점을 통시적 관점에서 소개하고 있다.
② 중심 화제를 다룬 이론을 중심으로 여러 시각을 통합한 이론을 제안하고 있다.
③ 중심 화제를 다룬 이론들의 공통점을 바탕으로 새로운 대안을 제안하고 있다.
④ 중심 화제에 대한 상반된 이론을 소개하고 두 이론의 절충안을 탐색하고 있다.
⑤ 중심 화제에 대한 이론들의 장단점을 제시하며 중립적인 입장을 견지하고 있다.

통시적 사물이나 사상의 변화를 시간적 흐름에 따라 고찰하는.
견지 어떤 견해나 입장 따위를 굳게 지니거나 지킴.

▸ 242013-0051

02 윗글을 읽고 알 수 있는 내용으로 적절하지 않은 것은?

① 중심지 이론에서 제시하고 있는 중심지의 의미
② 중심지 이론에서 제시한 효율적인 도로망의 형태
③ 도심 내부의 불량한 거주 환경을 개선할 수 있는 대안
④ 신도시주의 사조에서 중요시하는 도시 구역의 내부 기능
⑤ 르 코르뷔지에가 계획한 '빛나는 도시' 모델의 도시 구조

중요시 어떤 일을 중요하게 여김.

열용량 어떤 물체의 온도를 1℃ 높이는 데에 필요한 열량. 물체의 온도가 얼마나 쉽게 변하는가를 나타냄.

▸ 242013-0052

03 윗글을 바탕으로 〈보기〉를 이해한 내용으로 적절하지 않은 것은?

> **보기**
>
> 대규모 단일 시설이 위치한 도심은 열용량이 큰 콘크리트로 뒤덮여 있어 지표면이 태양열에 의해 쉽게 달궈진다. 더욱이 도심은 교통과 시설이 집중되기 때문에 에너지 사용량이 많아 많은 열이 발생하고, 차량이 배출하는 배기가스 등으로 대기가 오염된다.

① 도심 내 발생하는 교통 체증 또한 도심의 온도를 높이는 원인이 되겠군.
② 도심 내 단일 시설의 밀집도를 높인다면 교통 체증과 대기 오염을 줄일 수 있겠군.
③ 도심 내 대규모 단일 시설이 일으키는 오염이 도심에 빈민가가 형성되는 원인이 될 수 있겠군.
④ 도심의 대기 오염은 도시의 중산층들이 도심 외곽의 주택 단지로 이주하는 원인으로 작용할 수 있겠군.
⑤ 도심의 대기 오염을 줄이기 위해서 열용량이 적은 소재를 활용하고 도심 내 교통량을 줄일 필요가 있겠군.

▸ 242013-0053

04 〈보기〉와 관련된 읽기의 특성을 서술하시오.

> **보기**
>
> 이 글을 읽고, 내가 살고 있는 도시의 구조를 조사하여 친구들과 의견을 나누었어. 이번 주말에는 우리 마을에서 시행 중인 주민 독서 소모임에 함께 참가해 보기로 했어.

교과서 열기 ②

정답과 해설 14쪽

[01~03] 다음 글을 읽고 물음에 답하시오.

(가) 사람의 표정이나 몸짓과 같은 감정 표현은 선천적으로 전해진 것일까? 진화의 법칙을 체계적으로 정립한 다윈은 감정과 그 표현의 기원에 대해서도 연구하였다. 다윈은 감정 표현을 특정한 감정과 동시에 나타나는 신체적 현상이라고 정의했다. 예를 들어 눈물을 흘리거나 어깨를 으쓱하는 것처럼 겉으로 드러나는 활동부터 땀이 흐르거나 모세 혈관이 팽창하는 것처럼 신체의 미세한 변화 또한 감정 표현에 해당한다.

다윈은 사람의 감정 표현이 문화적으로 습득한 것이 아니라는 가설을 세웠다. 그는 인간의 감정이 선천적이라는 것을 증명하기 위해, 갓난아기들의 감정 표현을 연구했다. 갓난아기들의 감정 표현은 인종이나 문화권과 무관하게 대부분 비슷하며, 일반적인 학습이 이루어지는 나이 이전까지 동일하게 나타난다. 이를 통해, 다윈은 사람의 감정 표현 대부분이 선천적이거나 본능적으로 얻어진 것으로 결론을 내렸다.

다윈은 특히 즐거움이나 공포, 분노와 같은 감정에 주목했다. 다윈에 따르면 이러한 감정들은 자연에서도 접할 수 있는 근원적인 감정으로, 동물 대부분도 감정을 느끼며, 종(種)마다 고유한 감정 표현을 갖는다. 그런데 여러 종류의 영장류(靈長類)들이 보여 주는 감정 표현은 웃음, 비명, 신음처럼 인간과 유사하다. 이를 통해 다윈은 영장류와 인간이 공통된 조상을 가졌음을 알 수 있다고 보았다. 또한 다윈은 생명의 진화를 통해 마음의 근원을 설명하는 동시에 감정을 단순히 생물학적 반응으로 설명하고자 한 동시대의 연구를 비판했다. 그는 지렁이와 식물에 관한 실험 연구를 통해 두뇌가 없는 생물들도 외부의 자극에 대해 단순히 기계적으로 반응하지 않는다는 사실 역시 밝혀냈다. 특히나 인간을 사회적 존재로 규정했던 다윈은 "인간의 마음은 두뇌를 들여다봄으로써 알 수 없다."라는 말로 인간의 두뇌에 대한 연구로는 인간의 마음을 완전히 파악할 수 없다는 자신의 생각을 드러냈다.

(나) 뇌와 신경에 대한 과학적 연구는 우리가 느끼는 기쁨, 슬픔, 공포, 불안과 같은 감정들이 뇌하수체가 분비하는 호르몬과 깊은 관련이 있다는 사실을 밝혀냈다. 감정을 유발하는 호르몬은 주로 특정한 상황에서 분비되는데, 진화 심리학자들은 이러한 호르몬의 유발 과정이 자연 상태에서 생존에 유리한 결과를 낳아 감정이 진화되었을 것으로 추측한다. 예를 들어 목표를 달성했을 때 분비되는 도파민과 같은 호르몬은 기쁨이라는 감정을 불러일으킨다. 사냥에 성공하는 것처럼 어렵지만 생존에 유리한 목표를 달성했을 때 그 보상으로 기쁨의 감정을 느낀 동물들은 그렇지 않은 동물보다 생존에 유리한 행동을 할 가능성이 높다. 이러한 경향은 세대를 거치면서 더욱 강해지고, 따라서 기쁨이라는 감정이 생겨났다는 설명이다.

그러나 호르몬이 유발하는 감정 또한 동물이 처한 환경에 따라 변화할 수 있다. 아미노산 9개로 이루어진 호르몬인 옥시토신은 3억 년 전 포유동물이 처음 등장할 때 어미가 새끼에게 젖을 먹일 수 있도록 모성의 감정을 불러일으켰다. 그러나 진화의 과정을 거치면서 옥시토신은 다양한 감정에도 영향을 주게 되었다. 옥시토신은 사람에게 모성애뿐 아니라 부부간의 사랑처럼 가족 내부의 유대감 형성에 기여한다. 나아가 자신이 속해 있는 공동체에 소속

이 글은
감정 표현과 감정의 근원에 대해 설명하는 글로, (가)는 갓난아기들과 영장류의 표정을 통해 인간의 감정이 선천적이라는 주장을 제시하고 있다. (나)는 인간의 감정이 호르몬에 의해 유발되며, 감정이 진화한 이유에 대해 감정이 생존의 과정에서 유리한 요인으로 작용했을 것이라고 설명하고 있다.

주제 감정 표현의 근원과 그 진화 과정

- **영장류** 포유동물의 한 종류로 지능이 높고 얼굴이 짧으며, 나무타기에 적합한 신체 구조를 가짐. 원숭이와 유인원, 사람이 포함됨.
- **뇌하수체** 뇌의 가운데 위치한 작은 내분비샘으로 우리 몸의 호르몬 분비를 총괄하는 기관.
- **호르몬** 신체의 내분비 기관에서 생성되는 화학 물질들을 통칭함.
- **모성애** 자식에 대한 어머니의 본능적인 사랑.

감을 느끼게 하는데, 이와 동시에 외부 집단에 대한 적대감을 높이기도 한다는 연구 결과도 있다. 최근의 연구 결과에 따르면 옥시토신이 우리 몸의 중성 지방을 분해하는 과정에도 중요한 역할을 한다는 것이 알려졌다. 이에 따라 과학자들은 호르몬에 대한 차후 연구가 사람의 감정뿐 아니라 다양한 체내 현상을 이해하는 데 도움이 될 수 있을 것으로 기대하고 있다.

▸ 242013-0054

환기 주의나 여론, 생각 따위를 불러일으킴.

가설 어떤 사실을 설명하거나 어떤 이론 체계를 통해 결론을 이끌어 내기 위하여 설정한 가정.

01 (가)와 (나)에 대한 설명으로 적절한 것은?

① (가)는 (나)와 달리 최근의 연구 결과를 소개하며 중심 화제에 대한 관심을 환기하고 있다.
② (가)는 (나)와 달리 가설을 세우고 관찰을 통해 이를 입증하는 연구의 과정을 제시하고 있다.
③ (나)는 (가)와 달리 구체적인 예시와 사례를 열거하여 중심 화제에 대한 정보를 제시하고 있다.
④ (나)는 (가)와 달리 인간의 감정이 진화하는 과정에서 동물의 감정과의 차이점을 제시하고 있다.
⑤ (가)와 (나)는 모두 학자들의 주장을 바탕으로 진화에 영향을 미치는 환경적 요인을 분석하고 있다.

▸ 242013-0055

02 **(가)의 '다윈'과 (나)의 '진화 심리학자'의 입장에서 다음의 ㄱ~ㄹ에 대해 판단한 것으로 가장 적절한 것은?**

ㄱ. 표정은 영혼의 창이다. 따라서 표정은 영혼이 없는 동물과 달리 인간에게만 존재하는 것이다. 일부 동물은 표정과 비슷한 반응을 보이지만, 근원적으로 볼 때 그것은 인간의 표정과는 다르다.

ㄴ. 독일의 한 연구 팀은 현미경을 활용하여 생쥐의 표정과 생쥐의 뇌 신경 세포 사이의 관계를 관찰했다. 연구 팀은 생쥐가 행복, 혐오, 고통, 분노, 두려움이라는 다섯 가지 감정을 느끼고 이를 표정으로 나타낸다고 발표했다.

ㄷ. 감정과 표정은 문화적으로 학습한 결과이다. 일부 금욕적인 종교는 표정이 많은 사람을 경박하다고 생각하며 표정을 금기시하기도 한다. 그러나 열대 우림의 한 부족은 표정으로 감정을 잘 드러내는 사람을 정직한 사람으로 간주한다.

ㄹ. 일부 심리학자들은 뇌하수체와 호르몬에 대한 연구를 통해 인간의 복잡한 마음을 이해할 수 있다는 과학자들의 견해를 비판한다. 이들은 감정에 대한 호르몬의 영향은 인정하지만, 그것을 주된 요인으로 볼 수 없으며 인간의 마음은 환경 간의 상호 작용을 통해 끊임없이 변화할 수 있다고 주장한다.

① 다윈은 ㄱ과 ㄷ의 견해에 동의하겠군.
② 다윈은 ㄴ과 ㄹ의 견해에 동의하지 않겠군.
③ 다윈은 ㄴ의 견해에 동의하고, ㄷ의 견해에는 동의하지 않겠군.
④ 진화 심리학자는 ㄱ과 ㄹ의 견해에 동의하겠군.
⑤ 진화 심리학자는 ㄴ의 견해에는 동의하지 않지만, ㄷ의 견해에는 동의하겠군.

경박 말과 행동이 신중하지 못하고 가벼움.
금기시 마음에 꺼려서 하지 않거나 피하는 것으로 여김.

▸ 242013-0056

03 **학생이 〈보기〉와 같은 이유로 인해 (가)와 (나)를 읽었다고 할 때, 이러한 독서에 해당하는 명칭을 쓰시오.**

보기

심리 치료사를 희망하고 관련 자료를 탐색하는 과정에서, 인간의 감정과 동물의 감정은 어떤 차이가 있을지 궁금해. 인간과 동물의 감정은 어떻게 다르고, 감정의 근원은 무엇일지 자료를 읽고 이해할 필요성이 있겠어. 혹시 동물의 감정과 관련된 직업이 있는지도 찾아봐야겠군.

사람들이 지속적으로 책을 읽는 이유 중 하나는 즐거움이다. 독서의 즐거움에는 여러 가지가 있겠지만 그 중심에는 '소통의 즐거움'이 있다.

독자는 독서를 통해 책과 소통하는 즐거움을 경험한다. 독서는 필자와 간접적으로 대화하는 소통 행위이다. 독자는 자신이 속한 사회나 시대의 영향 아래 필자가 속해 있거나 드러내고자 하는 사회나 시대를 경험한다. 직접 경험하지 못했던 다양한 삶을 필자를 매개로 만나고 이해하면서 독자는 더 넓은 시야로 세계를 바라볼 수 있다. 이때 같은 책을 읽은 독자라도 독자의 배경지식이나 관점 등의 독자 요인, 읽기 환경이나 과제 등의 상황 요인이 다르므로, 필자가 보여 주는 세계를 그대로 수용하지 않고 저마다 소통 과정에서 다른 의미를 구성할 수 있다.

이러한 소통은 독자가 책의 내용에 대해 질문하고 답을 찾아내는 과정에서 가능해진다. 독자는 책에서 답을 찾는 질문, 독자 자신에게서 답을 찾는 질문 등을 제기할 수 있다. 전자의 경우 책에 명시된 내용에서 답을 발견할 수 있고, 책의 내용들을 관계 지으며 답에 해당하는 내용을 스스로 구성할 수도 있다. 또한 후자의 경우 책에는 없는 독자의 경험에서 답을 찾을 수 있다. 이런 질문들을 풍부히 생성하고 주체적으로 답을 찾을 때 소통의 즐거움은 더 커진다.

한편 독자는 ㉠다른 독자와 소통하는 즐거움을 경험할 수도 있다. 책과의 소통을 통해 개인적으로 형성한 의미를 독서 모임이나 독서 동아리 등에서 다른 독자들과 나누는 일이 이에 해당한다. 비슷한 해석에 서로 공감하며 기존 인식을 강화하거나 관점의 차이를 확인하고 기존 인식을 조정하는 과정에서, 독자는 자신의 인식을 심화·확장할 수 있다. 최근 소통 공간이 온라인으로 확대되면서 독서를 통해 다른 독자들과 소통하며 즐거움을 누리는 양상이 더 다양해지고 있다. 자신의 독서 경험을 담은 글이나 동영상을 생산·공유함으로써, 책을 읽지 않은 타인이 책과 소통하도록 돕는 것도 책을 통한 소통의 즐거움을 나누는 일이다.

자료 탐구

해제 이 글은 독자가 독서를 통해 소통의 즐거움을 어떻게 경험하게 되는지 설명하고 있다. 독자는 자신이 속한 사회나 시대의 영향 아래 필자와 관련된 사회나 시대와 간접적으로 소통하게 된다. 따라서 독자는 같은 책을 읽더라도 배경지식이나 관점과 같은 독자 요인, 읽기 환경이나 과제와 같은 상황 요인에 따라 저마다 다른 의미를 구성할 수 있다. 독서를 통한 소통은 독자가 책의 내용에 대해 질문하고, 책이나 자신에게서 답을 찾아내는 과정에서 가능해진다. 또한 독자는 다른 독자와 소통하는 즐거움을 경험할 수도 있는데, 최근 소통 공간이 온라인으로 확대되면서 다른 독자들과 소통하며 즐거움을 누리는 양상이 더 다양해지고 있다.

주제 독서 활동을 통해 소통하는 즐거움과 그러한 소통이 이루어지는 방식

▸ 242013-0057

■ 윗글을 읽고 ㉠에 대해 보인 반응으로 적절하지 않은 것은?

① 스스로 독서 계획을 세우고 자신에게 필요한 책을 찾아 개인적으로 읽는 과정에서 경험할 수 있겠군.
② 독서 모임에서 서로 다른 관점을 확인하고 자신의 관점을 조정하는 과정에서 경험할 수 있겠군.
③ 개인적으로 형성한 의미를, 독서 동아리를 통해 심화하는 과정에서 경험할 수 있겠군.
④ 자신의 독서 경험을 담은 콘텐츠를 생산하고 공유하는 과정에서 경험할 수 있겠군.
⑤ 오프라인뿐 아니라 온라인 공간에서 해석을 나누는 과정에서도 경험할 수 있겠군.

이 문제는
글의 특정 내용에 대한 이해를 바탕으로 글의 핵심 내용을 파악할 수 있는지를 묻고 있다. 독서 지문에서 중요한 정보는 예시나 비유를 통해 구체적으로 설명하는 경우가 많으므로, 해당 문장만 보는 것이 아니라 문단 전체를 통해 핵심 내용을 이해할 수 있다.

이렇게 풀어 보자!

1 단계

선지에서 제시하고 있는 내용을 파악한다.

①에서는 '자신에게 필요한 책을 찾아 개인적으로 읽는 과정'을, ②에서는 '독서 모임에서 서로 다른 관점을 확인하고 자신의 관점을 조정하는 과정'을, ③에서는 '개인적으로 형성한 의미를, 독서 동아리를 통해 심화하는 과정'을, ④에서는 '자신의 독서 경험을 담은 콘텐츠를 생산하고 공유하는 과정'을, ⑤에서는 '온라인 공간에서 해석을 나누는 과정'을 ㉠과 관련짓고 있다.

2 단계

문제에서 묻고 있는 ㉠의 내용을 지문의 해당 문단에서 확인한다.

4문단에서 ㉠ '다른 독자와 소통하는 즐거움'은 '책과의 소통을 통해 개인적으로 형성한 의미를 독서 모임이나 독서 동아리 등에서 다른 독자들과 나누는 일'로 설명하고 있으며, 그 구체적인 사례로 '독서 모임이나 독서 동아리 등에서 다른 독자들과 나누는 일'을 제시하고 있다.

3 단계

㉠의 내용과 선지의 내용이 부합하는지 판단한다.

㉠은 자신이 독서를 통해 형성한 의미를 다른 독자와 나누는 과정에서 나오는 즐거움이므로, '자신에게 필요한 책을 찾아 개인적으로 읽는 과정에서 경험'할 수 있는 것이 아니다.

 답 ①

오답을 확인하자!

② 독서 모임은 이 글에서 직접 제시한 예에 해당하므로 '독서 모임에서 서로 다른 관점을 확인하고 자신의 관점을 조정하는 과정'은 ㉠에 해당한다고 볼 수 있다.

③ 독서 동아리 또한 이 글에서 직접 제시한 예에 해당하므로, '개인적으로 형성한 의미를, 독서 동아리를 통해 심화하는 과정'은 ㉠에 해당한다고 볼 수 있다.

④ 이 글에서 자신의 독서 경험을 담은 글이나 동영상을 생산·공유하는 일도 ㉠의 예로 제시하고 있으므로 '자신의 독서 경험을 담은 콘텐츠를 생산하고 공유하는 과정' 또한 ㉠에 해당한다고 볼 수 있다.

⑤ 이 글에 의하면 소통 공간이 온라인으로 확대되었다고 설명하고 있으므로 '온라인 공간에서 해석을 나누는 과정'도 ㉠에 해당한다고 할 수 있다.

02 읽기의 방법 1

○ 다양한 글이나 자료를 읽으며 논증의 타당성을 평가하고 자신의 관점을 바탕으로 논증을 재구성할 수 있다.

1 논증의 개념과 구성 요소

(1) 논증의 개념: 주장이 정당함을 입증하기 위해 이유와 근거를 제시하는 방식

(2) 논증의 구성 요소

구분	내용
주장	글쓴이가 내세우는 의견
이유	주장과 근거의 논리적 관계를 설명하는 내용
근거	주장과 이유를 뒷받침하는 사실이나 객관적 정보

(3) 논증 구성의 예

구분	내용
논증의 예	• 주장: 개인용 이동 장치 안전 규제를 강화해야 한다. • 이유: 개인용 이동 장치 안전사고가 급증하고 있기 때문이다. • 근거: 도로 교통 공단의 통계 자료에 따르면, 개인용 이동 장치 사고 건수가 2017년 117건에서 2022년 2,386건으로 6년 만에 약 20배 증가했다고 한다.
논증 구성 방법에 대한 이해	• 이유를 통해 주장과 근거의 논리적 관계를 설명함. ⋯→ 개인용 이동 장치 안전 규제를 강화해야 한다는 주장과 개인용 이동 장치 안전사고 증가를 나타내는 근거와의 관계를, 개인용 이동 장치 안전사고가 급증하고 있다는 이유를 통해 잘 설명하고 있음. • 근거를 통해 이유의 내용이 사실임을 증명함. ⋯→ 개인용 이동 장치 안전사고가 급증하고 있다는 이유가 사실임을, 근거인 도로 교통 공단의 통계 자료를 통해 증명하고 있음.

2 논증의 타당성 평가 방법

논증 요소의 타당성을 평가함. ➡

- 글쓴이의 주장이 분명하게 드러나 있는지 확인함.
- 이유와 근거에 논리적 오류는 없는지 확인함.
- 이유가 주장과 근거의 관계를 잘 설명하고 있는지 확인함.
- 근거가 이유의 내용이 사실임을 잘 증명하고 있는지 확인함.
- 예상 반론에 대한 반박이 적절한지 확인함.

필수 개념어

입증
어떤 증거 따위를 내세워 증명함.

타당성
사물의 이치에 맞는 옳은 성질.

예상 반론
글쓴이의 주장에 대해 예상되는 반대 의견.

반박
어떤 주장에 대해 반대하여 말하는 의견.

개념+

'이유'와 '근거'가 갖추어야 하는 기본적인 요건

구분	요건
이유	• 주장과 관련이 있어야 함. • 일반적인 진리로 수용될 만한 내용이어야 함.
근거	• 출처가 인정할 만한 권위를 갖고 있어야 함. • 객관적인 내용을 담고 있어야 함.

3 논증 방법 – 연역과 귀납

(1) 연역과 귀납의 개념

연역	일반적인 사실이나 원리에서 개별적인 사실이나 원리를 이끌어 내는 논증 방법
귀납	개별적이고 특수한 사실이나 원리에서 일반적이고 보편적인 명제나 법칙을 이끌어 내는 논증 방법

(2) 연역과 귀납의 예

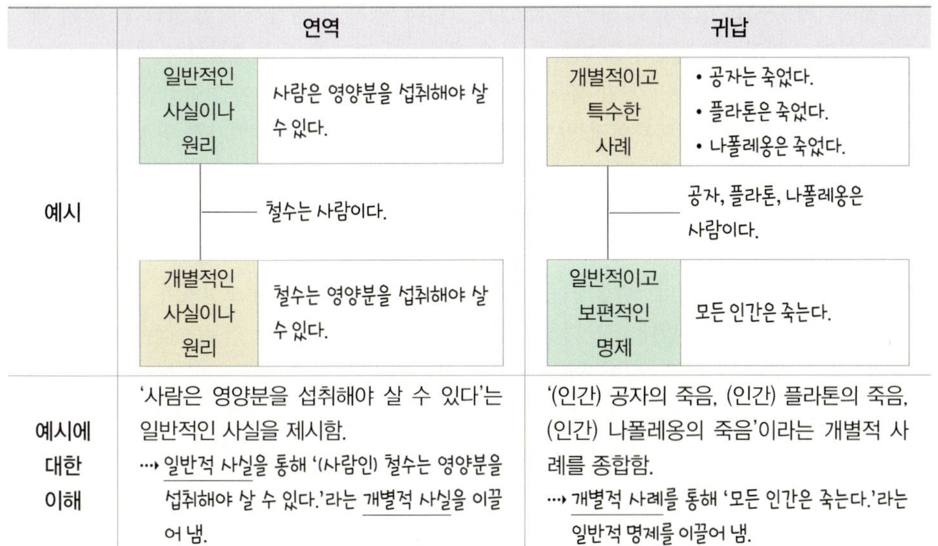

	연역	귀납
예시	일반적인 사실이나 원리: 사람은 영양분을 섭취해야 살 수 있다. — 철수는 사람이다. 개별적인 사실이나 원리: 철수는 영양분을 섭취해야 살 수 있다.	개별적이고 특수한 사례: • 공자는 죽었다. • 플라톤은 죽었다. • 나폴레옹은 죽었다. — 공자, 플라톤, 나폴레옹은 사람이다. 일반적이고 보편적인 명제: 모든 인간은 죽는다.
예시에 대한 이해	'사람은 영양분을 섭취해야 살 수 있다'는 일반적인 사실을 제시함. ⋯› 일반적 사실을 통해 '(사람인) 철수는 영양분을 섭취해야 살 수 있다.'라는 개별적 사실을 이끌어 냄.	'(인간) 공자의 죽음, (인간) 플라톤의 죽음, (인간) 나폴레옹의 죽음'이라는 개별적 사례를 종합함. ⋯› 개별적 사례를 통해 '모든 인간은 죽는다.'라는 일반적 명제를 이끌어 냄.

4 논증의 타당성 평가하며 읽기

(1) 단계

글에 사용된 논증 요소와 방법을 파악함. ➡ 논증의 타당성과 효과를 평가함. ➡ 자신의 관점으로 논증을 비판적으로 재구성함.

(2) 방법

- 글에 나타난 논증의 요소와 방법 파악하며 읽기
- 필자의 주장과 이를 뒷받침하는 이유와 근거, 반론에 대한 반박의 타당성 평가하며 읽기
- 논증 방법의 설득 효과 평가하며 읽기

☑ 개념 학습 체크

1 논증의 구성 요소에는 주장, (   ), 근거가 있다.
2 논증의 타당성을 평가할 때에는 예상 반론에 대한 (   )이/가 적절한지를 확인해야 한다.
3 (   )은/는 개별적 사실로부터 일반적인 명제를 이끌어 내는 논증 방법이다.

답 1 이유 2 반박 3 귀납

필수 개념어

개별적
여럿 중에서 하나씩 따로 나뉘어 있는 것.

보편적
모든 것에 두루 미치거나 통하는 것.

명제
어떤 문제에 대한 하나의 논리적 판단 내용과 주장을 언어 또는 기호로 표시한 것. 참과 거짓을 판단할 수 있는 내용이라는 점이 특징이다. 이를테면, '고래는 포유류이다.' 따위임.

개념+

논증의 신뢰성, 공정성

■ '신뢰성' 판단 기준
- 글쓴이가 활용한 자료가 정확하고 믿을 만한가?
- 인용된 자료의 출처가 분명하고 믿을 만한가?

■ '공정성' 판단 기준
- 글의 내용이 어느 한쪽으로 지나치게 치우치지 않고 공평한가?
- 글의 내용이 보편적 가치에 부합하는가?

교과서 열기 ①

이 글은

맹자의 일생과 『맹자』를 바탕으로 맹자의 사상을 설명하고 있다. 맹자가 위정자들에게 권했던 왕도 정치와, 인간의 본성은 선천적으로 선하다는 성선설을 중심으로 맹자의 사상을 상세하게 설명하고 있다.

주제 맹자의 왕도 정치와 성선설

[01~03] 다음 글을 읽고 물음에 답하시오.

맹자는 중국 전국 시대의 사상가로, 어릴 때부터 공자를 숭상하였으며 공자의 사상을 발전시켜 유학을 후세에 전하는 데 큰 영향을 끼친 인물이다. 맹자가 활동한 시기는 약 기원전 4세기 전반이며 맹자의 어머니가 맹자를 훌륭하게 키우기 위해 세 번 이사를 했다는 맹모삼천지교(孟母三遷之敎)의 일화가 널리 알려져 있다.

맹자의 저서로는 『맹자』가 있는데, 『논어』처럼 양나라 혜왕, 공손추, 등나라 문공 등 각 편의 첫머리에 나오는 인물들로 제목을 삼았다. 그런데 『맹자』를 맹자가 직접 썼을까? 그의 제자로 알려진 만장이나 공손추를 비롯한 여러 제자들이 맹자의 말을 종합하여 펴낸 책이 바로 『맹자』이다. 따라서 맹자가 이 책을 직접 저술한 것은 아니라는 것이 일반적인 견해이다.

『맹자』는 총 14편으로 이루어져 있으며, 그중 제1편은 총 7장으로 맹자가 당시 패권을 지향하던 양나라 혜왕과 양왕, 제나라 선왕과 나눈 정치적 담론으로 구성되어 있다. 당시 정권을 잡고 있던 군주들은 모두 부국강병을 추구하면서 전쟁을 통해 영토를 넓히려는 생각을 갖고 있었다. 하지만 맹자는 이러한 생각을 가진 위정자에게 왕도 정치에 근거하여 나라를 다스려야 한다고 주장했다. 위정자는 덕(德)과 인(仁)으로써 백성을 보살펴야 함을 강조한 것이다. 맹자가 전쟁을 반대하고 덕정(德政)과 인정(仁政)을 강조한 이유는 전쟁이란 결국 승리자 없이 모두 패배하는 길이라고 생각했기 때문이다.

또한 『맹자』 제11편은 모두 20장으로 구성되어 있는데 인간의 본성에 관해 맹자와 고자가 서로의 주장을 펼치는 내용으로 구성되어 있다. 2장에서 고자는 인간의 본성은 소용돌이치는 물과 같다고 하면서, 동쪽으로 터놓으면 물이 동쪽으로 흐르고 서쪽으로 터놓으면 물이 서쪽으로 흐르는 것처럼 인간의 본성은 선(善)과 불선(不善)의 구분이 없다는 성무선성악설(性無善性惡說)을 주장했다. ㉠<u>이에 대해 맹자는 물이 분명 동쪽과 서쪽의 분별은 없지만 위와 아래의 분별이 있음을 지적하고, 아래로 내려가지 않는 물이 없는 것처럼 선하지 않은 사람이 없다는 성선설(性善說)을 주장하였다.</u>

특히 맹자는 인간의 본성이 선하다는 증거로 인간이 선천적으로 갖고 있는 네 가지 마음을 제시하는데, 그것이 바로 '측은지심(惻隱之心)', '수오지심(羞惡之心)', '사양지심(辭讓之心)', '시비지심(是非之心)'이다. 맹자는 측은하게 여기는 마음이 '인(仁)'이고, 부끄럽게 여기는 마음이 '의(義)'이며, 사양하는 마음이 '예(禮)'이고 '시비지심'이 '지(智)'라고 하면서, 인의예지(仁義禮智)는 밖에서 말미암아 나에게 녹아든 것이 아니라 내가 원래부터 가지고 있었던 것이라고 주장한다. 그리고 인의예지가 발현되지 않은 사람은 아직 미처 그것을 생각하지 않았기 때문이라고 주장한다.

맹자가 살았던 시대는 전쟁이 가장 치열했던 전국 시대 중기였다. 하지만 천하가 통일될 것으로 생각했던 맹자는 패권을 지향하고 있던 왕들에게 민심을 얻는 왕도 정치를 제시하며, 경제적 안정 추구, 적당한 세금 부과, 능력 있는 인재 채용과 같은 합리적인 방식을 제안했는데, 이는 맹자가 주장한 백성과 즐거움을 함께한다는 뜻의 '여민동락(與民同樂)'을 중시한 모습이라고 할 수 있다. 이처럼 맹자가 '왕도 정치'라는 정치적 이상 세계를 꿈꿀 수 있었던 것은 성선설을 통해 인간의 선한 본성에 대한 믿음을 갖고 있었기 때문이라고 볼 수 있다.

- **패권** 국제 정치에서, 어떤 국가가 경제력이나 무력으로 다른 나라를 압박하여 자기의 세력을 넓히려는 권력.
- **부국강병** 나라를 부유하게 만들고 군대를 강하게 함. 또는 그 나라나 군대.
- **위정자** 정치를 하는 사람.

▸ 242013-0058

01 윗글의 '맹자'에 대한 이해로 적절한 것은?

① 백성의 삶을 윤택하게 하기 위해서라면 전쟁이 필요하다고 주장했다.
② 올바른 자녀 교육을 위해서는 적절한 환경 변화가 필요함을 강조했다.
③ 인의예지(仁義禮智)는 교육을 통해 후천적으로 습득할 수 있다고 생각했다.
④ 위정자에게 나라를 다스리는 방법으로 민심을 얻는 정치인 왕도 정치를 역설했다.
⑤ 인간의 본성은 소용돌이치는 물과 같아 선(善)과 불선(不善)의 구분이 없다고 보았다.

후천적 성질, 체질, 질환 따위가 태어난 후에 얻어진 것.

▸ 242013-0059

02 ㉠을 다음과 같이 정리할 때, 빈칸에 들어갈 적절한 내용을 서술하시오.

주장	이유
(　　　　　　　　)	물이 위에서 아래로 흐르는 것처럼 인간의 선한 본성도 이미 정해져 있는 자연의 이치이기 때문이다.

▸ 242013-0060

03 윗글을 읽은 독자가 〈보기〉를 읽고 보인 반응으로 적절하지 않은 것은?

보기

"사람들이 모두 남에게 차마 하지 못하는 마음을 가지고 있다고 말하는 까닭은, 지금 사람들이 느닷없이 어린아이가 우물로 들어가려는 것을 보고는 깜짝 놀라 측은해하는 마음을 가질 것이니, 이는 어린아이의 부모와 교분을 맺기 위한 것도 아니고, 향당이나 친구들에게 명예를 얻기 위한 것도 아니며, 그 소리 듣는 것을 싫어해서 그러는 것도 아니다. 이로 말미암아 본다면 측은해하는 마음이 없으면 사람이 아니며, 부끄러워하고 미워하는 마음이 없으면 사람이 아니며, 사양하는 마음이 없으면 사람이 아니며, 옳고 그름을 따지는 마음이 없으면 사람이 아니다."

– 『맹자』

① 우물로 들어가려는 어린아이를 측은히 여기는 마음은 '측은지심'을 말하는 것이군.
② 맹자는 '측은지심', '수오지심', '사양지심', '시비지심'을 가지지 않은 사람은 없다고 주장하고 있군.
③ 맹자는 인간이 명예를 위해 '측은지심'을 버릴 수 있지만, 그럴 경우 사람들로부터 비난받을 것임을 지적하고 있군.
④ 맹자는 사람들이 우물로 들어가려는 어린아이에게 갖는 마음은 사람이라면 모두 선천적으로 갖고 있는 마음이라고 여기는군.
⑤ 맹자가 '측은지심'을 선한 마음이라고 보고 있으며, 인간은 이러한 마음을 선천적으로 갖고 있기 때문에 인간의 본성이 선하다고 보는군.

교과서 열기 ❷

[01~03] 다음 글을 읽고 물음에 답하시오.

뮤지컬은 노래·춤·연기가 결합한 형태의 공연 양식을 가리키는 말로, 영국에서 시작해 노래가 중심이 되어 춤과 드라마를 종합하여 큰 무대에서 상연하는 종합 무대 예술을 말한다.

뮤지컬은 19세기 영국에서 탄생하였다. 당시 영국을 제외한 유럽의 다른 나라에서는 상류층이 즐기는 오페라가 큰 인기를 누리고 있었지만, 오페라의 전통이 없던 영국은 이탈리아나 독일의 오페라를 수입하여 상연하고 있었다. 그러다 19세기 말 영국이 경제적으로 부강해지자 사람들을 위해 오락거리를 만들게 되었는데, 이때 만들어진 것이 바로 '뮤지컬 파스(Musical farce)'이다. 이후 명칭이 '뮤지컬 코미디'로 바뀌고 희극과 노래와 미녀들을 동원한 무대를 통해 큰 성공을 거두었으며, 이 '뮤지컬 코미디'가 미국으로 건너가 뿌리를 내리면서 크게 성공하게 되었다.

당시 미국은 제1차 세계 대전 이후 대공황을 겪으면서 대중들이 낙천적이고 유쾌한 오락 문화를 갈망하던 시기였다. 바로 이때 대중들의 욕망에 딱 맞는 예술이 나타났는데, 그것이 바로 낙천적이고 오락적인 뮤지컬이었던 것이다. 이처럼 뮤지컬은 초창기에 단순히 사람들의 말초적인 감각을 즐겁게 하는 쇼에 불과했다. 하지만 1920년대 말에는 단순히 쇼를 보여 주는 구성에서 벗어나 연극적인 플롯을 도입하고 등장인물의 성격도 강조하였고, 이후 뮤지컬은 가장 성공적인 공연 양식이 되었다.

뮤지컬의 발전사는 크게 네 개의 시기로 구분할 수 있다. 첫 번째 시기는 뮤지컬이 뛰어난 공연 예술로 인정받았던 1930년대이다. 이 시기에 뮤지컬은 황금기를 누렸다고 할 수 있다. 두 번째 시기는 제2차 세계 대전이 끝난 1950년대부터 1960년대 초반까지인데, 이 시기에는 전쟁의 아픔과 상처를 위로하며 새로운 세계를 지향하는 긍정적인 작품들이 많이 창작되었다. 우리가 잘 알고 있는 〈사운드 오브 뮤직〉이 그 대표작이다. 세 번째 시기는 1960년대부터 1970년대까지로, 이 시기에는 당시 사람들의 관심을 고려하여 사회적 주제를 다룬 진지한 내용의 사실적인 작품들이 많이 창작되었다. 뮤지컬에 창작성이나 예술성이 더욱 요구되면서 낙천적이고 낭만적인 것보다는 예술적 완성도가 높은 작품들이 창작된 것이다. 그리고 네 번째 시기에 속하는 오늘날의 뮤지컬은 이전 시기 뮤지컬들의 여러 특징들을 모두 아우르고 있으며, 특히 무대 기술의 발전으로 인해 예전보다 더욱 화려한 무대 예술을 선보이고 있다.

화려한 무대 예술로 인기를 누리는 ㉠뮤지컬은 종종 ㉡오페라와 닮았다는 이유로 많이 비교되지만, 여러 면에서 차이가 있다. 우선 오페라는 고전적인 문학의 서사에 근거하고 있고 음악도 주로 고전주의 음악을 사용한다. 이와 달리 뮤지컬은 다양한 창작 이야기를 다루며 음악도 재즈, 록, 팝 등 보다 넓은 범위의 음악을 수용한다. 그리고 오페라는 노래 위주의 공연으로 아리아, 중창, 합창 등으로 구성되어 있으며, 이탈리아어나 독일어와 같은 원래의 언어로 공연된다. 이와 달리 뮤지컬은 연극성을 중시하며 현지 언어로 공연하는 경우도 많다. 이처럼 뮤지컬은 오페라와 많은 차이를 갖고 있으며, 특히 오페라에 비해 훨씬 대중적인 특성을 가지고 있기 때문에 관객들로부터 많은 사랑을 받고 있다. 따라서 현대 사회의 여러 공연 양식 중에서 단연 뮤지컬이 최고라고 할 수 있다.

이 글은
뮤지컬의 개념, 탄생, 역사 및 오페라와의 차이점을 다루고 있다. 현대 사회에서 종합 무대 예술로서 많이 각광받고 있는 뮤지컬이 어떻게 탄생하고 어떻게 발전해 왔는지를 시간순에 따라 상세하게 설명하고 있다.

주제 뮤지컬의 탄생과 발전 및 주요 특징

- **상연** 연극 따위를 무대에서 하여 관객에게 보임.
- **코미디** 웃음을 주조로 하여 인간과 사회의 문제점을 경쾌하고 흥미 있게 다룬 연극이나 극 형식.
- **말초적** 정신이나 영혼에 영향을 주지 못하고 말초 신경만을 자극하는 것.
- **플롯** 문학 작품에서 형상화를 위한 여러 요소를 유기적으로 배열하거나 서술하는 일.
- **아우르다** 여럿을 모아 한 덩어리나 한 판이 되게 하다.
- **아리아** 오페라, 오라토리오 따위에서 기악 반주가 있는 서정적인 가락의 독창곡.

▸ 242013-0061

01 윗글을 읽은 다음 '학생'의 반응에 대한 이해로 적절한 것은?

> **학생**: 글쓴이는 대중들로부터 많은 사랑을 받고 있기 때문에 뮤지컬이 최고의 공연 양식이라고 하고 있는데, 인기가 많으면 최고가 되는 것일까?

① 글에 제시된 내용의 공정성을 판단하며 읽고 있다.
② 글에 나타난 내용의 사실 여부를 의심하며 읽고 있다.
③ 글에 제시된 내용을 자신의 삶과 연계하여 이해하며 읽고 있다.
④ 글에 제시된 내용을 글쓴이에 대한 배경지식과 연계하여 읽고 있다.
⑤ 글에 나타난 주장과 이유의 관계에 대해 논리적 문제점을 지적하고 있다.

▸ 242013-0062

02 ㉠과 ㉡에 대한 이해로 적절하지 않은 것은?

① ㉠과 ㉡은 모두 무대 위에서 공연되는 예술이다.
② ㉡은 ㉠과 달리, 공연할 때 주로 특정 장르의 음악만 사용한다.
③ ㉠이 연극성을 중시하는 것과 달리, ㉡은 노래 위주의 공연을 한다.
④ ㉠은 다양한 창작 이야기를 다루지만, ㉡은 고전적인 문학에 기반을 둔다.
⑤ ㉠은 원래의 언어로 공연이 이루어지지만, ㉡은 현지 언어로 공연되는 경우가 많다.

기반 기초가 되는 바탕. 또는 사물의 토대.

▸ 242013-0063

03 〈보기〉를 바탕으로 윗글을 이해한 내용으로 적절하지 않은 것은?

> **보기**
> 예술은 시대를 반영한다. 특히 연극이나 뮤지컬과 같은 공연 예술은 동시대의 욕망, 정서, 관심사 등을 반영하여 무대에 올려야 사람들로부터 높은 호응을 얻을 수 있다. 예를 들어 국가적으로 어려운 시대에는 대중의 아픔을 위로하는 작품이 관객들의 사랑을 받는다. 그런데 이러한 아픔을 딛고 앞으로 나아갈 수 있도록 유도하는 것도 예술의 역할이다. 또한 최근에는 기술의 발전이 예술에 영향을 끼치기도 한다.

① 미국에서 대공황 이후 뮤지컬이 인기를 끌 수 있었던 것은 동시대의 욕망을 반영했기 때문이겠군.
② 1960년대 뮤지컬들이 사회적 주제를 다룬 것은 동시대 사람들의 관심사를 작품 속에 나타낸 것이겠군.
③ 오늘날의 뮤지컬이 예전보다 더욱 화려한 무대를 선보일 수 있는 것은 시대의 변화에 따라 기술이 발전했기 때문이겠군.
④ 1950년대의 뮤지컬 중 새로운 세계를 지향하는 작품들은 관객들이 전쟁의 아픔을 딛고 앞으로 나아갈 수 있도록 유도하는 것이겠군.
⑤ 1920년대 말에 뮤지컬이 연극적인 플롯을 도입하여 등장인물을 강조한 것은 말초적 감각을 중시하는 대중의 요구를 받아들인 것이겠군.

자료 탐구

해제 이 글은 『노자』 주석을 전개한 세 명의 유학자에 대해 소개하고 있다. 첫 번째 유학자인 왕안석은 『노자』의 도(道)를 유학의 실천적 측면으로 이해하고 있으며, 두 번째 유학자인 오징은 『노자』를 통해 사회 규범과 유교 사회 질서 체계를 강조하고 있다. 마지막 유학자인 설혜는 『노자』의 사상이 유학과 다르지 않음을 주장하며, 노자 사상에 대한 오해를 불식시키기 위해 노력하고 있다.

주제 『노자』에 대한 유학자들의 다양한 주석

유학자들은 도를 인간 삶의 올바른 길을 의미하는 것이라고 보았다. 중국 송나라 이후, 유학자들은 이러한 유학의 도를 기반으로 현상 세계 너머의 근원으로서 도가의 도에 주목하여 『노자』 주석을 전개했다.

혼란기를 거친 송나라 초기에 중앙 집권화가 추진된 이후 정치적 갈등이 드러나면서 개혁의 분위기가 조성됐다. 이러한 분위기하에서 유학자이자 개혁 사상가인 왕안석은 『노자주』를 저술했다. 그는 『노자』의 도를 만물의 물질적 근원인 '기(氣)'라고 파악하고, 현상 세계에 앞서 존재하는 기의 작용에 의해 사물이 형성된다고 보았다. 그는 기가 시시각각 변화하듯 현상 세계도 변화한다고 이해했다. 인위적인 것을 제거해야만 도가 드러나고 인간 사회가 안정된다는 『노자』를 비판한 그는 자연과 달리 인간 사회의 안정을 위해서는 제도와 규범의 제정과 같은 인간의 적극적인 개입이 필요하다고 주장했다. 지혜와 덕이 뛰어난 사람이 제정한 사회 제도와 규범도 현실 사회의 변화에 따라 새롭게 해야 한다고 주장한 것이다. 『노자』의 이상 정치가 실현되려면 유학 이념이 실질적 수단으로 사용되어야 한다고 주장하는 등 왕안석은 『노자』를 유학의 실천적 측면과 결부하여 이해했다.

송 이후 원나라에 이르러 성행하던 도교는 유학과 불교 등을 받아들여 체계화되었지만, 오징에게는 주술적인 종교에 불과했다. 유학자의 입장에서 그는 잘못된 가르침을 펴는 도교에 사람들이 빠지는 것을 경계했다. 그는 도교의 시조로 간주된 노자의 가르침이 공자의 학문과 크게 다르지 않음을 밝히고자 『도덕진 경주』를 저술했다. 그는 도와 유학 이념을 관련짓는 구절을 추가하는 등 『노자』의 일부 내용을 바꾸고 기존 구성 체제를 재편했다. 『노자』의 도를 근원적인 불변하는 도로 본 그는 모든 이치를 내재한 도가 현실화하여 천지 만물이 생성된다고 이해했다. 이런 관점에서 그는 유학의 인의예지가 도의 쇠퇴 때문에 나타난 것이라는 『노자』와 달리 도가 현실화하여 드러난 것으로 해석하고, 인간이 마땅히 따라야 할 사회 규범과 사회 질서 체계도 도가 현실화한 결과로 파악했다.

원이 쇠퇴하고 명나라가 들어선 이후 유학과 도가 등 여러 사상이 합류하는 사조가 무르익는 가운데, 유학자인 설혜는 자신의 학문적 소신에 따라 『노자』를 주석한 『노자집해』를 저술했다. 그는 공자도 존중했던 스승이 노자이므로 노자 사상에 대한 오해를 불식해야 한다고 보았다. 그는 기존의 주석서가 『노자』의 진정한 의미를 제대로 밝히지 못했기 때문에 유학자들이 노자 사상을 이단으로 치부했다고 파악한 것이다. 다양한 경전을 인용하여 『노자』를 해석하면서 그는 『노자』의 도를 인간의 도덕 본성과 그것의 근거인 천명으로 이해하고, 본성과 천명의 이치를 탐구한다는 점에서 노자 사상과 유학이 다르지 않다고 보았다. 또한 그는 『노자』에서 인의 등을 비판한 것은 도덕을 근본으로 삼게 하기 위한 충고라고 파악했다.

- **인위적** 자연의 힘이 아닌 사람의 힘으로 이루어지는 것.
- **경계** 옳지 않은 일이나 잘못된 일들을 하지 않도록 타일러서 주의하게 함.
- **시조** 어떤 학문이나 기술 따위를 처음으로 연 사람.
- **불식** 의심이나 부조리한 점 따위를 말끔히 떨어 없앰.

▸ 242013-0064

■ 윗글의 왕안석과 오징의 입장에서 다음의 ㄱ~ㄹ에 대해 판단한 것으로 가장 적절한 것은?

ㄱ. 도는 만물을 통해 드러나는 것이지 만물에 앞서서 존재하는 것은 아니다.
ㄴ. 인간 사회의 규범은 이치를 내재한 근원적 존재인 도가 현실에 드러난 것이다.
ㄷ. 도는 현상 세계의 너머에만 머물러 있지 않고 세상일과 유기적으로 관련되는 것이다.
ㄹ. 도가 변화하듯이 현상 세계가 변하니, 현실 사회의 변화에 따라 인간 사회의 규범도 변해야 한다.

이 문제는
지문에 제시된 특정 관점을 이해하고, 이 관점에서 다른 내용을 판단할 수 있는지를 평가하고 있다.

① 왕안석은 ㄱ에 동의하지 않고 ㄴ에 동의하겠군.
② 왕안석은 ㄴ과 ㄹ에 동의하겠군.
③ 왕안석은 ㄷ에 동의하고 ㄹ에 동의하지 않겠군.
④ 오징은 ㄱ과 ㄹ에 동의하지 않겠군.
⑤ 오징은 ㄴ에 동의하고 ㄷ에 동의하지 않겠군.

이렇게 풀어 보자!

1 단계

지문에 나타난 왕안석과 오징의 관점을 파악한다.

왕안석은 도를 만물의 물질적 근원인 '기(氣)'로 파악하고 현상 세계에 앞서 존재한다고 보았으며, 기가 시시각각 변화하듯 현상 세계도 변화하므로, 사회 제도와 규범도 현실 사회의 변화에 따라 새롭게 해야 한다고 주장했다. 또한 오징은 도를 근원적인 불변하는 존재로 보고, 도가 현실화하여 천지 만물이 생성되었다고 보았으며, 사회 규범도 도가 현실화한 결과로 파악했다.

2 단계

ㄱ~ㄹ의 내용을 확인한다.

ㄱ은 도의 특성을 제시하고 있고, ㄴ은 도와 인간 사회 규범과의 관계를 제시하고 있다. ㄷ은 도와 세상일과의 관련성을 제시하고 있으며, ㄹ은 도의 특성과 인간 사회의 규범에 대한 의견을 제시하고 있다.

3 단계

왕안석과 오징의 관점을 바탕으로 ㄱ~ㄹ의 적절성을 판단한다.

	내용	왕안석	오징
ㄱ	도는 만물에 앞서서 존재하지 않음.	동의하지 않음.	동의하지 않음.
ㄴ	인간 사회의 규범은 근원적 존재인 도가 현실에 드러난 것임.	동의하지 않음.	동의함.
ㄷ	도는 세상일과 유기적으로 관련됨.	동의함.	동의함.
ㄹ	도는 변화하며, 인간 사회의 규범도 변해야 함.	동의함.	동의하지 않음.

따라서 오징은 ㄱ과 ㄹ에 모두 동의하지 않을 것이다.

답 ④

오답을 확인하자!

① 왕안석은 ㄱ과 ㄴ에 동의하지 않는다.
② 왕안석은 ㄴ에는 동의하지 않고 ㄹ에는 동의한다.
③ 왕안석은 ㄷ과 ㄹ에 동의한다.
⑤ 오징은 ㄴ과 ㄷ에 동의한다.

03 읽기의 방법 2

○ 복합 양식으로 구성된 글이나 자료에 내재된 필자의 관점, 의도, 표현 방법을 비판적으로 읽을 수 있다.

필수 개념어

합리적
이론이나 이치에 합당한 것.

객관적
자기와의 관계에서 벗어나 제삼자의 입장에서 사물을 보거나 생각하는 것.

표제
신문이나 잡지 기사의 제목.

1 비판적 읽기

(1) 개념

'비판적 읽기'는 글의 내용을 무조건 수용하기보다 합리적이고 객관적인 기준에 따라 비판적인 시각으로 읽는 것이며, 글쓴이의 주장과 근거의 논리성, 글에 쓰인 표현 방법의 효과성 등을 검증하게 된다.

(2) 비판적 읽기의 필요성

글에는 정확하지 않은 내용이 있을 수 있으며, 글쓴이의 생각이나 관점이 한쪽으로 치우쳐 있거나 충분한 근거 없이 제시되는 경우도 있다. 따라서 어떤 글을 그대로 수용하는 것은 위험하기 때문에 비판적으로 수용해야 한다. 이렇게 합리적이고 객관적인 기준에 따라 비판적으로 읽을 때 잘못된 정보의 수용을 막고 자신의 생각을 발전시켜 나갈 수 있다.

(3) 비판적으로 읽는 방법

관점이나 내용의 타당성 확인하기	글쓴이가 글이나 자료에서 제시하는 주장, 의견, 근거가 합리적이며 일관적인가?
관점이나 내용의 공정성 확인하기	글쓴이가 글이나 자료에서 내용을 다룰 때 어느 한쪽에 치우치지 않고 균형 있게 접근하는가?
내용의 신뢰성 확인하기	글쓴이가 글의 내용으로 제시한 사실이 분명하고 믿을 만한 출처를 가지고 있는가?
자료의 적절성 확인하기	글쓴이가 사용한 자료가 주장 또는 설명한 내용에 적합하며, 자료의 형태가 적절하고, 글 속에 적당한 위치에 배치되어 있는가?

2 복합 양식으로 구성된 글이나 자료 읽기

복합 양식은 하나의 매체에 음향, 음성, 이미지, 문자, 동영상 등이 복합적으로 결합한 것을 말하며, 이러한 복합 양식으로 구성된 글과 자료는 비판적으로 접근하여야 한다. 예를 들어, 신문의 경우 표제나 기사 본문, 사진 등에서, 광고의 경우 배경, 이미지, 광고 문구 등에서 필자의 특정 관점이나 의도가 드러나기에 관점이나 내용이 편견에 치우치지 않았는지 판단하며 읽어야 한다.

복합 양식으로 구성된 글이나 자료의 비판적 읽기	
평가 기준	예시
내용의 타당성 – 신뢰할 만한 내용인가? – 관점이나 의도가 공정한가?	예 오래된 자료이거나 출처가 불분명한 자료는 아닌지를 살펴 글이나 자료의 신뢰성을 검증한다. 예 특정 글이나 자료의 생산자가 특정 종교를 옹호하고 있지는 않은지, 특정 성별에 대하여 편견을 가지고 있지는 않은지, 어떤 인종을 미화하거나 비하하지는 않는지 등을 평가한다.
표현의 적절성 – 복합 양식 자료의 사용이 효과적인가?	예 우리 학교 학생들의 용돈 사용 실태를 조사한 보고서에서 필자가 제시한 표나 그래프가 독자들의 이해를 돕고 있는지 평가한다. 예 어떠한 글이나 자료에 불필요하게 많은 사진, 동영상, 그림 등을 사용하여 정보를 제시하고 있지는 않은지 또는 오히려 복합 양식 자료가 부족하여 정보를 충분히 제시하지 않고 있는지 평가한다. 예 여행지 소개 자료에 담긴 문화재 사진, 전통문화 연행 동영상 등이 소개 내용의 흐름상 적절한 위치에 제시되어 있는지 평가한다.

편견과 선입견

편견은 공정하지 못하고 한쪽으로 치우친 생각을 가리키며, 선입견은 어떤 대상에 대하여 이미 마음속에 가지고 있는 고정적인 관념이나 관점을 뜻한다. 글이나 자료를 읽을 때 내용에 이러한 편견이나 선입견이 개입되지 않았는지 따져 보며 비판적 읽기를 해야 한다.

☑ 개념 학습 체크

1 (   ) 읽기는 '내용의 타당성', '내용의 신뢰성', '내용의 공정성', '자료의 적절성' 등을 기준으로 글의 내용이 바르고 정확한지, 필자의 생각이나 의견이 타당하고 균형 있게 제시되어 있는지를 판단하는 읽기이다.

2 글이나 자료의 내용 타당성을 검증하기 위해서는 글이나 자료에서 제시하는 주장, 의견, 근거가 합리적이며 (   )인지를 판단하여야 한다.

3 (   ) 양식으로 구성된 글이나 자료의 경우, 표, 그래프, 사진, 동영상 등이 제시된 위치나 방법이 적절한지 평가하여야 한다.

답 1 비판적 2 일관적 3 복합

교과서 열기 ❶

[01~03] 다음 글을 읽고 물음에 답하시오.

우리는 소비자로서 일상적인 삶 속에서 다양한 계약을 맺고, 이를 실행하면서 살고 있다. 예를 들어, 인터넷 제품 판매 사이트에서 120만 원의 비용을 지불하여 최신형 휴대폰을 구매하고, 특정 통신사에서 한 달에 7만 원을 지불하여 무제한 데이터 요금제를 사용하기로 하였다고 해 보자. 이 경우 120만 원을 지급하여 최신형 휴대폰을 사용하는 계약, 한 달에 7만 원을 통신사에 지급하며 무제한 데이터 요금제를 이용하는 계약을 맺은 것이다. 즉 물품과 서비스에 일정한 대금을 지급하고 사용하는 계약이 체결된 것이다.

그렇다면 미성년자는 이러한 계약을 자유롭게 할 수 있을까? 우리나라의 민법은 계약을 맺기 위해 갖추어야 할 능력을 두 가지로 보고 있다. 한 가지는 자신의 의사로 판단하고 결정할 수 있는 능력, 즉 '의사 능력'이며, 다른 한 가지는 스스로 효력 있는 법률 행위를 할 수 있는 능력, 즉 '행위 능력'이다. 하지만 우리나라의 민법은 '만 19세 미만인 사람을 미성년자라 칭하고 이에 미성년자는 단독으로 유효한 법률 행위를 할 수 없다.'라고 규정하고 있다. 즉 미성년자는 '행위 능력'이 없는 사람인 것이다. 그렇다면 미성년자는 아무런 법률 행위도 할 수 없을까? 우리 민법에서는 원칙적으로 미성년자도 의사 능력이 있으면 법률 행위를 할 수 있으나 법률 행위를 할 때 부모와 같은 법정 대리인의 동의를 얻도록 하고 있다. 따라서 미성년자가 유효한 계약을 체결하기 위해서는 법정 대리인의 동의가 필요하다.

미성년자가 법정 대리인의 동의를 얻지 않고 한 계약은 일단 유효하지만, 그 효과를 원하지 않는다면 미성년자 본인, 또는 그의 법정 대리인이 취소할 수 있다. 법정 대리인이 미성년자와 계약을 맺은 판매자에게 취소하겠다는 의사 표시를 밝히면 계약 취소의 효력이 발생한다. 그리고 계약이 취소되면 처음부터 무효인 것으로 되고 미성년자는 계약으로 인하여 받은 이익이 현존하는 한도에서 상환할 책임이 있다.

그러나 미성년자가 거짓말 등의 수단으로 사업자에게 자신을 성년이라고 믿게 하거나 법정 대리인의 동의가 있는 것처럼 속였을 때는 계약을 취소할 수 없다. 또한 법은 미성년자와 거래한 상대방도 보호한다. 미성년자가 법정 대리인의 동의 없이 계약을 맺으면 이것이 늘 취소될 수 있기 때문에 이러한 상황의 거래 상대방을 보호하기 위해 법은 미성년자의 법정 대리인에게 문제의 행위를 취소할 것인지에 대한 확답을 요구할 수 있는 최고권과 일정한 요건에 따라 미성년자와의 계약 효과를 부인할 수 있도록 하는 철회권, 거절권을 보장한다.

그런데 미성년자가 계약과 같은 독자적인 법률 행위를 할 수 있는 경우가 있는데, 바로 미성년자의 결혼이다. 우리 민법은 부모의 동의를 얻어 결혼한 미성년자를 완전한 행위 능력을 취득한 성년으로 본다. 따라서 결혼한 미성년자가 어떠한 계약을 한다면 그것은 유효하며 법정 대리인에 의한 취소 역시 성립할 수 없다. 그리고 결혼한 미성년자가 나이상으로는 여전히 미성년자일 때 이혼을 한 경우에는 계약을 맺은 상대방이 피해를 입을 수 있는 상황을 방지하기 위해 이혼을 하여도 해당 미성년자는 계속 성인으로 간주된다. 여기에서도 우리 민법이 거래의 상대방 역시 보호하고 있음을 알 수 있다.

이 글은
미성년자의 계약과 관련하여, 우리나라의 민법이 계약을 위해 갖추어야 할 능력을 무엇으로 규정하였는지와 미성년자는 그 중 '행위 능력'을 갖추지 못하여 법정 대리인의 동의를 얻어야 법률 행위인 계약을 할 수 있음을 밝히고 있다. 더불어 미성년자의 계약 시 그것을 취소할 수 있지만 이를 제한하는 경우와 거래의 상대방 역시 보호하는 민법상의 보장을 다루며, 끝으로 미성년자의 독자적인 법률 행위가 가능한 경우인 '결혼'한 미성년자의 계약에 대해 설명하고 있다.

주제 미성년자의 계약

- **대금** 물건의 값으로 치르는 돈.
- **상환** 갚거나 돌려줌.
- **간주** 상태, 모양, 성질 따위가 그와 같다고 봄. 또는 그렇다고 여김.

▸ 242013-0065

01 윗글을 통해 알 수 있는 내용이 아닌 것은?

① 우리나라의 민법은 만 19세 미만인 사람이 단독으로 유효한 법률 행위를 할 수 없음을 규정한다.
② 계약을 맺기 위해서는 스스로 효력 있는 법률 행위를 할 수 있는 능력인 의사 능력을 갖추어야 한다.
③ 미성년자가 결혼한 이후에 한 계약은 미성년자의 부모가 취소 의사를 표시하더라도 계약이 취소되지 않는다.
④ 인터넷에서 휴대폰을 구매하는 경우, 그리고 통신사의 요금제를 사용하는 경우는 모두 계약을 맺고 실행하는 것이다.
⑤ 미성년자와 계약을 맺는 상대방은 철회권과 거절권 등으로 미성년자와의 계약에서 발생할 수 있는 불이익을 보호받을 수 있다.

▸ 242013-0066

02 윗글을 참고하여 〈보기〉와 같은 상황에 대해 이해한 내용으로 적절하지 않은 것은?

보기

최근 A(만 18세)는 누리 소통망에서 좋아하는 연예인이 입은 명품 옷을 보았고 이를 사고 싶은 마음이 들어, 그동안 모아 온 용돈을 모두 쓰기로 결심했다. A는 백화점에 들러 부모의 동의 없이 해당 매장의 명품 옷 판매자인 B와 고가의 명품 옷을 구매하는 계약을 체결하였다. 그리고 다음 날 A의 부모는 이 사실을 알게 되었다.
* 단, A는 결혼하지 않았음.

① A와 B가 체결한 옷 구매 계약이 취소된 경우 이 계약은 원래부터 무효인 것으로 된다.
② A가 계약 체결 당시 신분증을 위조하여 자신을 성년으로 믿게 했다면 옷 구매 계약은 취소할 수 없다.
③ A와 B가 체결한 옷 구매 계약이 A의 부모에 의해 취소된다면 A는 구매한 옷을 B에게 돌려주어야 한다.
④ B는 A가 미성년자임을 알았다면 A의 부모에게 옷 구매를 취소할 것인지에 대한 확답을 요구할 수 있다.
⑤ A가 B와 체결한 옷 구매 계약의 효과를 원하지 않는 경우 스스로 계약을 취소하는 법률 행위를 할 수 없다.

▸ 242013-0067

03 〈보기〉는 독자가 윗글을 읽으며 떠올린 생각과 그에 대한 설명이다. 빈칸에 들어갈 말을 쓰시오.

보기

글쓴이가 2문단에서 단순히 평서문으로 글을 구성한 것이 아니라, 의문형 문장을 사용하여 뒤에 이어지는 내용에 집중할 수 있게 한 것이 효과적이었다고 생각해.
→ 글에 쓰인 (　　　) 방법이 글의 내용을 전달하는 데 효과적으로 기능하는지 살피며 읽고 있다.

이 글과 같은 글이나 자료를 읽을 때에는 글에 제시된 사실과 의견 등을 파악하고 그 내용을 비판적으로 수용해야 하며, 또한 글쓴이가 글에서 사용한 다양한 표현 방식이 적절한지를 평가하며 읽어야 한다.

교과서 열기 ②

[01~04] 다음 글을 읽고 물음에 답하시오.

과거에 일어났던 기후 변화를 모른 채 기후를 이해하기는 어렵다. 기후학자는 과거의 기후 변화 사건을 나열할 뿐만 아니라 변화의 원인과 과정을 알아내어 의미를 찾게 된다. 오늘날에는 우주에서도 기후를 측정하는 기기를 만들어 냈고, 위성 체계가 갖춰진 1979년 이후에는 지상뿐만 아니라 지구 전체 기후 변화도 감시하고 있는데, 이와 같은 관측 기기가 사용되기 이전의 기후는 어떻게 알 수 있을까?

현대 지구 과학은 정량적으로 과거 기후를 알아낼 수 있다. 퇴적물, 빙하, 나무 등의 '㉠기후 대리 지표'에는 과거 기후에 반응한 흔적이 남아 있다. 특히 퇴적물이나 빙하 안에 있는 산소 동위 원소로는 과거 온도를 알 수 있다. 기본적으로 질량수가 큰 원소는 증발이 일어나기 어렵다. 따라서 같은 온도일 때 무거운 산소(^{18}O)는 가벼운 산소(^{16}O)보다 증발이 덜 일어난다. 그리고 산소는 기온이 올라가면 더 증발이 잘 일어나게 된다. 그 결과 기온이 낮은 경우의 바닷물 속 탄산 칼슘에는 기온이 높은 경우의 바닷물보다 ^{18}O가 더 많이 포함되어 있다. 왜냐하면 기본적으로 증발이 덜 일어나는 ^{18}O는 기온이 낮을 경우 더더욱 증발이 어려워지기 때문이다. 그리고 플랑크톤 껍질은 탄산 칼슘으로 만들어지기에 퇴적물 안 플랑크톤 껍질의 산소 동위 원소 비율로 과거의 온도를 추정할 수 있게 된다. 반대로 평소보다 기온이 높아지면 산소의 증발이 활발해지고, 증발한 산소는 대기 중 눈으로 내려 대륙 빙하 속에 포집되므로, 기온이 높은 시기의 빙하를 구성하는 눈의 ^{18}O의 비율은 기온이 낮은 시기의 빙하를 구성하는 눈의 ^{18}O의 비율보다 높다. 마찬가지로 산소 동위 원소의 비율로써 과거의 온도를 추정할 수 있는 것이다.

그리고 나무 나이테 역시 수십 년에서 수천 년까지 기후를 알아낼 수 있는 기후 대리 지표인데, 건조 기후에서 자라는 나무는 강수량, 추운 지대에서 자라는 나무는 기온이 나이테와 관련이 깊어 나이테를 통해 각각 과거의 강수량과 기온에 대한 정보를 얻을 수 있다. 또 화석이나 냉동이 된 상태의 꽃가루 또한 그 당시의 기후 정보를 알 수 있는 단서가 되는데, 예를 들어 침엽수인 소나무의 꽃가루가 발견된 지역이 활엽수인 단풍나무의 꽃가루가 발견된 지역보다 더 추운 날씨였음을 알 수 있게 한다.

이와 같이 여러 종류의 기후 대리 지표를 이용해 과거 기후를 분석하는 과정에서는 여러 지역의 자료를 함께 분석하는데, 이는 일정한 지역에 한정된 특징을 걸러 내기 위해서이다. 또한 기후 자료에 포함되어 있을 수 있는 잘못된 측정과 추세, 또는 급격한 차이를 파악한다. 현재에도 기후를 완벽하게 측정할 수 없듯이 과거 역시 그렇기 때문이다. 그러나 일부 왜곡이나 오차가 나타나는 자료의 질에 부족함이 있더라도 기후 대리 지표는 과거의 기후를 알려 주며, 불충분한 자료 때문에 생기는 오류는 자료를 전혀 사용하지 않아 생기는 오류보다 훨씬 작다.

사실 과거 기후는 복합하게 얽힌 대리 지표에서 양적, 질적 속성을 숫자로 나타내는데, 이때 수량화를 위한 기준과 척도는 절대적이지 않다. 기준과 척도는 불완전한 인간이 세상을 어느 정도 인식하기 위해 만든 것뿐이다. 모든 것을 절대적으로 다 알 수는 없다. 하지만, 아는 만큼 볼 수 있고 행동할 수 있다. 과거 기후를 알고자 함은 미래 기후 변화에 대응하기 위해서이며, 특히 위기가 닥친 지구에서는 현재의 기후뿐만 아니라 과거 기후를 측정하여 측정할 수 없을 만큼 가치 있는 지구의 기후를 지켜야 한다.

이 글은
과거 기후를 알아낼 수 있는 다양한 '기후 대리 지표'의 종류와 기후를 알아내는 여러 가지의 원리, 구체적 예시 등이 제시되어 있다. 그런데 필자는 이러한 방법을 통해 과거의 기후를 정확히, 절대적으로 측정할 수는 없으나 이를 모르는 것과 아는 것의 차이가 있음을 밝히고 있다. 그리고 과거 기후를 통해 미래 기후 변화에 대응하여 위기가 닥친 지구의 기후를 지켜야 함을 주장하고 있다.

주제 기후 대리 지표를 통한 과거 기후의 측정과 당위성

- **정량적** 양을 헤아려 정하는 것.
- **퇴적물** 암석의 파편이나 생물의 유해 따위가 물, 빙하, 바람, 중력 따위의 작용으로 운반되어 땅 표면에 쌓인 물질.
- **동위 원소** 원자의 양성자 수가 같기에 같은 원소지만 중성자 수가 달라 질량이 다른 원소를 일컫는 말.
- **추세** 어떤 현상이 일정한 방향으로 나아가는 경향.

▸ 242013-0068

01 윗글에 대한 설명으로 가장 적절한 것은?

① 중심 화제에 대한 평가를 시대별로 구분하여 제시하고 있다.
② 중심 화제와 관련된 논란을 밝히고, 그것에 대한 반박을 제시하고 있다.
③ 다양한 사례를 구체적으로 들어 중심 화제와 관련된 내용을 소개하고 있다.
④ 중심 화제로 인해 발생할 수 있는 부정적 효과와 그것에 대한 해결책을 밝히고 있다.
⑤ 중심 화제에 대한 상반된 입장을 소개하고, 그중 하나를 글쓴이의 입장으로 취하고 있다.

▸ 242013-0069

02 윗글에 대한 이해로 적절하지 않은 것은?

① 빙하를 만드는 눈 속의 무거운 산소의 비율은 온도와 연관이 깊군.
② 1979년 이후에 갖춰진 위성 체계를 통해 지구 전체 기후 변화를 살피고 있군.
③ 과거와 달리 현재에는 관측 기기의 발달로 기후를 오차 없이 측정할 수 있게 되었군.
④ 침엽수가 주로 자라는 지역의 날씨는 활엽수가 주로 자라는 날씨보다 비교적 더 춥겠군.
⑤ 상대적으로 온도가 낮은 바닷물의 플랑크톤 껍질은 온도가 높은 바닷물의 플랑크톤 껍질보다 질량이 무거운 산소의 비율이 높겠군.

▸ 242013-0070

03 ㉠에 대한 설명으로 적절하지 않은 것은?

① ㉠에는 과거의 기후에 반응한 흔적이 남아 있다.
② ㉠에서 양적, 질적 속성을 수량화하여 과거 기후를 나타낸다.
③ ㉠을 통해 수십 년에서 수천 년까지의 기후를 알아낼 수 있다.
④ ㉠으로 과거 기후를 분석할 때 한 지역의 자료는 다른 지역과 비교하지 않는다.
⑤ ㉠은 왜곡이나 오차가 있을 수 있지만 과거 기후를 알려 준다는 점에서 의미가 있다.

왜곡 사실과 다르게 해석하거나 그릇되게 함.

▸ 242013-0071

04 다음은 윗글을 읽는 과정에서 독자가 메모한 것이다. 독자는 무엇을 중심으로 비판적 읽기를 수행하고 있는지 서술하시오.

> 이 글을 읽으면서 과거 기후를 알아야 현재 지구의 기후를 지킬 수 있다는 글쓴이의 주장은 명확히 파악되지만, 그 주장을 뒷받침할 수 있는 이유나 근거가 부족하다고 생각했다. 과거 기후를 앎으로써 현재의 위기에 구체적으로 어떻게 대응할 수 있는지를 글에서 제시했으면 좋았을 것이다.

비판적 읽기는 '관점이나 내용의 타당성', '관점이나 내용의 공정성', '내용의 신뢰성', '자료의 적절성' 등을 기준으로 수행할 수 있다.

수능 맛보기

어떤 독서 이론도 이 한 장의 사진만큼 독서의 위대함을 분명하게 말해 주지 못할 것이다. 사진은 제2차 세계 대전 당시 처참하게 무너져 내린 런던의 한 건물 모습이다. 폐허 속에서도 사람들이 책을 찾아 서가 앞에 선 이유는 무엇일까? 이들은 갑작스레 닥친 상황에서 독서를 통해 무언가를 구하고자 했을 것이다.

독서는 자신을 살피고 돌아볼 계기를 제공함으로써 어떻게 살 것인가의 문제를 생각하게 한다. 책은 인류의 지혜와 경험이 담겨 있는 문화유산이며, 독서는 인류와의 만남이자 끝없는 대화이다. 독자의 경험과 책에 담긴 수많은 경험들의 만남은 성찰의 기회를 제공함으로써 독자의 내면을 성장시켜 삶을 바꾼다. 이런 의미에서 독서는 자기 성찰의 행위이며, 성찰의 시간은 깊이 사색하고 스스로에게 질문을 던지는 시간이어야 한다. 이들이 책을 찾은 것도 혼란스러운 현실을 외면하려 한 것이 아니라 자신의 삶에 대한 숙고의 시간이 필요했기 때문이다.

또한 ㉠독서는 자신을 둘러싼 현실을 올바로 인식하고 당면한 문제를 해결할 논리와 힘을 지니게 한다. 책은 세상에 대한 안목을 키우는 데 필요한 지식을 담고 있으며, 독서는 그 지식을 얻는 과정이다. 독자의 생각과 오랜 세월 축적된 지식의 만남은 독자에게 올바른 식견을 갖추고 당면한 문제를 해결할 방법을 모색하도록 함으로써 세상을 바꾼다. 세상을 변화시킬 동력을 얻는 이 시간은 책에 있는 정보를 이해하는 데 그치는 것이 아니라 그 정보가 자신의 관점에서 문제를 해결할 수 있는 타당한 정보인지를 판단하고 분석하는 시간이어야 한다. 서가 앞에 선 사람들도 시대적 과제를 해결할 실마리를 책에서 찾으려 했던 것이다.

독서는 자기 내면으로의 여행이며 외부 세계로의 확장이다. 폐허 속에서도 책을 찾은 사람들은 독서가 지닌 힘을 알고, 자신과 현실에 대한 이해를 구하고자 책과의 대화를 시도하고 있었던 것이다.

▸ 242013-0072

■ 〈보기〉는 ㉠과 같이 독서하기 위해 학생이 찾은 독서 방법이다. 이에 대한 반응으로 적절하지 않은 것은?

보기

해결하려는 문제와 관련하여 관점이 다른 책들을 함께 읽는 것은 해법을 찾는 한 방법이다. 먼저 문제가 무엇인지를 명확히 하고, 이와 관련된 서로 다른 관점의 책을 찾는다. 책을 읽을 때는 자신의 관점에서 각 관점들을 비교·대조하면서 정보의 타당성을 비판적으로 검토하고 평가한 내용을 통합한다. 이를 통해 문제를 다각적·심층적으로 이해하게 됨으로써 자신의 관점을 분명히 하고, 나아가 생각을 발전시켜 관점을 재구성하게 됨으로써 해법을 찾을 수 있다.

① 읽을 책을 선택하기 전에 해결하려는 문제가 무엇인지를 명확하게 인식해야겠군.

② 서로 다른 관점을 비교 · 대조하면서 검토함으로써 편협한 시각에서 벗어나 문제를 폭넓게 보아야겠군.

③ 문제의 해결을 위해 서로 다른 관점을 비판적으로 통합하여 문제에 대한 생각을 새롭게 구성할 수 있어야겠군.

자료 탐구

해제 이 글은 폐허 속에서도 책을 찾아 서가 앞에 서 있는 사람들의 사진을 제시하고, 이들이 서가 앞에 선 이유를 생각해 보게 함으로써 독서의 목적과 가치에 대해 설명하고 있다. 책은 인류의 지혜와 경험이 담겨 있는 문화유산이기 때문에 독서는 성찰의 기회를 제공함으로써 독자의 내면을 성장시켜 삶을 바꾼다. 또한 책은 세상에 대한 안목을 키우는 데 필요한 지식을 담고 있기 때문에 독서는 독자에게 올바른 식견을 갖추고 문제 해결 방법을 모색하게 함으로써 세상을 바꾼다.

주제 독자의 내면을 성장시키고 문제 해결의 논리와 힘을 지니게 하는 독서

- **서가** 문서나 책 따위를 얹어 두거나 꽂아 두도록 만든 선반.
- **사색** 어떤 것에 대하여 깊이 생각하고 이치를 따짐.
- **숙고** 곰곰 잘 생각함. 또는 그런 생각.
- **식견** 학식과 견문이라는 뜻으로, 사물을 분별할 수 있는 능력을 이르는 말.

이 문제는

지문의 ㉠에서 밝히고 있는 독서의 의의를 실현하기 위한 독서 방법을 〈보기〉의 '해결하려는 문제와 관련하여 관점이 다른 책들을 함께 읽는 것'으로 구체화한 것이다. 지문의 내용과 관련하여 〈보기〉에서 구체화한 내용을 제대로 이해할 수 있는지를 묻는 문제는 독서 이론 영역에서의 빈출 유형이다.

④ 정보를 이해하는 수준을 넘어, 각 관점의 타당성을 검토하고 평가 내용을 통합함으로써 문제를 깊이 이해해야겠군.
⑤ 문제에 대한 여러 관점을 다각도로 검토하고, 비판적 판단을 유보함으로써 자신의 관점이 지닌 타당성을 견고히 해야겠군.

이렇게 풀어 보자!

1 단계

〈보기〉의 내용을 확인한다.

〈보기〉에 제시된 내용에 대한 반응으로 적절하지 않은 것을 찾으라고 하고 있다.

2 단계

〈보기〉와 관련된 지문의 내용을 확인한다.

〈보기〉에 제시된 내용을 간략하게 읽으며, 〈보기〉와 관련이 있는 지문의 내용을 확인한다.

3 단계

선지에 제시된 내용의 적절성을 판단한다.

이 문제의 선지는 〈보기〉의 내용을 활용하여 실제 반응처럼 구체화해 둔 것이기에 〈보기〉의 내용과 비교해 가며 판단하는 중 서로 상반되는 내용을 다룬 것을 찾는다. 이러한 방식으로 보면, ⑤번 선지의 경우 〈보기〉에서 비판적으로 판단하여야 함을 이야기한 것과 상반되는 '비판적 판단 유보'를 내용으로 하고 있기에 적절하지 않은 답으로 골라낼 수 있다.

답 ⑤

오답을 확인하자!

① 〈보기〉에서 문제가 무엇인지 명확히 하고 다른 책을 찾는다고 밝히고 있다.
② 〈보기〉에서 해결하려는 문제와 관련하여 관점이 다른 책들을 함께 읽을 때는 자신의 관점에서 각 관점들을 비교·대조하면서 정보의 타당성을 비판적으로 검토해야 한다고 하였다. 또한 이를 통해 문제를 다각적·심층적으로 이해하게 된다고 하였으므로, 서로 다른 관점을 비교·대조하면서 검토함으로써 문제를 폭넓게 보아야겠다고 반응하는 것은 적절하다.
③ 〈보기〉에서 해결하려는 문제와 관련하여 서로 다른 관점의 책을 읽을 때는 자신의 관점에서 각 관점들을 비교·대조하면서 정보의 타당성을 비판적으로 검토하고 평가한 내용을 통합하여 관점을 재구성하게 된다고 하였으므로, 문제의 해결을 위해 서로 다른 관점을 비판적으로 통합하여 문제에 대한 생각을 새롭게 구성할 수 있어야겠다고 반응하는 것은 적절하다.
④ 3문단에서 책은 세상에 대한 안목을 키우는 데 필요한 지식을 담고 있으며, 독서를 하면서 책에 있는 정보를 이해하는 데 그치는 것이 아니라 그 정보가 자신의 관점에서 문제를 해결할 수 있는 타당한 정보인지를 판단하고 분석하여야 한다는 것을 언급하였다. 또한 〈보기〉에서도 책을 읽을 때는 자신의 관점에서 정보의 타당성을 비판적으로 검토하고 평가한 내용을 통합한다고 하였다. 따라서 ㉠과 관련하여 정보를 이해하는 수준을 넘어 각 관점의 타당성을 검토하고 평가 내용을 통합함으로써 문제를 깊이 이해해야겠다는 반응은 적절하다.

04 읽기의 목적과 점검

동일한 화제의 글이나 자료라도 서로 다른 관점과 형식으로 표현됨을 이해하며 읽기 목적을 고려하여 글이나 자료를 주제 통합적으로 읽는다.

필수 개념어

비평문
주로 문학 작품의 주제, 아름다움 따위를 분석하여 그 가치를 논하는 내용을 다룬 글.

당위성
마땅히 그렇게 하거나 되어야 할 성질.

1 목적에 따른 읽기 방법

• 글을 읽는 목적에 따라 읽기 방법은 달라질 수 있음.

정보를 얻기 위한 읽기 방법	• 글의 전체 내용을 훑어 읽으며 나에게 필요한 정보 파악하기 • 문단의 핵심 내용을 찾고, 문단 간 관계를 중심으로 주요 내용 요약하기 • 사례나 도표, 그림이 제시된 경우, 이를 바탕으로 핵심 내용 이해하기 **읽기 방법이 적용되는 글의 종류:** 설명문, 기사문, 안내문 등 예 무선 이어폰의 원리에 대해 알고 싶어. ···› 해당 내용을 다룬 설명문이나 기사문, 또는 해당 제품을 판매하는 기업에서 제공하는 안내문을 찾아볼 수 있음.
즐거움을 얻기 위한 읽기 방법	• 필자의 체험 및 등장인물의 상황에 공감하기 • 독창적인 표현을 찾고 이에 대해 평가하기 • 작품 속 시대적 배경이나 창작 당시 작가의 상황과 관련지어 감상하기 **읽기 방법이 적용되는 글의 종류:** 시나 소설과 같은 문학 작품, 비평문 등 예 요즘 공부가 너무 힘든데, 지금 나처럼 위기에 처한 인물이 나오는 글이 있을까? ···› 유사한 상황에 처한 서정적 자아가 나오는 시나, 비슷한 내적 갈등을 겪고 있는 등장인물이 나오는 소설을 찾아 읽을 수 있음.
주장의 적절성을 평가하기 위한 읽기 방법	• 사실과 의견을 구분하기 • 논리의 타당성과 논거의 적절성 파악하기 • 필자의 생각에 대해 주체적인 관점에서 평가하기 **읽기 방법이 적용되는 글의 종류:** 사설 및 논설, 광고 등 예 인공 지능의 발달이 인간에게 위기라는 주장은 사실일까? ···› 해당 제재를 다룬 사설이나 논설문 등을 찾아 읽고 자신의 입장을 확립할 수 있음.
문제 해결을 위한 읽기 방법	• 문제 해결과 관련된 유의미한 정보 선별하기 • 다양한 종류의 글을 읽고 분석·평가·종합하여 대안 탐색하기 ···› 문제의 내용에 따라 해결 방안을 담고 있는 글의 종류가 달라질 수 있으므로, 자신의 목적에 맞게 다양한 종류의 글을 읽고 문제 해결 방안을 찾을 수 있어야 함. 예 교실에 쓰레기를 버리는 친구들이 자신의 행동을 성찰할 수 있으려면 어떻게 해야 할까? ···› 양심과 성찰, 도덕적 당위성을 다룬 시, 소설, 논설문 등을 찾아 읽을 수 있음.

2 읽기의 과정과 조정

(1) 읽기의 과정

읽기 전	• 읽기 목적 설정 • 읽기 목적에 따른 자료 탐색 • 제목, 목차 등을 통해 글의 내용 예측 • 읽기 목적, 예측한 내용을 바탕으로 질문 생성, 배경지식 활성화
읽는 중	• 읽기 목적에 맞는 읽는 방법 및 다양한 읽기 전략 선택 예 통독(通讀), 정독(精讀), 발췌(拔萃)하여 읽기, 메모하며 읽기 등 • 글의 전개 방식과 구조, 내용의 흐름 파악 • 문장과 단어의 의미 파악 • 읽기 목적에 따른 정보 파악
읽은 후	• 읽기 목적에 맞는 핵심 내용 요약 및 정리 • 감상·추론·비판 등 인지 활동을 통한 의미 구성

(2) 읽기의 조정

- 읽기의 목적에 따라 읽기의 전 과정에서 수시로 자신의 읽기 과정을 점검하고 이를 조정할 수 있음.
- 읽기의 조정을 통해 목적에 부합한 읽기 과정을 수행할 수 있음.

■ 읽기 조정의 예시

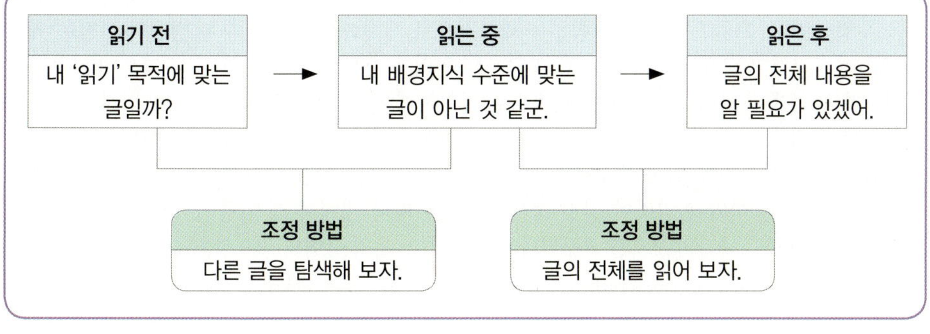

필수 개념어

통독
글의 처음부터 끝까지 읽는 일.

정독
문장과 구절의 의미를 해석하며 자세히 읽는 일.

발췌
글에서 중요하거나 필요한 부분만 뽑아내는 일.

개념+

다양한 읽기 전략
서로 다른 목적으로 작성된 글의 내용을 이해하기 위해서는 다양한 읽기 전략의 활용이 필요하다.

연결하기 전략
배경지식과 글의 새로운 내용, 또는 글에서 제시된 내용끼리 연결 등 관련된 지식과 경험을 연결하며 읽는 전략.

질문하기 전략
내용을 예측하는 질문, 구체적 정보를 찾기 위한 질문 등 글의 내용과 관련된 질문을 떠올리고 답을 찾으며 읽는 전략.

정보 종합하기 전략
읽는 과정에서 자신의 사고를 정리하거나 정보의 중요도를 판별하는 등 읽기 과정에서 일어난 사고를 정리하며 읽는 전략.

☑ 개념 학습 체크

1 읽기의 과정에서 읽기의 목적에 따라 작품을 찾고, 배경지식을 활성화하는 단계는 읽기 전 단계에 해당한다. (○/×)

2 시나 소설과 같은 문학 작품을 읽을 때에는 논리의 타당성과 논거의 적절성을 파악하는 읽기 방법이 필요하다. (○/×)

3 읽기 방법은 고정되어야 하므로, 읽기의 과정이 끝난 이후에 조정하는 것이 수월한 읽기 과정을 수행할 수 있게 한다. (○/×)

답 1 ○ 2 × 3 ×

교과서 열기 ①

[01~03] 다음 글을 읽고 물음에 답하시오.

이 글은
대표적인 고전주의 경제학자인 애덤 스미스와 리카도의 사상을 다루고 있다. 이 두 학자는 자유 무역을 통해 국가의 부가 증대할 수 있다고 본다는 점에서 공통된 견해를 가지고 있지만, 무역의 이점이 일어나는 조건에 있어서는 견해의 차이를 드러내고 있다.

주제 무역에 대한 고전 경제학자들의 견해

17세기 유럽의 중상주의자들은 한 국가의 부유함을 해당 국가가 보유한 귀금속의 양으로 정의했다. 따라서 그들은 수입품에 높은 관세를 물리는 보호 무역을 통해 귀금속이 외국으로 유출되는 것을 막아야 한다는 주장을 펼쳤다. 그러나 애덤 스미스는 국가의 부유함은 귀금속의 양이 아니라, 국민이 소비할 수 있는 재화와 용역의 양으로 평가되어야 한다고 보았다. 따라서 애덤 스미스는 국제적 분업을 통해 각 국가가 다른 국가보다 더 적은 비용으로 생산할 수 있는 상품을 집중적으로 생산하고, 국가별로 특화된 상품이 자유 무역을 통해 교류될 때 국가의 부유함이 증가할 수 있다고 보았다.

애덤 스미스는 이처럼 한 국가가 다른 국가보다 효율적으로 생산할 수 있는 상품이 있다면 해당 상품에 대해 절대 우위를 가지고 있다는 말로 자신의 개념을 설명했다. 그는 무역의 이점은 절대 우위를 갖는 상품을 특화할 때 나타나기 때문에, 만일 어떤 국가가 모든 상품에 절대 우위를 갖고 있다면 무역이 발생하지 않는다고 보았다. 그러나 리카도는 애덤 스미스가 상정한 경우에서도 무역의 이익은 발생할 수 있다며 애덤 스미스의 주장을 반박했다.

그는 비교 우위라는 개념을 제시했는데, 이는 한 국가가 모든 상품에 절대 우위를 가지고 있더라도, 그 국가에서 상대적으로 절대 우위가 더 큰 상품을 집중 생산하면 결국 교역을 통해 이익을 얻을 수 있다는 것이다. 리카도는 상품의 가치는 그 상품 생산에 투입된 노동의 양으로 평가되며, 모든 노동은 동질적이라는 노동 가치설에 기반하여 비교 우위론을 제시했다. 그러나 실제로 상품의 가격이 투입된 노동의 양으로 결정되는 경우는 적었기 때문에, 노동 가치설은 현실과 거리가 멀다는 비판을 받았다. 20세기 하벌러는 기회비용이라는 새로운 관점에서 리카도의 비교 우위론을 재조명했다. 기회비용은 어떤 선택을 내렸을 때 그로 인해 포기하게 되는 대안들 중 가장 좋은 대안으로, 선택의 대가를 의미한다. 하벌러는 상대국보다 더 적은 기회비용으로 생산할 수 있는 상품이 비교 우위가 있다고 보았다.

애덤 스미스와 리카도와 같은 고전주의 경제학자들은 각자의 기준에서 자유 무역의 이점을 주장하였다. 그들은 경제라는 학문을 과학적으로 체계화하였으며, 자유 경쟁의 이점을 역설하고 본격적인 국제 무역의 시대를 열었다는 의의를 갖는다. 그러나 자유 무역은 외국보다 취약한 산업에 종사하는 사람이 강제적으로 실직하게 된다거나, 산업이 발달한 선진국이 무역에서 유리할 수밖에 없는 구도를 만든다는 점에서 비판을 받았다. 또한 식량을 생산하는 농업처럼 국가 유지에 있어 필수적인 분야의 경우, 각국은 여전히 관세를 통해 무역 장벽을 유지하고 있다. 이와 관련하여 일부 경제학자들은 자국 내에서 성장 중인 산업이나 새로운 산업의 경우에도, 국가의 보호를 요구한다는 점을 들어 무역 장벽의 필요성을 주장하기도 한다.

- **관세** 외국으로부터 들어오는 물품에 대해 세관이 매기는 세금.
- **재화** 사람이 바라는 바를 충족시켜 주는 모든 물건.
- **용역** 생산된 재화를 운반·배급하거나 생산·소비에 필요한 노동이나 사무업 따위를 제공하는 일.
- **동질적** 성질이 같은 것.

▸ 242013-0073

01 윗글을 통해 알 수 있는 내용으로 가장 적절한 것은?

① 하벌러는 기회비용이라는 새로운 관점에서 애덤 스미스의 주장을 재조명했다.
② 고전주의 경제학자들은 통일된 기준을 바탕으로 자유 무역의 이로운 점을 주장했다.
③ 리카도는 상품의 가치는 생산 과정에 투입된 노동의 양에 비례하여 평가해야 한다고 보았다.
④ 중상주의자들은 수입품에 높은 관세를 물릴수록 외국으로 유출되는 귀금속이 늘어난다고 여겼다.
⑤ 애덤 스미스는 국제적 분업에서 각 국가는 다른 국가보다 더 많은 비용이 드는 상품을 생산해야 한다고 주장했다.

▸ 242013-0074

02 윗글을 바탕으로 〈보기〉를 이해한 내용으로 적절하지 않은 것은?

가정 결론에 앞서 논리의 근거로 어떤 조건이나 전제를 내세움. 또는 그 조건이나 전제.

보기

표는 갑국, 을국, 병국이 각각 1단위의 쌀과 콩을 생산할 때 필요한 노동자의 수를 나타낸 것이다. 쌀과 콩은 1:1의 교환비를 가지며, 쌀과 콩을 생산할 때 오직 노동력만 필요하다고 가정한다.

곡식 / 국가	쌀	콩
갑국	2명	3명
을국	4명	1명
병국	6명	4명

① 애덤 스미스에 따르면, 갑국은 을국에 비해 쌀 생산에 절대 우위가 있겠군.
② 갑국이 쌀을 특화 생산할 경우, 5명의 노동력으로 쌀 2.5단위를 생산할 수 있겠군.
③ 리카도에 따르면, 갑국이 쌀, 병국이 콩을 특화하여 생산할 때, 갑국과 병국의 무역에서는 이익이 발생하겠군.
④ 갑국과 을국이 각각 자국 내에서 5명의 노동력으로 쌀과 콩을 생산할 경우, 생산한 쌀과 콩을 모두 합치면 4단위이겠군.
⑤ 갑국과 병국이 비교 우위에 따라 특화할 때, 갑국과 병국이 각각 10명의 노동력으로 생산한 쌀과 콩을 모두 합치면 6.5단위이겠군.

▸ 242013-0075

03 윗글을 바탕으로 〈보기〉의 (A), (B)에 들어갈 적절한 내용을 쓰시오.

보기

이 글을 읽고, 애덤 스미스와 리카도가 기존 주장과 달리 새로운 주장을 펼치는 과정을 정리해 보았어.

	기존의 주장	새로운 주장
애덤 스미스	국가의 부는 귀금속의 보유량으로 결정된다.	((A))
리카도	((B))	상대적으로 절대 우위가 더 큰 상품을 집중 생산할 경우에도 이익을 얻을 수 있다.

교과서 열기 ②

[01~03] 다음 글을 읽고 물음에 답하시오.

최근 일상에서 무선 이어폰을 사용하는 사람들이 크게 늘었다. 무선 이어폰을 사용하는 사람이 증가한 이유 중 하나로, 재생 중인 음원에 집중할 수 있도록 일상 소음을 차단하는 기술인 '노이즈 캔슬링(Noise Cancelling)'의 발전을 들 수 있다.

노이즈 캔슬링은 크게 패시브 노이즈 캔슬링(Passive Noise Cancelling) 기술과 액티브 노이즈 캔슬링(Active Noise Cancelling) 기술로 나뉜다. 먼저 패시브 노이즈 캔슬링 기술은 물리적으로 소음을 차단하는 방법으로, 소리를 흡수하거나 반사하는 재질을 사용하거나 물리적인 구조를 통해 외부 소음을 차단한다. 패시브 노이즈 캔슬링 기술은 단순한 원리지만, 패시브 노이즈 캔슬링 기술에 활용하는 재질에 대한 연구를 통해 보다 효과적으로 소음을 차단할 수 있다. 커널형 구조의 이어폰은 이러한 패시브 노이즈 캔슬링 기술을 사용한 것으로, 이어폰을 착용자의 귓구멍에 삽입하여 밀착시키는 구조의 이어폰이다. 커널형 구조의 이어폰은 작은 음량도 깔끔하게 전달할 수 있고 재생 중인 음원이 외부로 빠져나갈 일이 적다는 장점이 있지만, 그만큼 착용자가 답답함을 느낄 수 있다는 단점도 있다.

액티브 노이즈 캔슬링 기술은 능동적으로 소음을 차단하는 기술을 의미한다. 소리를 듣기 위해서는 음원으로부터 방사된 파동이 공기를 통해 고막에 전달되어야 한다. 이때 파동에 의해 단위 시간 동안 공기가 떨리는 횟수를 진동수, 공기가 진동하는 최대 범위를 진폭이라 한다. 파동의 진동수는 소리의 높이를 결정하며, 진폭은 소리의 크기인 음량을 결정한다. 진동수가 많으면 음의 높이도 높아지고, 진폭이 커지면 소리의 크기가 커진다. 파동의 진동수와 진폭은 파동의 형태인 파형(波形)을 이루는데, 동일한 형태의 파형이 중첩되면 진폭이 커지지만, 반대되는 파형이 중첩될 경우, 진폭이 줄어들어 소리가 작아진다.

액티브 노이즈 캔슬링 기술은 바로 이 원리를 이용하여 외부 소음을 상쇄한다. 액티브 노이즈 캔슬링 장치에 내장된 마이크는 외부의 소음을 수집하여 노이즈 캔슬링 회로로 보내 소음의 파동을 분석한다. 노이즈 캔슬링 회로는 분석한 소음의 반대 파형의 음파를 생성하여 이를 스피커로 보내는데, 스피커에서 내보내는 음파가 외부 소음의 파동과 중첩되면서 외부 소음이 감소하는 것이다. 그런데 이때 생성된 음파가 외부 소음의 파동과 정확하게 중첩되지 않으면 소음이 감소하지 않으므로, 외부 소음의 진동을 빠르게 분석하고 반대 파형의 음파를 생성할 필요가 있다. 이를 위해 일부 액티브 노이즈 캔슬링 장치는 미리 학습한 데이터를 바탕으로 외부 소음의 패턴을 파악하고 이에 대응하는 음파를 생성하기도 한다.

그러나 액티브 노이즈 캔슬링 기술은 제거하고자 하는 소음의 진폭이 규칙적이지 않거나, 고음일 경우에는 한계를 보인다. 특히 인간의 말소리는 일반적으로 음높이가 빠르게 변화하기 때문에 기술적으로 완벽하게 처리되기 어렵다. 따라서 이때 패시브 노이즈 캔슬링 기술을 활용하여 액티브 노이즈 캔슬링 기술의 미흡한 점을 보완하기도 한다. 노이즈 캔슬링 기술은 일상뿐 아니라 산업 현장에서 소음으로부터 근로자를 보호하기 위한 기술로도 의미를 갖는다. 특히 일상에서 겪는 소음 공해가 인체의 건강에 미치는 악영향이 연구되면서, 앞으로도 더욱 효과적인 노이즈 캔슬링 기술을 위한 연구가 계속될 전망이다.

이 글은
이어폰에서 소음을 차단하는 기술인 노이즈 캔슬링 기술을 소개하고 있다. 노이즈 캔슬링 기술을 패시브 노이즈 캔슬링 기술과 액티브 노이즈 캔슬링 기술로 구분하고 있으며, 두 기술이 소음을 차단하는 원리를 설명하고 있다.

주제 노이즈 캔슬링 기술의 종류와 그 원리

- **파동** 진동이 전달되는 현상으로, 진동의 주기인 진동수와 진동의 길이인 파장을 가짐.
- **중첩** 거듭 겹치거나 포개어짐.
- **상쇄** 상반되는 것이 서로 영향을 주어 효과가 없어지는 일.
- **음파** 공기나 그 밖의 매질이 발음체의 진동을 받아서 생기는 파동.

▸ 242013-0076

01 '액티브 노이즈 캔슬링 장치'에 대한 설명으로 적절하지 않은 것은?

① 내장된 마이크는 외부의 소음을 수집하는 역할을 한다.
② 스피커를 활용하여 외부 소음의 반대 파형의 음파를 내보낸다.
③ 소음에 대해 학습한 데이터를 활용하여 외부 소음의 파형을 파악하기도 한다.
④ 생성한 파형이 외부 소음의 파형과 동일할 경우, 소음이 더욱 크게 들릴 수 있다.
⑤ 패시브 노이즈 캔슬링 장치와 달리 진폭이 불규칙적인 소음의 차단에 유리하다.

▸ 242013-0077

02 윗글을 바탕으로 〈보기〉를 이해한 내용으로 적절하지 않은 것은?

보기

A 사는 자사(自社)의 액티브 노이즈 캔슬링 기술을 적극 활용한 이어폰을 개발하기로 했다. 이어폰의 초기 모델은 오픈형 구조로 계획되었다. 그러나 작은 음량의 소리를 잘 전달하지 못하고 고음을 차단하지 못한다는 문제점을 해결하기 위해, 기존의 오픈형 구조를 포기하고 커널형 구조를 채택하게 되었다.

① A 사의 이어폰 초기 모델은 고음을 차단하는 데 어려움이 있었군.
② A 사의 이어폰 초기 모델의 구조는 이어폰 착용자의 답답함이 적은 구조겠군.
③ A 사가 최종 채택한 이어폰의 구조는 작은 음량의 소리를 전달하기에 효율적인 구조로군.
④ A 사가 보유한 액티브 노이즈 캔슬링 기술은 음량이 큰 외부 소음의 반대 파형 생성에 한계가 있었군.
⑤ A 사가 최종 채택한 이어폰은 액티브 노이즈 캔슬링 기술과 패시브 노이즈 캔슬링 기술을 모두 접목하였군.

오픈형 구조 이어폰의 구조로, 커널형 구조와 달리 외부와 완전히 밀폐되지 않는 디자인.

▸ 242013-0078

03 〈보기〉의 질문에 대한 답을 찾을 수 있는 문단을 각각 쓰시오.

보기

(1) 액티브 노이즈 캔슬링 기술이 적용된 이어폰의 내부에는 어떤 기능을 담당하는 장치들이 있을까?
(2) 커널형 구조의 이어폰을 착용해 보니 답답했는데, 커널형 구조의 이어폰은 어떤 장점이 있는 걸까?
(3) 액티브 노이즈 캔슬링 기술이 적용된 이어폰으로도 주위의 말소리가 완전히 차단되지 않는 이유가 뭘까?

(1): ________ 문단　　(2): ________ 문단　　(3): ________ 문단

자료 탐구

해제 이 글은 독서에 초인지가 어떻게 동원되는지에 대해 설명하고 있다. 독서에서의 초인지는 독자가 자신의 독서 행위에 대해 인지하는 것으로 자신의 독서 과정을 점검하고 조정하는 역할을 한다. 초인지는 글을 읽기 시작한 후 지속적으로 이루어지는 점검 과정에 동원된다. 이를 통해 독자는 독서 전략이 효과적이고 문제가 없는지를 평가하며 문제를 해결한다. 문제가 무엇인지 분명하지 않은 경우나 문제가 발생한 것을 독자 자신이 인지하지 못하는 경우에도 특정 방법들을 사용하여 문제 발생 여부를 점검할 수 있다. 또한 초인지는 문제를 해결하기 위해 독서 전략을 조정하는 과정에도 동원되는데, 독자는 이러한 초인지를 활용하여 점검과 조정을 되풀이하며 능동적으로 의미를 구성해 간다.

주제 독서 과정을 점검하고 조정하는 역할을 하는 초인지

독서는 독자가 목표한 결과에 도달하기 위해 글을 읽고 의미를 구성하는 인지 행위이다. 성공적인 독서를 위해서는 초인지가 중요하다. 독서에서의 초인지는 독자가 자신의 독서 행위에 대해 인지하는 것으로서 자신의 독서 과정을 점검하고 조정하는 역할을 한다.

초인지는 글을 읽기 시작한 후 지속적으로 이루어지는 점검 과정에 동원된다. 독자는 가장 적절하다고 판단한 독서 전략을 사용하여 독서를 진행하는데, 그 전략이 효과적이고 문제가 없는지를 평가하며 점검한다. 효과적이지 않거나 문제가 있다고 판단하면 이를 해결해야 한다. 문제가 무엇인지 분명하지 않은 경우에는 독서 중에 떠오르는 생각들을 살펴보고 그중 독서의 진행을 방해하는 생각들을 분류해 보는 방법으로 문제점이 무엇인지 파악할 수 있다. 독서가 중단 없이 이어지는 상태이지만 문제가 발생한 것을 독자 자신이 인지하지 못하는 경우도 있다. 의도한 목표에 부합하지 않는 방법으로 읽기를 진행하거나 자신이 이해한 정도를 판단하지 못하는 예가 그것이다. 문제 발생 여부의 점검을 위해서는 독서 진행 중 간중간에 이해한 내용을 정리하는 방법을 사용할 수 있다.

초인지는 문제를 해결하기 위해 독서 전략을 조정하는 과정에도 동원된다. 독서 목표를 고려하여, 독자는 ㉠지금 사용하고 있는 전략을 계속 사용할 것인지를 판단해야 한다. 또 ㉡문제 해결을 위한 다른 전략에는 무엇이 있는지, ㉢각 전략의 특징과 사용 절차, 조건 등은 무엇인지 알아야 한다. 또한 독자 자신이 사용할 수 있는 전략이 무엇인지, ㉣전략들의 적절한 적용 순서가 무엇인지, ㉤현재의 상황에서 최적의 전략이 무엇인지 판단하여 새로운 전략을 선택한다. 선택한 전략을 수행하는 과정에서 독자는 초인지를 활용하여 점검과 조정을 되풀이하며 능동적으로 의미를 구성해 간다.

이 문제는
〈보기〉를 통해 이 글의 내용을 정확하게 이해하고 있는지를 묻고 있다. 이처럼 지문과 〈보기〉의 내용을 각각 대조해야 하는 문제의 경우 실수가 발생하기 쉽다. 이런 문제의 경우, 지문의 핵심적인 정보나 〈보기〉를 간략하게 정리한 메모를 활용하면 실수를 줄일 수 있다.

▸ 242013-0079

■ **〈보기〉는 윗글을 읽은 학생이 독서 중 떠올린 생각이다. ㉠~㉤과 관련하여 ⓐ~ⓔ를 설명한 내용으로 적절하지 않은 것은?**

보기

- 이 용어가 무슨 뜻인지 모르겠어.
- 처음 나왔을 때는 무시하고 읽었는데 다시 등장했으니, 문맥을 통해 의미를 가정하고 읽어 봐야겠어. …… ⓐ

↓

- 더 읽어 보았지만 여전히 정확한 뜻을 모르겠네. 그럼 어떻게 하지?
- 관련된 내용을 앞부분에서 다시 찾아 읽든가, 인터넷 자료를 검색해 보든가, 다른 책들을 찾아볼 수 있겠네. …… ⓑ
- 검색을 하려면 인터넷 접속이 필요하겠네. …… ⓒ
- 검색은 나중에 하고, 먼저 앞부분을 다시 읽어 봐야겠다. 그다음에 다른 책을 찾아봐야지. …… ⓓ
- 그럼 일단 앞부분에 관련된 내용이 있었는지 읽어 보자.

↓

▣ 앞부분에는 관련된 내용이 없어서 도움이 안 되네.
▣ 이 용어와 관련된 분야의 책을 찾아보는 것이 가장 좋겠어. ································ ⓔ

⬇

▣ 이제 이 용어의 뜻이 이해되네. 그럼 계속 읽어 볼까?

① ⓐ: ㉠을 판단하여 사용 중인 전략을 계속 사용하기로 결정했다.
② ⓑ: ㉡을 고려하여 선택할 수 있는 전략들을 떠올렸다.
③ ⓒ: ㉢을 고려하여 전략의 사용 조건을 확인했다.
④ ⓓ: ㉣을 판단하여 전략들의 적용 순서를 결정했다.
⑤ ⓔ: ㉤을 판단하여 최적이라고 생각한 전략을 선택했다.

이렇게 풀어 보자!

1 단계

지문에서 ㉠~㉤의 내용을 각각 파악한다.

㉠은 '지금 사용하고 있는 전략'의 사용 여부, ㉡은 '문제 해결을 위한 다른 전략'의 탐색, ㉢은 '각 전략의 특징과 사용 절차, 조건'의 파악, ㉣은 '전략들의 적절한 적용 순서'의 파악, ㉤은 '현재의 상황에서 최적의 전략'의 탐색을 의미한다.

2 단계

〈보기〉의 내용과 선지의 내용을 함께 비교한다.

①에서는 지금 사용하고 있는 전략의 사용 여부의 판단과 ⓐ의 내용을, ②에서는 문제 해결을 위한 다른 전략의 탐색과 ⓑ의 내용을, ③에서는 각 전략의 특징과 사용 절차, 조건의 파악과 ⓒ의 내용을, ④에서는 전략들의 적절한 적용 순서의 파악과 ⓓ의 내용을, ⑤에서는 현재의 상황에서 최적의 전략의 탐색과 ⓔ의 내용을 함께 비교한다.

3 단계

지문에서 파악한 내용과 〈보기〉에서 확인한 내용이 일치하는지 판단한다.

ⓐ '문맥을 통해 의미를 가정하고 읽'는 전략은 새로운 전략에 해당하므로, ㉠의 판단 결과 현재 사용 중인 전략을 계속 사용하기로 결정했다는 선지의 설명은 적절하지 않다.

답 ①

오답을 확인하자!

② ⓑ는 문제 해결을 위한 전략으로 여러 전략을 생각한 것으로 ㉡에서 다른 전략을 탐색하는 것으로 볼 수 있다.
③ ⓒ는 인터넷 접속이라는 조건이 필요하다고 생각한 것으로 ㉢에서 전략의 조건을 파악하는 것으로 볼 수 있다.
④ ⓓ는 앞부분을 다시 읽고 그다음에 다른 책을 찾아봐야겠다는 것을 통해 ㉣에서 전략의 순서를 결정한 것으로 볼 수 있다.
⑤ ⓔ는 용어와 관련된 분야의 책을 찾아보는 것이 좋겠다는 결정을 통해 ㉤에서 최적의 전략을 선택한 것으로 볼 수 있다.

듣기·말하기, 이렇게 준비해요!

고등학교 듣기·말하기에서는 중학교에서 배운 개념과 원리가 이어지면서, 더 심화되고 구체적인 학습이 이루어집니다. 따라서 다양한 담화 상황과 유형에 맞는 전략과 태도를 익히는 것이 중요합니다.

- **대화의 원리와 담화 관습 익히기** 먼저 협력의 원리, 공손성의 원리, 체면 유지의 원리 등 대화의 원리를 익히고 이를 구체적인 대화 상황에 적용할 수 있어야 합니다. 그리고 공동체의 담화 관습을 비판적으로 성찰하고 오늘날의 시대 상황을 고려하여 담화 관습을 보다 바람직한 방향으로 개선하기 위한 방안을 찾아볼 수 있어야 합니다.

- **담화 유형별 전략 파악하기** 듣기와 말하기는 개인적 상황뿐만 아니라 다양한 사회적 상황에서 사용됩니다. 발표, 토론, 협상 등 다양한 담화 유형에 맞는 전략을 익히고 실천하는 것이 중요합니다. 상황에 맞는 적절한 전략을 사용하여 의사소통을 원활히 하는 한편 말의 영향력을 고려하여 책임감 있게 듣고 말하는 능력도 길러야 합니다.

고등학교에서 듣기·말하기 학습은 다양한 의사소통 상황에 맞춘 구체적 전략과 태도를 요구합니다. 자신의 생각을 효과적으로 전달하고 상대방의 의견을 정확히 이해하는 능력을 길러, 더 나은 소통 능력을 갖추기 위한 준비를 해 보세요.

III. 듣기 · 말하기

01 대화와 발표

- 대화의 원리를 이해하고 자신의 듣기 말하기 과정과 공동체의 담화 관습을 성찰할 수 있다.
- 청중의 관심과 요구에 맞게 내용을 구성하여 발표하고 청중과 원활하게 소통할 수 있다.

필수 개념어

담화 관습
동일한 언어를 쓰는 공동체 안에서 사용되는 공통된 양식이나 습관.

완곡
말하는 투가, 듣는 사람의 감정이 상하지 않도록 모나지 않고 부드러움.

개념+

공손한 표현 VS. 공손하지 않은 표현

공손한 표현	•상대를 칭찬하는 말 •자신을 겸손하게 표현하는 말 •상대와 의견이 같음을 드러내는 말
공손하지 않은 표현	•상대를 비방하는 말 •자신을 스스로 칭찬하는 말 •상대와 의견이 다름을 드러내는 말

대화 상황에 따른 언어 예절

- (부탁할 때) 부담을 주는 상황에 대한 미안함을 드러내며, 부탁하는 이유를 충분히 말함.
- (거절할 때) 미안한 마음을 드러내고 거절하는 이유를 제시하며 정중하게 말함.
- (사과할 때) 진심을 담아 정중하고 공손하게 자신의 잘못을 인정함.
- (감사할 때) 고마움을 마음에만 담아 두지 말고 진심을 다해 말로 표현함.

1 대화의 원리

(1) '대화'와 '대화의 원리'의 개념

- 대화: 두 사람 이상의 참여자가 각자의 생각과 느낌을 자유롭게 나누며 서로를 이해하는 활동
- 대화의 원리: 대화를 원활하게 하기 위해서 화자와 청자 사이에 지켜야 할 원칙

(2) 대화의 원리

① 협력의 원리: 대화의 목적이나 상대의 요구에 맞게 서로 협력하며 대화하는 것

양의 격률	대화의 목적에 필요한 만큼만 정보를 제공해야 함.
질의 격률	상대에게 진실을 말해야 하고 증거가 불충분한 것은 말하지 않아야 함.
관련성의 격률	대화의 목적과 주제에 관련된 것을 말해야 함.
태도의 격률	모호하거나 중의적인 표현은 피하고 간결하고 명료하게 말해야 함.

② 공손성의 원리: 상대에게 공손한 표현은 최대화하고 공손하지 않은 표현은 최소화하는 것
③ 체면 유지의 원리: 상대의 소극적 체면을 건드리지 않고 적극적 체면을 세워 주는 것

소극적 체면	외부의 간섭에서 벗어나 스스로 선택하려는 욕구
적극적 체면	다른 사람에게 인정받고자 하는 욕구

2 의사소통 과정의 점검 및 조정

필요성	화제, 목적, 대화 상대 등 의사소통의 요소를 고려하여 자신의 의사소통 행위의 적절성을 점검하고 조정해야 효과적인 의사소통이 이루어질 수 있음.
방법	협력의 원리, 공손성의 원리, 체면 유지의 원리 등 대화의 원리에 따라 자신의 듣기·말하기 과정에서 나타난 문제점을 찾고, 이를 조정하여 말함.

3 언어 공동체의 담화 관습과 의사소통 문화

(1) 우리말의 담화 관습

신중하게 말하기	불필요한 말을 삼가고 꼭 필요한 말만 조심히 함.
완곡하게 말하기	상대방의 감정을 상하게 할 수 있는 말을 직설적으로 나타내지 않고 돌려서 표현함.
겸손하게 말하기	상대방을 존중하면서 자신을 낮추어 말함.

(2) 바람직한 의사소통 문화 형성을 위한 태도

- 오늘날 공동체의 담화 관습을 비판적으로 성찰하며 올바른 태도로 수용함.
- 오늘날의 시대 상황을 고려하여 담화 관습을 보다 바람직한 방향으로 개선하기 위한 방안을 모색함.

4 청중을 고려하여 발표하기

(1) 발표의 개념과 특징

- 개념: 여러 사람 앞에서 자신의 생각이나 의견 또는 어떤 사실에 대하여 진술하는 의사소통 행위
- 특징: 청중의 관심과 요구에 맞게 내용을 구성해서 발표해야만 발표의 목적을 달성할 수 있음.

(2) 발표의 과정

과정	내용
계획하기	• 발표 주제를 선정하고 주제에 관한 청중의 특성을 분석한다.
내용 선정하기	• 청중 분석 결과를 바탕으로 청중에게 적합한 내용을 선정한다.
내용 조직하기	• 발표 내용을 청중이 이해하기 쉽도록 요점을 중심으로 체계적으로 조직한다. • 발표의 일반적인 개요 도입: 발표 주제 소개 전개: 발표의 주요 내용 제시 정리: 발표 내용 요약 및 강조, 당부의 말
발표하기	• 청중의 관심을 유지하기 위한 다양한 전략을 활용하여 발표한다. • 발표의 표현 전략 언어적 표현 전략: 담화 표지를 적절히 활용하기, 청중에게 질문 던지기, 발표 내용과 관련된 구체적인 경험 말하기 등 준언어적 표현 전략: 발표 내용이나 청중의 상황에 따라 말의 빠르기, 목소리 크기, 음의 높낮이 등을 적절히 조절하기 비언어적 표현 전략: 시선, 자세, 표정, 몸짓 등을 활용하여 발표 내용에 대한 청중의 이해를 돕거나 내용 강조하기
청중과 소통하기	• 청중의 질문에 효과적으로 답변하며 청중과 소통한다. • 원활한 소통을 위한 발표자와 청중의 역할 발표자의 역할: – 발표 시간을 조절하여 청중과 질의응답할 수 있는 시간 확보하기 – 청중의 질문에 효과적으로 답변하며 청중과 소통하기 청중의 역할: – 발표를 들으면서 이해되지 않거나 궁금한 사항 메모하기 – 화자의 발표 내용에 대해 적극적으로 질문하기

필수 개념어

배경지식
어떤 일을 하거나 연구할 때, 이미 머릿속에 들어 있거나 기본적으로 필요한 지식.

질의응답
의심나거나 모르는 점을 묻고 물음에 대답을 하는 일.

개념+

예상 청중의 특성을 분석할 때 하는 질문

- 지적 수준은 어떠한가?
- 발표 주제에 어떤 태도를 갖고 있는가?
- 발표 주제에 관해 배경지식을 얼마나 갖고 있는가?
- 발표 주제에 대해 어떤 세부 관심사를 갖고 있는가?

준언어적 표현 전략

- 말의 빠르기: 빠른 말은 열정, 흥분 등을 느끼게 하며, 느린 말은 여유로움, 열의가 없음 등을 느끼게 함.
- 목소리 크기: 큰 목소리는 자신감, 열정, 분노 등을 느끼게 하며, 작은 목소리는 온화함, 나약함 등을 느끼게 함.
- 음의 높낮이: 높은 음조는 기쁨, 분노 등을 느끼게 하며, 낮은 음조는 부드러움, 우울함 등을 느끼게 함.

☑ 개념 학습 체크

1 대화의 원리 중에서 (　　　)의 원리는, 대화의 목적이나 상대의 요구에 맞게 서로 협력하며 대화하는 것으로, 양의 격률, 질의 격률, 관련성의 격률, 태도의 격률이 있다.

2 발표에서 예상 청중을 분석할 때에는 예상 청중의 관심사, 주제에 대한 태도와 (　　　), 지적 수준 등을 고려해야 한다.

답 1 협력 2 배경지식

교과서 열기 ①

중의적 한 단어나 문장이 두 가지 이상의 뜻으로 해석될 수 있는. 또는 그런 것.

▶ 242013-0080

01 〈보기〉를 참고할 때, ㉠과 관련 있는 대화 상황으로 가장 적절한 것은?

보기

화자와 청자가 원활히 대화하려면 대화의 목적이나 상대의 요구에 맞게 서로 협력하여 대화하는 것이 중요하다. 이를 '협력의 원리'라고 하는데, 협력의 원리에는 ㉠양의 격률, 질의 격률, 관련성의 격률, 태도의 격률이 있다. 양의 격률은 대화의 목적에 필요한 만큼만 정보를 제공해야 한다는 것이고, 질의 격률은 타당한 근거를 들어 진실을 말해야 한다는 것이다. 관련성의 격률은 대화의 목적이나 주제와 관련된 것을 말해야 한다는 것이고, 태도의 격률은 모호하거나 중의적인 표현은 피하고 명료하게 말해야 한다는 것이다.

① A: 혹시 여기 책상 위에 두었던 내 볼펜 봤어?
B: (바닥에 떨어진 것을 알면서) 아니, 못 봤는데.
② A: 나 오늘 할 일이 많은데 모둠 과제 좀 도와줄 수 있어?
B: 음. 도와줄 수 있을 것 같기도 하고 없을 것 같기도 하고.
③ A: 윤지야, 이번 동아리 발표회 때 어떤 걸 주제로 할까?
B: 오늘 방과 후에 산책하러 가면 좋을 것 같아.
④ A: 민수야, 우리 떡볶이 먹으러 가기로 한 가게 이름이 뭐였지?
B: '행복 떡볶이'인데, 주소는 ○○로 37번가 2층이고, 그 집의 역사는…….
⑤ A: 철민아, 환경 보호를 위해 일회용품 사용을 줄이는 게 좋지 않을까?
B: 난 반대야. 뭐 특별한 이유는 없고. 그냥 싫어.

▶ 242013-0081

02 〈보기〉의 (가)와 (나)에 공통적으로 나타난 옛사람들의 담화 관습으로 적절한 것은?

보기

(가) 말 많은 집은 장맛도 쓰다.
가루는 칠수록 고와지고 말은 할수록 거칠어진다.

– 속담

(나) 말은 황금처럼 아끼고 자취는 옥같이 감추어라.
깊이 침묵하고 고요히 가라앉혀 꾸밈이나 속임과는 접촉하지 말라.
빛남을 가슴속에 감추어 두라. 오래되면 밖으로 빛나리라.

– 이덕무, 「회잠」 중

① 다른 사람의 말을 공감하여 들어 줌.
② 상대방이 잘한 점은 과장하여 칭찬함.
③ 자신을 낮추고 상대방에게 예의를 갖추어 말함.
④ 말을 많이 하지 않고 꼭 필요한 말만 신중하게 함.
⑤ 상처가 될 말은 직설적으로 말하지 않고 완곡하게 돌려서 말함.

▸ 242013-0082

03 〈보기 1〉을 참고하여 〈보기 2〉를 이해한 내용으로 적절하지 않은 것은?

> 훼손 체면이나 명예를 손상함.

보기 1

상대의 성과에 대해 말할 때, 공감의 말 이외에도 '체면 유지의 원리'에 근거하여 나의 의도를 전달할 수 있다. '체면'이란 모든 사회 구성원이 스스로 내세우고 보호받고자 하는 공개적인 이미지이다. 다른 사람에게 독립적 주체로서 인정받고자 하는 욕구를 '적극적 체면'이라고 하고, 외부의 간섭에서 벗어나 스스로 선택하려는 욕구를 '소극적 체면'이라고 한다. 따라서 대화할 때 상대의 소극적 체면은 건드리지 않고 적극적 체면을 세워 주는 것이 좋다.

보기 2

[담화 상황]

수업 시간에 모둠별로 토의한 내용을 발표하고 있으며, 준수가 막 발표를 끝낸 뒤 학생 1, 2, 3이 다른 친구들이 있는 앞에서 준수에게 발표에 대해 말하고 있다.

학생 1: 와! 준수야, 너 발표 잘하는구나. 좋은 발표 정말 잘 들었어.
학생 2: 준수야, 발표가 엉망이더라. 이 형님한테 좀 배워라, 배워.
학생 3: 발표하느라고 많이 힘들었지? 발표가 끝났으니 이제 좀 쉬어.

① '학생 1'과 '학생 2'는 준수의 발표 내용에 대한 평가를 내리고 있다.
② '학생 3'은 준수의 발표 내용과 상관없이 준수를 다독이는 발화를 하고 있다.
③ '학생 1'의 발화는 준수의 적극적 체면을 세워 준 발화로 볼 수 있다.
④ '학생 2'의 발화는 친구들 앞에서 준수의 체면을 훼손한 발화로 볼 수 있다.
⑤ '학생 3'의 발화는 준수가 스스로 내세우는 공개적인 이미지를 인정하는 발화로 볼 수 있다.

▸ 242013-0083

04 〈보기〉에서 '학생 2'가 지키고 있는 공손성의 원리로 가장 적절한 것은?

보기

학생 1: 이번에 새로 나온 영화 정말 재밌지 않았어? 인물도 연출도 결말도 다 좋았어.
학생 2: 응. 결말이 살짝 아쉽긴 했지만, 네 말대로 등장인물도 매력적이고 과거와 현재를 오가며 사건을 전개해 가는 연출이 정말 돋보였어. 네 의견에 동의해.

① 상대를 비방하는 말은 줄이고 상대를 칭찬하는 말은 늘린다는 원리
② 상대에게 부담을 주는 말은 줄이고 상대에게 이익을 주는 말은 늘린다는 원리
③ 자신에게 이익을 주는 말은 줄이고 자신에게 부담을 주는 말은 늘린다는 원리
④ 자신을 스스로 칭찬하는 말은 줄이고 자신을 겸손하게 표현하는 말은 늘린다는 원리
⑤ 상대와 의견이 다름을 드러내는 말은 줄이고 상대와 의견이 같음을 드러내는 말은 늘린다는 원리

교과서 열기 ❷

이 담화는
발표자가 청중을 대상으로 '블루레이 디스크'에 대해 소개하는 발표이다. 발표자는 블루레이 디스크의 특징과 장단점을 설명하고 있으며, 청중에게 블루레이 디스크로 좋아하는 영화를 소장할 것을 제안하고 있다.

[01~03] 다음은 학생의 발표이다. 물음에 답하시오.

안녕하세요? (블루레이 디스크를 청중에게 보이며) 여러분, 혹시 제가 지금 손에 들고 있는 것이 무엇인지 아시나요? (청중의 답변을 듣고) CD나 DVD 아니냐고요? 네, 역시 잘 모르시네요. 안 그래도 제가 발표를 하기 전에 우리 반 친구들에게 이 디스크에 대해 물어봤는데 다들 잘 모르더라고요. 그래서 여러분에게 이 디스크에 대해 알려 드리기 위해 발표 주제로 정했습니다. 제가 오늘 여러분에게 발표할 대상은 '블루레이 디스크'입니다.

블루레이 디스크는 2003년부터 시판되기 시작한 고용량 광학식 저장 매체입니다. 블루레이 디스크는 보통 25GB를 저장할 수 있는 싱글 레이어 디스크를 사용하는데, 듀얼 레이어 디스크에는 50GB도 저장할 수 있다고 합니다. DVD가 보통 5~8GB 정도를 저장할 수 있는 것에 비하면 저장 용량이 매우 크다는 것을 알 수 있습니다. 이처럼 블루레이 디스크가 DVD보다 많은 양의 정보를 저장할 수 이유는 저장된 데이터를 읽을 때 DVD 디스크에 비해 훨씬 짧은 파장을 갖는 레이저를 사용하기 때문입니다.

그런데 DVD의 후계자를 자처했던 디스크에 블루레이 디스크만 있었던 것은 아닙니다. HD 방송 시대에 대응하기 위하여 개발된 HD-DVD라는 디스크도 있었습니다. 블루레이와 HD-DVD는 서로 차세대 DVD가 되기 위해 사투를 벌였는데 결국 블루레이가 승리를 거머쥐었습니다. 사실 저는 이름만 놓고 본다면 HD-DVD라는 이름이 훨씬 직관적이어서, 만약 HD-DVD가 이겼다면 여러분도 차세대 DVD를 지금보다 훨씬 쉽게 기억하지 않았을까 하는 생각을 합니다.

블루레이 디스크는 높은 저장 용량을 자랑하기 때문에 DVD의 뒤를 이어 영화나 게임을 저장하여 판매되고 있습니다. 그런데 블루레이 디스크에 있는 정보를 읽기 위해서는 블루레이 플레이어를 따로 구입해야 합니다. 기존에 갖고 있던 DVD 플레이어로는 블루레이 디스크를 재생할 수 없기 때문입니다. 또한 블루레이 디스크 안에 담긴 고화질의 영상을 제대로 보기 위해서는 TV나 모니터 역시 해상도가 높아야 합니다. 이런 점들을 고려한다면 블루레이 디스크로 영화를 본다는 것은 매우 불편하고 어려운 일일 것입니다.

이러한 단점에도 불구하고 제가 오늘 여러분에게 블루레이 디스크를 소개하는 이유는 무엇일까요? (목소리를 조금 높이며) 그것은 바로, 여러분이 좋아하는 영화를 소장할 수 있을 뿐만 아니라 장비만 갖춘다면 고화질로 언제든지 볼 수 있다는 장점이 있기 때문입니다. 물론 여러분들은 온라인 동영상 서비스에 익숙하기 때문에 언제든지 이 서비스를 이용해 영화를 볼 수 있다고 생각할 것입니다. 그런데 여러분, 온라인 동영상 서비스에 있던 영화 중 특정 영화가 해당 플랫폼에서 사라져 더 이상 볼 수 없었던 적이 있지 않나요? (청중의 반응을 보며) ○○ 영화를 더 이상 볼 수 없었다고요? 네, 맞아요. 바로 이런 경우입니다. 그리고 이런 일은 앞으로도 종종 생길 것입니다. 하지만 자신이 좋아하는 영화를 저장한 블루레이 디스크를 소장하고 있다면 이런 문제 때문에 더 이상 아쉬워하지 않아도 됩니다.

자신이 좋아하는 영화의 멋진 장면을 고화질로 감상할 수 있다는 것은 분명 행복한 일일 것입니다. 저처럼 영화를 좋아하는 영화광이 아니더라도 평소 많은 친구들이 영화를 보면서 즐거움과 행복을 느끼니까요. (오른손을 펼쳐 앞으로 내밀며) 그렇다면 여러분도 저처럼 좋아하는 영화를 영구히 소장하는 일에 동참해 보면 어떨까요? 이상으로 발표를 마치겠습니다. 감사합니다.

- **시판** 물건 따위가 시장에서 일반에게 판매됨.
- **파장** 파동에서 같은 위상을 가진 서로 이웃한 두 점 사이의 거리.
- **사투** 죽기를 각오하고 싸우거나 죽을힘을 다하여 싸움. 또는 그런 싸움.
- **해상도** 텔레비전 화면이나 컴퓨터의 디스플레이 따위의 표시의 선명도.
- **플랫폼(platform)** 정보 시스템 환경을 구축하고 개방하여 누구나 다양하고 방대한 정보를 쉽게 활용할 수 있도록 제공하는 기반 서비스.

▸ 242013-0084

01 위 발표자의 말하기 방식으로 적절하지 않은 것은?

① 발표 대상의 실물을 청중에게 보여 주어 흥미를 유발하고 있다.
② 발표 대상과 관련된 통계 자료를 제시하여 발표의 신뢰성을 높이고 있다.
③ 구체적인 수치를 통해 발표 대상에 대한 객관적인 내용을 전달하고 있다.
④ 발표 내용과 관련하여 청중에게 바라는 바를 언급하며 발표를 마무리하고 있다.
⑤ 발표를 하기 전에 했던 행동과 관련지어 발표 대상을 정하게 된 까닭을 밝히고 있다.

▸ 242013-0085

02 위 발표자가 생각한 다음 발표 계획 중에서 발표에 반영되지 않은 것은?

도입	• 질문을 통해 청중의 호기심을 유발해야겠어. ································ ①
전개	• 준언어적 표현 전략을 활용하여 발표의 중심 내용을 강조해야겠어. ··· ② • 청중의 경험을 환기하며 발표 대상의 장점을 드러내야겠어. ··········· ③ • 발표 대상에 대한 사람들의 편견을 해소해야겠어. ························ ④
정리	• 청중의 동참을 제안할 때에는 비언어적 표현 전략을 활용해야겠어. ·· ⑤

▸ 242013-0086

03 발표 내용을 바탕으로 할 때, 〈보기〉에 나타난 학생들의 반응에 대한 이해로 적절하지 않은 것은?

유용 쓸모가 있음.

보기

학생 1: 차세대 DVD 경쟁에서 블루레이 디스크가 HD-DVD를 어떻게 이긴 거지? 발표에서 알려 주면 좋았을텐데. 아무래도 내가 직접 인터넷 검색을 통해 찾아봐야겠어.
학생 2: 얼마 전 내가 좋아하는 가수의 콘서트 영상이 담긴 디스크를 구매했는데, 그게 블루레이 디스크인 줄 모르고 구매해서 난감했던 적이 떠오르네. 그래도 이 발표를 통해 블루레이 디스크에 대해 많이 알게 되어 좋았어.
학생 3: 최근 블루레이 디스크의 다음 매체인 4K UHD로 영화를 보는 사람들도 있는데, 이러한 내용이 포함되지 않아 아쉬워. 내가 한번 4K UHD에 대해 조사해 봐야겠어.

① '학생 1'은 발표에 언급되지 않은 정보에 대해 궁금함을 드러내고 있다.
② '학생 2'는 발표 내용과 관련하여 자신의 경험을 떠올리고 있다.
③ '학생 3'은 자신의 배경지식을 바탕으로 발표 내용에 대한 아쉬움을 드러내고 있다.
④ '학생 1'과 '학생 3'은 모두, 발표 내용과 관련하여 추가 정보를 탐색하려 하고 있다.
⑤ '학생 2'와 '학생 3'은 모두, 발표 내용이 자신에게 유용했음을 드러내고 있다.

다음은 학생의 발표이다. 물음에 답하시오.

여러분, 물고기가 눈을 감는 모습을 상상해 봅시다. (청중의 반응을 살피며) 잘 떠오르지 않으시죠? 일반적으로 물고기는 눈꺼풀이 없어 눈을 감지 못합니다. 물에 사니 눈을 촉촉하게 하고 이물질을 제거해 주는 역할을 하는 눈꺼풀이 필요 없는 거죠. 그런데 사람의 눈꺼풀처럼 눈을 덮어 주는 피부가 있어, 눈을 개폐하는 물고기가 있다고 합니다. 오늘은 그 물고기에 대해 발표하겠습니다.

바다와 갯벌을 오가는 말뚝망둑어를 소개해 드리죠. 화면을 봅시다. (자료 제시) 동영상에 보이는 것처럼 말뚝망둑어가 눈을 닫을 때 위로 볼록 솟아 있는 눈이 아래의 구멍으로 들어가고, 이어서 눈 아래 피부가 올라와 눈을 덮어 줍니다. 함몰된 눈이 다시 올라오면 피부가 내려가서 눈이 열리죠. 말뚝망둑어의 눈 구조에 대해 말씀드릴게요. (자료 제시) 말뚝망둑어와 물속에서만 사는 둥근망둑어의 안구와 눈 근육을 각각 그린 그림입니다. 말뚝망둑어 눈 근육은 둥근망둑어에 비해 그 기울기가 훨씬 가파릅니다. 이로 인해 눈 근육이 수직 방향으로 수축하며 안구를 아래로 잡아당길 수 있죠. 그래서 말뚝망둑어는 둥근망둑어와 달리 눈을 닫을 수 있습니다. 한 연구에 따르면 말뚝망둑어 눈의 개폐는 사람의 눈 깜빡임과 같은 역할을 수행하며, 이를 통해 갯벌에서도 살아갈 수 있다고 합니다.

민물고기 꾸구리도 말뚝망둑어처럼 눈을 개폐합니다. 다만 차이는 눈이 좌우로 개폐된다는 거죠. (자료 제시) 나란히 놓인 두 사진이 보이시죠? 왼쪽 사진은 밝은 곳에서 꾸구리가 눈으로 들어오는 빛을 줄이기 위해 눈 양옆의 피부로 눈을 덮은 모습입니다. 오른쪽 사진에서는 어두운 곳에서 꾸구리의 눈이 활짝 열린 것을 확인할 수 있죠. 꾸구리의 눈 양옆 피부는 눈으로 들어오는 빛의 양을 조절하는 역할을 하는 겁니다. 그렇다면 꾸구리는 낮과 밤 중 언제 주로 활동할까요? (대답을 듣고) 맞습니다. 밤이죠. 야행성인 꾸구리는 어두운 밤에 먹이를 잘 찾을 수 있도록 눈을 여는 겁니다.

오늘 발표 내용 잘 이해되었나요? 말뚝망둑어와 꾸구리는 모두 눈을 개폐하지만, 그 양상과 역할은 각각 다르죠. 특별한 두 물고기에 대해 알게 된 유익한 시간이 되었길 바랍니다.

자료 탐구

해제 학생이 청중에게 눈을 개폐하는 물고기인 말뚝망둑어와 꾸구리에 대해 설명하고 있는 발표이다.

주제 눈을 개폐하는 물고기의 예와 눈의 개폐 원리

발표의 내용

눈을 개폐하는 물고기	
말뚝망둑어	① 눈이 상하로 개폐됨. ② 눈 근육이 수직 방향으로 수축하며 안구를 아래로 잡아당김으로써 눈이 개폐됨.
꾸구리	① 눈이 좌우로 개폐됨. ② 눈 양옆의 피부를 이용해 눈을 개폐하고 눈으로 들어오는 빛의 양을 조절함.

▸ 242013-0087

■ 위 발표자의 말하기 방식으로 가장 적절한 것은?

① 청중의 이해를 돕기 위해 전문 용어의 개념을 정의한다.
② 청중의 요청에 따라 발표 내용에 대한 정보를 추가한다.
③ 청중이 내용을 예측하며 듣도록 발표 진행 순서를 안내한다.
④ 청중의 참여를 이끌어 내기 위해 질문을 하고 청중의 반응을 확인한다.
⑤ 청중과 공유하는 기억을 환기하여 발표 주제를 선정하게 된 계기를 밝힌다.

이 문제는
발표에 나타난 내용을 통해 발표자의 말하기 방식의 목적과 특징을 파악하는 문제이다.

이렇게 풀어 보자!

1 단계

선지의 진술을 '말하기 방식의 목적'과 '말하기 방식의 특징'으로 구분한다.

선지	말하기 방식의 목적	말하기 방식의 특징
①	청중의 이해를 돕기 위해	전문 용어의 개념을 정의함.
②	청중의 요청에 따라	발표 내용에 대한 정보를 추가함.
③	청중이 내용을 예측하며 듣도록	발표 진행 순서를 안내함.
④	청중의 참여를 이끌어 내기 위해	질문을 하고 청중의 반응을 확인함.
⑤		• 청중과 공유하는 기억을 환기함. • 발표 주제를 선정하게 된 계기를 밝힘.

2 단계

발표에서 '말하기 방식의 특징'에 해당하는 근거를 찾는다.

'질문'은 의문문의 형태로 나타나므로 발표에 나타난 의문문을 파악한다. 그리고 발표자가 질문 후에 청중의 반응을 확인하는지 살펴본다. 위 발표에서 발표자는 꾸구리가 눈을 개폐하는 양상을 설명한 후, 이를 바탕으로 꾸구리가 낮과 밤 중 언제 주로 활동하는지를 질문하고 있다. 그리고 청중의 대답을 듣고 '맞습니다. 밤이죠.'라고 말하고 있다. 즉 청중에게 질문을 하고 이에 대한 청중의 반응을 확인하고 있는 것이다.

3 단계

'말하기 방식의 특징'의 적절성을 판단한 후, '말하기 방식의 목적'을 확인한다.

발표자가 질문을 하고 청중의 반응을 살펴본 목적을 확인한다. 위 발표에서 발표자는 꾸구리에 대해 청중에게 질문을 하고 청중의 반응을 확인하고 있는데, 이를 통해 발표에 대한 청중의 참여를 이끌어 내고 있다.

답 ④

오답을 확인하자!

① 발표자는 '눈을 개폐하는 물고기'에 대해 쉽고 일상적인 용어를 사용하여 발표하고 있을 뿐, 전문 용어의 개념을 정의하고 있지 않다.
② 청중이 발표 내용에 대한 정보를 추가할 것을 요청하는 부분은 찾아볼 수 없다.
③ 발표자는 발표의 처음 부분에서 발표의 중심 제재인 '눈을 개폐하는 물고기'를 소개하고 있을 뿐, 발표의 진행 순서를 안내하고 있지 않다.
⑤ 발표자가 발표 주제를 선정하게 된 계기를 밝히거나 청중과 공유하는 기억을 환기하는 부분은 나타나지 않는다.

02 토론과 협상

- 토론에서 논제의 필수 쟁점별로 논증을 구성하고 논증의 타당성을 평가할 수 있다.
- 협상에서 쟁점과 이해관계를 고려하여 문제를 해결할 수 있는 대안을 탐색할 수 있다.
- 사회적 소통 과정에서 말의 영향력을 고려하여 책임감 있게 듣고 말할 수 있다.

1 토론

(1) 개념: 특정한 논제에 대해 찬성 측과 반대 측이 각각 근거를 들어 자신의 주장이 정당함을 내세우고, 상대방의 주장이나 근거가 부당함을 밝히는 의사소통 행위

(2) 절차

토론의 유형에 따라 달라지며 대표적인 토론 유형인 반대 신문식 토론의 경우 '입론, 반대 신문, 반론'의 순서에 따라 진행됨.

입론	찬성 측과 반대 측이 각각 논제에 대한 입장을 분명히 밝히고, 자기 측의 주장이 타당함을 논리적으로 말하는 단계
반대 신문	상대측이 입론에서 주장한 내용에 논리적 문제가 있음을, 지정된 발언 시간 내에 질문을 하며 드러내는 단계
반론	상대측 주장이나 근거가 지닌 문제점을 반박하면서 자신의 주장을 강화하는 단계

(3) 논제의 필수 쟁점

① 쟁점과 필수 쟁점의 개념

쟁점	토론에서 논제와 관련하여 찬성 측과 반대 측의 의견이 대립하는 부분
필수 쟁점	논제와 관련하여 반드시 언급해야 하는 쟁점

② 토론의 필수 쟁점(정책 토론의 경우)

문제의 심각성	문제가 심각하여 조치가 시급한가?
방안의 적절성	제시된 방안으로 문제를 해결할 수 있는가?
효과와 이익	제시된 방안의 실행에 따른 효과와 이익이 비용보다 큰가?

(4) 논증의 구성

① 논증: 근거를 바탕으로 자신의 주장을 논리적으로 증명하는 것

② 논증의 구성 요소

주장	논제와 관련하여 내세우는 의견 예 물휴지 사용을 규제해야 한다.
이유	주장에 이르게 된 원인이나 조건으로, 주장을 정당화할 수 있어야 하고 근거가 주장과 어떻게 연결되는지 설명할 수 있어야 함. 예 물휴지가 환경에 부정적인 영향을 주기 때문이다.
근거	객관적인 사실 정보로, 근거와 이유 사이에는 밀접한 연관성이 있어야 함. 예 환경부에 따르면 우리나라는 물휴지를 연간 160만 톤 사용하는데, 물휴지는 매립해도 잘 분해되지 않고 소각하면 다이옥신 등의 유해 물질을 발생시킨다고 한다.

필수 개념어

부당
이치에 맞지 아니함.

지정
가리켜서 확실하게 정함.

반박
어떤 의견, 주장, 논설 따위에 반대하여 말함.

쟁점
서로 다투는 중심이 되는 점.

개념+

논제의 종류

- 사실 논제: 사실의 진위를 다루는 논제
  예 범행 재연 방송은 동일한 수법의 범행을 부추긴다.
- 가치 논제: 가치관의 옳고 그름을 다루는 논제
  예 환경 보존이 개발보다 바람직하다.
- 정책 논제: 어떤 정책의 실행 여부와 방안을 다루는 논제
  예 사형 제도는 폐지되어야 한다.

논제의 구성 요건

- 찬성과 반대 중 어느 한쪽으로 치우치지 않아야 함.
- 구체적인 쟁점이 형성되어야 함.
- '~해야 한다.'와 같은 형태로 진술해야 함.

2 협상

(1) 협상의 개념과 필요성

- 개념: 개인이나 집단 간 이익과 주장이 달라 갈등이 생길 때, 서로 타협하고 조정하면서 문제 해결 방법을 찾아가는 의사소통 행위
- 필요성: 다양한 이해관계로 인해 갈등이 생겼을 때 적극적으로 협력하여 의사소통함으로써 모두에게 이익이 되는 문제 해결 방안을 마련할 수 있음.

(2) 협상의 절차

구분	내용	방법
시작 단계	서로의 기본 입장을 확인하는 단계	• 갈등 상황을 분석하여 문제 해결의 가능성을 확인함. • 상대측의 입장에 대한 이해를 바탕으로 대안을 마련함. • 갈등 상황에 대한 자신의 기본 입장을 밝힘.
조정 단계	쟁점을 중심으로 의견을 조정하는 단계	• 문제를 확인하여 상대방의 처지와 관점을 이해함. • 협상 의제로 부각된 쟁점과 이해관계를 고려하여 문제를 해결할 수 있는 대안을 탐색함. • 구체적인 제안이나 대안에 대하여 상호 검토하며 서로의 입장 차이를 좁혀 나감.
해결 단계	최선의 해결책을 도출하여 합의하는 단계	• 서로 만족할 만한 최선의 합의안을 이끌어 내어 문제를 해결하고 합의함. • 서로 합의한 내용을 충실히 이행함.

(3) 협상의 전략과 태도

협상의 전략	협상의 태도
상황에 맞는 협상 전략을 사용하여 서로 만족할 수 있는 대안을 찾아 의사 결정을 함.	• 상대측의 의견을 존중하는 표현을 사용함. • 모두가 만족할 만한 결과를 얻을 수 있도록 서로 양보하고 배려함.

3 사회적 의사소통 과정에서 책임감 있게 듣고 말하기

사회적 의사소통의 특징	듣기·말하기 행위는 개인적 차원을 넘어 사회적 담론과 의사소통 문화를 형성함.
사회적 의사소통의 방법	• 거짓된 내용이나 왜곡된 사실을 타인에게 전달하지 않음. • 상대에게 피해를 줄 수 있는 발언에 주의하며 상대를 존중하는 표현을 사용함. • 언어 공동체 구성원으로서 사회적 소통 윤리를 준수하는 태도를 내면화함.

필수 개념어

이해관계
서로의 이익과 손해가 걸려 있는 관계.

대안
어떤 일에 대처할 방안.

협상 의제
협상에서 합의가 필요한 사안.

담론
이야기를 주고받으며 논의함.

개념+

협상의 다양한 전략

전략	내용
근원적 동기 파악하기	상대방이 표면적 입장의 이면에 숨긴 동기를 파악하여 대안을 마련하는 전략
상대방의 표준 활용하기	상대방이 평소 중요하게 여기는 가치나 신념을 활용하는 전략
차선의 대안 제시하기	자신이 준비한 최선의 대안이 받아들여지지 않을 경우, 차선의 대안을 제시하는 전략
여러 제안 맞교환하기	여러 제안을 묶어 제시하여 맞교환하는 전략

개념 학습 체크

1 반대 신문식 토론은 입론 – (   ) – 반론의 순서로 진행된다.
2 논제의 종류 중에서 가치관의 옳고 그름을 다루는 논제를 (   )(이)라고 한다.
3 협상의 절차 중, (   ) 단계는 양측이 갈등 상황에 대한 자신의 기본 입장을 명확히 밝히는 단계이다.

답 1 반대 신문 2 가치 논제 3 시작

교과서 열기 ①

[01~03] 다음은 토론의 일부이다. 물음에 답하시오.

이 담화는
'공공 기관에 인공 지능을 활용한 채용 제도를 전면 도입해야 한다.'라는 논제에 대해 찬성과 반대 양측의 입론, 반대 신문, 반론이 순서대로 진행되는 반대 신문식 토론이다. 제시된 장면에서는 찬성 측의 입론이 진행되고, 이에 대해 반대 측에서 반대 신문을 펼치고 있다.

사회자 지금부터 '공공 기관에 인공 지능을 활용한 채용 제도를 전면 도입해야 한다.'라는 논제로 토론을 진행하겠습니다. 찬성 측 첫 번째 토론자 입론해 주십시오.

찬성 1 최근 신문을 보면 채용 비리에 대한 기사가 자주 보도되고 있습니다. 채용 비리란 사람을 채용하는 과정에서 공정하지 않은 방법을 사용하여 부당한 이익을 취한 것을 말합니다. 저희는 채용하는 사람의 주관적인 판단으로 인해 잘못된 판단을 내리는 것도 채용 비리에 포함해야 한다고 생각합니다. 또한 이런 채용 비리가 공정 경쟁을 해치는 것과 동시에 취업 준비생들에게 상대적 박탈감을 주기 때문에 시급히 해결해야 할 문제라고 생각합니다. 따라서 저희는 공공 기관에 인공 지능을 활용한 채용 제도를 전면 도입해야 한다는 논제에 찬성합니다.

저희가 이 논제에 찬성하는 첫 번째 이유는 인공 지능을 활용한 채용 방식이 객관적이기 때문입니다. ○○ 대학교에서 화법을 연구하고 있는 한 교수에 따르면 인공 지능을 활용한 면접은 어휘 사용 빈도수, 목소리 톤, 순발력, 얼굴 표정 등 다양한 평가 요소를 분석하여 지원자를 평가하기 때문에 매우 객관적이라고 합니다. 이렇듯 인공 지능을 활용하면, 채용하는 사람의 주관적인 판단에 의한 잘못된 채용 문제도 완전히 해소할 수 있을 것입니다.

또한 저희가 찬성하는 두 번째 이유는 인공 지능을 활용하여 평가를 실시하면 시간을 크게 줄일 수 있기 때문입니다. 사람이 일일이 서류 평가와 면접 평가를 모두 하려면 매우 많은 시간이 들지만 이를 인공 지능으로 대체하면 빨리 처리할 수 있습니다. 제가 인터넷에서 검색한 결과에 따르면 인공 지능으로 면접을 진행했더니 면접 시간이 예전에 비해 약 50% 줄었다고 합니다.

이렇듯 인공 지능을 활용하면 공정하면서도 빠른 방식으로 채용을 진행할 수 있기 때문에, 저희는 모든 공공 기관에 이 제도를 전면 도입해야 한다고 생각합니다.

사회자 반대 측 두 번째 토론자는 반대 신문해 주십시오.

반대 2 채용자의 주관적 판단으로 잘못된 판단을 내리는 것도 채용 비리라고 하셨습니다. 채용자가 부정을 저지르려는 의도가 없었는데도 비리라고 할 수 있을까요?

찬성 1 네, 사실 비리가 아닌 것은 맞습니다. 하지만 그만큼 공정한 채용이 중요하다는 점을 강조하기 위해 말씀드렸습니다.

반대 2 인공 지능으로 면접을 진행하여 면접 시간이 50% 정도가 줄었다고 하셨는데, 이 자료의 출처는 어디인가요?

찬성 1 인터넷에서 검색하다가 찾은 것이라 정확한 출처는 잘 모르겠습니다. 아마도 누군가의 블로그에 있는 글이었던 것 같습니다.

- **도입** 기술, 방법, 물자 따위를 끌어 들임.
- **박탈감** 재물, 권리, 자격 따위를 빼앗겼다고 여기는 느낌이나 기분.
- **시급히** 시각을 다툴 만큼 몹시 절박하고 급하게.

▸ 242013-0088

01 **위 토론 참가자에 대한 설명으로 적절하지 않은 것은?**

① '사회자'는 토론 논제와 토론 규칙을 제시하며 토론을 시작하고 있다.
② '사회자'는 토론 순서에 따라 토론 참가자에게 발언 기회를 부여하고 있다.
③ '찬성 1' 토론자는 전문가의 견해를 제시하며 자신의 주장을 뒷받침하고 있다.
④ '찬성 1' 토론자는 '반대 2' 토론자의 첫 번째 반대 신문 질문에서 지적한 내용을 인정하고 있다.
⑤ '반대 2' 토론자는 반대 신문에서 '찬성 1' 토론자가 제시한 자료의 신뢰성을 점검하고 있다.

▸ 242013-0089

02 **'찬성 1' 토론자의 입론에 나타난 논증을 다음과 같이 정리했을 때, 빈칸에 들어갈 내용을 서술하시오.**

주장	공공 기관에 인공 지능을 활용한 채용 제도를 전면 도입해야 한다.
이유	(　　　　　　　　　　　　　　　　　　　　　　　　)
근거	전문가의 의견에 따르면 인공 지능을 활용한 면접은 어휘 사용 빈도수, 목소리 톤, 순발력, 얼굴 표정 등 다양한 평가 요소를 분석하여 지원자를 평가하기 때문에 매우 객관적이라고 한다.

▸ 242013-0090

03 **〈보기〉를 참고하여 위 토론을 이해한 내용으로 적절하지 않은 것은?**

보기

토론에서 찬성 측과 반대 측의 의견이 대립하는 부분을 쟁점이라고 한다. 특히 정책 논제의 경우 문제의 심각성, 방안의 적절성, 효과와 이익을 필수 쟁점이라 한다. '문제의 심각성'은 문제가 심각하여 조치가 시급한지에 대한 것이며, '방안의 적절성'은 제시된 방안으로 문제를 해결할 수 있는지에 대한 것이다. 그리고 '효과와 이익'은 제시된 방안으로 인한 효과와 이익이 비용보다 큰지에 대한 것이다.

① '공공 기관에 인공 지능을 활용한 채용 제도를 전면 도입해야 한다.'라는 논제는 정책 논제이므로, 토론에서 문제의 심각성, 방안의 적절성, 효과와 이익 등의 쟁점을 필수적으로 다루어야겠군.
② 찬성 측은 입론에서 채용 비리에 관한 보도 현황을 제시하며 문제 해결의 시급성을 강조하고 있군.
③ 찬성 측은 첫 번째 토론자의 입론에서 제도를 도입했을 때 필요한 비용과 관련한 내용은 언급하지 않았군.
④ 찬성 측이 대학 교수의 의견을 제시한 것은 제시된 방안으로 문제를 해결할 수 있다는 내용을 뒷받침하기 위해서군.
⑤ 반대 측이 반대 신문에서 자료의 출처를 질문한 이유는, '문제의 심각성'과 관련하여 문제가 심각하지 않다는 것을 주장하기 위해서군.

신문 알고 있는 사실을 캐어물어 조사하는 것을 가리킴. 비슷한 말로 '심문'이 있는데, 이는 주로 법원에서 사건의 진상을 규명하기 위해 당사자나 증인에게 질문하는 과정을 의미함.

교과서 열기 ❷

이 담화는

○○ 고등학교의 축제와 관련하여 학생 측과 학교 측 사이에 진행된 협상이다. 학생 측과 학교 측은 각각 상대를 설득할 수 있는 협상 전략을 사용하고 있으며, 타협과 조정을 통해 서로 만족할 만한 결과를 이끌어 내고 있다.

[01~03] 다음은 협상의 일부이다. 물음에 답하시오.

○○ 고등학교에서는 매년 연말에 학교 축제를 진행해 왔다. 그런데 기말고사가 끝난 후 일주일 정도 후에 바로 축제를 진행하다 보니 학생들은 축제 준비 기간이 너무 짧아서 많은 어려움을 겪었다. 또한 학생들은 항상 음향 장비가 만족스럽지 못해 축제를 완전히 즐기지 못하는 아쉬움을 토로해 왔다. 이에 학생 자치회에서는 학교 측에 기말고사 일정 및 음향 장비와 관련해 협의할 것을 요청하였고, 학교 측이 이를 받아들여 협상을 하게 되었다.

학생 측 안녕하십니까? 우선 저희의 요청에 응해 주셔서 감사합니다. 그럼 학교 축제와 관련한 저희 입장을 말씀드리겠습니다. 우선 기말고사 이후 축제를 준비하는 시간이 너무 촉박하므로 기말고사를 일주일 앞당겨 주셨으면 합니다. 또한 축제를 보다 즐겁게 즐기기 위해 음향 장비 대여비를 작년에 비해 2배로 늘려 주셨으면 합니다.

학교 측 학교 축제와 관련하여 좋은 의견을 주셔서 감사합니다. 제안해 주신 의견과 관련하여 학교 측의 입장은 다음과 같습니다. 우선 기말고사는 학교의 중요한 학사 일정으로 학년 초에 이미 결정된 사항이기 때문에 이를 바꾸는 것은 어렵습니다. 또한 음향 장비 대여비 지원을 2배씩이나 올리는 것은 과하다고 생각하지만 어느 정도의 인상은 수용할 용의가 있습니다.

학생 측 ㉠<u>학사 일정을 바꾼다는 것은 전혀 불가능한 일인가요? 저희가 조사한 바에 따르면 학교 공동체 구성원이 서로 합의가 된다면 변경이 가능한 것으로 알고 있습니다.</u>

학교 측 네, 말씀하신 대로 학사 일정 변경이 불가능한 것은 아니지만 변경 사유가 타당해야 합니다. 그런데 기말고사 일정을 일주일이나 앞당기면 시험을 준비하는 학생들 중에서 불편함을 겪는 학생들도 있을 수 있고, 기말고사 후 학사 운영에도 어려움을 초래할 것입니다. ㉡<u>기말고사 일정을 앞당기려는 이유가 축제 준비 기간이 부족해서라면 축제 날짜를 이틀 정도 뒤로 미루는 것은 어떤가요?</u>

학생 측 (고민하다가) ㉢<u>기말고사 일정을 앞당기는 대신 축제 날짜를 뒤로 미루는 방안은 좋습니다. 하지만 이틀을 늘린 것만으로는 여전히 축제 준비가 어려우니 3일 뒤로 미루면 좋겠습니다.</u>

학교 측 네, 그러면 3일 뒤로 미루는 것으로 하겠습니다. 그러면 이제 음향 장비 대여비 증액에 대해서 협의하면 될 것 같습니다. 일단 앞서 말했듯 2배 증액까지는 무리입니다. 음향 장비 대여 이외에도 축제 준비에 이미 많은 예산이 들어가고 있습니다.

학생 측 ㉣<u>선생님들께서는 항상 학생의 행복이 학교의 가장 중요한 가치라고 말씀하셨습니다. 학생들이 보다 즐겁고 행복한 축제를 즐기기 위한 방안인데 음향 장비 대여비 지원을 2배 늘려 주시면 안 될까요?</u>

학교 측 (잠시 머뭇거리다가) 음……. 음향 장비 대여비를 늘린다고 해서 무조건 축제가 즐거워지는 것은 아닙니다. 이웃 학교의 경우에도 이번에 많은 돈을 들여 축제를 진행했지만 학생들의 만족도는 높지 않았다고 합니다. 우리 학교와 연계한 지역 센터에 아주 유능한 DJ가 있습니다. ㉤<u>그 DJ를 축제에 초청한다면 기존의 음향 장비로도 훨씬 즐거운 시간을 보낼 수 있을 것 같습니다.</u>

학생 측 DJ는 생각해 보지 못했는데, 만약 축제에 초청할 수 있다면 훨씬 재미있는 시간이 될 수 있겠네요. 그럼 그 제안을 받아들이도록 하겠습니다.

▸ 242013-0091

01 위 협상에 대한 설명으로 적절하지 않은 것은?

① 협상의 의제는 '○○ 고등학교의 기말고사 일정과 음향 장비 대여비 증액'이다.
② 학생 측은 협상 의제에 대한 기본 입장을 분명하게 제시하고 있다.
③ 학생 측은 학교 측이 제시한 대안이 실현 불가능한 것임을 지적하고 있다.
④ 학교 측은 학생 측의 요구 조건을 수용할 수 없는 이유를 설명하고 있다.
⑤ 학교 측은 학생 측의 요구 조건 중에서 일부를 수용할 의사가 있음을 밝히고 있다.

의제 회의에서 의논할 문제.

▸ 242013-0092

02 ㉠~㉤ 중 〈보기〉의 협상 전략이 나타난 발화로 가장 적절한 것은?

보기

'상대방의 표준 활용하기 전략'은 상대방이 평소 중요하게 여기는 가치나 신념을 활용하는 전략이다. 예를 들어 평소 환경 보호를 강조하던 시장이 환경을 오염시킬 수 있는 시설을 건설하려고 할 때, 시장이 중요하게 내세우던 가치를 이용하여 환경 오염 시설의 건설을 반대할 수 있다.

① ㉠　② ㉡　③ ㉢　④ ㉣　⑤ ㉤

▸ 242013-0093

03 위 협상의 내용을 다음과 같이 정리했다고 할 때, ⓐ~ⓔ에 들어갈 말로 적절하지 않은 것은?

	학생 측	학교 측
기본 입장	• 기말고사 일정을 (ⓐ) 앞당겨 달라. • 음향 장비 대여비 지원을 2배로 늘려 달라.	• 기말고사 일정을 변경할 수 없다. • 음향 장비 대여비 지원을 2배까지 늘릴 수는 없다.
합의안	• 기말고사 일정은 (ⓑ) • 축제 날짜를 (ⓒ)일 뒤로 변경한다. • 음향 장비 대여비 지원은 (ⓓ) • 지역 센터의 (ⓔ)를 학교 축제에 초청한다.	

① ⓐ: 일주일　② ⓑ: 변경하지 않는다.
③ ⓒ: 2일　④ ⓓ: 늘리지 않는다.
⑤ ⓔ: DJ

수능 맛보기

2020학년도 6월 모의평가 7번

자료 탐구

해제 한옥 내부 개방과 관련하여 주민 측과 시청 측이 벌이고 있는 협상이다.

협상의 내용

시작 단계	
주민 측	한옥 내부를 개방할 수 없음. ⋯→ 사생활 침해로 삶의 질이 저하됨.
시청 측	한옥 내부를 개방하기를 바람. ⋯→ 관광객의 만족도를 높일 수 있음.

⇩

조정 단계	
주민 측의 제안	① 한옥 개방 시간을 오후 5시까지로 제한 ② 한옥 관광 도우미로 지역 어르신 우선 채용
시청 측의 제안	① 한옥 내부 관람 인원 제한 ② 단체 관광 시 마을 관광 에티켓 교육 실시 ③ 실시간 정보 안내판 설치 ④ 한옥 개방 시간을 야간까지 연장

⇩

해결 단계	
합의안	주민 측의 제안 ②와 시청 측의 제안 ①, ②, ③은 서로 합의함.
추가 논의	한옥 개방 시간 연장은 추가로 논의하기로 함.

다음은 지역 사회에서 개최된 협상이다. 물음에 답하시오.

시청 측 지난 협상 후 기사를 통해 여러분의 입장을 확인했습니다. 성공적인 사업 진행을 위해 주민들의 적극적인 협조가 필요합니다. 우선 주민들의 한옥을 관광객들에게 개방해 주시기 바랍니다. ⓐ관광객에게 한옥 내부를 직접 관람하는 기회를 제공하면 관광객의 만족도를 높일 수 있지 않겠습니까?

주민 측 저희도 사업이 성공적으로 진행되기 위해 노력할 것입니다. 그러나 한옥 내부를 개방하면 주민들의 사생활이 침해받아 삶의 질이 저하될 것입니다. 결국 ○○ 마을처럼 오랫동안 거주했던 주민들이 떠난 자리가 관광업에 종사하는 외지인들로 채워져, 전통 마을로서의 모습도 퇴색될 것입니다.

시청 측 이해합니다. 저희도 모든 한옥을 개방해 달라는 것은 아닙니다. 희망하는 주민들에 한하여 한옥을 개방하되 가능하면 많이 동참해 주십사 하는 것입니다. 개방을 허락하실 경우에도 예약한 관광객에게만 관람을 허용하고, 한옥 관광 도우미가 동행하여 미개방 영역이 침해되지 않도록 관리하겠습니다. 그렇게 하면 여러분이 우려하시는 바는 발생하지 않을 것입니다.

주민 측 한옥 내부 관람을 않고 골목길 관람만 한다 해도 많은 관광객이 한곳에 몰리면 현재의 마을 여건상 개방 여부와 상관없이 주민들의 삶이 침해될 것입니다. 많은 관광객이 다닐 만큼 길이 넓지도 않고요. 결국 지역 주민의 삶의 질과 관광객의 여행 경험의 질이 동시에 악화될 것입니다.

시청 측 한옥 내부 관람 인원은 매일 일정 수 이하로 제한하고, 단체 관광은 마을 관광 에티켓 교육을 이수한 경우에만 실시하도록 하겠습니다. 또한 실시간 정보 안내판을 설치하여 관광객의 동선이 분산되도록 유도하겠습니다. ⓑ이 방법으로 특정 장소에 관광객이 몰리는 것을 방지할 수 있지 않겠습니까?

주민 측 그 정도 계획은 마을의 여건을 고려할 때 받아들일 수 있는 현실적인 방안이라 봅니다. 그러면 한옥 개방 시간은 오후 5시까지로 제한해 주십시오. 또한 한옥 관광 도우미로 지역 어르신들을 우선 채용해 주십시오.

시청 측 지역민 일자리 창출이라는 측면에서 채용 건은 수용할 수 있습니다. 대신 개방 시간은 늘려 주시길 바랍니다. 야간 개방에 대한 관광객들의 호응이 클 것이므로 관광 산업이 활성화될 것입니다. ⓒ그러면 주민들의 소득도 증대되지 않을까요?

주민 측 개방 시간을 연장하면 주민들의 피로도가 높아질 것입니다. 그것을 상쇄할 만한 대가를 얻는다면 주민들이 연장에 찬성하겠지만, 실질적으로 개방 시간 연장의 이득은 관광 산업에 종사하는 일부에게만 돌아갈 것입니다. 야간 개방으로 주민들의 불만이 커지면 시청 측도 부담이 되지 않겠습니까?

시청 측 그러면 야간은 아니더라도 오후 7시까지 개방은 고려해 주십시오. 그 후는 주민들의 생활을 배려하여 관광객들의 방문을 엄격히 제한하겠습니다.

주민 측 그렇게 하신다면 그 점은 주민들과 다시 상의해 보겠습니다. 대신 관광 산업 발전으로 증대된 세수는 반드시 주민 생활 복지 개선에 사용해 주십시오. 노인 회관 시설 개·보수와 주민 문화 시설 마련에 중점적으로 활용해 주신다면 개방 시간과 관련해 주민들의 동의를 얻을 수 있을 것입니다.

▸ 242013-0094

■ 담화 흐름을 고려할 때, ⓐ~ⓒ의 공통점으로 가장 적절한 것은?

① 논의할 대상을 제한하여 상대방에게 선택할 것을 권유하는 발화이다.
② 예상되는 효과를 언급하며 상대방에게 자신의 의도를 전달하는 발화이다.
③ 상대방이 제기할 수 있는 의견을 가정하며 그 의견의 타당성 여부를 묻는 발화이다.
④ 상대방과 공유하고 있는 정보에서 자신이 파악하지 못한 부분에 대하여 설명을 요구하는 발화이다.
⑤ 상대방과 공동으로 기대하는 상황이 발생할 조건을 제시하며 기대가 충족되지 않을 가능성을 부정하는 발화이다.

이 문제는
담화 흐름을 고려하여 협상 참가자의 발화에 나타난 공통점을 파악하는 문제이다. 특히 협상 참가자가 상대측을 설득하기 위해 어떤 말하기 방식을 사용하고 있는지 잘 파악할 필요가 있다.

이렇게 풀어 보자!

1 단계

협상 의제에 대한 협상 참가자의 입장을 파악한다.

의제 \ 참가자	주민 측	시청 측
한옥 내부 개방	한옥 내부를 개방할 수 없다.	한옥 내부를 개방해야 한다.

2 단계

협상의 흐름을 파악하며 ⓐ~ⓒ의 특징을 분석한다.

구분	제시 방안	기대 효과
ⓐ	관광객에게 한옥 내부를 직접 관람하는 기회 제공	관광객의 만족도를 높일 수 있음.
ⓑ	(실시간 정보 안내판 설치)	특정 장소에 관광객이 몰리는 것을 방지할 수 있음.
ⓒ	(야간 개방)	주민 소득이 증대됨.

3 단계

협상의 흐름을 고려하여 ⓐ~ⓒ의 공통점을 파악한다.

ⓐ~ⓒ는 모두 시청 측의 발화이며, 자신이 제시하는 방안으로 인해 예상되는 효과를 언급함으로써 상대방이 자신의 제안을 수용하도록 유도하고 있다. 따라서 ⓐ~ⓒ는 모두 예상되는 효과를 언급하여 상대방에게 자신의 의도를 전달한다고 할 수 있다.

답 ②

오답을 확인하자!

① ⓐ~ⓒ 모두 협상에서 논의할 대상을 제한하고 있지 않다.
③ ⓐ~ⓒ 모두 상대방이 제기할 수 있는 의견을 가정하고 있지 않다.
④ ⓐ~ⓒ 모두 자신이 파악하지 못한 부분에 대하여 상대방에게 설명을 요구하고 있지 않다.
⑤ ⓐ~ⓒ 모두 기대가 충족되지 않을 가능성을 부정하고 있지 않다.

쓰기, 이렇게 준비해요!

고등학교 쓰기에서는 중학교 때보다 더욱 깊이 있는 사고와 구조화된 표현을 요구합니다. 쓰기는 단순히 글을 쓰는 것이 아니라, 자신의 생각을 논리적으로 정리하고 타인에게 효과적으로 전달하는 과정입니다. 고등학교에 진학하면서 쓰기 실력을 키우기 위해서는 체계적인 학습이 필요합니다.

- **쓰기의 기본 원리 이해하기** 쓰기 학습의 핵심은 쓰기 맥락을 이해하고, 글의 목적과 독자를 고려하여 글을 작성하는 것입니다. 주제, 목적, 독자, 매체 등 맥락에 따라 표현 방식이 달라지므로, 맥락을 명확히 이해하는 것이 중요합니다. 그리고 글의 목적에 맞게 형식을 결정하고, 그에 따라 내용과 구조를 구성하는 방법을 익혀야 합니다.

- **글쓰기 유형에 따른 표현 전략 익히기** 사회적 쟁점에 대한 자신의 견해를 표현하는 글, 글쓴이의 개성이 드러나는 글, 논증하는 글, 공동 보고서 등 다양한 유형의 글을 쓰게 됩니다. 각각의 글쓰기 유형마다 요구되는 형식과 논리가 다르므로, 이에 맞는 쓰기 방법을 익히는 것이 중요합니다.

- **작문 관습의 이해와 책임감 있는 글 쓰기** 글쓰기는 개인의 생각을 표현하는 과정이지만, 타인을 존중하고 사회적 책임을 다하는 글을 작성해야 합니다. 타인의 의견을 존중하고, 자료를 정확하게 인용하며, 표절을 하지 않는 것이 중요합니다. 글을 쓰면서 자신의 의견을 뒷받침할 정확한 정보를 찾아보고, 그 출처를 명확히 밝히는 습관을 지녀야 합니다.

고등학교에서의 쓰기 학습은 논리적 사고와 창의적 표현을 바탕으로 이루어집니다. 계획을 세우고, 다양한 글쓰기 유형을 익히며, 끊임없이 쓰기 과정과 전략을 점검하며 점차 글쓰기 실력을 키워 나가세요. 체계적인 연습을 통해 논리적이고 설득력 있는 글을 작성할 수 있을 것입니다.

Ⅳ. 쓰기

01 언어 공동체와 쓰기

- 언어 공동체의 특성을 고려하여 개성이 드러나는 글이나 공동 보고서를 쓸 수 있다.
- 언어 공동체가 공유하는 작문 관습을 이해하여 쓰기 과정과 전략을 점검하며 글을 쓸 수 있다.

필수 개념어

공동체
생활이나 행동 또는 목적 따위를 같이하는 집단.

인용
남의 말이나 글을 자신의 말이나 글 속에 끌어 씀.

1 언어 공동체와 글쓰기

언어 공동체	지역, 세대, 성(性), 문화에 따라 언어 사용 양상이 다를 수 있으며, 언어를 통해 삶을 공유함.

언어 공동체의 특성이 글에 반영됨.

개성 있는 글이 언어 공동체에 영향을 줄 수 있음.

글쓴이의 개성 있는 글	새로운 의사소통 문화를 만들고 언어 공동체의 확장과 발전에 기여할 수 있음.

(1) 공동 보고서 쓰기

공동 보고서는 특정한 주제에 관심이 있는 여러 사람이 모여 조사와 연구를 수행하고 수집한 정보를 종합하여 공동으로 작성하는 보고서를 말한다.

내용 구성	• 조사의 필요성과 목적 • 조사 절차(조사 대상, 시기, 방법) • 조사 결과(세부 내용, 결과, 도표나 사진 등의 매체 자료) • 결론
유의점	• 객관적이고 명료한 표현으로 간결하게 작성하기 • 신뢰성을 판단하여 자료를 수집하며, 인용한 자료는 출처 밝히기 • 복합 양식의 자료를 효과적으로 활용하기 • 공동의 결과물을 위해 협력적으로 참여하기

개념+

쓰기 윤리
필자가 글을 쓰는 과정에서 준수해야 할 윤리 규범이다. 생각과 감정을 진솔하게 표현하며, 독자를 존중하고 배려하여 표현하고, 타인의 지식 재산을 존중하여 적절한 인용 방법을 지키고, 조사나 연구의 과정과 결과를 축소, 변형, 왜곡하지 않는 태도를 포함한다.

2 작문 관습과 쓰기 과정 및 전략 점검하기

(1) 작문 관습

작문 관습은 글을 쓸 때 따라야 하는 질서이며, 글의 형식과 글을 쓸 때의 책임감 있는 태도 모두를 포함한다. 형식적 측면의 작문 관습은 주제나 주제를 다루는 방식, 사용하는 어휘, 내용 조직 방식이나 표현 방식 등으로 글의 종류에 따라 달라진다. 태도 측면의 작문 관습에는 쓰기 윤리를 지켜 쓰는 태도가 있다.

(2) 일반적인 글쓰기 과정

계획하기	• 쓰기 맥락을 분석하고 글쓰기 과정에서 이를 고려하며 과정과 전략을 점검함. • 글 전체의 개략적인 구도를 작성함.
내용 생성하기	• 주제와 관련된 생각을 자유롭게 떠올리고 관련된 자료를 수집하고 선정함. • 자신이 가지고 있는 지식, 경험뿐만 아니라 다양한 매체에서 얻은 자료를 바탕으로 내용을 선정함.
내용 조직하기	• 내용 조직 및 전개 방법을 활용하여 내용을 배치함. • 개요 작성하기 전략을 사용할 수 있으며, 개요는 글 전체를 간략히 시각화하고 각 부분의 연결 관계를 보여 주므로 빠진 부분이 없는지, 연결 관계가 자연스러운지 점검이 가능함.
표현하기	• 내용을 표현하기 적합한 어휘나 표현 기법을 활용해 글을 씀.
고쳐쓰기	• 지금까지 쓴 글이 계획하기 단계에서 설정한 목적에 부합하는지 확인함. • 글, 문단, 문장, 단어 수준에서 객관적으로 보며 고쳐 쓰는 것이 좋으며, 내용을 삭제, 추가, 재구성하게 됨.

(3) 쓰기 전략

필자는 쓰기 과정에서 부딪히는 문제를 해결하기 위하여 적절한 쓰기 전략을 사용하여 글을 쓴다. 예를 들어 논증하는 글에서는 '객관적인 통계 자료나 연구 자료 제시', '다양한 사례 보여 주기', '전문가의 말 인용하기' 등의 쓰기 전략을 활용할 수 있다.

(4) 쓰기 과정과 전략 점검하기

글쓰기의 전 과정에서 쓰기 전략을 적절히 사용하고 있는지 점검하고 쓰기 활동을 효과적으로 조정하는 활동으로서, 내용, 짜임, 표현과 어휘 등이 적절한지 수시로 점검하면서 필요하다면 이전으로 돌아가 조정한다.

필수 개념어

개략적
내용을 대강 추려 줄이는.

개념+

쓰기 맥락
쓰기 맥락은 글의 생산에 영향을 주기에 다양한 맥락 요소를 고려해야 한다. 쓰기 맥락 요소에는 '주제', '목적', '필자', '독자', '매체', '글의 유형' 등이 있으며, 사회적 계층이나 공동체의 가치관과 같은 사회, 문화적 요소도 글의 생산과 수용에 영향을 줄 수 있다.

☑ 개념 학습 체크

1 쓰기 (　　　)은/는 필자가 글을 쓰는 과정에서 준수해야 할 (　　　) 규범으로 타인의 지식 재산을 존중하여 적절한 인용 방법을 지키는 태도 등이 이에 해당한다.
2 일반적인 글쓰기 과정 중 내용 (　　　)하기 단계에서는 필자가 주제와 관련된 생각을 자유롭게 떠올리게 된다.
3 논증하는 글에서는 객관적인 통계 자료나 연구 자료를 제시하여 논거의 타당성을 높이는 쓰기 (　　　)을/를 활용할 수 있다.

답 1 윤리, 윤리 2 생성 3 전략

교과서 열기 ①

[01~03] 다음은 학생이 작성한 보고서의 초고이다. 물음에 답하시오.

이 글은
교내 매점 이용 만족도에 대해 조사한 보고서이다. 보고서에는 교내 매점의 실태를 조사하게 된 배경과 보고서의 목적, 구체적인 조사 방법과 그 결과, 글쓴이가 조사한 바를 토대로 보고서를 통해 말하고자 하는 결론이 내용으로 포함되어 있다.

우리 학교 학생들의 매점 이용 만족도 조사

Ⅰ. 조사 배경 및 목적

최근 학교에 매점이 생겨 많은 학생들이 이용하고 있다. 그런데 매점과 관련하여, 학생들의 다양한 불만이 제기되고 있다. 이러한 부정적 반응을 계기로 학생들의 매점 이용 만족도와 관련된 내용을 조사함으로써 매점을 이용하는 학생들의 매점에 대한 부정적 반응을 해소할 수 있는 방안을 모색하고자 한다.

Ⅱ. 조사 방법

1. 설문 조사

- 대상: 우리 학교 재학생 300명
- 기간: 20××년 5월 13일 ~ 20일
- 방법 및 내용: 학생들의 매점 이용 만족도를 조사하고, '불만족'에 응답한 학생들을 대상으로 그 이유와 관련된 구체적 요구 사항을 서술형으로 설문하여 실태를 파악함.

2. 현장 조사

- 대상: ○○ 편의점, ◎◎ 마트
- 방법 및 내용: 편의점과 마트에 방문하여, 학교 매점에서 파는 식품의 판매 가격을 조사함.

Ⅲ. 조사 결과

1. 설문 조사 결과

학생들에게 '우리 학교 매점 이용에 만족하는가?'를 설문 조사한 결과, 35%의 학생이 '만족', 65%의 학생이 '불만족'으로 응답했다. '불만족'이라고 응답한 학생들에게 이유를 조사한 결과, '가격이 비쌈.', '학교생활에 필요한 다양한 물품을 팔지 않음.'이라는 응답이 가장 많았다. 또 이와 관련한 구체적 요구 사항에 대해 추가 설문을 받았더니 '외부 상점 수준으로 가격을 낮추면 좋겠다.', '컴퓨터용 사인펜, 슬리퍼 등을 판매했으면 좋겠다.' 등이 답변으로 제시되었다.

2. 현장 조사 결과

	우리 학교 매점	○○ 편의점	◎◎ 마트
크림빵	2,000원	1,500원	1,300원
스포츠 음료	1,300원	1,200원	800원
사탕(한 봉지)	1,500원	1,300원	1,000원

Ⅳ. 결론

[A]

- **모색** 일이나 사건 따위를 해결할 수 있는 방법이나 실마리를 더듬어 찾음.
- **실태** 있는 그대로의 상태. 또는 실제의 모양.

▸ 242013-0095

01 다음은 보고서를 쓰기 위한 학생의 계획이다. 윗글에 반영되지 않은 것은?

① 현장 조사 결과는 표를 활용하여 시각적으로 드러내야겠어.
② 설문 조사 결과는 구체적인 수치를 활용하여 제시해야겠어.
③ 어떠한 매체를 활용하여 설문 조사를 진행하였는지 드러내야겠어.
④ 우리 학교 재학생을 대상으로 한 조사의 기간을 구체적으로 밝혀야겠어.
⑤ 최근 학생들이 매점에 대해 부정적 반응을 보인다는 사실을 언급해야겠어.

수치 계산하여 얻은 값.
매체 어떤 사건이나 현상을 전달하는 매개체.
취급 물건을 사용하거나 소재나 대상으로 삼음.

▸ 242013-0096

02 다음은 학생이 보고서를 보완하기 위해 수집한 자료이다. 자료의 활용 방안으로 가장 적절한 것은?

자료

가. A 고등학교와 B 고등학교 교내 매점의 가격표

학교 \ 제품	크림빵	스포츠 음료	사탕 (1봉지)	컴퓨터용 사인펜	슬리퍼
A 고등학교	1,700원	1,000원	1,200원	500원	5,000원
B 고등학교	1,800원	1,000원	1,100원	700원	6,000원

나. 학생의 추가 설문 답변

학교 매점에서 파는 것들은 가격이 비싸서 제가 평소에 받는 용돈으로는 자주 구매하기가 부담스러워요. 또 현재는 매점에서 식품 위주로 팔고 있는데, 시험 기간에 필요한 컴퓨터용 사인펜이나 수정 테이프 등도 팔았으면 좋겠습니다.

① ‘Ⅰ’에 ‘가’를 활용하여 학생들이 ‘컴퓨터용 사인펜’, ‘슬리퍼’의 가격에 불만을 가지고 있다는 내용을 추가한다.
② ‘Ⅰ’에 ‘나’를 활용하여 매점 이용에 대해 학생들이 긍정적인 평가를 하는 경우도 있다는 내용을 추가한다.
③ ‘Ⅲ’에 ‘가’를 활용하여 다른 학교에서도 ‘컴퓨터용 사인펜’, ‘슬리퍼’를 팔지 않아 문제가 되고 있다는 내용을 추가한다.
④ ‘Ⅲ’에 ‘나’를 활용하여 학생들이 쓸 수 있는 돈에 비해 매점의 식품 가격이 비싸 부담이 될 수 있다는 내용을 추가한다.
⑤ ‘Ⅲ’에 ‘가’, ‘나’를 활용하여 현재 팔고 있는 ‘수정 테이프’의 가격이 다른 학교에 비해 비싸다는 내용을 추가한다.

▸ 242013-0097

03 〈보기〉는 [A]에 들어갈 보고서의 결론 부분이다. 빈칸에 들어갈 말을 차례대로 쓰시오.

보기

학교 재학생 중 교내 매점 이용에 (　　　　　)이/가 (　　　　　)보다 더 많았고, 그중 다수가 매점에서 취급하는 물품이 다양하지 않다고 응답하였다. 또한 외부의 편의점, 마트와 비교하였을 때 매점에서 파는 식품들의 가격이 더 (　　　) 것을 확인할 수 있었다. 학생들의 불만을 해소하기 위해서는 ‘컴퓨터용 사인펜’, ‘슬리퍼’와 같은 물품을 추가로 취급하고, 식품의 가격을 다소 (　　　) 것이 필요하다.

교과서 열기 ❷

이 글은
글쓴이가 경주를 다녀와서 쓴 기행문으로 글쓴이의 여행 과정과 일정이 구체적으로 제시되어 있으며, 각 여행지에서 무엇을 보고 경험하였는지 드러나 있다. 더불어 여행지에서 경험한 바에 대한 생각과 느낌을 솔직하게 드러낸 글이다.

[01~03] 다음은 학생이 작성한 기행문이다. 물음에 답하시오.

지난달 6월 29일 토요일, 나는 여행 동아리 친구들과 함께 경주에 방문하였다. 최근 한국사 시간에 삼국 시대의 역사에 대해 배웠으며, 우리 지역과 가까운 신라의 수도 경주에 직접 가서 국가유산들을 보고 싶다는 일부 친구들의 의견도 있어 경주를 여행지로 선택하게 되었다. 또 마침 최근 온라인 영상 플랫폼에서 화제가 된 식당이 경주에 있기도 하여 해당 식당에서 점심을 먹기로 하고 식당을 예약한 후 지난 주말에 경주로 향했다.

우리 지역에서 경주까지는 버스로 1시간 15분 걸렸다. 아침 일찍 나왔기에 버스에서 잠을 청하는 친구들도 있었는데, 나는 오랜만의 여행이라 설레는 마음이 컸다. 버스 창밖으로 파란 하늘과 화창한 햇살, 그리고 여름을 맞이한 초록빛 나무들을 보다 보니, 금방 경주에 도착하였고, 우리는 먼저 첨성대로 향하였다. 한국사 교과서에서 보았을 때는 엄청나게 클 것이라고 생각했었는데, 실제로 보니 생각보다는 크지 않았지만, 첨성대의 형태에서 느낄 수 있는 곡선의 아름다움은 매우 인상적이었다. 친구들과 첨성대 앞에서 사진을 남기고 다음 여행지로 향했다.

다음으로 우리가 찾은 곳은 대릉원이었다. 이곳은 신라 시대의 고분이 모여 있는 곳인데, 이곳에서는 왕릉들의 규모에 압도되는 경험을 하였다. 이곳에서 역시 사진을 남겼는데, 사진을 찍고 보니 왕릉 앞의 우리들이 개미처럼 작아 보였다. 그리고 천마총에도 들어가 보고 여러 무덤을 둘러보며 찬란한 천 년의 역사를 자랑하는 신라의 위엄을 느낄 수 있었다.

[A] 이렇게 돌아다니다 보니 슬슬 배가 고팠고 우리는 미리 예약해 둔 식당으로 향했다. 우리가 선택한 곳은 최근 여러 매체에서 소개된 식당이었는데, 우리는 예약을 하여 바로 들어갔지만, 바깥에는 사람들이 대기를 하고 있었다. 미리 계획하고 준비하는 자세의 중요성을 다시금 떠올리며 식당에 들어갔다. 우리는 한정식을 먹었는데, 한옥을 개조한 식당에서 맛있는 한식을 먹고 있으니 무척 행복하였다.

점심을 먹은 후에는 불국사로 향했다. 불국사까지는 꽤 거리가 있어 시내버스를 타고 50분 정도 이동하였다. 불국사에 도착하여 불국사의 외관을 보았는데, 건축 형태가 아름다운 공간이라는 생각이 들었다. 그리고 늘 책이나 인터넷상으로만 보았던 다보탑과 석가탑을 드디어 직접 볼 수 있었는데, 생김새가 서로 달랐지만 각기 다른 아름다움을 보이는 국가유산을 피부로 느낀 순간이 정말 뜻깊었다. ▪특히, 석가탑을 바라보니 예전에 읽었던 현진건의 소설 「무영탑」과 그때의 감상이 어렴풋이 떠오르기도 하였다.

당일치기 여행의 시간적 제한 때문에 석굴암까지는 가지 못했지만 다음에는 꼭 석굴암도 방문하겠다고 마음속으로 다짐하면서 불국사를 나섰다. 불국사를 떠나는 버스 안에서 지역 관광 가이드님을 만났는데, 가이드님께서는 "꼭 저녁에 동궁과 월지에 가 보세요. 경주에서 경치가 제일 아름다운 곳이에요."라며 추천해 주셨다. 하지만 저녁 전에 경주를 나서야 했기에 그곳에 갈 수 없어서 아쉬웠다. 그래서 다음에는 꼭 경주에서 숙박하는 일정으로 여행을 해야겠다고 마음먹었다. 그렇게 경주와 작별 인사를 하고, 경주에서 느낀 여러 마음을 집으로 오는 버스 안에서 정리하며 경주 여행을 마무리하였다.

▪**특히, 석가탑을 ~ 떠오르기도 하였다.** 글쓴이는 석가탑을 관람하며 이전에 읽었던 소설과 그때의 감상이 떠올랐음을 밝히고 있다. 무영탑은 석가탑의 다른 이름이다.

▸ 242013-0098

01 **학생이 윗글을 작성할 때 활용한 표현 방법에 대한 설명으로 적절하지 않은 것은?**

① 타인에게 들은 말을 그대로 인용하여 제시한다.
② 색채어를 활용하여 직접 관찰한 바를 드러낸다.
③ 구체적인 수치를 밝혀 이동 시 소요 시간을 제시한다.
④ 비유적 표현을 활용하여 사진을 보고 느낀 점을 부각한다.
⑤ 여행지에서 본 두 국가유산의 생김새를 구체적으로 묘사하여 비교한다.

소요 필요로 하거나 요구되는 바.
여정 여행의 과정이나 일정.

▸ 242013-0099

02 **다음은 윗글을 쓰기 위해 작성한 글쓰기 계획이다. ㉠~㉤을 윗글에 구체화한 내용으로 적절하지 않은 것은?**

[경주 기행문 글쓰기 계획]

㉠ 시간 순서대로 여정을 드러내야겠다.
㉡ 경주를 여행 동아리의 여행지로 결정한 이유를 밝혀야겠다.
㉢ 국가유산을 관람하며 떠올랐던 여행 전의 경험을 밝혀야겠다.
㉣ 국가유산에 대해 가지고 있던 기존의 인식과 실제 관람 후의 인식을 드러내야겠다.
㉤ 여행에서 느낀 아쉬움과 앞으로의 다짐에 대해 글의 후반부에서 드러내야겠다.

① ㉠과 관련해 '다음으로', '점심을 먹은 후' 등의 표지를 활용하여 시간 순서에 따라 글을 전개하고 있다.
② ㉡과 관련해 친구들의 의견이 경주를 여행지로 결정한 이유 중 하나였음을 밝히고 있다.
③ ㉢과 관련해 대릉원을 관람하며 어릴 적 보았던 유사한 국가유산과 비교하고 있다.
④ ㉣과 관련해 첨성대의 크기에 대해 기존에 가지고 있던 인식과 실제 관람 후의 인식을 드러내고 있다.
⑤ ㉤과 관련해 타인에게 추천받은 여행지를 방문하지 못한 아쉬움을 직접적으로 드러낸 후 이후의 다짐을 밝히고 있다.

▸ 242013-0100

03 **〈보기〉는 [A]의 초고이다. 〈보기〉를 [A]와 같이 고쳐 쓰는 과정에서 고려한 것이 무엇인지 서술하시오.**

보기

이렇게 돌아다니다 보니 슬슬 배가 고팠고 우리는 미리 예약해 둔 식당으로 향했다. 우리가 선택한 곳은 최근 여러 매체에서 소개된 식당이었는데, 식당에 들어간 우리는 한정식을 먹었다. 한옥을 개조한 식당에서 맛있는 한식을 먹고 있으니 무척 행복하였다.

자료 탐구

해제 (가)는 체육 대회의 새 이름을 공모하는 공모전과 관련하여, 이름 짓기에 대한 글쓰기를 계획하는 단계에서 학생이 생각한 바를 정리한 것이다. (나)는 정보 전달을 목적으로 하여 계획에 따라 작성한 글이며, 이름 짓기의 효과와 방법에 대해 설명하고 있다.

(나)의 중심 내용

이름 짓기의 효과	• 사람들에게 대상에 대한 긍정적인 이미지를 갖게 할 수 있음. • 사람들의 참여 동기를 이끌어 낼 수 있음.
이름 짓기의 방법	• 대상의 특성이 잘 드러나도록 표현하기 • 지나치게 생소하지 않게 짓기

(가)는 글쓰기를 위한 학생의 생각이고, (나)는 (가)를 바탕으로 쓴 학생의 초고이다. 물음에 답하시오.

(가) [학생의 생각]

학생회에서 체육 대회의 새 이름을 공모하기로 했지. 공모전과 관련해서 이름 짓기에 대한 글을 학교 누리집에 올리려고 해. 그럼 어떻게 구성하면 좋을까? 공모전을 하는 이유를 언급하며 글을 시작하자. 그리고 이름 짓기의 효과를 제시해야지. 이름 짓기의 방법도 설명하면 좋을 것 같아.

(나) [학생의 초고]

올해 체육 대회는 운동을 잘 못하는 학생들도 즐겁게 참여할 수 있는 새로운 프로그램으로 구성될 예정이다. 그래서 학생회에서는 올해부터 바뀌는 체육 대회의 특징이 잘 드러나는 이름이 필요하다고 판단해서 새 이름을 짓는 공모전을 열기로 했다. 이름이 무슨 영향을 미칠까 생각할 수도 있지만 이름 짓기의 효과는 생각보다 크다.

이름 짓기를 잘하면, 사람들에게 대상에 대한 긍정적인 이미지를 갖게 할 수 있다. 맛과 영양에 문제가 없지만 흠집이 있어 상품성이 떨어진 사과에 '등급 외 사과' 대신 '보조개 사과'라는 이름을 붙여 이미지를 개선한 사례가 있다. 귀여운 보조개가 연상되는 이름으로 대상에 대한 인식을 변화시킨 것이다.

또한 이름 짓기를 잘하면, 사람들의 참여 동기를 이끌어 낼 수 있다. 지하철이나 버스에서 임산부가 우선적으로 앉을 수 있는 좌석의 이름은 '임산부 배려석'이다. 만약에 '임산부 양보석'이라고 하면 자신이 앉을 자리를 남에게 내어 준다는 느낌을 갖게 한다. 하지만 '임산부 배려석'은 자신이 다른 사람을 배려하고 있다는 느낌을 갖게 하여 자발적으로 좌석을 양보할 수 있도록 한다.

그렇다면 이름 짓기는 어떻게 해야 할까? 먼저, 대상의 특성이 잘 드러나도록 표현해야 한다. 그리고 이름을 지나치게 생소하지 않게 지어야 한다. 이름이 지나치게 생소해서 이름의 의미를 이해하기 어려운 경우에는 사람들에게 수용되지 않을 수 있기 때문이다. 따라서 대상의 특성을 잘 드러내고 사람들이 이해하기 쉽도록 이름을 짓는 것이 중요하다. 또한 사람들이 기분 좋게 수용할 수 있도록 표현하는 것도 필요하다.

▸ 242013-0101

이 문제는

작문 영역에서 빈출되는 유형이다. 〈보기〉에서 제시되는 '조언' 등에 따라 새로운 내용을 기존 글에 추가하는 것으로 답을 골라낼 때에는 〈보기〉의 조건이 모두 반영된 선지를 찾아야 한다.

■ 다음은 (나)를 읽은 학생회장의 조언이다. 이를 반영하여 추가할 마지막 문단의 내용으로 가장 적절한 것은?

> **학생회장:** 많은 학생들이 공모전에 참여할 수 있도록, 이름 짓기는 학생들에게 어려운 일이 아님을 밝혀 주면 좋겠어. 또한 2문단에서 언급한 효과와 관련하여 공모전 참여를 권유하면서 마무리하면 좋을 것 같아.

① 이름 짓기는 누구나 어렵지 않게 도전할 수 있는 일이다. 다만 이름을 지을 때 사람들이 이해하기 쉬운 표현을 사용해야 함을 유의하도록 한다.

② 이름 짓기는 지식과 경험이 풍부한 사람만이 할 수 있는 일은 아니다. 원활한 의사소통을 위해 이름 짓기의 효과를 이해하고 그 방법을 활용해 보자.

③ 지나치게 생소한 이름은 사람들에게 수용되지 않을 수 있다. 새로운 체육 대회의 긍정적 이미지를 느낄 수 있는 이름을 지어 이번 공모전에 참여하면 좋지 않을까?

④ 이름 짓기는 대상을 새롭게 바라보게 한다. 올해 새롭게 바뀔 체육 대회에 어울리는 참신한 이름이 지어진다면 체육 대회에 많은 학생들이 적극적으로 참여할 것이다.

⑤ 이름 짓기는 학생들도 충분히 할 수 있다. 새로운 체육 대회는 누구나 즐길 수 있다는 긍정적인 인식을 갖게 하는 좋은 이름을 지어 공모전에 도전해 보는 것은 어떨까?

이렇게 풀어 보자!

1 단계

문제에서 묻고 있는 바를 확인한다.

학생회장의 조언에 해당하는 내용이 모두 반영된 내용의 선지를 골라야 하는 문제이다.

2 단계

문제에서 학생회장의 '조언'으로 제시하고 있는 것을 확인한다.

학생회장의 조언으로 '이름 짓기가 어려운 일이 아님을 밝히기', '2문단에서 언급한 효과와 관련'하여 '공모전 참여를 권유하며 마무리하기'가 제시되어 있음을 확인한다.

3 단계

학생회장의 '조언'을 차례대로 선지에 적용시켜 하나씩 선지를 지워 나가며 모든 조언이 반영된 선지를 답으로 골라낸다.

학생회장의 조언 중 '이름 짓기가 어려운 일이 아님을 밝히기'부터 선지에 적용해 보며, 해당되지 않는 선지는 정답 후보에서 제외한다. 차례대로 수행하다 보면, ⑤번 선지가 이름 짓기는 학생들이 충분히 할 수 있다(이름 짓기가 어려운 일이 아님.)고 밝히고 있고, 긍정적 인식(2문단에서 언급한 효과)을 갖게 하는 좋은 이름을 지어 공모전에 도전해 보자(공모전 참여 권유)는 내용으로 구성되어 있으므로 정답임을 확인할 수 있다.

 답 ⑤

오답을 확인하자!

① 2문단에서 언급한 이름 짓기 효과가 아닌, 이름 짓기의 방법을 제시하고 있다.

② 2문단에서 언급한 이름 짓기 효과와 관련되지 않은 원활한 의사소통의 필요성을 제시하고 있다.

③ 이름 짓기가 학생들에게 어려운 일이 아님을 밝히지 않고 있다.

④ 이름 짓기가 학생들에게 어려운 일이 아님을 밝히지 않았으며, 2문단에서 언급한 이름 짓기 효과와 관련되지 않은, 새로운 체육 대회의 이름이 가져다줄 효과에 대해 제시하고 있다.

02 견해와 주장을 드러내는 글 쓰기

○ 내용 전개의 일반적 원리를 고려하여 사회적 쟁점에 대해 자신의 견해를 표현하거나 논증 요소 분석을 바탕으로 논증하는 글을 쓸 수 있다.

필수 개념어

사회적 쟁점
특정한 사안에 대해 개인이나 집단의 견해가 충돌하는 지점.

논제
논설이나 논문, 토론 따위의 주제나 제목.

1 사회적 쟁점에 대한 견해를 표현하는 글 쓰기

(1) 과정

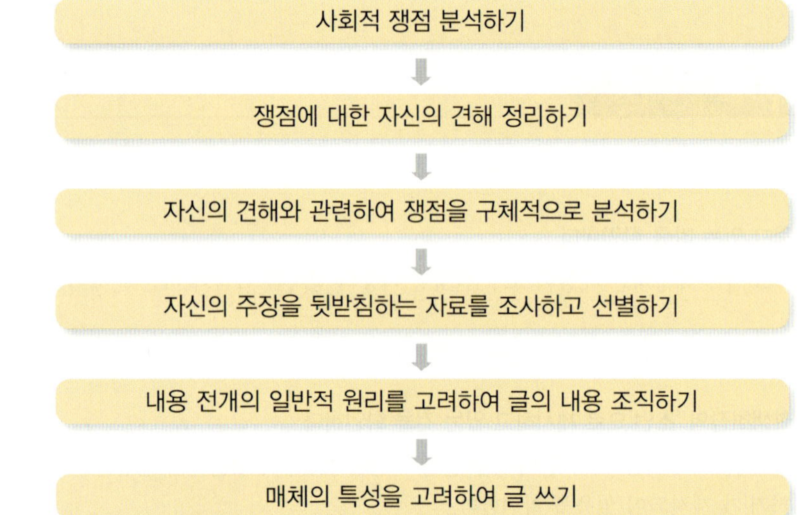

(2) 내용 전개의 일반적 원리

나열 구조	정보를 병렬적으로 배열하는 방법
순서 구조	정보를 시간적인 순서나 공간적인 순서에 따라 차례로 제시하는 방법
인과 구조	어떤 일의 원인과 결과를 분석하여 설명하는 방법
비교, 대조 구조	두 가지 이상의 대상을 공통점이나 차이점을 중심으로 하여 설명하는 방법
문제-해결 구조	특정 문제를 제시하고 그 해결책이나 방안을 제시하는 방법

2 논증하는 글 쓰기

논증하는 글은 독자의 생각이나 의견의 변화, 더 나아가 행동의 변화를 목적으로 하는 글이다. 논증하는 글을 쓸 때에는 자신의 관점을 명확하게 드러내야 하며 타당한 논거를 제시하고 짜임새 있게 써야 한다.

(1) 논증하는 글 쓰기의 일반적인 순서

논제 정하기 → 쓰기 맥락 분석하기 → 논거 수집하기 → 글 쓰기 → 고쳐 쓰기

(2) 논거의 수집

- 설득력을 높이기 위해 독자의 요구, 관심, 수준 등 쓰기 맥락을 분석하여 논거를 수집해야 한다.
- 논거를 수집할 때 타당성, 신뢰성, 공정성을 판단해야 한다.

타당성	주장을 뒷받침할 수 있는 합리적이고 객관적인 논거인가?
신뢰성	논거의 출처가 분명하며, 최신의 믿을 만한 자료인가?
공정성	논거가 특정 입장에 치우치지는 않았나?

(3) 논증하는 글의 설득 전략

- 맥락을 고려하여 적절한 설득 전략 활용하기
- 논리적으로 설득하거나, 정서나 감정에 호소하여 설득하거나 또는 필자에 대한 신뢰를 바탕으로 설득하기
- 다양한 표현 전략 활용하기(이중 부정, 대조, 설의법, 비유법 등)

(4) 논증하는 글이 따라야 하는 작문 관습

- 독자의 태도나 행동을 변화시키려는 목적, 필자의 주장과 그 주장을 지지하는 근거, 이유, 반론 및 그에 대한 반박 등의 논증 요소를 포함한다.
- 연역법, 귀납법 등의 논증 방법을 활용하여 내용을 조직한다.
- 명확하고 객관적인 표현과 어휘를 사용한다.

개념+

연역법과 귀납법

- 연역법: 이미 증명된 하나 또는 둘 이상의 명제를 전제로 하여 새로운 명제를 결론으로 이끌어 내는 추론 방법.
- 귀납법: 개별적인 특수한 사실이나 원리로부터 그러한 사례들이 포함되는 좀 더 확장된 일반적 명제를 이끌어 내는 추론 방법.

☑ 개념 학습 체크

1 내용 전개의 일반적 원리 중 (   ) 구조는 두 가지 이상의 대상을 공통점이나 차이점을 중심으로 하여 설명한다.
2 (   )은/는 개별적인 특수한 사실이나 원리로부터 일반적인 명제를 이끌어 내는 추론 방법이다.
3 논거의 (   )을/를 검증하기 위해서는 논거가 필자가 핵심적으로 주장하는 바를 제대로 뒷받침하고 있는지를 판단해야 한다.

답 1 비교, 대조 2 귀납법 3 타당성

교과서 열기 ①

[01~03] 다음은 학생이 시청 담당자에게 보낸 건의문의 초고이다. 물음에 답하시오.

안녕하세요? 저는 미래 고등학교 1학년 김다인입니다. 우선, 늘 저희 시의 발전과 시민들의 행복한 생활을 위해 다방면으로 힘써 주시는 시청 직원분들께 감사의 말씀을 드립니다. 제가 이 글을 쓰게 된 것은 최근 제가 저희 학교 근처 통학로에서 느낀 문제의식을 바탕으로 통학로 개선에 대한 건의를 드리기 위해서입니다.

저희 학교 학생들의 대다수는 큰길 쪽에서 학교 정문으로 이어지는 통학로를 이용하고 있습니다. 그런데 이 통학로의 도로 폭은 차가 오가기에 좁고 사람들이 걸어 다닐 수 있는 인도도 따로 없어서 사고의 위험을 지니고 있었습니다. 그런데 이에 더하여 최근 통학로 곳곳에 불법으로 주차된 차량이 증가하여 교통 체증이 생기고, 심지어 자동차 사고도 이전보다 훨씬 빈번하게 발생하고 있습니다. 기존에도 위험하였던 통학로가 더 위험해진 것입니다. 실제로 저희 반 학생 한 명은 지난주 수요일에 이 통학로에서 자동차 사고가 발생했을 때 겨우 몸을 피하여 위험에서 벗어났다고 합니다. 또 애초에 학생들이 굉장히 많이 이용하는 통학로에 인도가 없는 것 역시 문제가 됩니다. 이와 관련하여 저희 학교 학생회에서 실시했던 통학로에 대한 불만 사항 설문에서 '인도가 없다' 항목의 응답률이 45% 정도가 나온 것을 확인할 수 있었습니다. 인도가 없기에 학생들과 자동차가 같은 길에 뒤엉키게 되면서 학생들이 위험을 감수하고 통학하게 된 것입니다.

이에 저희는 시청에서 불법 주차 차량의 단속 횟수를 늘려 주시고, 인도를 설치해 주시기를 바랍니다. 이는 단순히 저희 학생만을 위한 일은 아니라고 생각합니다. 해당 통학로는 주민들 역시 사용하는 길입니다. 그들 역시도 굉장히 위험한 경우가 많았으리라 생각합니다. 저희가 건의하는 해결 방안은 저희 학교 학생들을 포함한 시민 전체의 안전을 위한 조치인 것입니다. 더불어 자동차를 이용하는 사람들 역시 불법 주차 차량이 없어지면 접촉 사고의 걱정을 덜 수 있을 것이며, 사람들이 인도로 다니게 되어 사람을 칠 수 있다는 불안감을 덜 수 있을 것이라고 생각합니다.

물론 저희의 건의에 따라 바로 불법 주차 단속 횟수를 늘리고, 인도 설치를 진행하는 일에 많은 자본과 인력이 필요할 것입니다. 하지만 안전이 보장되지 않은 상황을 방치하는 것보다 차근차근 이를 해결해 나가는 것은 매우 중요하며, 이를 미룬다면 피해가 누적될 것입니다. 저희도 통학로 개선에 기여하고자 저희가 할 수 있는 일이 무엇이 있을지 의논해 보았습니다. 그 결과 등하굣길에서 안전한 통학길을 위한 캠페인을 실행하는 것으로 의견을 모았습니다. 이렇게 시청과 학교 측이 힘을 합쳐 학생들 그리고 시민들이 어서 빨리 안전하게 통학로를 사용할 수 있게 되었으면 합니다.

바쁘신 와중에도 제 글을 끝까지 읽어 주셔서 감사합니다.

2020○년 7월 1일

미래 고등학교 1학년 7반 김다인 올림

이 글은
우리 생활 주변에서 혼자 해결하기 어려운 문제 상황을 기관이나 단체에 전달하여 문제를 해결하고자 하는 건의문이다. 이 글의 글쓴이는 자신이 직접 경험한 통학로의 문제를 해결하기 위해 문제, 해결 방안, 이익 및 기대 효과의 내용을 건의문에 담아 시청 담당자에게 전달하고자 한다.

● **체증** 교통의 흐름이 순조롭지 아니하여 길이 막히는 상태.

● **빈번하다** 번거로울 정도로 거듭하는 횟수가 잦다.

■ **이와 관련하여 ~ 확인할 수 있었습니다.** 통학로에 인도가 없는 것이 문제라고 인식하는 학생들이 많음을 구체적인 설문 조사 결과를 통해 밝히고 있다.

▸ 242013-0102

01 **윗글의 쓰기 맥락을 파악한 내용으로 가장 적절한 것은?**

① 글의 유형 면에서, 특정 경험을 통해 얻은 깨달음과 반성을 진솔하게 드러내는 글이다.

② 쓰기 목적 면에서, 다른 지역의 통학로 안전사고 발생의 예시를 다양하게 밝혀 독자를 설득하고 있다.

③ 글의 필자 면에서, 문제로 인해 피해를 겪는 집단에 속한 필자가 문제 해결의 필요성을 강조하고 있다.

④ 글의 주제 면에서, 공동체의 문제를 해결하기 위해 학교 측에서 시청 측보다 더욱 노력을 해야 함을 밝히고 있다.

⑤ 예상 독자 면에서, 문제를 시급히 해소해야 함을 강조하기 위해 지역 공동체 구성원 모두를 독자로 상정하고 있다.

상정 어떤 정황을 가정적으로 생각하여 단정함. 또는 그런 단정.

▸ 242013-0103

02 **〈보기〉는 학생이 건의문을 쓰기 위해 참고한 내용이다. 〈보기〉를 고려한 글쓰기 계획 중 윗글에 반영되지 <u>않은</u> 것은?**

보기

[건의문의 내용 구성]

1. 인사, 자기소개
2. 문제 상황에 대해 사실을 근거로 구체적으로 적음.
3. 문제 상황을 해결할 수 있는 해결 방안을 적음.
4. 해결 방안으로 문제를 해결했을 때 얻을 수 있는 이익, 기대 효과를 적음.
5. 끝인사

① 글의 초반부에서 독자에게 인사하고 내가 누구인지 소속과 이름을 밝혀야겠군.

② 실제 피해를 입은 친구의 경험을 토대로 현재 통학로가 안전하지 않음을 밝혀야겠군.

③ 현재 통학로가 가진 문제를 해결할 수 있는 해결 방안을 두 가지 제시해야겠군.

④ 해결 방안이 자동차 사용자에게는 이익이 없지만 도보로 오가는 학생, 주민들의 안전 측면에서는 기대 효과가 크다는 것을 강조해야겠군.

⑤ 글의 후반부에서 글을 끝까지 읽어 준 독자에게 인사를 하며 마무리해야겠군.

▸ 242013-0104

03 **〈보기〉의 밑줄 친 내용을 기준으로 윗글을 평가하시오.**

장황하다 매우 길고 번거롭다.

보기

건의문은 간결하고 명확한 표현을 사용하여 내용을 분명하게 전달해야 한다. 장황한 설명이나 문법에 맞지 않은 문장, 불분명한 표현을 사용하면 필자의 요구 사항이 제대로 전달되기 어렵다. 그리고 <u>독자를 설득하기 위해 격식과 예의를 갖추어 정중하게 표현</u>하는 것도 필요하다.

교과서 열기 ②

[01~03] 다음은 학생이 작성한 논설문의 초고이다. 물음에 답하시오.

이 글은
온라인 영상 플랫폼이 유발하는 문제점을 다양하게 밝히고 이를 해결하기 위해 관련 규제를 강화하고, 수용자들이 바르게 온라인 영상 플랫폼의 콘텐츠를 소비하는 태도를 갖추어야 한다고 주장하는 글이다.

[A] 현재 우리 사회는 온라인 영상 플랫폼의 전성시대이다. 누구나 온라인 영상 플랫폼에 쉽게 접근하여 자유롭게 영상을 올림으로써 자신의 생각을 표현할 수 있다. 이러한 특징으로 인해 기존의 미디어 채널보다 신선하고 개성 있는 양질의 콘텐츠가 나오게 되었다.

하지만 콘텐츠를 올릴 때 제대로 된 심의를 거치지 않아 자극적인 영상들이 다수 게시되고 이러한 영상들이 청소년을 비롯한 어린아이에게도 쉽게 노출되어 큰 문제가 되고 있다. 또 최근 악성 댓글에 시달리던 연예인, 인플루언서 등 유명인들이 극단적인 선택을 했다는 비보가 이어졌는데 이러한 일들은 가짜 뉴스와 루머가 담긴 자극적인 영상물이 온라인 영상 플랫폼에서 특별한 제재를 받지 않고 퍼지게 된 것과 관계가 있다. 그리고 온라인 영상 플랫폼의 허위 사실 방송으로 자영업자가 피해를 본 사례가 국민 청원 게시판에 올라와 온라인 영상 플랫폼 규제를 촉구하기도 하였다. 온라인 영상 플랫폼이 가진 장점을 상쇄할 수 있는 단점이 드러난 것이다.

방송 통신 위원회는 현행 방송법의 규제 대상이 아닌 온라인 영상 플랫폼에 대해 콘텐츠 규제를 권고하는 정도로 조치하고 있으며, 온라인 플랫폼에서 자체적으로 갖고 있는 가이드라인이 있지만 이는 신고가 들어왔을 때 해당 콘텐츠를 조치하는 기준 정도로만 활용되고 있다. 온라인 영상 플랫폼의 영향력이 점점 커지는 요즘과 같은 상황에서 문제가 있는 콘텐츠에 대한 규제는 지금보다 강화되어야 한다.

더불어 온라인 영상 플랫폼상의 무분별한 댓글 역시 문제가 된다. 어떠한 사회적 이슈를 다룬 영상 아래에는 어떤 개인, 집단이 가진 속성을 이유로 편견, 차별을 조장하거나 멸시, 모욕, 적의를 드러내고 폭력을 선동하는 표현인 혐오 표현이 난무하고 있다. 이러한 혐오 표현은 당사자들에게 극한의 고통을 안길 수 있으므로 방치해서는 안 되는 문제이다. 또한 당사자가 아닌 이들에게도 결국 부정적 영향을 미치게 될 것이다. 그러나 강력한 규제와 마찬가지로 중요한 것이 온라인 영상 플랫폼을 사용하고 있는 개개인의 마음가짐이라는 의견도 있다. 이와 관련하여 △△대학교 미디어학과 ○○○ 교수는 "혐오 표현이 담긴 댓글을 감시하고 삭제하는 것도 필요하지만, 개개인이 책임감 있게 공적 공간을 형성하는 주체라는 인식을 확산하는 것이 더 중요하다."라고 말하기도 하였다.

온라인 영상 플랫폼은 해외에 서버를 둔 업체이기에 이에 대한 즉각적인 대처가 쉽지 않은 것이 현실이다. 하지만 지금의 온라인 영상 플랫폼이 방치된다면 각종 사회적 문제가 확산될 것이다. 따라서 정부 차원에서 이에 강경하게 대처하여 강력한 규제를 요구해야 한다. 물론 이러한 강력 규제가 표현의 자유를 침해하고 자유롭게 의견을 공유하는 토론의 장을 무너뜨리는 것이라는 비판이 있을 수 있으나 이러한 주장으로 감추기에 온라인 영상 플랫폼이 적절히 규제되지 않아 발생할 수 있는 문제가 너무나도 심각하다. 더불어 온라인 영상 플랫폼을 이용하는 소비자인 개개인의 태도 역시 중요하지 않을까? 혐오를 조장하는 언어를 사용하고 자극적인 영상을 재미로 치부하여 소비하는 태도를 지양하고 비판적이고 건전하게 콘텐츠를 소비하는 태도를 갖추어 그러한 문화를 형성하는 주체가 되어야 한다.

- **심의** 심사하고 토의함.
- **비보** 슬픈 기별이나 소식.
- **루머** 이 사람 저 사람 입에 오르내리며 근거 없이 떠도는 소문.
- **상쇄** 상반되는 것이 서로 영향을 주어 효과가 없어지는 일.
- **권고** 어떤 일을 하도록 권함. 또는 그런 말.
- **조치** 벌어지는 사태를 잘 살펴서 필요한 대책을 세워 행함.
- **적의** 적대하는 마음.
- **치부** 마음속으로 그러하다고 보거나 여김.

▸ 242013-0105

01 윗글에 대한 설명으로 가장 적절한 것은?

① 다른 나라의 사례를 활용하여 문제의 심각성을 강조한다.
② 문제 상황과 관련한 특정 이론이 발달해 온 과정을 드러내고 있다.
③ 중심 화제와 관련된 문제 상황을 제시하는 과정에서 용어의 개념을 밝히고 있다.
④ 문제 상황에 대한 연령대별 인식을 구분하여 제시하고 그 차이를 부각하고 있다.
⑤ 예상되는 반론에 대해 인정하고 자신의 의견과 절충하는 해결책을 제시하고 있다.

절충 서로 다른 사물이나 의견, 관점 따위를 알맞게 조절하여 서로 잘 어울리게 함.

인과적 원인과 결과 관계를 파악하는 것.

▸ 242013-0106

02 학생이 윗글을 쓰기 위해 떠올린 생각으로 적절하지 않은 것은?

① 논거의 타당성을 더하기 위해 전문가의 의견을 인용해야겠어.
② 온라인 영상 플랫폼의 장점을 인과적 구성을 통해 제시해야겠어.
③ 글의 후반부에서 내가 주장하는 바를 의문형 문장으로 표현해야겠어.
④ 온라인 영상 플랫폼이 유발한 문제 상황을 다양한 사례를 통해 제시해야겠어.
⑤ 방송 통신 위원회의 규제와 온라인 영상 플랫폼의 자체 규제에 대해 각각의 장단점을 밝혀야겠어.

▸ 242013-0107

03 [A]는 다음의 [초고]를 선생님의 검토 의견에 따라 고쳐 쓴 것이다. [가]에 들어갈 내용을 서술하시오.

[검토 의견]

초고를 쓰느라 고생했어. 다만 첫 문단에서 [가] 하면 좋겠구나.

[초고]

현재 우리 사회는 온라인 영상 플랫폼의 전성시대이다. 누구나 온라인 영상 플랫폼에 쉽게 접근하여 자유롭게 영상을 올림으로써 자신의 생각을 표현할 수 있다. 이러한 특징으로 인해 기존의 미디어 채널보다 신선하고 개성 있는 양질의 콘텐츠가 나오게 되었다. 또한 각종 누리 소통망(SNS) 역시 젊은이들에게 인기를 끌고 있다.

수능 맛보기

2023학년도 대학수학능력시험 화법과 작문 43번

자료 탐구

해제 이 글의 글쓴이는 커피로 인한 사회적 문제를 논할 때 상대적으로 관심을 받지 못하는 커피박에 대한 문제에 관심을 촉구하고자 한다. 이를 위해, 커피와 관련한 현황을 밝히는 동시에 중심 화제의 개념을 밝히고, 이와 관련한 여러 문제, 커피박의 활용 분야, 커피박 수거 시설의 부족 등을 설득의 이유와 근거로 제시하고 있다.

다음은 교지에 싣기 위해 학생이 작성한 초고이다. 물음에 답하시오.

우리나라의 연간 1인당 커피 소비량은 세계 평균의 2배 이상일 정도로 우리나라 사람들은 커피를 마시는 일에 관심이 많다. 이러한 관심이 커피 사랑에만 머물지 않고, 일회용 컵 회수 방안처럼 커피로 인한 사회적 문제에 대한 관심으로 이어지는 현상은 바람직하다. 하지만 커피로 인한 사회적 문제를 논할 때, 상대적으로 관심을 받지 못하고 있는 것이 있다. 커피를 만든 후 남는 커피 찌꺼기, 바로 '커피박(coffee 粕)'이다. 여러 면에서 커피박에 대한 우리 사회의 관심은 낮은 편이다.

우선, 커피박을 잘못 처리하고 있는 사람이 많다. 추출 직후의 커피박을 싱크대 배수구에 버리거나 흙에 버리기도 하는데, 이는 잘못된 처리 방법이다. 배수구에 버린 커피박에서 나온 카페인은 하수 처리 과정에서 완벽히 걸러지지 않은 채 강물에 흘러 들어가 부정적으로 작용할 수 있다. 그리고 흙에 버린 커피박은 토양과 식물에 악영향을 줄 수 있다.

또한, 커피박이 다양한 분야에서 재활용될 수 있다는 사실을 모르는 사람도 많다. 커피박은 일상에서 탈취제나 방향제로 이용된다. 그뿐만 아니라 건축 분야에서 합성 목재를 대신하는 재료로 쓰이거나 농업 분야에서 혼합 및 발효 과정을 거쳐 비료로 사용되기도 한다. 최근에는 바이오 에너지의 원료로 활용될 수 있다는 점도 부각되고 있다.

끝으로, 커피박 수거 시설이 매우 부족하다는 점도 아쉬운 부분이다. 커피박을 그냥 버리지 않고 분리배출해야 한다는 것을 알게 되더라도 수거 시설이 있어야 실천으로 이어질 수 있다. 커피박 수거 시설을 곳곳에 마련한다면, 커피박 분리배출에 대한 시민들의 관심이 높아지는 효과가 있을 것이다.

- **추출** 고체 또는 액체의 혼합물에 용매(溶媒)를 가하여 혼합물 속의 어떤 물질을 용매에 녹여 뽑아내는 일.
- **탈취제** 냄새를 없애는 데에 쓰는 약제.
- **방향제** 좋은 향을 가지고 있는 약제를 통틀어 이르는 말.

▶ 242013-0108

■ 다음은 초고를 작성하기 전에 학생이 떠올린 생각이다. ㉠~㉤ 중, 학생의 초고에 반영되지 않은 것은?

- ▣ 커피박이 무엇을 지칭하는 단어인지 밝혀야겠어. ······ ㉠
- ▣ 커피박이 잘못 버려지고 있는 예를 제시해야겠어. ······ ㉡
- ▣ 커피박이 무엇으로 재활용될 수 있는지 언급해야겠어. ······ ㉢
- ▣ 우리나라의 연간 1인당 커피 소비량이 세계 평균 대비 어느 정도인지 밝혀야겠어. ······ ㉣
- ▣ 커피로 인해 발생하는 사회적 문제가 해마다 증가하고 있는 실태를 제시해야겠어. ······ ㉤

① ㉠　② ㉡　③ ㉢　④ ㉣　⑤ ㉤

이 문제는

설득하는 글쓰기의 내용을 생성하는 과정에서 떠올린 생각이 학생의 글에 반영되었는지를 파악하는 문제이다. 이런 문항의 경우, 지문의 내용과 표현 방법 등에 대한 이해를 토대로 ㉠~㉤에 해당하는 내용을 글에서 찾을 수 있는지 확인하기 위해 각 내용을 하나씩 지문의 내용과 비교하며 정답을 골라낼 수 있도록 한다.

이렇게 풀어 보자!

1 단계

문제에서 묻고 있는 바를 확인한다.

제시된 ㉠~㉤에 해당하는 내용을 학생의 글에서 찾을 수 있는지 확인하는 문제이다.

2 단계

제시된 ㉠~㉤의 내용들을 차례대로 지문의 내용과 비교하며 옳고 그름을 따져 본다.

제시된 ㉠~㉤의 내용들, 곧 커피박의 개념, 커피박이 잘못 버려지는 예, 커피박의 재활용 형태, 우리나라의 연간 1인당 커피 소비량을 세계 평균과 비교, 커피로 인한 사회적 문제 증가 실태 등이 지문에 있는지 차례대로 확인하며 옳고 그름을 따진다. 이렇게 수행하다 보면, ㉤의 '사회적 문제가 해마다 증가하고 있는 실태'가 지문에서 제시되지 않고 있음을 확인하여 답으로 골라낼 수 있다.

 ⑤

오답을 확인하자!

① 1문단에서 '커피를 만든 후 남는 커피 찌꺼기'를 '커피박'이라 한다고 밝히고 있다.
② 2문단에서 커피박을 싱크대 배수구에 버리거나 흙에 버리기도 한다며 커피박이 잘못 처리되고 있는 예를 제시하고 있다.
③ 3문단에서 커피박이 탈취제나 방향제, 합성 목재를 대신하는 재료, 비료, 바이오 에너지의 원료로 활용되고 있음을 밝히고 있다.
④ 1문단에서 우리나라의 연간 1인당 커피 소비량이 세계 평균의 2배 이상임을 밝히고 있다.

문법, 이렇게 준비해요!

고등학교 문법은 중학교 때까지 배운 기본 개념을 바탕으로 더 깊고 복잡한 원리를 다루게 됩니다. 고등학교에서는 이 기본 개념들을 더욱 심화해서 학습하므로, 초등학교와 중학교에서 익힌 기초 문법 지식을 다시 한 번 점검해 두세요. 그리고 이 책을 통해 아래 학습 내용들을 중점적으로 익혀 두세요.

- **음운 변동과 문법 요소 이해하기** 교체, 탈락, 축약, 첨가 등 다양한 음운 변동 현상을 정확히 이해하고, 이러한 현상이 실제 언어생활에서 어떻게 나타나는지 탐구해 보세요. 그리고 높임 표현, 시간 표현, 피동 표현, 인용 표현 등 중학교에서 배운 문법 요소들이 고등학교에서는 더 복잡한 형태로 확장되므로, 기초 개념을 복습하는 것이 좋습니다.

- **한글 맞춤법** 맞춤법 조항을 단순히 외우는 것보다, 맞춤법의 원리와 규칙을 이해하는 것이 중요합니다. 맞춤법의 기본 원칙과 조항들을 이해하고, 실제 문장에서 어떻게 적용되는지 확인해 보세요.

- **국어의 변화 탐구하기** 고등학교 문법에서는 국어의 변천 과정을 탐구하는 것도 중요한 학습 요소입니다. 특히 중세 국어와 현대 국어의 차이를 이해하고, 국어가 역사적으로 어떻게 변화해 왔는지 학습하는 것이 필요합니다. 국어의 변화를 이해하고 이를 바탕으로 국어 문화 발전에 참여하는 태도를 기르는 것도 중요합니다.

고등학교에서의 문법 학습은 기본 개념의 이해를 바탕으로 실생활에서의 응용 능력을 키우는 것이 핵심입니다. 이론을 이해하고, 이를 실제 언어생활에서 활용하며 꾸준히 연습하는 것이 중요합니다. 문법 지식을 쌓고 응용 능력을 키워 고등학교 문법을 효과적으로 준비해 보세요.

V. 문법

01 음운의 변동

○ 음운 변동을 탐구하여 발음과 표기에 올바르게 적용할 수 있다.

1 음운의 변동

(1) 뜻

어떤 음운이 놓이는 환경에 따라 발음이 달라지는 현상

(2) 유형

교체	한 음운이 다른 음운으로 바뀌는 현상 예 진리[질리]
탈락	원래 있던 한 음운이 없어지는 현상 예 좋아[조:아]
첨가	없던 음운이 새로 덧붙는 현상 예 맨입[맨닙]
축약	두 음운이 합쳐져 하나의 새로운 음운이 되는 현상 예 축하[추카]

2 교체

(1) 음절의 끝소리 규칙

음절의 끝에 'ㄱ, ㄴ, ㄷ, ㄹ, ㅁ, ㅂ, ㅇ' 일곱 소리 이외의 자음이 오면 이 일곱 개의 자음 중 하나로 바뀌어 발음되는 현상

- ㄲ, ㅋ → ㄱ
  예 밖[박], 부엌[부억]
- ㅌ, ㅅ, ㅆ, ㅈ, ㅊ, ㅎ → ㄷ
  예 머리맡[머리맏], 옷[옫], 빛[빋], 히읗[히읃]
- ㅍ → ㅂ
  예 앞[압], 무릎[무릅]

(2) 비음화

비음이 아닌 음운이 비음인 'ㄴ, ㅁ, ㅇ'의 영향을 받아 비음으로 바뀌어 발음되는 현상

- 음절의 끝소리 'ㄱ, ㄷ, ㅂ'이 비음 'ㄴ, ㅁ' 앞에서 비음으로 바뀌어 발음됨.
  ㄱ, ㄷ, ㅂ + ㄴ, ㅁ → ㅇ, ㄴ, ㅁ + ㄴ, ㅁ
  예 국내[궁내], 믿는[민는], 입문[임문]

필수 개념어

음운
단어의 뜻을 구별해 주는 말소리의 가장 작은 단위.
예 발[足]- 말[馬] (자음)
발[足]- 불[火] (모음)
발[足]- 발:[簾] (소리의 길이)

음절
한번에 발음할 수 있는 소리의 단위.

첫소리(초성)와 끝소리(종성) 없이 가운뎃소리(중성)만으로도 음절을 구성할 수 있음.
예 아, 와, 애

비음
입안의 통로를 막고 코로 공기를 내보내면서 내는 소리. 'ㄴ', 'ㅁ', 'ㅇ' 등이 있음.

'ㄹ'의 비음화
'ㄹ'을 제외한 자음 뒤에서 'ㄹ'이 'ㄴ'으로 바뀌는 현상.
예 독립[동닙], 급류[금뉴]

개념+

연음
자음으로 끝나는 형태소 뒤에 모음으로 시작하는 형식 형태소가 결합할 때, 앞 음절의 끝소리가 뒤 음절의 첫소리로 옮겨 가서 발음되는 현상. 음운이 바뀌지 않으므로 음운의 변동에 해당하지 않음.
예 꽃을[꼬츨], 숲이[수피]

(3) 유음화

비음인 'ㄴ'이 앞이나 뒤에 있는 유음 'ㄹ'의 영향을 받아 'ㄹ'로 바뀌어 발음되는 현상

- 'ㄴ'이 'ㄹ' 뒤에서 'ㄹ'로 바뀌어 발음됨.

  ㄹ + ㄴ → ㄹ + ㄹ

  예 설날[설:랄], 길눈[길룬]

- 'ㄴ'이 'ㄹ' 앞에서 'ㄹ'로 바뀌어 발음됨.

  ㄴ + ㄹ → ㄹ + ㄹ

  예 신록[실록], 논리[놀리]

(4) 구개음화

음절의 끝소리가 'ㄷ, ㅌ'인 형태소가 모음 'ㅣ'나 반모음 'ㅣ̆'로 시작되는 형식 형태소와 만나면 구개음인 'ㅈ, ㅊ'으로 바뀌어 발음되는 현상

ㄷ, ㅌ + 'ㅣ'나 'ㅣ̆'로 시작하는 형식 형태소 → ㅈ, ㅊ + ㅣ, ㅣ̆

예 해돋이[해도지], 같이[가치]

(5) 된소리되기

예사소리가 된소리로 바뀌어 발음되는 현상

- 음절 끝소리 'ㄱ, ㄷ, ㅂ' 뒤에서 'ㄱ, ㄷ, ㅂ, ㅅ, ㅈ'이 된소리로 발음됨.

  ㄱ, ㄷ, ㅂ + ㄱ, ㄷ, ㅂ, ㅅ, ㅈ → ㄱ, ㄷ, ㅂ + ㄲ, ㄸ, ㅃ, ㅆ, ㅉ

  예 국밥[국빱], 돋보기[돋뽀기], 옆집[엽찝]

- 어간의 받침 'ㄴ, ㅁ' 뒤에서 어미의 첫소리 'ㄱ, ㄷ, ㅅ, ㅈ'이 된소리로 발음됨.

  ㄴ, ㅁ + ㄱ, ㄷ, ㅅ, ㅈ → ㄴ, ㅁ + ㄲ, ㄸ, ㅆ, ㅉ

  예 (신을) 신지[신:찌], (눈을) 감고[감:꼬]

- 한자어의 받침 'ㄹ' 뒤에서 'ㄷ, ㅅ, ㅈ'이 된소리로 발음됨.

  ㄹ + ㄷ, ㅅ, ㅈ → ㄹ + ㄸ, ㅆ, ㅉ

  예 발달(發達)[발딸], 불소(弗素)[불쏘], 물질(物質)[물찔]

- 관형사형 어미 '-(으)ㄹ' 뒤에서 'ㄱ, ㄷ, ㅂ, ㅅ, ㅈ'이 된소리로 바뀌어 발음될 수 있음.

  ㄹ + ㄱ, ㄷ, ㅂ, ㅅ, ㅈ → ㄹ + ㄲ, ㄸ, ㅃ, ㅆ, ㅉ

  예 갈 데[갈떼], 올 수[올쑤]

필수 개념어

유음

혀끝을 잇몸에 가볍게 대었다가 떼거나, 잇몸에 댄 채 공기를 그 양옆으로 흘려 보내면서 내는 소리. 'ㄹ'이 있음.

※ 자음 체계표

조음 방법 \ 조음 위치		양순음 (두 입술 소리)	치조음 (잇몸 소리)	경구개음 (센입천장소리)	연구개음 (여린입천장소리)	후음 (목청 소리)
파열음	예사소리	ㅂ	ㄷ		ㄱ	
	된소리	ㅃ	ㄸ		ㄲ	
	거센소리	ㅍ	ㅌ		ㅋ	
파찰음	예사소리			ㅈ		
	된소리			ㅉ		
	거센소리			ㅊ		
마찰음	예사소리		ㅅ			ㅎ
	된소리		ㅆ			
비음		ㅁ	ㄴ		ㅇ	
유음			ㄹ			

– 비음화와 유음화의 경우 조음 위치는 그대로이고, 조음 방법만 바뀜.

반모음

모음과 같이 발음하지만 음절을 이루지 못하는 아주 짧은 모음. 'ㅣ̆(j)'와 'ㅗ̆/ㅜ̆(w)'가 있으며, 단모음과 결합하여 이중 모음을 만듦.

예 ㅣ̆ + ㅏ → ㅑ
ㅗ̆ + ㅏ → ㅘ

개념+

실질 형태소와 형식 형태소

실질 형태소

구체적인 대상이나 동작, 상태를 표시하는 형태소.

형식 형태소

실질 형태소에 붙어 주로 말과 말 사이의 관계를 표시하는 형태소. 조사, 어미, 접사 등이 있음.

예 꽃이 피다.
→ '꽃'과 '피-'는 실질 형태소, '이'와 '-다'는 형식 형태소

01 음운의 변동

필수 개념어

자음군
체언이나 용언 어간의 받침에 서로 다른 자음 두 개가 겹쳐 쓰인 것.

'ㄹ' 탈락
'ㄹ'이 'ㄴ, ㅅ' 등의 자음 앞에서 탈락하는 현상. 'ㄹ' 탈락은 음운 변동의 결과가 표기에 반영됨.
예 놀- + -니 → 노니
살- + -시- + -는 → 사시는

3 탈락

(1) 자음군 단순화

어말이나 자음 앞에서 겹받침의 자음 중 하나가 탈락하는 현상

ㄳ, ㄵ, ㄼ, ㄽ, ㄾ, ㅄ / 어말 또는 자음 앞 → ㄱ, ㄴ, ㄹ, ㅂ

예 넋[넉], 여덟[여덜], 없다[업:따]

※ 다만, '밟-'은 자음 앞에서 [밥]으로 발음하고, '넓-'은 경우에 따라 [넙]으로 발음함.

예 밟다[밥:따], 밟지[밥:찌], 넓죽하다[넙쭈카다]

ㄺ, ㄻ, ㄿ / 어말 또는 자음 앞 → ㄱ, ㅁ, ㅂ

예 읽다[익따], 젊다[점:따], 읊고[읍꼬]

※ 다만, 용언의 어간 말음 'ㄺ'은 'ㄱ' 앞에서 [ㄹ]로 발음함.

예 읽고[일꼬], 맑게[말께]

(2) 'ㅎ' 탈락

'ㅎ'이 모음으로 시작하는 형식 형태소 앞에서 탈락하는 현상

예 놓아[노아], 쌓인[싸인], 싫어[시러]

(3) 모음 탈락

어떤 모음이 일정한 환경에서 탈락되어 발음되지 않는 현상. 모음 탈락은 모두 음운 변동의 결과가 표기에 반영됨.

- 'ㅡ' 탈락: 어미 '-아/-어' 앞에서 어간의 'ㅡ'가 탈락

ㅡ + ㅏ, ㅓ → ㅏ, ㅓ

예 담그- + -아 → 담가, 쓰- + -어 → 써

- 동일 모음 탈락: 동일한 모음이 연속될 때 그중 하나가 탈락

ㅏ, ㅓ + ㅏ, ㅓ → ㅏ, ㅓ

예 자- + -아라 → 자라, 나서- + -어지 → 나서지

4 첨가

(1) 'ㄴ' 첨가

복합어에서 앞말이 자음으로 끝나고 뒷말이 'ㅣ'나 'ㅣ̆'로 시작할 때, 'ㄴ'이 그 사이에 덧붙어 발음되는 현상

예 맨- + 입 → 맨입[맨닙], 물 + 약 → 물약[물냑 → 물략]

(2) 반모음 첨가

어간의 끝소리가 모음이고 어미의 첫소리도 모음일 경우, 반모음 'ㅣ̆'가 덧붙어 발음되는 현상

예 피- + -어 → 피어[피어/피여], 되- + -어 → 되어[되어/되여]

※ 표준 발음법 제22항에 의하면 [피어]와 [되어]로 발음하는 것이 원칙이며, [피여]와 [되여]로 발음하는 것도 허용함. '이오, 아니오'도 이에 준하여 [이요, 아니요]로 발음함을 허용함.

5 축약

(1) 거센소리되기

'ㅎ'이 인접한 예사소리인 'ㄱ, ㄷ, ㅂ, ㅈ'과 결합하여 거센소리인 'ㅋ, ㅌ, ㅍ, ㅊ'으로 바뀌어 발음되는 현상

ㄱ, ㄷ, ㅂ, ㅈ + ㅎ → ㅋ, ㅌ, ㅍ, ㅊ

ㅎ + ㄱ, ㄷ, ㅂ, ㅈ → ㅋ, ㅌ, ㅍ, ㅊ

예 국화[구콰], 닿다[다:타], 잡히다[자피다], 좋지[조:치], 닿다[다:타]

필수 개념어

복합어

하나의 실질 형태소에 접사가 붙거나 두 개 이상의 실질 형태소가 결합된 말. 합성어와 파생어로 나뉨.

예 돌 + 다리 → 돌다리
풋- + 사과 → 풋사과

개념+

음운 변동의 횟수

한 단어 안에서 음운 변동은 한 번만 일어날 수도 있고, 두 번 이상 일어날 수도 있음.

예 물약[물냑 → 물략]
- 'ㄴ' 첨가와 유음화가 일어남.

예 물난리[물랄리]
- 유음화가 두 번 일어남.

개념 학습 체크

1 음절 끝에서 발음할 수 있는 자음은 'ㄱ, ㄴ, ( ), ㄹ, ㅁ, ㅂ, ㅇ' 일곱 개뿐이다.
2 구개음화는 'ㄷ, ㅌ'이 'ㅣ'나 반모음 'ㅣ̆'로 시작하는 (   ) 형태소와 만날 때 일어난다.
3 거센소리되기는 예사소리인 'ㄱ, ㄷ, ㅂ, ㅈ'이 자음 '( )'와/과 만날 때 일어난다.

답 1 ㄷ 2 형식 3 ㅎ

교과서 열기 ①

이 글은
음운 변동의 개념과 유형, 음운 변동에 따른 음운 개수의 변화, 음운 변동 결과의 표기 반영 여부 등에 대하여 구체적인 예와 함께 설명한 글이다.

[01~05] 다음 글을 읽고 물음에 답하시오.

㉠음운 변동은 음운이 일정한 환경에 따라 다르게 발음되는 현상이다. 음운 변동의 유형에는 어떤 음운이 다른 음운으로 바뀌는 교체, 두 음운이 합쳐져 제3의 음운으로 바뀌는 축약, 원래 있던 한 음운이 없어지는 탈락, 없던 음운이 추가되는 첨가가 있다.

이러한 음운의 변동은 한 단어에서 한 가지 유형이 나타날 때도 있지만, 두 가지 이상의 유형이 함께 나타나기도 한다. 가령 '능력[능녁]'은 교체가 한 번, '꽃집[꼳찝]'에는 교체가 두 번 나타났다. '흙하고[흐카고]'는 탈락과 축약이 각각 한 번 나타나고, '밝는[방는]'은 탈락과 교체가 각각 한 번씩 나타났다.

음운 변동이 일어나는 경우 음운의 개수에 변화가 나타나기도 한다. 예를 들어, '맨입[맨닙]'은 첨가가 일어나 음운의 개수가 한 개 늘었다. 그런데 '읽다[익따]'는 탈락이 일어나 음운의 개수가 한 개 줄었고, '축하[추카]'는 축약이 일어나 음운의 개수가 한 개 줄었다. 한편 '식물[싱물]'은 교체가 일어나 음운 변동 전후로 음운의 개수에 변함이 없다.

음운 변동은 그 결과가 ⓐ표기에 반영되기도 하고, ⓑ반영되지 않기도 한다. 교체나 축약, 첨가에 의한 음운 변동은 표기에 반영되지 않지만, 탈락에 의한 음운 변동은 일부 표기에 반영된다. 예를 들어, 용언 어간 끝의 모음 'ㅏ, ㅓ'가 '-아/-어'로 시작하는 어미와 결합할 때 모음 'ㅏ, ㅓ'가 탈락하는 경우, 용언 어간 끝의 모음 'ㅡ'가 '-아/-어'로 시작하는 어미와 결합하여 'ㅡ'가 탈락하는 경우, 어간의 끝소리 'ㄹ'이 몇몇 어미 앞에서 탈락하는 경우는 음운 변동 결과를 표기에 반영한다. 하지만 탈락 중에서도 자음군 단순화와 'ㅎ' 탈락은 표기에 반영하지 않는다.

▸ 242013-0109

01 윗글을 이해한 내용으로 적절하지 않은 것은?

① 같은 음운이라도 놓이는 환경에 따라 변동 여부가 달라지겠군.
② '풀잎[풀립]'은 두 가지 이상의 음운 변동이 일어난 예가 되겠군.
③ 첨가가 일어난 '맨입'은 음운 변동의 결과를 표기에 반영하지 않겠군.
④ 탈락에 의한 음운 변동의 경우 변동의 결과를 모두 표기에 반영하는군.
⑤ '꽃을[꼬츨]'은 달라지는 음운이 없기 때문에 음운 변동이라 할 수 없겠군.

▸ 242013-0110

02 ㉠의 사례를 설명한 것으로 적절하지 않은 것은?

① '안팎[안팍]'은 발음될 때 'ㄲ'이 음절의 끝에서 'ㄱ'으로 발음되는 탈락이 일어난다.
② '진리[질리]'는 발음될 때 'ㄴ'이 'ㄹ'의 영향을 받아 'ㄹ'로 바뀌는 교체가 일어난다.
③ '먹물[멍물]'은 발음될 때 'ㄱ'이 'ㅁ'의 영향을 받아 'ㅇ'으로 바뀌는 교체가 일어난다.
④ '솜이불[솜:니불]'은 발음될 때 자음과 'ㅣ' 모음 사이에서 'ㄴ'이 추가되는 첨가가 일어난다.
⑤ '놀-+-는 → 노는'은 어미의 초성 'ㄴ' 앞에서 어간의 종성 'ㄹ'이 탈락하는 현상이 일어난다.

▸ 242013-0111

03 윗글을 바탕으로 다음 단어들에 나타난 음운 변동을 파악한 것으로 적절한 것은?

	단어	음운 변동 유형	음운 개수의 변화
①	집일[짐닐]	교체, 축약	한 개 늘어남.
②	흙만[흥만]	탈락, 교체	변화 없음.
③	넓히다[널피다]	탈락, 축약	한 개 줄어듦.
④	뜻하다[뜨타다]	교체, 축약	한 개 줄어듦.
⑤	똑같이[똑까치]	첨가, 교체	한 개 늘어남.

▸ 242013-0112

04 ⓐ와 ⓑ에 해당하는 예로 적절하지 않은 것은?

① ⓐ: 오늘 틀린 문제를 공책에 두 번 써 와라.
ⓑ: 그는 우리나라가 낳은 천재적인 수학자이다.

② ⓐ: 이 문제를 먼저 푸는 사람이 이기는 거야.
ⓑ: 그 누구도 나서서 말하려고 하지 않았다.

③ ⓐ: 할머니께서 올해도 김치를 담가서 보내 주셨다.
ⓑ: 우리는 배가 고파서 떡볶이와 순대를 사 먹었다.

④ ⓐ: 양말에 구멍이 나 새 양말로 갈아 신었다.
ⓑ: 위험하니까 손을 놓지 말고 꼭 잡아야 해.

⑤ ⓐ: 하늘에 무리를 지어 나는 기러기 떼 모습이 장관이다.
ⓑ: 두 사람은 좀처럼 견해차를 좁히지 못하고 있다.

▸ 242013-0113

05 다음 문장에서 밑줄 친 단어의 정확한 발음을 쓰고, 어떠한 음운 변동이 일어났는지 서술하시오(음운 변동의 유형이 아닌 구체적인 음운 변동 현상을 쓸 것.).

> 관람석이 있는 건물에는 화재나 유사시에 대피할 수 있도록 밖여닫이로 문을 만들어야 한다.

(1) 정확한 발음: [ ]

(2) 일어난 음운 변동: ______________________

교과서 열기 ❷

▸ 242013-0114

01 〈보기〉는 수업 장면의 일부이다. ㉠에 들어갈 말로 적절하지 않은 것은?

> 보기
>
> **선생님:** 음운의 변동에는 어떤 음운이 다른 음운으로 바뀌는 교체, 두 음운이 합쳐져 하나가 되는 축약, 원래 있던 한 음운이 없어지는 탈락, 없던 음운이 추가되는 첨가의 유형이 있습니다. 이러한 음운의 변동은 한 단어에서 한 가지만 나타나기도 하고, 두 가지 이상이 함께 나타나기도 합니다. 다음 단어들에 나타난 음운 변동을 탐구해 볼까요?
>
> | 낚시[낙씨] | 국회[구쾨] | 들녘[들:력] |
> |---|---|---|
> | 물엿[물렫] | 묻히다[무치다] | |
>
> **학생:** (㉠)
>
> **선생님:** 네, 맞습니다.

① '낚시[낙씨]'는 탈락과 교체가 한 번씩 나타납니다.
② '국회[구쾨]'는 축약이 한 번만 나타납니다.
③ '들녘[들:력]'은 교체가 두 번 나타납니다.
④ '물엿[물렫]'은 교체가 두번, 첨가가 한 번 나타납니다.
⑤ '묻히다[무치다]'는 축약과 교체가 한 번씩 나타납니다.

▸ 242013-0115

02 밑줄 친 단어에 일어나는 음운 변동으로 적절하지 않은 것은?

① 그는 급행열차[그팽녈차]를 놓치고 말았다. – 거센소리되기, 'ㄴ' 첨가
② 그들은 하던 이야기를 일단락[일딴락] 지었다. – 된소리되기, 유음화
③ 할머니는 뒷마당에 텃밭을[턷빠틀] 일구셨다. – 음절의 끝소리 규칙, 구개음화
④ 언덕 위에서 아이가 해맑게[해말께] 웃고 있었다. – 자음군 단순화, 된소리되기
⑤ 첫사랑[천싸랑]은 언제나 가슴을 설레게 한다. – 음절의 끝소리 규칙, 된소리되기

▸ 242013-0116

03 〈보기〉의 표준 발음법을 참고할 때, 단어의 발음이 바르지 않은 것은?

> 보기
>
> **제10항** 겹받침 'ㄳ', 'ㄵ', 'ㄼ, ㄽ, ㄾ', 'ㅄ'은 어말 또는 자음 앞에서 각각 [ㄱ, ㄴ, ㄹ, ㅂ]으로 발음한다.
>
> **제11항** 겹받침 'ㄺ, ㄻ, ㄿ'은 어말 또는 자음 앞에서 각각 [ㄱ, ㅁ, ㅂ]으로 발음한다. 다만, 용언의 어간 말음 'ㄺ'은 'ㄱ' 앞에서 [ㄹ]로 발음한다.
>
> **제14항** 겹받침이 모음으로 시작된 조사나 어미, 접미사와 결합되는 경우에는, 뒤엣것만을 뒤 음절 첫소리로 옮겨 발음한다. (이 경우, 'ㅅ'은 된소리로 발음함.)

① 맑지[막찌]
② 읊고[을꼬]
③ 여덟이[여덜비]
④ 흙가루[흑까루]
⑤ 가엾다[가:엽따]

▸ 242013-0117

04 〈보기〉의 규정에서 ㉠~㉣에 해당하는 사례가 바르게 짝지어진 것은?

보기

제12항 받침 'ㅎ'의 발음은 다음과 같다.

1. 'ㅎ(ㄶ, ㅀ)' 뒤에 'ㄱ, ㄷ, ㅈ'이 결합되는 경우에는, 뒤 음절 첫소리와 합쳐서 [ㅋ, ㅌ, ㅊ]으로 발음한다. ……… ㉠

   [붙임 1] 받침 'ㄱ(ㄺ), ㄷ, ㅂ(ㄼ), ㅈ(ㄵ)'이 뒤 음절 첫소리 'ㅎ'과 결합되는 경우에도, 역시 두 음을 합쳐서 [ㅋ, ㅌ, ㅍ, ㅊ]으로 발음한다.

2. 'ㅎ(ㄶ, ㅀ)' 뒤에 'ㅅ'이 결합되는 경우에는, 'ㅅ'을 [ㅆ]으로 발음한다. ……… ㉡
3. 'ㅎ' 뒤에 'ㄴ'이 결합되는 경우에는, [ㄴ]으로 발음한다. ……… ㉢

   [붙임] 'ㄶ, ㅀ' 뒤에 'ㄴ'이 결합되는 경우에는, 'ㅎ'을 발음하지 않는다.

4. 'ㅎ(ㄶ, ㅀ)' 뒤에 모음으로 시작된 어미나 접미사가 결합되는 경우에는, 'ㅎ'을 발음하지 않는다. ……… ㉣

	㉠	㉡	㉢	㉣
①	좋고[조:코]	놓소[노쏘]	많던[만:턴]	싫어[시러]
②	법학[버팍]	좋소[조:쏘]	놓아[노아]	쌓네[싼네]
③	많다[만:타]	많소[만:쏘]	닿는[단:는]	않고[안코]
④	뚫고[뚤코]	넓혀[널펴]	많네[만:네]	닿아[다아]
⑤	닳지[달치]	싫소[실쏘]	닿는[단:는]	많아[마:나]

▸ 242013-0118

05 〈보기 1〉의 표준 발음법을 근거로 하여, 〈보기 2〉의 밑줄 친 두 단어에 나타난 음운 변동의 차이를 서술하시오.

보기 1

제18항 받침 'ㄱ(ㄲ, ㅋ, ㄳ, ㄺ), ㄷ(ㅅ, ㅆ, ㅈ, ㅊ, ㅌ, ㅎ), ㅂ(ㅍ, ㄼ, ㄿ, ㅄ)'은 'ㄴ, ㅁ' 앞에서 [ㅇ, ㄴ, ㅁ]으로 발음한다.

제19항 받침 'ㅁ, ㅇ' 뒤에 연결되는 'ㄹ'은 [ㄴ]으로 발음한다.

[붙임] 받침 'ㄱ, ㅂ' 뒤에 연결되는 'ㄹ'도 [ㄴ]으로 발음한다.

제20항 'ㄴ'은 'ㄹ'의 앞이나 뒤에서 [ㄹ]로 발음한다.

보기 2

<u>인력</u>이란 공간적으로 떨어져 있는 물체끼리 서로 끌어당기는 힘을, <u>척력</u>이란 두 물체 사이의 힘이 서로를 밀어내는 것이다.

이 문제는
어떤 단어에서 음운 변동이 일어날 때, 음운 변동의 양상이 어떠한지 파악하는 문제이다. 기본적으로 '교체, 탈락, 첨가, 축약'의 네 가지 유형이 어떻게 구별되는지에 대한 지식이 있어야 한다. 그리고 선지에 제시된 단어들의 발음 정보를 통해 음운 변동의 양상을 하나하나 파악하며 ㉠~㉤ 중 어디에 해당하는지 파악해야 한다.

▸ 242013-0119

■ 〈학습 활동〉을 수행한 결과로 적절한 것은?

학습 활동

'교체, 탈락, 첨가, 축약'과 같은 네 가지 유형의 음운 변동을 탐구해 보면, 한 단어에서 서로 다른 유형의 음운 변동이 일어나기도 하고 같은 유형의 음운 변동이 두 번 이상 일어나기도 한다.

- 한 단어에 음운 변동이 한 번 일어난 예
  예 빗[빋], 여덟[여덜], 맨입[맨닙], 축하[추카]
- 한 단어에 서로 다른 유형의 음운 변동이 일어난 예
  예 밟는[밤:는], 닭장[닥짱]
- 한 단어에 같은 유형의 음운 변동이 두 번 이상 일어난 예
  예 앞날[암날], 벚꽃[벋꼳]

이를 참고하여 ㉠~㉤에 해당하는 예를 두 개씩 생각해 보자.
㉠ '교체가 한 번, 탈락이 한 번' 일어난 것
㉡ '교체가 한 번, 첨가가 한 번' 일어난 것
㉢ '교체가 한 번, 축약이 한 번' 일어난 것
㉣ '교체가 두 번, 탈락이 한 번' 일어난 것
㉤ '교체가 두 번, 첨가가 한 번' 일어난 것

① ㉠: 재밌는[재민는], 얽매는[엉매는]
② ㉡: 불이익[불리익], 견인력[겨닌녁]
③ ㉢: 똑같이[똑까치], 파묻힌[파무친]
④ ㉣: 읊조려[읍쪼려], 겉늙어[건늘거]
⑤ ㉤: 버들잎[버들립], 덧입어[던니버]

이렇게 풀어 보자!

1 단계

〈학습 활동〉에서 설명하고 있는 내용을 각각의 경우에 해당하는 예와 함께 이해한다.

〈학습 활동〉에서는 음운 변동이 일어나는 양상을 셋으로 나누어 설명하고 있으며, 각각의 경우에 해당하는 예도 함께 제시하고 있다. 이를 바탕으로 ㉠~㉢에 각각 제시된 음운 변동의 양상이 무엇인지 확인한다.

2 단계

선지에 제시된 단어들을 살펴보고, 〈학습 활동〉의 어떤 경우에 해당하는지를 확인한다.

음운 변동과 연관된 문제를 해결하는 기본적인 열쇠는 제시된 말들을 정확히 발음하는 것이다. 이 문제의 경우 예로 제시된 단어들의 발음이 함께 제시되어 있어 정확한 발음을 파악해야 하는 부담은 없다. 각 단어들을 보며 어떤 유형의 음운 변동이 일어났는지 표시해 둔다.

3 단계

선지에 표시해 둔 음운 변동의 유형이 〈학습 활동〉에 제시된 경우의 예로 적절한지 판단한다.

'버들잎 → [버들립]'에서는 '버들'과 '잎' 사이에 'ㄴ'이 첨가되며, 첨가된 'ㄴ'이 'ㄹ'의 영향으로 'ㄹ'로 교체된다. 또한, 음절의 끝소리 규칙에 따라 'ㅍ'이 'ㅂ'으로 교체된다. 따라서 첨가가 한 번, 교체가 두 번 일어난다. '덧입어 → [던니버]'에서는 '덧'과 '입어' 사이에 'ㄴ'이 첨가된다. 또한, 음절의 끝소리 규칙에 따라 'ㅅ'이 'ㄷ'으로 교체되며, 교체된 'ㄷ'은 'ㄴ'의 영향으로 'ㄴ'으로 교체된다. 따라서 첨가가 한 번, 교체가 두 번 일어난다. 둘 다 ㉢에 해당하는 예이다.

 ⑤

오답을 확인하자!

① '재밌는 → 재믿는(음절의 끝소리 규칙, 교체) → [재민는](비음화, 교체)'에서는 교체가 두 번 일어난다. '읽매는 → 억매는(자음군 단순화, 탈락) → [엉매는](비음화, 교체)'에서는 탈락이 한 번, 교체가 한 번 일어난다.

② '불이익 → 불니익('ㄴ' 첨가, 첨가) → [불리익](유음화, 교체)'에서는 첨가가 한 번, 교체가 한 번 일어난다. '견인력 → [겨닌녁]('ㄹ'의 비음화, 교체)'에서는 교체가 한 번 일어난다.

③ '똑같이 → 똑깥이(된소리되기, 교체) → [똑까치](구개음화, 교체)'에서는 교체가 두 번 일어난다. '파묻힌 → 파무틴(거센소리되기, 축약) → [파무친](구개음화, 교체)'에서는 축약이 한 번, 교체가 한 번 일어난다.

④ '읊조려 → [읍쪼려](자음군 단순화, 탈락), (음절의 끝소리 규칙, 교체), (된소리되기, 교체)'에서는 교체가 두 번, 탈락이 한 번 일어난다. '겉늙어 → 걷늙어(음절의 끝소리 규칙, 교체) → [건늘거](비음화, 교체)'에서는 교체가 두 번 일어난다.

02 문법 요소 1

○ 다양한 분야의 글과 담화에 나타난 문법 요소의 표현 효과를 평가하고 적절한 표현을 생성할 수 있다.

필수 개념어

주체
문장 내에서 서술어의 동작을 나타내는 대상이나 서술어의 상태를 나타내는 대상. 주로 주어 자리에 나타남.

객체
문장 내에서 동사의 행위가 미치는 대상. 주로 목적어나 부사어 자리에 나타남.

1 높임 표현

- 화자가 어떤 대상에 대해 높이거나 높이지 않는 태도를 나타내는 문법 요소
- 높이는 대상이 누구인가에 따라 주체 높임 표현, 객체 높임 표현, 상대 높임 표현으로 나뉨.

(1) 주체 높임 표현

- 문장의 주어가 지시하는 대상, 즉 주체를 높이는 표현
- 선어말 어미 '-(으)시-', 주격 조사 '께서', 특수 어휘 '계시다, 잡수다, 주무시다, 드시다, 편찮다' 등을 사용함.
  예 할머니께서 오셨다. / 할머니께서 주무신다.
- 간접 높임: 높여야 할 대상의 신체 부분, 소유물, 생각 등과 관련된 말에 '-(으)시-'를 사용하여 주체를 간접적으로 높이기도 함.
  예 할머니는 여전히 눈이 좋으시다. 그분은 살림이 넉넉한 편이시다.

(2) 객체 높임 표현

- 문장의 목적어나 부사어가 지시하는 대상, 즉 객체를 높이는 표현
- 부사격 조사 '께', 특수 어휘 '드리다, 모시다, 뵈다/뵙다, 여쭈다/여쭙다' 등을 사용함.
  예 이 옷을 할머니께 드려라. 건이가 할머니를 모시고 갔다.

개념+

'계시다'와 '있으시다'
둘 다 주체 높임에 사용되지만, '계시다'는 직접 높임, '있으시다'는 간접 높임에 사용됨.
예 할머니께서 댁에 계신다.
사장님의 말씀이 있으시겠습니다(○) / 계시겠습니다(×).

'해라체'(격식체)와 '해체'(비격식체)의 구별 방법
존대의 뜻을 나타내는 보조사 '요'를 붙여 자연스러우면 '해체', 어색하면 '해라체'로 구별함.
예 여기에 있어.
→ 있어요(○) : '해체'
여기에 있다.
→ 있다요(×) : '해라체'

(3) 상대 높임 표현

- 말하는 이가 듣는 이에 대하여 높임이나 낮춤의 태도를 나타내는 표현
- 주로 종결 표현으로 실현되며, 격식체와 비격식체로 나뉨.

		평서형	의문형	명령형	청유형	감탄형
격식체	하십시오체	합니다	합니까?	하십시오	–	–
	하오체	하오	하오?	하오, 하구려	합시다	하는구려
	하게체	하네, 함세	하는가? 하나?	하게	하세	하는구먼
	해라체	한다	하느냐? 하니?	해라	하자	하는구나
비격식체	해요체	해요	해요?	해요	해요	해요
	해체	해	해?	해	해	해

2 시간 표현

(1) 시제

사건시와 발화시의 선후 관계로 연속적인 시간을 과거, 현재, 미래로 구분하여 표현하는 문법 요소

시제	특성
과거 시제	• 사건시가 발화시보다 앞서는 시제 • 선어말 어미 '-았-/-었-', '-았었-/-었었-', '-더-'를 사용함. • 관형사형 어미로는 동사의 경우 '-(으)ㄴ', '-던', 형용사나 서술격 조사의 경우 '-던'을 사용하며, 과거의 시간을 나타내는 부사어를 함께 사용하기도 함. 예 어제 공원에서 친구를 만났다. 어제 만난 친구.
현재 시제	• 사건시와 발화시가 일치하는 시제 • 동사의 경우 선어말 어미 '-는-/-ㄴ-'을 사용하고, 형용사나 서술격 조사의 경우 기본형으로 나타냄. • 관형사형 어미로는 동사의 경우 '-는', 형용사나 서술격 조사의 경우 '-(으)ㄴ'을 사용함. 예 지금 밖에는 비가 내린다. 지금 만나는 친구.
미래 시제	• 사건시가 발화시보다 나중인 시제 • 선어말 어미 '-겠-', '-(으)리-'를 사용함. • 관형사형 어미로는 '-(으)ㄹ'을 사용함. 예 잠시 후에 야구 중계가 이어지겠습니다. 내일 만날 친구.

(2) 동작상

시간의 흐름 속에서 동작이 일어나는 모습을 나타내는 시간 표현. 주로 보조 용언 구성을 통해 실현됨.

진행상	• 말하는 시점을 기준으로 동작이 계속 이어지는 것 • '-고 있다', '-어/아 가다(오다)' 등을 통해 실현됨. 예 소원이는 방에서 책을 읽고 있다. (동작 지속)
완료상	• 말하는 시점을 기준으로 동작이 이미 끝난 것 • '-아/-어 버리다', '-아/-어 있다' 등을 통해 실현됨. 예 건이가 물병의 물을 다 마셔 버렸다. (동작 완료)

※ '-고 있다'는 경우에 따라 진행상과 완료상 모두로 해석될 수도 있다.

예 준기가 모자를 쓰고 있다.

(모자를 쓰는 동작을 의미하기도 하고, 모자를 쓴 상태를 의미하기도 함.)

필수 개념어

사건시
서술 대상의 동작이나 상태가 일어나는 시점.

발화시
말하는 이가 말하는 시점.

● 발화시, ★ 사건시

서술격 조사
문장 안에서, 체언이나 체언 구실을 하는 말 또는 일부 부사나 연결 어미 뒤에 붙어 서술어 자격을 가지게 하는 격 조사. '이다'가 있으며, 모음 아래에서는 어간 '이-'가 생략되기도 함.

개념+

진행상과 완료상의 구별 방법
본용언에 해당하는 동사의 행위가 진행되고 있는 중인지(진행상), 이미 끝났는지(완료상) 판단한다.
예 지수가 의자에 앉아 있다.
→ '앉아'의 행위는 이미 끝난 상태이기 때문에 완료상임.

☑ 개념 학습 체크

1 주체를 높이기 위해서는 선어말 어미 '(　　　)'을/를 붙이거나 특수 어휘를 사용한다.
2 '드리다, 모시다, 뵈다, 여쭈다'는 (　　　)을/를 높이는 특수 어휘들이다.
3 상대 높임 표현은 주로 (　　　) 표현으로 실현되며, 격식체와 비격식체로 나뉜다.

답 1 -(으)시- 2 객체 3 종결

교과서 열기 ①

이 글은

높임 표현의 개념과 종류를 설명한 글이다. 높임 표현을 높임의 대상에 따라 주체 높임과 객체 높임, 상대 높임으로 나누어 설명하고 있다.

[01~05] 다음 글을 읽고 물음에 답하시오.

높임 표현이란 말하는 이가 어떤 대상에 대하여 높이거나 낮추는 정도를 구별하여 표현하는 방법을 말한다. 국어에서 높임 표현은 높임의 대상이 누구인가에 따라 주체 높임, 상대 높임, 객체 높임으로 나뉜다.

주체 높임은 문장의 주어가 지시하는 대상, 즉 서술의 주체를 높이는 방법이다. 주체 높임을 실현하기 위해 선어말 어미 '-(으)시-'를 사용하며, 주격 조사 '이/가' 대신에 '께서'를 쓰기도 한다. 그 밖에 '계시다, 주무시다, 잡수다' 등과 같은 특수 어휘를 사용하기도 한다. 주체 높임에는 직접 높임과 간접 높임이 있다. 직접 높임은 높임의 대상인 주체를 직접 높이는 것이고, ㉠간접 높임은 높임의 대상인 주체의 신체 일부, 소유물, 가족 등을 높임으로써 주체를 간접적으로 높이는 것이다.

객체 높임은 문장의 목적어나 부사어가 지시하는 대상, 즉 서술의 객체를 높이는 방법이다. 객체 높임은 주로 '모시다, 뵈다, 여쭈다' 등과 같은 특수 어휘를 통해 실현되며, 부사격 조사 '에게' 대신 '께'를 사용하기도 한다.

㉡상대 높임은 말하는 이가 듣는 이를 높이거나 낮추는 태도를 나타내는 방법이다. 상대 높임은 주로 종결 표현을 통해 실현되는데, 아래와 같이 크게 격식체와 비격식체로 나뉜다.

격식체	하십시오체	예 합니다, 합니까? 등
	하오체	예 하오, 하오? 등
	하게체	예 하네, 하는가? 등
	해라체	예 한다, 하냐? 등
비격식체	해요체	예 해요, 해요? 등
	해체	예 해, 해? 등

격식체는 격식을 차리는 자리나 공식적인 상황에서 주로 사용하며, 비격식체는 격식을 덜 차리는 자리나 사적인 상황에서 주로 사용한다. 그렇기 때문에 같은 대상이라도 공식적인 자리인지 사적인 자리인지에 따라 높임 표현이 달리 실현되기도 한다.

● **선어말 어미** 어말 어미 앞에 나타나는 어미. '-시-', '-옵-' 등과 같이 높임법에 관한 것과 '-았-', '-는-', '-더-', '-겠-' 등과 같이 시간 표현에 관한 것이 있음.

▸ 242013-0120

01 윗글을 이해한 내용으로 적절하지 않은 것은?

① 주체 높임이나 객체 높임을 위한 특수 어휘가 따로 존재한다.
② 주체 높임에는 조사 '께서', 객체 높임에는 조사 '께'가 사용된다.
③ 부사어나 목적어가 지시하는 대상을 높이는 것을 주체 높임이라고 한다.
④ 상대 높임은 주로 종결 표현을 통해 실현되며 격식체와 비격식체로 나뉜다.
⑤ 높임 표현은 화자가 어떤 대상을 높이거나 낮추는 정도를 구별하여 표현하는 방법을 말한다.

▸ 242013-0121

02 윗글을 바탕으로 〈보기〉를 설명한 내용으로 적절하지 않은 것은?

보기

아버지: ⓐ시현아, 할머니께 식사하시라고 말씀드려라.
시현: (할머니 방을 향해서) ⓑ할머니, 진지 드세요.
시은: ⓒ아버지, 할머니는 제가 모시고 올게요.

① ⓐ는 조사 '께'를 사용하여 객체인 '할머니'를 높이고 있다.
② ⓑ는 어미 '-어요'를 사용하여 청자인 '할머니'를 높이고 있다.
③ ⓑ는 동사 '드시다'를 사용하여 주체인 '할머니'를 높이고 있다.
④ ⓒ는 동사 '모시다'를 사용하여 청자인 '아버지'를 높이고 있다.
⑤ ⓒ는 객체 높임의 대상과 상대 높임의 대상이 다르다.

▸ 242013-0122

03 〈보기〉의 ⓐ~ⓔ 중 ㉠의 예로 적절한 것은?

보기

ⓐ지난 주말에 친구들과 함께 초등학교 때 선생님을 뵈러 갔다. ⓑ선생님께서는 같은 학교에 근무하고 계셨다. ⓒ선생님께서 우리를 무척 반갑게 맞아 주셨다. ⓓ웃는 표정은 여전히 아름다우셨다. ⓔ우리는 선생님께 정성스럽게 준비한 선물을 드렸다.

① ⓐ ② ⓑ ③ ⓒ ④ ⓓ ⑤ ⓔ

▸ 242013-0123

04 〈보기〉를 통해 ㉡을 구분하고자 할 때, ㉮~㉱에 들어갈 문장으로 적절하지 않은 것은?

보기

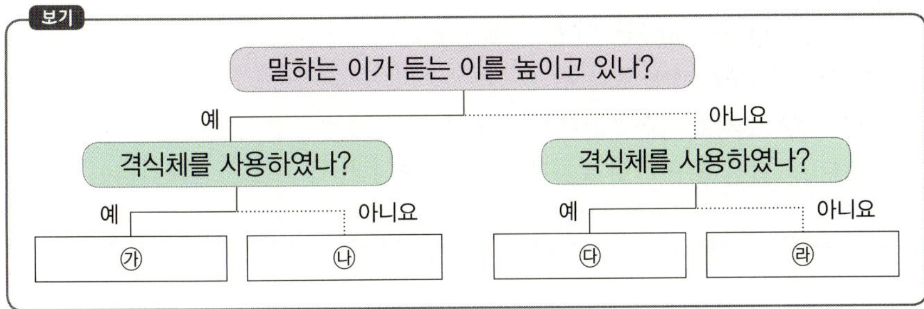

① ㉮: 건강은 건강할 때 지키는 것이 중요하오.
② ㉮: 할머니께서는 매일 아침 산책을 하십니다.
③ ㉯: 감기 기운이 있어서 늦잠을 잤어요.
④ ㉰: 주말에 볼 만한 영화 좀 소개해 줘.
⑤ ㉱: 난 좀 늦을 것 같으니까 너 먼저 먹어.

▸ 242013-0124

05 다음 문장에서 부적절한 높임 표현을 찾아 바르게 고치고, 그 이유를 서술하시오.

"손님, 주문하신 커피 두 잔 나오셨습니다."

교과서 열기 ②

[01~03] 다음 글을 읽고 물음에 답하시오.

국어의 시제는 발화시를 기준으로 사건시와의 선후 관계를 따져 과거 시제, 현재 시제, 미래 시제로 나뉜다. 발화시는 말하는 이가 말하는 시점을 뜻하고, 사건시는 동작이나 상태가 나타나는 시점을 가리킨다. ㉠발화시보다 사건시가 앞서면 '과거 시제', ㉡발화시와 사건시가 일치하면 '현재 시제', ㉢발화시보다 사건시가 나중이면 '미래 시제'라고 한다.

시제는 선어말 어미나 관형사형 어미, 시간 부사 등을 통해 실현된다. 과거 시제는 주로 선어말 어미 '-았-/-었-', '-았었-/-었었-'을 통해 실현된다. '-았었-/-었었-'은 현재와 비교하여 다르거나 단절되어 있는 과거의 사건을 나타낼 수 있다. 또 동사 어간에 붙는 관형사형 어미 '-(으)ㄴ'과 용언의 어간이나 서술격 조사에 붙는 '-던'을 통해 실현된다. 현재 시제는 동사에서는 선어말 어미 '-ㄴ-/-는-' 및 관형사형 어미 '-는'을 통해서 실현되고, 형용사나 서술격 조사에서는 관형사형 어미 '-(으)ㄴ'을 통해 실현되거나 선어말 어미 없이 기본형을 사용하여 현재의 의미를 나타낸다. 미래 시제는 선어말 어미 '-겠-'을 통해 실현되는 것이 일반적이나 '-(으)ㄹ 것이'를 통해서도 실현된다. 이러한 방법 외에도 '어제, 지금, 내일' 등과 같은 부사어를 사용하여 시제를 드러내기도 한다.

그런데 시간을 표현하는 데 사용되는 문법 요소가 언제나 특정한 시제를 나타내는 것은 아니다. 예를 들어 선어말 어미 '-았-/-었-'은 주로 과거 시제를 나타내는 데 사용되지만 ⓐ미래를 나타내는 경우에 쓰이기도 하고, 선어말 어미 '-겠-'은 주로 미래 시제를 표현하는 데 사용되지만 ⓑ추측을 나타내는 경우에 쓰이기도 한다.

이 글은
시제의 개념을 설명하고, 이를 발화시와 사건시를 기준으로 하여 과거 시제, 현재 시제, 미래 시제로 나누어 설명한 글이다. 각각의 시제가 실현되는 방식을 설명한 후, 시간을 표현하는 데 사용되는 문법 요소가 꼭 어느 특정 시제만을 나타내는 것은 아니라는 설명을 덧붙이고 있다.

• **관형사형 어미** 문장에서 용언의 어간에 붙어 관형사와 같은 기능을 수행하게 하는 어미. '-(으)ㄴ', '-는', '-던', '-(으)ㄹ' 등이 있음.

▸ 242013-0125

01 밑줄 친 표현이 ㉠~㉢의 예로 적절하지 않은 것은?

① ㉠: 어제는 하루 종일 비가 내렸어.
② ㉠: 비 온 뒤라 하늘이 무척 파랗다.
③ ㉡: 지수는 매운 것도 참 잘 먹는군.
④ ㉡: 진호의 기분이 무척 좋아 보인다.
⑤ ㉢: 잠시 후 부산행 열차가 도착하겠습니다.

▸ 242013-0126

02 윗글을 참고할 때 ⓐ, ⓑ에 해당하는 예끼리 묶인 것으로 적절한 것은?

① ⓐ: 쌀을 준비하지 못했으니 이제 밥은 다 먹었다.
ⓑ: 지금쯤 서울에도 눈이 내리고 있겠지?

② ⓐ: 막차를 놓쳐 버렸으니 나는 집에 다 갔다.
ⓑ: 잠시 후에 후반전이 이어지겠습니다.

③ ⓐ: 누나가 생일 선물로 운동화를 사 주었다.
ⓑ: 지금 출발하면 약속 시간에 맞춰 도착하겠군.

④ ⓐ: 동생은 어제 하루 종일 텔레비전만 보았다.
ⓑ: 그렇게 쉬운 문제는 유치원생도 다 풀겠다.

⑤ ⓐ: 공부를 아직 반밖에 못해서 오늘 잠은 다 잤다.
ⓑ: 이번 시험에서는 꼭 목표로 한 성적을 받겠다.

▸ 242013-0127

03 윗글을 참고하여 〈보기〉를 탐구한 내용으로 적절하지 않은 것은?

보기

ㄱ. 너에게 필요한 것은 자신감이다.
ㄴ. 저기에 가는 사람이 누구인지 아니?
ㄷ. 나와 사이가 좋았던 친구가 전학을 갔다.
ㄹ. 지금 밖에는 바람이 세차게 분다.
ㅁ. 이번 여름 방학에는 한라산에 갈 것이다.

① ㄱ을 보니, 서술격 조사인 '이다'의 기본형으로 현재를 나타내고 있군.
② ㄴ을 보니, 관형사형 어미인 '-ㄴ'을 사용하여 현재를 나타내고 있군.
③ ㄷ을 보니, 선어말 어미인 '-았-'과 관형사형 어미인 '-던'을 사용하여 과거의 어떤 상태를 나타내고 있군.
④ ㄹ을 보니, 시간 부사어인 '지금'과 선어말 어미인 '-ㄴ-'을 사용하여 현재를 나타내고 있군.
⑤ ㅁ을 보니, 관형사형 어미인 '-ㄹ'과 의존 명사인 '것'을 결합하여 미래를 나타내고 있군.

▸ 242013-0128

04 〈보기〉의 ㉠에 해당하는 예문으로 적절한 것은?

보기

시간의 흐름 속에서 동작이 일어나는 모습을 나타내는 시간 표현을 동작상이라고 하며, 동작상은 주로 보조 용언 구성을 통해 실현된다. 동작상은 발화시를 기준으로 동작이 진행되고 있음을 나타내는 진행상과 동작이 이미 완료되었거나 완료된 결과 상태가 지속됨을 나타내는 ㉠완료상이 있다.

① 주방장이 가마솥에 물을 붓고 있다.
② 교문 옆에 목련꽃이 활짝 피어 있다.
③ 친구는 도착한 지 두 시간 만에 떠났다.
④ 눈이 많이 내려서 차들이 천천히 가고 있다.
⑤ 승미는 선생님께서 내주신 문제를 풀고 있다.

▸ 242013-0129

05 다음을 참고하여 '-았/었-'과 '-았었/었었-'의 의미 차이를 서술하시오.

• 동생은 자기 전에 꼭 만화책을 (보았다 / 보았었다).
• 작년에는 벚꽃이 활짝 (피었다 / 피었었다).

수능 맛보기

이 문제는

우리말의 높임 표현 중 주체 높임과 객체 높임을 구분할 수 있는지와 함께 중학교 때 배운 문장의 짜임을 파악할 수 있는지를 묻는 문제이다.

▸ 242013-0130

■ 〈학습 활동〉의 ㉠에 들어갈 예로 적절한 것은?

학습 활동

높임 표현이 홑문장에서 실현될 수도 있지만, 겹문장의 안긴문장 속에서도 실현될 수 있다. 다음 조건에 해당하는 예문을 만들어 보자.

조건	예문
안긴문장에서의 주체 높임의 대상이 안은문장에서 주어로 실현된 겹문장	공원에서 산책하시던 할아버지께서 활짝 웃으셨다.
안긴문장에서의 객체 높임의 대상이 안은문장에서 목적어로 실현된 겹문장	㉠
⋮	⋮

① 편찮으시던 어르신께서는 좀 건강해지셨나요?
② 오빠는 고향에 계신 부모님을 집으로 모시고 갔다.
③ 나는 할아버지께서 선물을 주신 날짜를 아직도 기억해.
④ 누나는 다음 주에 인사를 드릴 할머니께 편지를 썼어요.
⑤ 형은 동생이 찾아뵈려던 선생님을 학교에서 만났습니다

이렇게 풀어 보자!

1 단계

〈학습 활동〉의 내용을 읽으며, 필요한 배경지식을 떠올려 본다.

이 문제는 단순히 높임 표현뿐만 아니라 문장의 짜임과 관련된 배경지식도 요구하고 있다. 따라서 문제 풀이에 필요한 배경지식이 무엇인지 떠올려 볼 필요가 있다.

2 단계

'조건'과 '예문'을 통해 〈학습 활동〉에서 수행하는 활동을 이해한다.

㉠의 위에 제시된 '조건'과 '예문'을 통해 〈학습 활동〉에서 의도하고 있는 것이 무엇인지 확인한다. '예문'에서 안긴문장을 찾고 높임의 대상이 누구인지 찾아본다. 그리고 그 대상이 안은문장에서 어떤 문장 성분으로 실현되었는지 확인한다.

3 단계

선지에서 ㉠의 예문으로 적합한 것을 찾는다.

⑤의 안긴문장(관형사절) '동생이 찾아뵈려던'에서 '찾아뵈다'는 객체를 높이기 위한 특수 어휘이다. 즉 이 안긴문장에는 객체 높임의 대상인 '선생님'이 생략되어 있다. 이 대상은 안은문장의 목적어 '선생님을'로 실현되었다.

답 ⑤

오답을 확인하자!

① 안긴문장인 '편찮으시던'에는 주체 높임의 대상인 '어르신'이 생략되어 있다. 이 대상은 안은문장의 주어로 실현되었다.
② 안긴문장인 '고향에 계신'에는 주체 높임의 대상인 '부모님'이 생략되어 있다. 이 대상은 안은문장의 목적어로 실현되었다.
③ 안긴문장인 '할아버지께서 선물을 주신'에서 '할아버지'는 주체 높임의 대상이다. 이 대상은 안은문장의 관형어에 포함되었다.
④ 안긴문장인 '다음 주에 인사를 드릴'에는 객체 높임의 대상인 '할머니'가 생략되어 있다. 이 대상은 안은문장의 부사어로 실현되었다.

03 문법 요소 2 / 어휘의 표현 효과

○ 다양한 분야의 글과 담화에 나타난 문법 요소 및 어휘의 표현 효과를 평가하고 적절한 표현을 생성할 수 있다.

필수 개념어

접미사
파생어를 만드는 접사로, 어근이나 단어의 뒤에 붙어 새로운 단어가 되게 하는 말.

인용
남의 말이나 글을 자신의 말이나 글 속에 끌어 씀.

1 피동 표현

• 주어가 다른 주체에 의해 어떤 동작을 당하는 것을 나타내는 문법 요소 ↔ 능동 표현

능동 표현	• 주어가 스스로 어떤 동작을 행하는 것을 나타내는 표현 예 어머니가 아기를 업었다.
피동 표현	• 주어가 다른 주체에 의해서 어떤 동작을 당하는 것을 나타내는 표현 • 단형 피동(파생적 피동) 용언의 어간 + 피동 접미사 '–이–, –히–, –리–, –기–' 예 아기가 어머니에게 업혔다. 명사 + 접미사 '–되다, –받다, –당하다' 예 당시에는 석기가 널리 사용되었다. • 장형 피동(통사적 피동): 용언의 어간 + '–어지다' 예 순식간에 지도가 그려졌다.

• 피동 접미사와 '–어지다'를 겹쳐 쓰면 '이중 피동'이 되는데, 이는 규범적으로 적절하지 않은 표현이므로 사용하지 않도록 해야 한다.

예 그 사건은 우리 기억 속에서 잊혀져(X) 갔다.
잊– + –히– (피동 접미사) + –어지– + –어

2 인용 표현

남의 말이나 글을 직접 또는 간접으로 끌어와서 쓰는 문법 요소

직접 인용	• 남의 말이나 글을 그대로 따오는 것 • 인용된 말이나 글을 큰따옴표로 묶고, 그 뒤에 조사 '라고'를 붙임. 예 그는 나에게 "어떤 노래를 좋아해?"라고 물었다.
간접 인용	• 남의 말이나 글을 현재 필자나 화자의 관점에서 풀어쓰거나 말하는 것 • 인용된 말이나 글 뒤에 조사 '고'를 붙임. 예 그는 나에게 어떤 노래를 좋아하냐고 물었다.

• 자신의 말이나 글에 전문적인 지식이나 권위 있는 견해를 인용하면 사실성이나 객관성을 높일 수 있다.
• 직접 인용을 간접 인용으로, 간접 인용을 직접 인용으로 바꿀 때는, 주체를 고려하여 대명사, 시간 표현, 높임 표현 등을 적절히 바꿔 줘야 한다.

예 아들이 어제 저에게 "내일 사무실에 계십시오."라고 말했습니다. (직접 인용)
⇒ 아들이 어제 저에게 오늘 사무실에 있으라고 말했습니다. (간접 인용)

3 어휘의 표현 효과

(1) 고유어, 한자어, 외래어

고유어	• 우리말에 본디부터 있던 말이나 그것에 기초하여 새로 만들어진 어휘 • 감각적·정서적 표현을 다양하게 할 수 있음. 예 빨갛다, 붉다, 발그레하다, 벌겋다, 시뻘겋다 등
한자어	• 한자에 기초하여 만들어진 어휘 • 우리말에서 가장 많은 비중을 차지하며, 주로 추상어, 개념어로 쓰임. • 구체적이고 세분화된 의미로 고유어를 보완함. 예 길이 없다. - 도로(道路), 통로(通路), 방법(方法), 과정(過程) 등
외래어	• 외국에서 들어온 말로 국어에서 널리 쓰이는 어휘 • 고유어로 대체하기 어려우며, 우리말 어휘를 보완해 줌. 예 컴퓨터, 텔레비전, 샌드위치, 커피 등

• 의미가 유사한 단어라도 어종에 따라 표현 효과가 달라질 수 있으며, 같은 어종에 속하더라도 단어에 따라 효과가 달라질 수 있다.

예 '감사(感謝)하다'는 '고맙다'와 뜻에 별 차이가 없음에도 해체와 해라체에서 거의 사용하지 않음.
'방법(方法)'은 중립적인 느낌을 주지만, '수법(手法)'은 부정적인 느낌을 줌.

(2) 기초 어휘, 사고 도구어, 전문어

기초 어휘	• 아이들이 말을 배울 때 일상생활에서 자연스럽게 배우는 어휘 • 일상생활에서 기본적인 의사소통의 바탕이 됨. 예 집, 날씨, 가다, 배고프다, 아름답다 등
사고 도구어	• 여러 학문 분야에 두루 나타나면서 사고 및 논리 전개 과정을 담당하는 어휘 • 생각의 흐름, 사고 및 논리 전개 과정을 드러냄. 예 개념, 이론, 증거, 분류하다, 구별하다 등
전문어	• 특정한 전문 분야에서 주로 사용하는 어휘 • 같은 분야 종사자들의 효율적인 의사소통에 도움이 됨. 예 의학 관련 전문어: 이상지질혈증, 흡인성 폐렴, 자가 면역 반응 등

• 한 문장 안에 기초 어휘, 사고 도구어, 전문어가 모두 쓰이기도 한다.

예 이는 형태소의 결합으로 쉽게 완성된다.
– '이는'과 '쉽게'는 기초 어휘, '형태소'는 전문어, '결합'과 '완성되다'는 사고 도구어에 해당한다.

필수 개념어

어종
말의 기원을 근거로 하여 어휘를 분류한 것으로, 현대 국어의 어휘는 어종을 고유어, 한자어, 외래어로 분류함.

☑ 개념 학습 체크

1 주어가 제힘으로 어떤 동작을 하는 것을 능동, 주어가 다른 주체에 의해 어떤 동작을 당하는 것을 (　　　)(이)라고 한다.
2 인용 표현에서 직접 인용인 경우 조사 '(　　　)'을/를 사용하고, 간접 인용인 경우 조사 '(　　　)'을/를 사용한다.
3 (　　　　)은/는 특정한 전문 분야에서 주로 사용하는 어휘를 뜻한다.

답 1 피동 2 라고, 고 3 전문어

교과서 열기 ❶

[01~05] 다음 글을 읽고 물음에 답하시오.

이 글은
피동 표현의 개념과 실현되는 방식, 피동 표현의 효과, 이중 피동 표현의 문제점에 대하여 설명한 글이다.

피동 표현은 주어가 다른 주체에 의해 동작이나 행위를 당하는 것을 표현하는 것이다. 이와 반대로 주어가 동작이나 행위를 제힘으로 함을 표현하는 것은 능동 표현이라고 한다. 그런데 능동 표현을 피동 표현으로 바꾸거나 피동 표현을 능동 표현으로 바꾸면 문장 성분에 변화가 일어난다.

피동 표현에는 능동사에 피동 접미사 '-이-', '-히-', '-리-', '-기-'가 붙는 파생적 피동과 동사의 어간에 '-어/아지다' 등이 붙는 통사적 피동이 있다. 그리고 일부 명사 뒤에 '-되다', '-받다', '-당하다'가 결합하여 실현되기도 한다. 피동 표현을 사용하면 동작이나 행위를 당하는 대상이 주어로 나타나므로 동작이나 행위를 당한 대상이 강조되는 효과가 있다. 피동 표현은 이처럼 행위의 주체보다 대상을 부각하고 싶을 때뿐만 아니라 행위의 주체를 분명하게 밝히지 않고자 할 때, 행위의 주체가 중요하지 않거나 누구나 아는 사람이어서 말할 필요가 없을 때 사용할 수 있다.

그런데 간혹 피동 표현을 만드는 요소를 중복으로 결합하여 ㉠이중 피동 표현을 사용하는 일이 발생한다. 이러한 경우 규범적으로 적절하지 않은 표현이 되어 화자의 의도를 효과적으로 드러내기 어렵고 상대방과의 원활한 의사소통을 방해할 수 있다. 그러므로 피동 표현의 쓰임새를 정확하게 이해하여 피동 표현을 사용하는 일은 중요하다.

▸ 242013-0131

01 윗글을 참고할 때, 피동 표현이 쓰이지 않은 것은?

① 학교는 주차장의 규모를 늘렸다.
② 그의 의견은 번번이 무시당했다.
③ 그녀는 모든 사람에게 사랑받는다.
④ 그는 상대편 선수에게 정강이를 차였다.
⑤ 운동장에 넘어지는 바람에 체육복이 찢어졌다.

▸ 242013-0132

02 윗글을 바탕으로 〈보기〉의 ⓐ, ⓑ를 설명한 것으로 적절하지 않은 것은?

> **보기**
> ⓐ 형이 동생에게서 장난감을 빼앗았다. (능동문)
> ⓑ 동생이 형에게 장난감을 빼앗겼다. (피동문)

① ⓐ의 주어가 ⓑ에서 부사어로 바뀐다.
② ⓐ의 부사어가 ⓑ에서 주어로 바뀐다.
③ ⓑ에서는 ⓐ와 달리 '동생'이 강조되는 효과가 있다.
④ ⓑ에서는 ⓐ의 서술어 어간에 피동 접미사가 결합된 서술어가 쓰인다.
⑤ ⓑ의 서술어는 ⓐ의 서술어에 비해 필수적으로 요구하는 문장 성분이 더 많다.

▸ 242013-0133

03 밑줄 친 말 중 ㉠의 예로 적절하지 않은 것은?

① 쌍무지개가 많은 사람들에 의해 목격되어졌다.
② 빈 의자 위에 가방만 덩그러니 놓여져 있었다.
③ 경찰의 수사로 사건의 전모가 낱낱이 밝혀졌다.
④ 새로운 사장이 취임한 후 회사의 모든 것이 바뀌어졌다.
⑤ 사람들이 점차 잊혀질 권리에 대한 관심을 갖기 시작했다.

▸ 242013-0134

04 〈보기〉의 능동문 ㉮~㉰를 탐구 과정에 따라 분류하고자 한다. A~C에 해당하는 사례를 바르게 짝지은 것은?

보기

[능동문]
㉮ 준호는 선생님께 칭찬을 들었다.
㉯ 이 영화는 이순신의 일대기를 그렸다.
㉰ 그는 건물 사이로 파란 하늘을 보았다.

[탐구 과정]

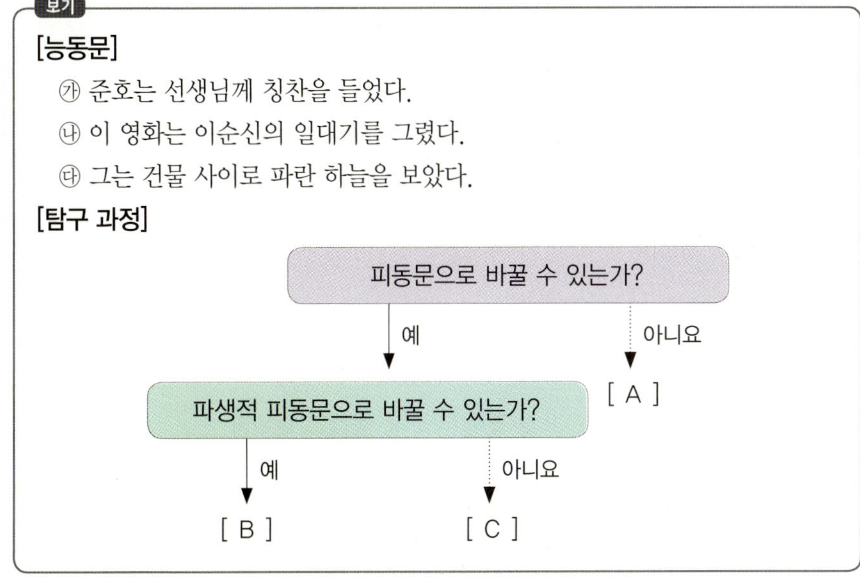

	A	B	C
①	㉮	㉯	㉰
②	㉮	㉰	㉯
③	㉯	㉮	㉰
④	㉯	㉰	㉮
⑤	㉰	㉮	㉯

▸ 242013-0135

05 윗글을 참고할 때, 〈보기〉와 같이 기사의 표제에 피동 표현을 사용한 의도는 무엇인지 서술하시오.

보기

• 케이팝(K-pop) 성공으로 **주목받는** 한국 인재 양성 과정…세계가 배운다
• ○○동 일대 800세대 전기 **끊겨**…피해 복구 시급
• 디지털 환경 속 폭력물에 **노출된** 청소년들…대처 방법은?

교과서 열기 ❷

이 글은
인용 표현의 개념을 설명하고 직접 인용과 간접 인용의 차이, 인용 표현의 사용 효과를 설명한 글이다.

[01~03] 다음 글을 읽고 물음에 답하시오.

인용 표현은 다른 사람의 말이나 글을 자신의 말이나 글 속에 끌어와 표현하는 문법 요소를 말한다. 다른 사람의 말이나 글을 원래의 내용과 형식 그대로 옮겨 표현하는 것을 '직접 인용', 원래의 내용을 전달하되 말하는 사람의 관점에서 표현하는 것을 '간접 인용'이라 한다.

(ㄱ) 뉴턴은 "오늘 할 수 있는 일에 전력을 다하라."라고 말했다. … 직접 인용
(ㄴ) 뉴턴은 오늘 할 수 있는 일에 전력을 다하라고 말했다. … 간접 인용

직접 인용은 (ㄱ)과 같이 큰따옴표와 종결 표현에 따른 문장 부호를 사용하고, 조사 '라고'를 붙여 표현한다. 간접 인용은 (ㄴ)과 같이 문장 부호를 사용하지 않고, 인용된 문장의 종결 어미에 조사 '고'를 붙여 표현한다. 이외에도 간접 인용문은 화자의 관점에서 표현하기 때문에 직접 인용문과 비교할 때 인칭, 지시 표현, 높임 표현, 시간 표현, 종결 표현 등에서 변화가 나타나기도 한다.

말이나 글에서 전문가의 견해나 글을 인용하면 내용의 권위와 객관성을 높일 수 있다. 또 신문 기사나 보도에 인용 표현이 자주 사용되는데, 이는 사실성과 현장성을 높이기 위해서라고 볼 수 있다.

▸ 242013-0136

01 윗글을 이해한 내용으로 적절하지 않은 것은?

① 직접 인용은 큰따옴표와 조사 '라고'를 통해 실현된다.
② 직접 인용은 다른 사람의 발화를 원래 그대로 옮기는 것을 말한다.
③ 다른 사람의 말을 말하는 사람의 관점에서 표현한 것은 간접 인용에 해당한다.
④ 직접 인용은 간접 인용과 달리 내용의 권위와 객관성을 높여 주는 효과가 있다.
⑤ 직접 인용을 간접 인용으로 바꿀 때에는 인용절 속의 다양한 표현들을 적절하게 바꾸어야 한다.

▸ 242013-0137

02 윗글을 바탕으로 〈보기〉를 설명한 것으로 적절하지 않은 것은?

보기
ⓐ 제자가 나에게 "댁에 계시면 제가 뵈러 갈게요."라고 했다.
→ ⓑ 제자가 나에게 집에 있으면 자기가 보러 오겠다고 했다.

① ⓐ에서 인용절에 쓰인 큰따옴표가 ⓑ에서는 쓰이지 않았다.
② ⓐ에서 인용절 뒤에 쓰인 조사 '라고'가 ⓑ에서 '고'로 바뀌었다.
③ ⓐ의 인용절에 쓰인 1인칭 '제'가 ⓑ에서 3인칭 '자기'로 바뀌었다.
④ ⓐ의 인용절에서 실현된 주체 높임이 ⓑ에서 객체 높임으로 바뀌었다.
⑤ ⓐ의 인용절에 쓰인 존칭 어휘인 '댁'이 ⓑ에서는 평칭 어휘인 '집'으로 바뀌었다.

▸ 242013-0138

03 〈보기〉의 문장을 간접 인용문으로 바꾸어 쓰시오.

보기

어제 그는 "내일 내가 너에게 책을 갖다 줄게."라고 말했다.

▸ 242013-0139

04 〈보기〉의 ㉠과 ㉡에 들어갈 말이 모두 적절하게 짝지어진 것은?

보기

학생 1: 이번 학교 신문에서 어떤 내용을 다룰지 생각해 봤어?

학생 2: 얼마 전 뉴스에서 봤는데, 프랑스가 과거 자국의 식민지였던 서아프리카 베냉에서 가져갔던 주요 문화유산을 돌려주기로 했대. 이걸 다루면서 해외로 빠져나간 우리 문화유산 이야기를 다루었으면 해.

학생 1: 괜찮네. 기사에 쓸 때는 단순히 '가져가다'라는 말 대신 식민지 상황에서 힘으로 빼앗아 갔다는 의미가 담기도록 (㉠)를 쓰고, '돌려주다'라는 말 대신 차지했던 것을 도로 주는 의미가 담기도록 (㉡)를 쓰면 의미를 더 구체적이고 정확하게 전달할 수 있을 것 같아.

	㉠	㉡		㉠	㉡
①	훔치다	되돌리다	②	탈취하다	갚다
③	강탈하다	환수하다	④	박탈하다	수거하다
⑤	약탈하다	반환하다			

▸ 242013-0140

05 〈보기〉는 어떤 글에서 사고 도구어를 추출한 것이다. 이를 통해 알 수 있는 사고 도구어의 특징으로 적절하지 <u>않은</u> 것은?

보기

한계 효용 체감의 법칙이란 일정한 기간 동안 소비되는 재화의 수량이 증가할수록 재화의 추가분에서 얻는 한계 효용은 점점 감소하는 현상을 지칭한다.

↓

사고 도구어	법칙, 일정한, 소비되다, 수량, 증가하다, 추가분, 감소하다, 현상, 지칭하다

① 대부분 한자어이다.
② 사고 및 논리 전개 과정을 담당한다.
③ 특정 분야에서 주로 사용되어 폐쇄성이 강하다.
④ 글을 읽고 이해하는 능력과 밀접한 관련이 있다.
⑤ 일상적 대화보다는 학문적 대화나 글에서 자주 사용된다.

폐쇄성 태도나 생각 따위가 꼭 닫히거나 막히어서 외부와 통하지 않는 성질.

2023학년도 6월 모의평가 언어와 매체 39번

▸ 242013-0141

이 문제는
피동문을 만드는 다양한 방법을 구체적 사례에 적용할 수 있는지를 묻는 문제이다.

■ 〈보기〉의 ㉠~㉤에 해당하는 예로 적절한 것은?

보기

피동문은 대응하는 능동문과 일정한 문법적 관련을 맺는다. 그중 피동문의 서술어는 능동문의 서술어에 피동의 문법 요소를 결부하여 만드는데, 국어에서는 ㉠동사 어근에 피동 접사 '-이-', '-히-', '-리-', '-기-'를 결합하는 방법(접-/접히-), ㉡접사 '-하-'를 접사 '-받-', '-되-', '-당하-' 등으로 교체하는 방법(사랑하-/사랑받-), ㉢동사 어간에 '-아지-/-어지-'를 결합하는 방법(주-/주어지-) 등이 쓰인다. 단, '날씨가 풀리다'에서처럼 ㉣자연적으로 발생하는 사태를 표현할 때에는 피동문에 대응하는 능동문을 상정하기 어려운 경우가 있다.

한편 '없어지다'나 '거긴 잘 가지지 않는다.'처럼 ㉤'-아지-/-어지-'는 형용사나 자동사에 변화의 의미를 더하는 데 쓰이기도 하는데 이런 용법일 때는 피동문을 이루지 않는다.

① ㉠: 아버지가 아이에게 두터운 점퍼를 입혔다.
② ㉡: 내 몫의 일거리는 형에게 건네받았다.
③ ㉢: 언론에 의해 사건의 전모가 자세히 밝혀졌다.
④ ㉣: 그 사람은 많은 사람들에게 존경받는다.
⑤ ㉤: 모두가 바라던 소원이 드디어 이루어졌다.

이렇게 풀어 보자!

1 단계

〈보기〉를 읽고 피동문을 만드는 다양한 방법을 확인한다.

〈보기〉에서는 피동문의 서술어가 어떻게 만들어지는지에 대하여 설명하고 있다. 〈보기〉의 내용을 꼼꼼하게 읽어 보며 내용을 이해한다.

2 단계

㉠~㉤의 조건을 확인한다.

㉠~㉤의 방법이 각각 어떻게 다른지 조건을 확인한다. 일부는 괄호 안에 예를 제시해 주었는데, 괄호 안의 예를 참고하면 해당 방법을 더 잘 이해할 수 있으니 그냥 지나치지 않도록 한다.

3 단계

선지에 제시된 예들이 각각 적절하게 연결되었는지 확인한다.

③에서 '밝혀졌다'는 '드러나지 않거나 알려지지 않은 사실, 내용, 생각 따위를 드러내 알리다.'의 뜻을 지니는 동사 '밝히다'에 '-어지-'가 결합한 경우이기 때문에 ㉢에 해당하는 예이다.

 ③

오답을 확인하자!

① '입히다'는 동사 '입다'에 '-히-'가 결합한 형태이지만, 이때의 '-히-'는 피동 접사가 아니라 사동 접사이다. '사동'은 주체가 제3의 대상에게 동작이나 행동을 하게 하는 동사의 성질을 말한다. 따라서 ㉠~㉤ 어디에도 해당하지 않는다.

② '건네받다'의 '받다'는 '다른 사람이 주거나 보내오는 물건 따위를 가지다.'의 뜻을 지니는 동사이다. 따라서 '받-'은 접사가 아니라 어근이기 때문에 ㉡에 해당하지 않는다.

④ 이 문장은 자연적으로 발생하는 사태를 표현하는 경우가 아닐 뿐더러 '많은 사람들이 그 사람을 존경한다.'처럼 피동문에 대응하는 능동문을 상정할 수 있다. '존경받다'는 ㉡에 해당하는 예이다.

⑤ '이루다'는 목적어를 필요로 하는 타동사이다. '이루어지다'는 동사에 '-어지-'가 결합한 경우이기 때문에 ㉢에 해당하는 예이다.

04 한글 맞춤법

○ 한글 맞춤법의 원리를 적용하여 국어 생활을 성찰하고 문제를 해결할 수 있다.

필수 개념어

자모
한 개의 음절을 자음과 모음으로 갈라서 적을 수 있는 낱낱의 글자.

원형
본디의 꼴. 기본형.

- 우리말을 한글로 적을 때에 지켜야 할 약속을 정해 놓은 규범
- 총칙, 자모, 소리에 관한 것, 형태에 관한 것, 띄어쓰기, 그 밖의 것으로 구성, 부록으로 문장 부호에 대한 내용이 포함됨.

1 한글 맞춤법의 기본 원리

한글 맞춤법은 ①표준어를 ②소리대로 적되, ③어법에 맞도록 함을 ④원칙으로 한다. (총칙 제1항)

① 표준어를	표준어를 대상으로 한 규정이기 때문에 방언의 표기에 대한 내용은 없음.
② 소리대로 적되	소리 나는 그대로 적음. 예 소리[소리], 하늘[하늘], 설거지[설거지]
③ 어법에 맞도록 함을	뜻을 파악하기 쉽도록 각 형태소의 원형을 밝혀 적음. 예 얼음[어름], 꽃이[꼬치], 날아가다[나라가다]
④ 원칙으로 한다	예외가 있을 수 있음을 밝힘. 예 '죽음(죽- + -음)'은 형태소의 원형을 밝혀 적지만, '주검(죽- + -엄)'은 소리대로 적음.

문장의 각 단어는 띄어 씀을 원칙으로 한다. (총칙 제2항)

➡ 단어는 뜻을 가지고 있으면서 홀로 쓰일 수 있는 최소 단위이므로 이를 단위로 해서 띄어 쓰면 문장의 의미를 쉽게 파악할 수 있음. 단, 조사는 형식 형태소이므로 앞에 오는 체언 뒤에 붙여 씀.

2 한글 맞춤법의 주요 내용

(1) 소리에 관한 것

① 된소리

제5항 한 단어 안에서 뚜렷한 까닭 없이 나는 된소리는 다음 음절의 첫소리를 된소리로 적는다.

1. 두 모음 사이에서 나는 된소리 예 오빠, 어깨, 해쓱하다
2. 'ㄴ, ㄹ, ㅁ, ㅇ' 받침 뒤에서 나는 된소리 예 듬뿍, 훨씬, 엉뚱하다

다만, 'ㄱ, ㅂ' 받침 뒤에서 나는 된소리는, 같은 음절이나 비슷한 음절이 겹쳐 나는 경우가 아니면 된소리로 적지 아니한다. 예 깍두기, 싹둑, 법석

② 두음 법칙

제11항 [붙임 1] 단어의 첫머리 이외의 경우에는 본음대로 적는다. 예 양심 – 선량 / 유행 – 상류
다만, 모음이나 'ㄴ' 받침 뒤에 이어지는 '렬, 률'은 '열, 율'로 적는다.
예 나열, 분열 – 정렬 / 규율, 선율 – 법률

개념+

한글 맞춤법의 원리

표음주의
소리 나는 대로 표기함.
예 사라지다, 드러나다

표의주의
어법에 맞도록 함.
예 일찍이, 살아가다

(2) 형태에 관한 것

① 어간과 어미

제15항 용언의 어간과 어미는 구별하여 적는다. 예 먹다, 먹고, 먹어, 먹으니

[붙임 1] 두 개의 용언이 어울려 한 개의 용언이 될 적에, 앞말의 본뜻이 유지되고 있는 것은 그 원형을 밝히어 적고, 그 본뜻에서 멀어진 것은 밝히어 적지 아니한다.

(1) 앞말의 본뜻이 유지되고 있는 것 예 넘어지다, 늘어나다, 돌아가다

(2) 본뜻에서 멀어진 것 예 드러나다, 사라지다, 쓰러지다

② 접미사가 붙어서 된 말

제19항 어간에 '-이'나 '-음/-ㅁ'이 붙어서 명사로 된 것과 '-이'나 '-히'가 붙어서 부사로 된 것은 그 어간의 원형을 밝히어 적는다. 예 다듬이, 얼음, 앎, 실없이, 익히

다만, 어간에 '-이'나 '-음'이 붙어서 명사로 바뀐 것이라도 그 어간의 뜻과 멀어진 것은 원형을 밝히어 적지 아니한다. 예 목거리(목병), 거름(비료), 노름(도박)

③ 합성어 및 접두사가 붙은 말

제30항 사이시옷은 다음과 같은 경우에 받치어 적는다.

1. 순우리말로 된 합성어로서 앞말이 모음으로 끝난 경우 예 나룻배, 잇몸, 뒷일
2. 순우리말과 한자어로 된 합성어로서 앞말이 모음으로 끝난 경우 예 텃세, 훗날, 예삿일
3. 두 음절로 된 다음 한자어 예 곳간, 찻간, 툇간, 셋방, 횟수, 숫자

(3) 띄어쓰기

① 의존 명사, 단위를 나타내는 명사 및 열거하는 말 등

제42항 의존 명사는 띄어 쓴다. 예 나도 할 수 있다.

제43항 단위를 나타내는 명사는 띄어 쓴다. 예 차 한 대

다만, 순서를 나타내는 경우나 숫자와 어울리어 쓰이는 경우에는 붙여 쓸 수 있다.

예 두시 삼십분 오초, 16동 502호

제44항 수를 적을 적에는 '만(萬)' 단위로 띄어 쓴다. 예 십이억 삼천오십육만 칠천구십팔

② 보조 용언

제47항 보조 용언은 띄어 씀을 원칙으로 하되, 경우에 따라 붙여 씀도 허용한다.

예 불이 꺼져 간다. / 불이 꺼져간다.

다만, 앞말에 조사가 붙거나 앞말이 합성 동사인 경우, 그리고 중간에 조사가 들어갈 적에는 그 뒤에 오는 보조 용언은 띄어 쓴다. 예 강물에 떠내려가 버렸다. 그가 올 듯도 하다.

개념+

어말 어미의 종류

종결 어미
한 문장을 종결되게 하는 어말 어미. '-다', '-구나', '-ㅂ니까' 등이 있음.

연결 어미
어간에 붙어 두 절 사이를 연결하는 구실을 하는 어미. '-고', '-(으)며', '-(으)니', '-지' 등이 있음.

전성 어미
용언의 어간에 붙어 다른 품사의 기능을 수행하게 하는 어미. 명사형 전성 어미는 '-기', '-(으)ㅁ', 관형사형 전성 어미는 '-ㄴ', '-ㄹ', 부사형 전성 어미는 '-게', '-도록' 등이 있음.

☑ 개념 학습 체크

1 한글 맞춤법은 표준어를 소리대로 적되, (　　)에 맞도록 함을 원칙으로 한다.

2 문장의 각 단어는 띄어 씀을 원칙으로 하지만 (　　)은/는 그 앞말에 붙여 쓴다.

3 한자어에는 사이시옷을 적지 않지만, '곳간, 찻간, 툇간, 셋방, 횟수, (　　)' 여섯 개만은 사이시옷을 받치어 적는다.

답 1 어법 2 조사 3 숫자

교과서 열기 ①

[01~04] 다음 글을 읽고 물음에 답하시오.

이 글은
한글 맞춤법의 총칙에 명시된 두 가지 원칙을 설명하고, 이러한 원칙이 적용되는 구체적인 사례를 설명한 글이다.

한글 맞춤법 총칙 제1항은 '한글 맞춤법은 표준어를 소리대로 적되, 어법에 맞도록 함을 원칙으로 한다.'이다. 먼저 '표준어를 소리대로 적는다'는 원칙은 한글 맞춤법이 표준어를 대상으로 한다는 뜻이 담겨 있다. 그리고 '소리대로' 적는다는 것은 표준어를 적을 때 '사랑', '하늘'과 같이 발음에 따라 적는다는 뜻이다. 이는 표음 문자인 한글의 기본 기능에 충실한 원칙이다.

그런데 '표준어를 소리대로 적는다'는 원칙만으로 충분하지 않은 경우가 있다. 그래서 '어법에 맞도록 한다.'는 원칙을 제시한다. 어법에 맞도록 적는다는 것은 형태소의 본 모양을 밝혀 적는 것을 말한다. 예를 들어 체언 '꽃'에 다양한 조사가 결합한 형태를 소리 나는 대로 적으면, '꼬치', '꼳또', '꼰만' 등이 된다. 하지만 이렇게 적으면 '꽃'이라는 하나의 말이 여러 가지로 표기되어 실질 형태소의 본 모양과 형식 형태소의 본 모양이 무엇인지, 둘의 경계가 어디인지를 알아보기가 어렵다. 이와 달리 '꽃이', '꽃도', '꽃만' 등과 같이 체언과 조사의 본 모양을 밝혀 적으면 의미와 기능을 나타내는 각각의 형태소의 모양이 일관되게 고정되어서 뜻을 파악하기가 쉽고 독서의 능률도 향상된다.

그런데 어근과 접미사, 용언과 용언이 결합하여 하나의 단어로 쓰일 때는 형태소의 본 모양을 밝혀 적기도 하고 소리대로 적기도 한다.

(ㄱ) 동생이 웃음을 띤 얼굴로 마중을 나왔다.
(ㄴ) 옷을 갈아입고 나오자 의자가 쓰러져 있었다.

(ㄱ)에서 '웃음(웃-+-음)'은 접미사 '-음'이 비교적 여러 어근에 결합하고, 결합한 후에도 어근의 본래 뜻이 유지되므로 형태소의 본 모양을 밝혀 적었다. 이와 달리 '마중(맞-+-웅)'은 접미사 '-웅'이 일부 어근에만 결합하기 때문에 소리대로 적었다. (ㄴ)에서 '갈아입고'는 '갈다'와 '입다'가 결합한 말이며 그 뜻이 유지되고 있어 형태소의 본 모양을 밝혀 적었지만, '쓰러져'는 '쓸다'와 '지다'가 결합한 말이지만 앞말이 본뜻에서 멀어져 그 의미가 유지되지 않아 소리대로 적었다.

- **어법** 한글 맞춤법에서 말하는 '어법'은 표준어를 어떻게 적을지를 정해 놓은 것으로, 표기와 관련된 원리.
- **표음 문자** 말소리를 그대로 기호로 나타낸 문자. 한글, 로마자, 아라비아 문자 따위가 있음.

▸ 242013-0142

01 윗글을 이해한 내용으로 적절하지 <u>않은</u> 것은?

① '설거지'는 표준어를 소리대로 적은 경우에 해당하겠군.
② '햇볕이'로 적으면 '핻뼈치'에 비해 뜻을 파악하기 더 쉽겠군.
③ 표준어를 모두 소리대로 적는다면 독서의 능률이 떨어질 수 있겠군.
④ '굽히다'는 실질 형태소와 형식 형태소의 경계가 드러나도록 적은 것이군.
⑤ 두 개 이상의 형태소가 결합한 말은 본 모양을 밝혀 적는 것이 원칙이군.

▶ 242013-0143

02 윗글을 바탕으로 〈보기〉의 ⓐ~ⓔ를 설명한 내용으로 적절하지 않은 것은?

보기

- ⓐ구름이 ⓑ걷히자 산봉우리가 ⓒ드러나 장관을 이루었다.
- 그는 ⓓ얼음을 들고 바쁘게 걷다가 갑자기 멈추고 뒤로 ⓔ돌아섰다.

① ⓐ: 체언 '구름'과 조사 '이'가 구별되도록 형태소의 본 모양을 밝혀 적은 것이다.
② ⓑ: 소리대로 '거치자'로 적으면 뜻이 다른 단어인 '(과정을) 거치자'와 뜻이 혼동될 수 있다.
③ ⓒ: 앞말이 '들다'라는 본뜻에서 멀어져서 소리대로 적은 것이다.
④ ⓓ: 어근에 접미사가 결합하는 과정에서 어근의 뜻이 유지되지 않아 어법에 맞도록 적은 것이다.
⑤ ⓔ: 앞말이 '돌다'라는 본뜻을 유지하고 있어서 형태소의 본 모양을 밝혀 적은 것이다.

▶ 242013-0144

03 윗글을 참고할 때, 밑줄 친 부분이 한글 맞춤법에 어긋난 것은?

① 담의 높이 때문에 담 넘어를 좀처럼 볼 수 없다.
② 어머니 생일 선물로 어떤 목걸이를 사야 할지 망설였다.
③ 그는 단순한 놀이라고 주장하지만 그건 명백히 노름이다.
④ 나의 믿음이 너의 앎이 되었으리니 이제는 행함이 있어라.
⑤ 죽음을 각오하고 싸우던 그는 끝내 주검이 되어 돌아왔다.

▶ 242013-0145

04 〈보기〉의 ㉠에 들어갈 단어의 기호를 모두 쓰시오.

보기

학생: '내재율'은 '율'이라고 쓰는데, 왜 '외형률'은 '률'이라고 쓰는 걸까요?

선생님: 그 이유는 한글 맞춤법 제11항에 나와 있어요. 한자음 '랴 려, 례, 료, 류, 리'가 단어의 첫머리에 올 적에는 두음 법칙에 따라 '야, 여, 예, 요, 유, 이'로 적지만 첫머리 이외에는 본음대로 적어야 해요. 다만 모음이나 'ㄴ' 받침 뒤에 이어지는 '렬, 률'은 '열, 율'로 적는다고 규정하고 있어요. 그럼 다음 단어에서 맞춤법에 맞게 표기한 것만을 모두 골라 볼까요?

良心: ⓐ 량심 – ⓑ 양심	恐龍: ⓒ 공룡 – ⓓ 공용
確率: ⓔ 확률 – ⓕ 확율	龜裂: ⓖ 균렬 – ⓗ 균열

학생: (㉠)

선생님: 네, 맞아요.

교과서 열기 ❷

▸ 242013-0146

01 〈보기〉의 ㉠과 ㉡의 예가 모두 바르게 짝지어진 것은?

> **보기**
>
> **제1항** 한글 맞춤법은 표준어를 ㉠소리대로 적되, ㉡어법에 맞도록 함을 원칙으로 한다.

	㉠	㉡		㉠	㉡
①	코끼리	거름	②	옷걸이	묶음
③	마개	좁히다	④	달맞이	비로소
⑤	다듬이	날리다			

▸ 242013-0147

02 〈보기〉는 '사이시옷'을 적는 조건을 정리한 것이다. 〈보기〉를 참고할 때 밑줄 친 말의 표기가 적절하지 않은 것은?

> **보기**
>
> **조건 1**: '순우리말 + 순우리말', '순우리말 + 한자어'의 합성어로서 앞말이 모음으로 끝난 경우
>
> **조건 2**: 다음 중 하나에 해당할 경우
>
> ㈀ 뒷말의 첫소리가 된소리로 나는 것
>
> ㈁ 뒷말의 첫소리 'ㄴ, ㅁ' 앞에서 'ㄴ' 소리가 덧나는 것
>
> ㈂ 뒷말의 첫소리 모음 앞에서 'ㄴㄴ' 소리가 덧나는 것

① 등교(登校) + 길 → 등굣길
② 장마 + 비 → 장맛비
③ 인사(人事) + 말 → 인삿말
④ 예사(例事) + 일 → 예삿일
⑤ 아래 + 마을 → 아랫마을

▸ 242013-0148

03 〈보기〉의 한글 맞춤법 규정을 참고할 때, 표기가 적절하지 않은 것은?

> **보기**
>
> **제5항** 한 단어 안에서 뚜렷한 까닭 없이 나는 된소리는 다음 음절의 첫소리를 된소리로 적는다.
>
> 1. 두 모음 사이에서 나는 된소리
>
> 2. 'ㄴ, ㄹ, ㅁ, ㅇ' 받침 뒤에서 나는 된소리
>
> 다만, 'ㄱ, ㅂ' 받침 뒤에서 나는 된소리는, 같은 음절이나 비슷한 음절이 겹쳐 나는 경우가 아니면 된소리로 적지 아니한다.

① 듬뿍
② 깍두기
③ 해쓱하다
④ 짭잘하다
⑤ 야단법석

▸ 242013-0149

04 〈보기〉를 이해한 내용으로 적절하지 않은 것은?

보기

어간의 끝음절 '하'의 'ㅏ'가 줄고 'ㅎ'이 다음 음절의 첫소리와 어울려 거센소리로 될 적에는 거센소리로 적는다. 그리고 어간의 끝음절 '하'가 아주 줄 적에는 준 대로 적는다. '하'가 줄어드는 기준은 '하' 앞에 오는 받침의 소리이다. '하' 앞의 받침의 소리가 [ㄱ, ㄷ, ㅂ]이면 '하'가 통째로 줄고 그 외의 경우에는 'ㅎ'이 남는다.

① '답답하지'는 '하'가 아주 줄기 때문에 '답답지'로 적어야겠군.
② '생각하건대'는 '하'가 아주 줄기 때문에 '생각건대'로 적어야겠군.
③ '편하지'는 '하'의 'ㅏ'가 줄고 거센소리되기가 일어나 '편치'로 적어야겠군.
④ '청하건대'는 '하'의 'ㅏ'가 줄고 거센소리가 일어나 '청컨대'로 적어야겠군.
⑤ '깨끗하지'는 '하'의 'ㅏ'가 줄고 거센소리가 일어나 '깨끗치'로 적어야겠군.

▸ 242013-0150

05 〈보기〉를 참고할 때, 밑줄 친 부분의 띄어쓰기가 적절하지 않은 것은?

보기

〈한글 맞춤법〉
제2항 문장의 각 단어는 띄어 씀을 원칙으로 한다.
제47항 보조 용언은 띄어 씀을 원칙으로 하되, 경우에 따라 붙여 씀도 허용한다.
다만, 앞말에 조사가 붙거나 앞말이 합성 용언인 경우, 그리고 중간에 조사가 들어갈 적에는 그 뒤에 오는 보조 용언은 띄어 쓴다.

① 이런 기회는 다시없을 듯하다.
② 신발 한 짝이 강물에 떠내려가버렸다.
③ 그는 모든 사안에 대해 잘 아는 척한다.
④ 새로 나온 소설이 재미있는지 읽어 보았다.
⑤ 잠시 한눈판 사이에 동생이 과자를 다 먹어 버렸다.

보조 용언 본용언과 연결되어 그것의 뜻을 보충하는 역할을 하는 용언.
예 '가지고 싶다'에서 '가지고'는 본용언, '싶다'는 보조 용언임.

▸ 242013-0151

06 〈보기 1〉을 참고하여 〈보기 2〉의 문장을 바르게 띄어 쓰시오.

보기 1

제2항 문장의 각 단어는 띄어 씀을 원칙으로 한다.
제41항 조사는 그 앞말에 붙여 쓴다.
제42항 의존 명사는 띄어 쓴다.

보기 2

남산위에저소나무철갑을두른듯바람서리불변함은우리기상일세.

이 문제는

한글 맞춤법의 일부 조항을 구체적인 국어 자료에 적절하게 적용할 수 있는지를 묻는 문제이다.

▸ 242013-0152

■ 〈보기〉는 준말에 관한 한글 맞춤법의 일부이다. 이를 적용한 내용으로 적절하지 않은 것은?

보기

제34항 [붙임 1] ‘ㅐ, ㅔ’ 뒤에 ‘-어, -었-’이 어울려 줄 적에는 준 대로 적는다. ……… ㉠

제35항 모음 ‘ㅗ, ㅜ’로 끝난 어간에 ‘-아/-어, -았-/-었-’이 어울려 ‘ㅘ/ㅝ, ㅘㅆ/ㅝㅆ’으로 될 적에는 준 대로 적는다. ……… ㉡

제35항 [붙임 2] ‘ㅚ’ 뒤에 ‘-어, -었-’이 어울려 ‘ㅙ, ㅙㅆ’으로 될 적에도 준 대로 적는다. ……… ㉢

제36항 ‘ㅣ’ 뒤에 ‘-어’가 와서 ‘ㅕ’로 줄 적에는 준 대로 적는다. ……… ㉣

제37항 ‘ㅏ, ㅕ, ㅗ, ㅜ, ㅡ’로 끝난 어간에 ‘-이-’가 와서 각각 ‘ㅐ, ㅖ, ㅚ, ㅟ, ㅢ’로 줄 적에는 준 대로 적는다. ……… ㉤

① ㉠을 적용하면 ‘(날이) 개었다’와 ‘(나무를) 베어’는 각각 ‘갰다’와 ‘베’로 적을 수 있다.

② ㉡을 적용하면 ‘(다리를) 꼬아’와 ‘(죽을) 쑤었다’는 각각 ‘꽈’와 ‘쒔다’로 적을 수 있다.

③ ㉤을 적용할 때, 어간 ‘(발로) 차-’에 ‘-이-’가 붙은 ‘(발에) 차이-’에 ‘-었다’가 붙으면 ‘채었다’로 적을 수 있다.

④ ㉤을 적용한 후 ㉢을 적용할 때, 어간 ‘(벌이) 쏘-’에 ‘-이-’가 붙은 ‘(벌에) 쏘이-’에 ‘-어’가 붙으면 ‘쐐’로 적을 수 있다.

⑤ ㉤을 적용한 후 ㉣을 적용할 때, 어간 ‘(오줌을) 누-’에 ‘-이-’가 붙은 ‘(오줌을) 누이-’에 ‘-어’가 붙으면 ‘뉘여’로 적을 수 있다.

이렇게 풀어 보자!

1 단계

〈보기〉에 제시된 한글 맞춤법을 정확하게 이해한다.

〈보기〉에서는 준말에 관한 한글 맞춤법 조항(제34항~제37항)이 소개되어 있다. 잘 알고 있는 내용이라 하더라도, 각 항에서 설명하고 있는 내용이 무엇인지 확인하고 이해한다.

2 단계

선지에서 대상이 되는 말의 형태소를 분석해 본다.

어떤 조건에서 줄어든 것인지 확인하기 위해서는 해당되는 말의 형태소를 분석해 보는 과정이 필요하다. 형태소를 바르게 분석하면 〈보기〉의 어느 조항에 해당하는지를 정확하게 찾을 수 있다.

3 단계

선지에 제시된 예들이 적절하게 연결되었는지 판단한다.

'누-+-이-+-어'는 ㉤에 따라 '뉘어'로 적을 수도 있고, ㉣에 따라 '누여'로 적을 수도 있다. ㉤이 적용된 '뉘어'에 대해 다시 ㉣을 적용하여 '뉘여'로 적을 수 있다는 설명은 타당하지 않다. ㉣이 적용되는 예로는 '가지-+-어'처럼 'ㅣ' 뒤에 '-어'가 와서 'ㅕ'로 줄어 '가져'가 되는 경우를 들 수 있다.

 ⑤

오답을 확인하자!

① '개었다'는 'ㅐ' 뒤에 '-었-'이, '베어'는 'ㅔ' 뒤에 '-어'가 어울린 것이기 때문에 ㉠에 해당하며 각각 '갰다'와 '베'로 적을 수 있다.

② '꼬아'는 'ㅗ'로 끝난 어간 '꼬-'에 '-아'가, '쑤었다'는 'ㅜ'로 끝난 어간 '쑤-'에 '-었-'이 어울린 것이기 때문에 ㉡에 해당하며 각각 '꽈'와 '쒔다'로 적을 수 있다.

③ ㉤에서 '차-'와 같이 'ㅏ'로 끝난 어간에 '-이-'가 와서 'ㅐ'로 줄 적에는 준 대로 적는다고 하였으므로 '채었다'로 적을 수 있다.

④ '쏘- + -이- + -어'는 ㉤에 따라 '쐬어'로 적을 수 있고, 다시 ㉢에 따라 '쐬어'를 '쐐'로 적을 수 있다.

05 국어의 변화

○ 과거 및 현재의 국어 생활에 나타나는 국어의 변화를 이해하고 국어 문화 발전에 참여할 수 있다.

1 국어의 역사성

국어도 다른 언어와 마찬가지로 역사성을 지니고 있다. 즉 시간의 흐름에 따라 새로운 말이 만들어지기도 하고, 말의 형식과 내용에 변화가 일어나기도 하며, 사용하던 말이 사라지기도 한다.

■ **어휘 변화 양상의 예**

생성	없던 말이 새롭게 생겨남. 예 자동차, 비행기, 컴퓨터, 스마트폰
변화	형태가 바뀌거나 의미가 달라짐. 예 불휘 → 뿌리, 어리다(어리석다 → 나이가 적다)
소멸	있던 말이 사라짐. 예 즈믄 → 천(千), 뫼 → 산(山)

2 중세 국어의 특징

(1) 표기

- 훈민정음 창제(1443년) 이후로 우리말을 그대로 적을 수 있게 됨.
- 받침에는 8개의 자음(ㄱ, ㄴ, ㄷ, ㄹ, ㅁ, ㅂ, ㅅ, ㆁ)을 적음.
- 기본 형태를 밝혀 적지 않고 소리 나는 대로 적는 이어 적기가 일반적임.
  예 기픈(깊- + -은)
- 글자 옆에 방점을 찍어 성조를 표기에 반영함. 예 :효·도
- 'ㅎ' 종성 체언을 표기에 반영함. 예 :내·히(내ㅎ+이)

(2) 음운

자음	• 된소리 계열이 등장함. • 어두 자음군이 존재함. 예 ᄢᅧ(써), ᄠᅳᆮ들(뜻을) • 'ㆆ, ㅸ' 등이 15세기에만 존재하다가 사라지고, 'ㅿ'의 음가가 소실됨. • 구개음화, 두음 법칙이 나타나지 않음.
모음	• 단모음(ㅏ, ㆍ, ㅗ, ㅓ, ㅡ, ㅜ, ㅣ)과 다양한 이중 모음(ㅛ, ㅑ, ㅠ, ㅕ, ㅘ, ㅝ, ㅢ, ㅚ, ㅐ, ㅟ, ㅔ, ㆉ, ㅒ, ㆌ, ㅖ, ㅙ, ㅞ 등)이 존재함. • 모음 조화가 현대 국어보다 잘 지켜짐. 예 서르(서로), 바ᄅᆞ래(바다에)

필수 개념어

어두 자음군
단어의 첫머리에 오는 둘 또는 그 이상의 자음 연속체. 'ㅲ, ㅴ' 등.

모음 조화
두 음절 이상의 단어에서 앞 모음의 영향으로 뒤의 모음이 그와 같은 성질을 가진 소리로 나타나는 현상. 양성 모음(ㅏ, ㅗ, ㆍ)은 양성 모음끼리, 음성 모음(ㅓ, ㅜ, ㅡ)은 음성 모음끼리 어울림.

ㅎ 종성 체언
중세 국어에서 'ㅎ'을 말음으로 가지는 체언. '갏(칼)', '겨슳(겨울)', '긿(길)', '돓(돌)' 등 80여 개가 있었음.

개념+

여러 가지 표기 방식

이어 적기(연철)
소리 나는 대로 표기하는 것.
예 ᄇᆞᄅᆞ매

끊어 적기(분철)
형태소의 본 모습을 밝혀 표기하는 것.
예 ᄇᆞᄅᆞᆷ애

거듭 적기(중철)
앞 음절의 받침 자음을 두 번 거듭하여 표기하는 것.
예 ᄇᆞᄅᆞᆷ매

성조와 방점
성조는 음의 높낮이를 뜻하며, 글자 왼쪽에 방점을 찍어 표시하였음.

평성	낮은 소리. 방점 없음. 예 달
상성	낮다가 높아지는 소리. 방점 둘. 예 :수
거성	높은 소리. 방점 하나. 예 ·노

(3) 문법

조사	• 주격 조사로 '이' 계열(이/ㅣ/∅)만 쓰임. 예 나리(날+이), 부톄(부텨+ㅣ), 불휘(불휘+∅) • 목적격 조사로 'ㄹ', '올/을', '롤/를'이 쓰임. 예 개야밀(개야미+ㄹ), 고줄(곶+올), 부텨를(부텨+를) • 관형격 조사로 '이/의'와 'ㅣ', 'ㅅ'이 쓰임. 예 ᄉᆞᄅᆞ미(ᄉᆞᄅᆞᆷ+ᄋᆡ), 버믜(범+의), 부텻(부텨+ㅅ) • 'ᄀᆞ장(까지)', '조차', '브터(부터)' 등 다양한 보조사가 쓰임.
어미	• 객체 높임을 나타내는 선어말 어미(-숩- / -줍- / -ᅀᆞᆸ-)가 존재함. 예 너희 스숭니믈 보ᅀᆞᆸ고져 ᄒᆞ노니(너희 스승님을 뵙고자 하니) ⋯ '-ᅀᆞᆸ-'을 사용하여 목적어에 있는 '스승님'을 높임. • 명사형 어미로 '-옴/움'이 사용됨. 예 ᄡᅮᆷ(ᄡᅳ- + -움)

(4) 어휘

- 고유어와 한자어의 경쟁 속에서 고유어가 사라지기도 함.
  예 온 > 백(百), 가람 > 강(江)
- 이웃 나라와 교류하는 과정에서 중국어, 몽골어, 여진어 등이 들어옴.
  예 투구, 배추(중국어) / 수라, 보라매(몽골어) / 투먼(여진어)
- 현대 국어와 의미가 다른 단어가 있음.
  예 어리다(어리석다 > 나이가 적다)

①불·휘 ②기·픈 남·ᄀᆞᆫ ③ᄇᆞᄅᆞ·매 아·니:뮐·ᄊᆡ 곶:됴·코 ④여·름 ④·하ᄂᆞ·니

—「용비어천가」 제2장

|현대어 풀이|

뿌리가 깊은 나무는 바람에 아니 움직이므로 꽃 좋고 열매 많으니

⋯ ① 성조를 나타내는 방점이 사용됨. 주격 조사에 '가' 없었고, '이' 계열만 쓰임. ② 이어 적기를 함. ③ 모음 조화가 잘 지켜짐. ④ 현대 국어와 의미가 다른 말이 쓰임.

개념+

주격 조사 '이/ㅣ/∅'

- 자음 + 이
  예 말ᄊᆞ미(말ᄊᆞᆷ+이)
- 'ㅣ'와 반모음 'j' 제외한 모음 + ㅣ
  예 공ᄌᆡ(공ᄌᆞ + ㅣ)
- 'ㅣ' 모음 / 반모음 + ∅
  예 ᄃᆞ리(ᄃᆞ리 + ∅)

관형격 조사 '이/의', 'ㅅ'

- 유정물 + 이/의
  예 아ᄃᆞ릐(아들의), 거부븨(거북의)
- 무정물 / 존칭의 대상 + ㅅ
  예 나랏(나라의), 부텻(부텨의)

단어의 의미 변화 양상

의미 확대
단어가 지시하는 범위가 원래보다 넓어짐.
예 지갑(종이로 만든 것 → 헝겊, 가죽 등까지 확대)

의미 축소
단어가 지시하는 범위가 원래보다 좁아짐.
예 놈(사람 전체 → 남자를 낮추어 이름.)

의미 이동
단어가 지시하는 의미가 바뀜.
예 어엿브다(불쌍하다 → 예쁘다)

☑ 개념 학습 체크

1 국어는 시간의 흐름에 따라 단어의 소리와 의미가 변하거나 문법 요소가 변화하는 (   )을/를 지니고 있다.
2 중세 국어에서는 단어의 기본 형태를 밝혀 적지 않고 소리대로 적는 (   )이/가 일반적이었다.
3 현대 국어는 관형격 조사가 '의' 하나뿐이지만 중세 국어에서는 '이/의'와 'ㅣ', '(   )'이/가 쓰였다
4 중세 국어에는 (   )을/를 높이기 위한 선어말 어미 '-숩- / -줍- / -ᅀᆞᆸ-'이 존재하였다.

답 1 역사성 2 이어 적기(연철) 3 ㅅ 4 객체

교과서 열기 ❶

이 글은
『훈민정음 해례본』의 원문을 한글로 풀이한 '훈민정음언해'의 서문에 해당하는 글이다. 훈민정음은 조선 세종 28년(1446)에 훈민정음 28자를 세상에 반포할 때에 찍어 낸 책이다. 세종이 훈민정음 창제의 취지를 밝힌 어제 서문, 자음자와 모음자의 음가와 운용 방법을 설명한 예의, 훈민정음을 해설한 해례, 정인지 서(序)로 되어 있다.

● **어제** 임금이 몸소 짓거나 만듦. 또는 그런 글이나 물건.
● **언해** 한문을 한글로 풀어서 씀. 또는 그런 책.

[01~05] 다음 글을 읽고 물음에 답하시오.

世·솅宗종御·엉製·졩訓·훈民민正·졍音음

나·랏:말ᄊᆞ·미 中듕國·귁·에달·아文문字·ᄍᆞᆼ·와·로서르 ㉠ᄉᆞᄆᆞᆺ·디아·니ᄒᆞᆯ·ᄊᆡ·이런 젼·ᄎᆞ·로어·린百·ᄇᆡᆨ姓·셩·이 ㉡니르·고·져·호ᇙ ㉢·배이·셔·도ᄆᆞᄎᆞᆷ:내제·ᄠᅳ·들시·러 펴·디:몯ᄒᆞᇙ·노·미하·니·라·내·이·ᄅᆞᆯ爲·윙·ᄒᆞ·야:어엿·비너·겨·새·로·스·믈여·듧 ㉣字·ᄍᆞᆼ·ᄅᆞᆯᄆᆡᇰ·ᄀᆞ노·니:사ᄅᆞᆷ:마·다:ᄒᆡ·ᅇᅧ:수·ᄫᅵ니·겨·날·로 ㉤·ᄡᅮ·메便뼌安한·킈ᄒᆞ·고·져ᄒᆞᇙᄯᆞᄅᆞ·미니·라

– 『월인석보』(권 1)에서, 세조(世祖) 5년(1459년)

| 현대어 풀이 | 우리나라의 말이 중국과 달라서 한자와는 서로 통하지 아니하므로 이런 까닭으로 어리석은 백성들이 이르고자 하는 바가 있어도 마침내 자기의 뜻을 능히 펴지 못하는 사람이 많다. 내가 이를 위하여 가엽게 여겨 새로 스물여덟 글자를 만드니 모든 사람들로 하여금 쉬이(쉽게) 익혀서 날마다 사용함에 편안하게 하고자 할 따름이다.

▸ 242013-0153

01 윗글을 바탕으로 중세 국어의 특징을 정리할 때, ⓐ~ⓔ 중 적절하지 않은 것은?

표기	주로 이어 적기(연철) 방식을 사용하였다. ········ ⓐ
	단어와 단어 사이를 띄어 쓰지 않고 붙여 썼다. ········ ⓑ
	글자 왼쪽에 방점을 찍어 음의 길이를 나타냈다. ········ ⓒ
음운	'ㅲ', 'ㅄ' 등과 같은 어두 자음군이 쓰였다. ········ ⓓ
	현대 국어에는 없는 자음 'ㅸ'이 존재하였다. ········ ⓔ

① ⓐ ② ⓑ ③ ⓒ ④ ⓓ ⑤ ⓔ

▸ 242013-0154

02 윗글에서 〈보기〉의 (ㄱ), (ㄴ)에 해당하는 단어를 찾아 바르게 짝지은 것은?

보기

단어의 의미 변화 양상으로는 '의미 확대'와 '의미 축소', '의미 이동'이 있다. 단어의 의미 영역이 넓어지는 것을 의미 확대, 단어의 의미 영역이 좁아지는 것을 (ㄱ)의미 축소, 단어의 의미 자체가 변하는 것을 (ㄴ)의미 이동이라고 한다.

	(ㄱ)	(ㄴ)		(ㄱ)	(ㄴ)
①	놈	말씀	②	하다	어린
③	어린	놈	④	어린	어엿비
⑤	놈	어엿비			

▸ 242013-0155

03 〈보기〉에 제시된 과제를 바르게 수행한 것은?

보기

선생님: 나·랏:말ᄊᆞ·미 에서 체언 '나라' 뒤에 붙은 'ᄉ'은 관형격 조사입니다. 현대 국어의 관형격 조사는 '의'뿐이지만 중세 국어에는 'ᄋᆡ/의'와 'ᄉ'이 있었습니다. 'ᄋᆡ/의'는 사람이나 동물과 같은 유정 명사 뒤에 쓰였는데, 앞말의 끝음절 모음이 양성 모음이면 'ᄋᆡ', 음성 모음이면 '의'가 쓰였습니다. 그리고 유정 명사라도 높임의 대상이거나 무정 명사 뒤에서는 'ᄉ'이 쓰였습니다. 자, 그럼 다음 단어들은 중세 국어에서 어떤 형태와 어울렸을지 적어 볼까요? 이어 적기의 형태로 적어 보세요.

㉮ 사ᄅᆞᆷ(사람)　㉯ 부텨(부처)　㉰ 그력(기러기)

	㉮	㉯	㉰
①	사ᄅᆞᆷᄋᆡ	부텨ᄋᆡ	그력ᄉ
②	사ᄅᆞ믜	부텨의	그려긔
③	사ᄅᆞᄆᆡ	부텻	그려기
④	사ᄅᆞᄆᆡ	부텻	그려긔
⑤	사ᄅᆞᆷᄉ	부텻	그려기

▸ 242013-0156

04 ㉠~㉤에 대한 설명으로 적절하지 않은 것은?

① ㉠: '통하지'를 뜻하며, 현대 국어에서는 사라진 단어이다.
② ㉡: '이르고자'를 뜻하며, 현대 국어와 달리 두음 법칙이 적용된 표기이다.
③ ㉢: '바'와 'ㅣ'가 결합한 형태이며, 'ㅣ'는 현대 국어의 주격 조사 '가'에 해당한다.
④ ㉣: 'ᄍᆞᆼ'와 'ᄅᆞᆯ'이 결합한 형태이며, 모음 조화에 따라 목적격 조사로 '를'이 아닌 'ᄅᆞᆯ'이 선택되었다.
⑤ ㉤: 'ᄡᅮᆷ'은 현대 국어의 '쓰–'에 해당하는 'ᄡᅳ–'에 명사형 어미 '–움'이 결합된 것이다.

▸ 242013-0157

05 윗글의 내용을 바탕으로 할 때, 세종 대왕이 한글을 만든 이유가 무엇인지 서술하시오.

교과서 열기 ②

[01~03] 다음 글을 읽고 물음에 답하시오.

이 글은
훈민정음으로 쓴 최초의 작품으로, 조선을 세우기까지 목조·익조·도조·환조·태조·태종의 사적을 중국 고사에 비유하여 그 공덕을 기리어 지은 노래이다.

2장

불·휘기·픈남·ᄀᆞᆫ**ᄇᆞᄅᆞ·매**아·니 :뮐·ᄊᆡ곶 :됴·코 여·름·하ᄂᆞ·니
:ᄉᆡ·**미**기·픈·므·른·ᄀᆞᄆᆞ·래아·니그·츨·ᄊᆡ:내·히이·러바·ᄅᆞ·래·가ᄂᆞ·니

|현대어 풀이| 뿌리가 깊은 나무는 바람에 아니 움직이므로 꽃이 좋고 열매가 많으니
샘이 깊은 물은 가뭄에 아니 그치므로 내[川]가 이루어져 바다에 가느니.

125장

千世(천세)**우·희**미·리定(정)·ᄒᆞ·샨漢水北(한수북)·에 ㉠累仁開國(누인개국)·ᄒᆞ·샤 卜年(복년)·이 :ᄀᆞᇫ㉡:업·스시·니
聖神(성신)·이 :니·ᅀᆞ샤·도 敬天勤民(경천근민)·ᄒᆞ샤·ᅀᅡ 더욱 구드·시·리이·다
㉢:님·금·하 ㉣아·ᄅᆞ쇼·셔 洛水(낙수)·예山行(산행)·가이·셔·**하나·빌** ㉤미·드·니잇·가

–「용비어천가」(1447)

|현대어 풀이| 천세 전에 미리 정하신 한강 북쪽에, 어진 덕을 쌓고 나라를 여시어, 복년이 끝이 없으시니
성신이 이으셔도 하늘을 공경하고 백성을 위하여 힘쓰셔야 (나라가) 더욱 굳건할 것입니다.
임금이시여, 아소서. 낙수에 사냥 가 있으면서 할아버지를 믿으시겠습니까?

●**복년** 점쳐 정한 햇수라는 뜻으로, 왕조(王朝)의 운명을 이르는 말.

▸ 242013-0158

01 윗글을 바탕으로 중세 국어의 조사를 탐구한 내용으로 적절하지 않은 것은?

① '불·휘'를 보니, 현대 국어와 달리 모음으로 끝나는 체언 뒤에 주격 조사 '가'가 쓰이지 않았다.
② 'ᄇᆞᄅᆞ·매'를 보니, 끝음절 모음이 양성 모음인 체언 뒤에서 원인을 나타내는 부사격 조사로 '애'가 쓰였다.
③ ':ᄉᆡ·미(ᄉᆡᆷ+이)'를 보니, 현대 국어와 마찬가지로 자음으로 끝나는 체언 뒤에서는 주격 조사 '이'가 쓰였다.
④ '우·희'를 보니, 끝음절 모음이 음성 모음인 체언 뒤에서 장소를 나타내는 관형격 조사로 '의'가 쓰였다.
⑤ '·하나·빌'을 보니, 모음으로 끝나는 체언 뒤에서 목적격 조사 'ㄹ'이 쓰였다.

▸ 242013-0159

02 '2장'에서 〈보기〉의 밑줄 친 부분의 예로 가장 적절한 것은?

> **보기**
>
> 국어는 시간이 흐름에 따라 단어의 형태와 의미가 바뀌기도 하고, 있던 말이 사라지기도 하며, 없던 말이 새로 만들어지기도 하였다. 이를 국어의 역사성이라고 한다.

① 불휘 ② ᄇᆞᄅᆞᆷ ③ 뮈다 ④ 믈 ⑤ ᄀᆞᄆᆞᆯ

▸ 242013-0160

03 〈보기〉를 바탕으로 하여, ㉠~㉤에 나타난 높임 표현을 설명한 내용으로 적절하지 않은 것은?

> **보기**
>
> **[중세 국어의 주체 높임법과 상대 높임법]**
>
> • **주체 높임법**: 문장의 주어에 해당하는 대상을 높이는 것이다. 주체 높임법은 주로 선어말 어미 '-(ᄋᆞ/으)시/샤-'를 통해 실현된다. 또한 특수 어휘에 의해 실현되기도 한다.
>
> • **상대 높임법**: 화자가 청자를 높이거나 낮추는 태도를 나타내는 표현이다. 주로 '-ᄋᆞ쇼서'와 같은 종결 어미로 실현된다. 또한 선어말 어미 '-이-/-잇-', 호격 조사 '하'에 의해 실현되기도 한다.

① ㉠: 선어말 어미 '-샤-'를 통해 겉으로 드러나지 않은 주체를 높이고 있다.
② ㉡: 선어말 어미 '-으시-'를 통해 '卜年(복년)'을 높이고 있다.
③ ㉢: 호격 조사 '하'를 통해 청자인 '님금'을 높이고 있다.
④ ㉣: 종결 어미 '-ᄋᆞ쇼서'를 통해 청자인 '님금'을 높이고 있다.
⑤ ㉤: 선어말 어미 '-잇-'을 통해 '하나비'를 높이고 있다.

▸ 242013-0161

04 〈보기〉의 ㉮에 들어갈 말을 〈자료〉에서 찾아 쓰시오.

> **보기**
>
> **선생님**: 중세 국어에서 객체 높임은 'ᄉᆞᆲ다, 아뢰다' 등의 특수 어휘나 조사 'ᄭᅴ', 선어말 어미 '-ᄉᆞᆸ-/-ᄌᆞᆸ-/-ᅀᆞᆸ-'을 통해서 실현되었습니다. 다음 중세 국어 자료에서 객체 높임의 대상을 찾아볼까요?
>
> **자료**
>
> 몸이며 얼굴이며 머리털이며 ᄉᆞᆯᄒᆞᆫ 父부母모ᄭᅴ 받ᄌᆞ온 거시라
>
> **|현대어 풀이|** 몸이며 모습이며 머리털이며 살은 부모께 받은 것이라서
>
> **학생**: (㉮)입니다.
>
> **선생님**: 네, 맞았습니다.

▸ 242013-0162

이 문제는

〈자료〉에 제시된 체언과 조사의 정보를 바탕으로 〈보기〉의 중세 국어에 나타난 특징을 파악하는 문제이다. 현대 국어와 차이점을 보이는 격 조사의 쓰임을 바탕으로 문장 성분을 파악하는 문제인데, 초등학교와 중학교 때 공부했던 문장 성분에 대한 배경지식도 필요로 하고 있다.

■ **〈자료〉를 바탕으로 〈보기〉의 ⓐ~ⓔ 중 체언과 조사가 결합하여 이루어진 부속 성분이 있는 것만을 고른 것은?**

보기

ⓐ 내히 이러 바ᄅᆞ래 가ᄂᆞ니 [내가 이루어져 바다에 가니]

ⓑ 나랏 말ᄊᆞ미 中國에 달아 [우리나라의 말이 중국과 달라]

ⓒ 生人ᄋᆡ 소리 잇도소니 [생인(산 사람)의 소리가 있으니]

ⓓ 나ᄒᆞᆫ 子息이 양ᄌᆡ 端正ᄒᆞ야 [낳은 자식이 모습이 단정하여]

ⓔ 내 닐오리니 네 이대 드르라 [내가 이르리니 네가 잘 들어라]

자료

〈보기〉에 나타난 체언과 조사

- 체언: 내ㅎ, 바ᄅᆞᆯ, 나라ㅎ, 말ᄊᆞᆷ, 中國, 生人, 소리, 子息, 양ᄌᆞ, 나, 너
- 조사: 주격(이, ㅣ, ∅), 관형격(ㅅ, ᄋᆡ), 부사격(애, 에)

① ⓐ, ⓑ, ⓒ　② ⓐ, ⓑ, ⓓ　③ ⓐ, ⓓ, ⓔ
④ ⓑ, ⓒ, ⓔ　⑤ ⓒ, ⓓ, ⓔ

이렇게 풀어 보자!

1 단계

문제를 읽고 부속 성분이 무엇인지 배경지식을 떠올리고, 〈자료〉에서 주목해야 할 조사를 확인한다.

부속 성분은 주성분의 내용을 꾸며 뜻을 더하여 주는 문장 성분으로, 부사어와 관형어가 여기에 해당한다. 따라서 〈자료〉에 제시된 격 조사 중에서 관형격 조사와 부사격 조사에 주목할 필요가 있다.

2 단계

〈보기〉의 문장에 쓰인 문장 성분을 파악한다.

중세 국어의 표기가 생소하고 어렵게 느껴진다면, 현대어 풀이에서 파악해도 된다. 체언과 조사가 결합한 말을 먼저 찾아 표시하고, 그중에서 관형격 조사와 부사격 조사가 쓰인 것을 찾는다.

3 단계

〈보기〉에서 관형어나 부사어가 쓰인 문장의 기호를 찾는다.

ⓐ에서는 체언 '바ᄅᆞᆯ'에 부사격 조사 '애'가 결합한 '바ᄅᆞ래'가 부속 성분인 부사어로 쓰이고 있다. ⓑ에서는 체언 '나라ㅎ'에 관형격 조사 'ㅅ'이 결합한 '나랏'이 부속 성분인 관형어로 쓰이고 있다. 또한 체언 '中國'에 부사격 조사 '에'가 결합한 '中國에'가 부속 성분인 부사어로 쓰이고 있다. ⓒ에서는 체언 '生人'에 관형격 조사 'ᄋᆡ'가 결합한 '生人ᄋᆡ'가 부속 성분인 관형어로 쓰이고 있다.

 ①

오답을 확인하자!

ⓓ에서 체언과 조사가 결합한 것은 '子息이(子息+이)'와 '양지(양ᄌᆞ+ㅣ)'인데 둘 다 체언 뒤에 주격 조사 '이'와 'ㅣ'가 결합하여 주성분인 주어로 쓰이고 있다. ⓔ에서 체언과 조사가 결합한 것은 '내(나+ㅣ)'와 '네(너+ㅣ)'인데 둘 다 체언 뒤에 주격 조사 'ㅣ'가 결합하여 주성분인 주어로 쓰이고 있다.

매체, 이렇게 준비해요!

고등학교 국어에서는 다양한 매체를 활용한 학습이 중요해집니다. 현대 사회에서 매체는 정보를 전달하고 소통하는 주요 수단이므로, 매체의 특성과 매체를 활용한 다양한 의사소통 방식을 이해하는 것이 필요합니다. 매체를 효과적으로 활용하고 비판적으로 분석하는 능력은 고등학교 국어 공부에서 중요한 부분입니다.

- **다양한 매체의 특성 이해하기** 매체는 그 특성에 따라 전달 방식이 다르며, 그 안에서의 의사소통 방식도 다릅니다. 이를 이해하고 각 매체에 맞는 학습 방법을 익히는 것이 중요합니다. 소통 맥락과 매체 특성에 대한 이해를 바탕으로 다양한 목적의 매체 자료를 제작할 수 있어야 합니다.

- **매체 자료와 매체 비평 자료를 비판적으로 읽기** 고등학교에서 매체 자료와 매체 비평 자료를 비판적으로 읽는 것은 필수적인 학습 요소입니다. 비판적 읽기는 단순히 정보를 수용하는 것이 아니라, 그 안에 담긴 글쓴이의 의도, 목적, 표현 방식을 분석하여 평가하는 것을 의미합니다.

- **매체의 변화와 소통 문화 이해하기** 매체를 통해 정보를 주고받는 것은 현대 사회에서 필수적인 의사소통 방식입니다. 매체의 변화는 매체를 기반으로 한 소통 방식과 소통 문화의 변화에 영향을 끼치고 있습니다. 뉴스 기사, 댓글, 누리 소통망 게시물 등을 통해 타인과 소통하며, 매체가 우리의 의사소통 방식에 미치는 영향을 파악하는 것이 필요합니다.

고등학교에서의 매체 학습은 정보를 단순히 수용하는 것이 아니라, 그 정보를 분석하고 평가하는 능력을 기르는 과정입니다. 매체의 특성을 파악하고, 정보를 비판적으로 수용하며, 윤리적인 기준을 지켜가며 매체를 활용하는 능력을 기른다면 고등학교에서도 성공적인 매체 학습을 이어갈 수 있을 것입니다.

VI. 매체

01 매체와 소통

○ 매체의 특성과 발전에 따른 소통의 변화를 이해하고 이에 따라 매체 자료를 생산할 수 있다.

필수 개념어

매체
의사소통할 수 있도록 어떤 정보를 전달하는 수단 혹은 경로.

쌍방향적 소통
한쪽으로만 향하는 것이 아니라 양쪽을 서로 향하는 소통.

시의성
당시의 상황이나 사정과 딱 들어맞는 성질.

파급력
어떤 일의 여파나 영향이 차차 다른 데로 미치는 힘.

1 매체의 특성

(1) 전통적 매체와 뉴 미디어의 특성

전통적 매체	• 정보 생산과 제공에 많은 비용과 전문적 기술이 필요하여, 일반인들이 생산자로 참여하기 어려움. • 대체로 정보의 전달이 일방향적임. 예 책, 신문, 라디오, 텔레비전 등
뉴 미디어	• 인터넷에 기반한 디지털 매체 • 비교적 쉽고 빠르게 원하는 지식과 정보를 얻거나 공유할 수 있음. • 정보 생산과 제공에 많은 비용과 높은 수준의 기술이 필요하지 않아 누구나 생산자로 참여할 수 있음. • 매체 자료의 생산과 수용이 쌍방향적으로 이루어짐. 정보 통신 기술의 발달로 여러 가지 매체가 상호 연결되어 운용됨. 예 누리 소통망(SNS), 실시간 동영상 플랫폼

(2) 매체 언어의 복합 양식성

오늘날 매체에서 사용되는 언어는 소리, 음성, 문자, 이미지, 동영상 등을 함께 활용하여 만들어진다. 오늘날 매체 언어는 이렇게 다양한 언어 양식이 연결되고 관여하며 의미를 구성하기에 음성 언어, 문자 언어와 같은 개별적인 언어 양식과 구분된다. 이러한 매체 언어의 특성을 복합 양식성이라고 한다.

2 매체의 발전과 소통의 변화

매체의 변화는 소통 방식과 소통 문화에 영향을 미친다. 다양한 매체를 통해 이루어지는 의사소통 방식의 특성을 이해하고 이들을 적절히 활용하면 좀 더 효과적인 의사소통이 가능하다. 또한 매체 소통의 맥락과 특성, 영향력을 이해하여 매체 자료를 제작할 수 있다.

(1) 매체 특성에 따른 정보의 구성 및 유통 방식

전통적 매체	책	• 주로 문자 언어로 정보를 구성함. • 정보 제공의 속도가 다른 매체에 비해 떨어짐. • 주로 어떤 소재나 주제에 관한 내용을 깊이 있게 다룰 수 있고, 전문성을 갖춘 필자가 내용을 제공함.
	신문	• 문자 언어나 사진을 중심으로 정보를 구성함. • 시의성 있는 정보들을 다루어, 당대의 유행어나 신조어가 반영됨.
	텔레비전	• 영상, 음향, 자막, 음성 언어 등으로 정보를 구성함. • 대중에게 영향력과 파급력 있게 정보를 빠르게 전달함. • 신문에 비해 실재감 있게 정보를 전달함.

개념+

복합 양식성
하나의 매체에서 소리, 음성, 이미지, 문자, 동영상 등이 복합적으로 결합되는 특성.

뉴 미디어	인터넷	• 복합 양식성을 지닌 다양한 언어로 정보를 구성함. • 누구나 쉽고 신속하게 다양한 분야의 정보를 제공할 수 있음. • 정보 생산자와 소비자의 경계가 허물어지고 쌍방향적 관계에서 정보가 전달됨.

(2) 소통 맥락을 고려한 매체 자료의 생산

매체 자료를 제작할 때 소통 맥락(소통 목적, 수용자, 매체의 특성 등)과 더불어 매체의 파급력을 고려하여야 한다.

① 소통 목적을 고려한 매체 자료 생산하기

소통 목적	정보 제시 방법
정보 전달과 설득	• 객관적이고 신뢰할 수 있는 내용을 명확하고 간결한 표현으로 제시 • 타당한 근거를 바탕으로 주장을 명확하게 제시
심미적 정서 표현	• 아름다움이나 즐거움을 느낄 수 있는 내용으로, 정서를 구체화하여 표현 예 누리집에 자신이 일상생활에서 느낀 것을 기록할 때 사진이나 동영상을 첨부함으로써 정서를 표현함.
사회적 상호 작용	• 사회적 관계를 바탕으로, 사적 영역과 공적 영역의 맥락을 고려하여 생산 예 친한 친구들과의 사적인 대화는 누리 소통망으로 나누고, 공적인 의견을 누군가에게 전달할 때는 양식을 갖추어 전자 우편 등으로 전달함.

② 수용자를 고려한 매체 자료 생산하기

수용자의 나이, 성별, 관심사, 취향, 배경지식 등을 고려하여야 하고, 수용자 집단의 크기나 특성도 고려하여야 한다.

예 수용자를 같은 학년의 학생들로 삼을 때 전체를 대상으로 할지, 일부 집단을 대상으로 할지를 고려해야 함.

③ 매체의 특성을 고려하여 생산하기

• 각 매체가 사용하고 있는 언어의 의미 실현 방식을 고려하여 생산하여야 한다.
• 인터넷과 같은 매체의 경우 파급력을 고려하여 생산하여야 한다.

필수 개념어

심미적
아름다움을 살펴 찾으려는 것.

☑ 개념 학습 체크

1 하나의 매체에서 소리, 음성, 이미지, 동영상 등이 (　　　)적으로 결합되는 특성을 (　　　) 양식성이라고 한다.
2 뉴 미디어에서는 매체 자료의 생산과 수용이 (　　　)적으로 이루어진다.
3 (　　　)을/를 고려하여 매체 자료를 생산하기 위해서 그들의 성별, 나이, 관심, 배경지식 등을 파악해야 한다.

답 1 복합, 복합 2 쌍방향 3 수용자

교과서 열기 ①

[01~03] (가)는 종이 신문의 기사이고, (나)는 학생이 (가)를 보고 찾은 인터넷 뉴스 기사이다. 물음에 답하시오.

이 매체는
(가)는 종이 신문 기사이며, (나)는 (가)에서 다루고 있는 정보를 인터넷상에서 검색한 화면이다. 종이 신문은 전통적 매체로서 문자 언어를 중심으로 정보를 구성하며 시의성 있는 정보를 다루고, 인터넷과 같은 뉴 미디어는 복합 양식성을 지닌 다양한 언어로 정보를 구성한다.

(가)

7면 △△신문 | 스포츠 | 20××년 6월 2일 월요일

ⓐ대한민국의 수문장, 아시아 골키퍼 최초 □□□ 리그 진출 사례 되나

최 선수 曰 "유럽에서 최고의 공격수들을 상대하며 더 성장하고파"

지난해 월드컵에서 수차례 선방을 하며, 대한민국 축구 대표팀을 사상 첫 원정 8강으로 이끈 골키퍼 최○○(27)가 해외 축구팀 다수의 러브콜을 받고 있다는 소식이 들려오고 있다. 특히, □□□ 리그에 소속되어 있는 ◇◇ FC에서 최 선수의 선방 능력, 후방 빌드업 능력과 잠재력을 높게 평가하고 있다는 관계자의 말이 있었다.

실제로 최 선수는 월드컵에서의 활약 이후에도 소속팀을 리그 우승으로 이끌며 골키퍼로서 능력을 인정받았을 뿐 아니라, 인성 면에서도 동료들에게 귀감이 되어 차기 주장감으로 지목되는 선수이기도 하다.

최근 ⓑ본사와의 인터뷰를 통해 최 선수는 "어릴 때부터 유럽 진출에 대한 막연한 꿈을 가지고 있었다. 만약 유럽에 진출한다면 그곳에서 세계 최고의 공격수들을 상대하며 골키퍼로서 더 성장할 수 있을 것"이라고 밝혔다.

국내 전문가들은 최 선수의 □□□ 리그 진출에 대해 취업 허가서 등의 문제로 바로 □□□ 리그의 진출은 어려우나, 다른 유럽 국가의 리그에 진출하는 것은 여러 조건을 고려했을 때 충분히 가능하다고 보고 있다.

- **잠재력** 겉으로 드러나지 않고 속에 숨어 있는 힘.
- **귀감** 거울로 삼아 본받을 만한 모범.

(나)

㉠검색창 최○○ 해외 진출 | 검색

㉡⊙ 관련도순 ○최신순 ○오래된 순

△△일보·2일 전

최○○, 현재 소속 팀 떠나 ◇◇ FC로 향하나

올림픽 대표팀 골키퍼 최○○(27)의 영입에 □□□ 리그 ◇◇ FC가 관심을 기울이고 있다는 소식이 들려오고 있다. …

ⓒ댓글 보기

ⓓ오늘의 스포츠·22시간 전

최○○, "저기 오는 선수 막아야 해!"

K리그 1위 결정전 경기에서 최○○가 활약하여, 팀을 승리로 이끌었다. 최 선수는 최근 해외 진출에 의지를 보이고 있는 것으로 …

댓글 보기

ⓔ

뉴스 더 보기 →

▸ 242013-0163

01 **(가), (나)의 매체 특성에 대한 설명으로 가장 적절한 것은?**

① (가)는 일반인들이 생산자로 참여하기에 용이하다.
② (나)는 생산자와 수용자 사이의 쌍방향적 소통이 어렵다.
③ (가)는 (나)에 비하여 정보의 유통 속도가 느리다.
④ (가)는 (나)와 달리 다양한 매체 언어가 사용되어 복합 양식성을 보인다.
⑤ (나)는 (가)와 달리 인쇄되어 유포되는 과정을 거치게 된다.

유포 세상에 널리 퍼짐. 또는 세상에 널리 퍼뜨림.

▸ 242013-0164

02 **(가), (나)의 ⓐ~ⓔ에 대한 설명으로 적절하지 <u>않은</u> 것은?**

① ⓐ: 수용자가 신문 기사의 내용을 가늠해 볼 수 있게 하는 표제이다.
② ⓑ: 음성 언어로 구성되어 수용자에게 실감 나게 전달되는 정보이다.
③ ⓒ: 해당 뉴스에 대해 가지고 있는 다양한 사람들의 의견을 볼 수 있게 한다.
④ ⓓ: 해당 뉴스를 게시한 언론사가 어디인지, 기사가 언제 게시되었는지 알 수 있게 한다.
⑤ ⓔ: 수용자가 클릭을 통해 간편하게 접근할 수 있는 영상 정보에 해당한다.

▸ 242013-0165

03 **(나)의 ㉠과 ㉡을 활용하여 정보 수용자가 얻을 수 있는 편리함이 무엇인지 각각 서술하시오.**

인터넷 포털 사이트에서 검색한 뉴스의 경우, 한 화면에서 여러 언론사의 기사를 확인할 수 있어 수용자는 간편하게 화제와 관련된 다양한 정보를 접할 수 있으며, 수용자는 자신의 필요에 따라 한 화면 안에 표시된 글자 크기와 굵기 등을 조절할 수도 있다. 더불어 화면에 보이지 않은 기사 역시 간편하게 추가로 확인할 수 있다.

교과서 열기 ❷

이 매체는
공간의 제약을 크게 받지 않고, 실시간으로 소통하고 있는 화상 강의 상황을 나타낸 것이다. 실시간 쌍방향 소통으로 화면을 통해 서로의 모습을 확인할 수 있으며, 음성 대화를 나누며 실시간으로 정보를 공유하거나 다른 이들에게 복합 양식성의 자료를 게시하여 공유할 수 있다.

[01~02] 다음은 요리 강의를 위한 실시간 쌍방향 화상 강의이다. 물음에 답하시오.

진행자 안녕하세요. 오늘 요리 강의는 실시간으로 이루어집니다. 오늘 저희가 배워 볼 음식은 사과 정과인데요. 사과 정과 만들기를 가르쳐 주실 강사님을 먼저 소개하겠습니다.

강사 안녕하세요. 오늘은 함께 사과 정과를 만들어 볼 것입니다. 여러분에게 '정과'라는 용어는 익숙하지 않으실 텐데요. '정과'는 식물의 뿌리, 줄기, 열매를 꿀이나 조청 또는 설탕으로 조린 과자입니다. 이번 기회에 여러분과 함께 우리나라의 전통 과자를 만들어 보게 되어 기쁩니다. 진행자님을 통해 미리 준비물을 안내해 드렸는데요. 모두 준비되셨나요?

진행자 준비물로 깨끗이 씻은 사과 1개, 소금물, 설탕 1/2컵, 찜용 냄비, 면포, 바구니를 안내했었는데, 준비가 되었다면 준비물을 손에 들어 주세요.

진행자 화면을 보니 모두 준비가 되었네요. 만드는 동안 특히 불을 사용할 때에는, 화상이나 화재의 위험이 있으니 모두 안전에 주의해 주세요. 강사님, 시작할까요?

강사 우선 깨끗하게 씻은 사과를 껍질째 먹기 좋은 크기로 자른 뒤에 소금물에 2분 정도 담가 두세요.

학생 1 강사님, 사과를 소금물에 2분 정도 담가 두는 이유가 뭔가요?

강사 네, 좋은 질문입니다. 소금물에 사과를 담가 두는 이유는 사과의 변색을 막기 위함입니다. 2분이 지난 후에는 찜 냄비에 면포를 깔고 자른 사과를 올립니다. 그리고 수증기로 사과를 찝니다.

학생 2 강사님, 얼마 동안 사과를 찌면 될까요?

강사 미처 설명드리지 못한 부분이군요. 사과는 찜 냄비에서 3분 정도 찌면 됩니다.

진행자 설명 감사합니다. 여러분, 강사님의 지시대로 잘 따라 하고 계신가요?

강사 3분 동안 사과를 쪘으면, 이제 충분히 사과를 식혀야 합니다. 사과를 식히는 시간을 드리도록 하겠습니다.

(얼마 후)

강사 충분히 식혔다면 사과에 설탕을 충분히 뿌려 주세요. 자른 사과 조각 전체에 골고루 설탕이 묻었나요? 그렇다면 사과 조각을 뒤집어서 다시 설탕을 뿌려 주세요. 그리고 이것을 바구니에 옮겨 햇볕이 좋은 곳에서 건조시키면 됩니다. 건조는 이틀 정도 하면 되고, 그 뒤에 건조된 사과에 다시 설탕을 묻혀 주시면 됩니다.

진행자 생각보다 간단하네요. 혹시 학생들에게 추가적으로 더 알려 주고 싶으신 내용이 있을까요?

강사 네, 사과 정과는 그냥 먹어도 좋지만 뜨거운 물을 부어 사과차로 마셔도 은은하고 달콤한 사과향을 느낄 수 있습니다. 여러분, 만드는 과정이 생각보다 어렵지 않지요? 최근에 굉장히 다양한 과일로 정과를 만들어 보았는데요. 제가 직접 정과를 만드는 영상과 완성한 정과들을 게시한 ㉠제 누리 소통망 링크를 공유하겠습니다. 들어오셔서 참고해 보세요.

채팅	https://www.○○○○/jeonggwalove12

진행자 유익한 강의 감사합니다. 오늘 강의는 동아리 누리집에서도 다시 보실 수 있습니다. 강사님과 여러분, 지금까지 참여해 주셔서 감사합니다.

▸ 242013-0166

01 위 강의에 나타난 정보 전달 방식으로 적절하지 않은 것은?

① 강사는 강의 중에 학생의 질문을 듣고 이에 답변하고 있다.
② 진행자는 오늘 강의를 다시 볼 수 있는 방법을 안내하고 있다.
③ 강사는 학생들에게 질문을 던진 후 이어서 다음 정보를 제공하고 있다.
④ 강사는 시각 자료를 직접 공유한 후 이를 보면서 강의 내용을 설명하고 있다.
⑤ 진행자는 화면으로 참여자의 상황을 실시간으로 확인하며 강의를 진행하고 있다.

▸ 242013-0167

02 〈보기〉는 ㉠의 게시물 중 하나이다. 이에 대한 이해로 적절하지 않은 것은?

보기

좋아요 게시물 공유
좋아요 154개

제가 직접 만든 귤정과입니다! 사실 귤도 정과로 만들면 맛있을까 걱정했지만, 저의 걱정이 무색하게 무척 맛있습니다! 다음에는 직접 정과를 만드는 영상도 올려 드리겠습니다. 많이 참고해 주세요. 영상이 도움이 된다면 해당 게시글에 많은 '좋아요' 부탁드려요!
#귤 #우리전통과자정과 #환상궁합

① '좋아요'를 누른 수용자의 반응 정도가 수치로 드러나 있다.
② '게시물 공유' 기능으로 게시물을 다른 매체에 전달할 수 있게 한다.
③ 게시글의 내용에 해당하는 이미지를 게시하여 생생하게 정보를 전달하고 있다.
④ 하이퍼링크로 '다음 게시물'의 주소를 제시하여 정과를 만드는 영상을 수용자가 접할 수 있게 하고 있다.
⑤ 특정 문구 앞에 '#' 기호를 붙여 해당 주제에 관심이 있는 사람들이 게시물을 쉽게 검색할 수 있게 하고 있다.

자료 탐구

제시된 지문은 누리 소통망에서 학생들이 소통하고 있는 상황이다. 학생들은 공간의 제약을 거의 받지 않고 의견을 공유하고 있으며, 시각적 이미지를 활용하여 생각을 전달하기도 한다. 이 밖에 누리 소통망은 다양한 복합 양식성을 가진 자료들을 참여자들에게 공유하는 등의 정보 공유 방식을 지닌 매체이다.

■ 다음은 학생회 누리 소통망 대화이다. 물음에 답하시오.

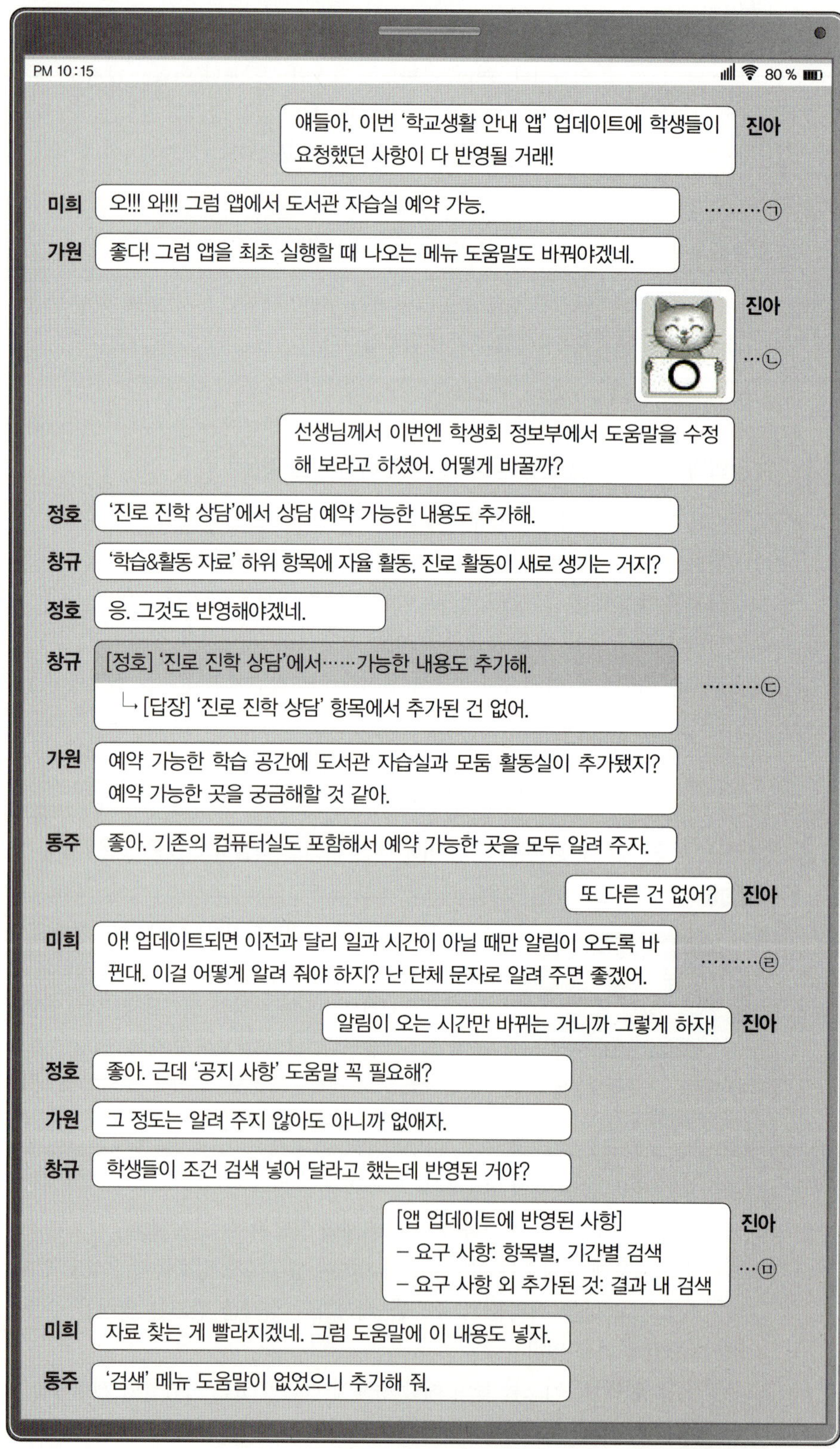

▸ 242013-0168

■ ㉠~㉤에 드러난 의사소통 방식에 대한 이해로 적절하지 않은 것은?

① ㉠: 느낌표를 반복적으로 사용하여, 자신의 감정 상태를 표현하였다.
② ㉡: 시각적 이미지를 활용하여, 상대방이 제시한 의견에 동의를 표현하였다.
③ ㉢: 대화 내용을 복사하는 기능을 활용하여, 상대방의 질문에 답하였다.
④ ㉣: 묻고 답하는 방식을 활용하여, 변경된 알림 전송 시간대를 안내하는 방법에 대한 자신의 의견을 제시하였다.
⑤ ㉤: 줄을 바꾸는 방식으로 글을 입력하여, 변동 사항을 구분하여 안내하였다.

이 문제는
매체 영역에서 빈출되는 매체 언어의 특징을 확인하는 문제이다. 지문을 읽을 때 누리 소통망에서의 대화의 특징을 염두에 두며 선지의 설명이 ㉠~㉤ 해당 부분을 제대로 설명하고 있는지 살펴 가며 문제를 해결한다.

이렇게 풀어 보자!

1 단계

문제에서 묻고 있는 바를 확인한다.

㉠~㉤에 반영된 매체 언어의 의미 전달 방식을 각 선지에서 제대로 제시하고 있는지를 파악하는 문제이다.

2 단계

선지에 제시된 매체 언어의 의미 전달 방식을 이해하고, 이를 지문의 해당 부분에 차례대로 적용하며 옳고 그름을 판단한다.

선지에서 제시하고 있는 의미 전달 방식을 읽고 이해한 후 지문의 해당 부분에 적용하여 파악하다 보면, ㉢에서 '창규'는 대화 내용을 복사하는 기능이 아니라 다른 사람의 글에 답장할 수 있는 기능을 활용하여 '정호'의 첫 번째 글에 답하고 있음을 확인할 수 있다.

 ③

오답을 확인하자!

① ㉠에서 '미희'는 '오!!! 와!!!'와 같이 느낌표를 반복적으로 사용하여 '학교생활 안내 앱' 업데이트에 학생들이 요청했던 사항이 다 반영된다는 것에 대해 강한 긍정의 감정 상태를 표현하고 있다.
② ㉡에서 '진아'는 동의를 나타내는 ㅇ표를 들고 있는 고양이 이미지를 활용하여, '가원'이 제시한 의견에 동의를 표현하고 있다.
④ ㉣에서 '미희'는 '이걸 어떻게 알려 줘야 하지? 난 단체 문자로 알려 주면 좋겠어.'와 같이 문답의 방식을 활용하여 자신의 의견을 제시하고 있다.
⑤ ㉤에서 '진아'는 줄을 바꾸는 방식으로 글을 입력하여, '요구 사항'과 '요구 사항 외 추가된 것'을 구분하여 안내하고 있다.

02 매체의 수용

○ 매체 자료를 비판적으로 수용하고, 자신의 관점을 담아 매체 비평 자료를 제작할 수 있다.

1 매체 자료의 올바른 수용

(1) 의의

현대 사회에서 매체가 단순한 의사소통의 도구를 넘어 다양한 문화를 형성하는 토대로 작용하기에 매체 자료를 올바르게 수용하는 것이 중요하다. 특히 현대 사회의 사회적 의제를 다룬 다양한 유형의 매체 자료에 담긴 사회 문화적 맥락을 고려하여 그것이 전달하는 주제를 비판적이고 주체적으로 수용하여야 한다.

(2) 다양한 관점과 가치를 고려하여 수용하기

• 매체 자료를 바라보는 관점과 가치는 다양한데, 이에 따라 동일한 매체 자료라도 평가와 해석이 달라질 수 있다.

예술적 가치를 추구하는 관점 →

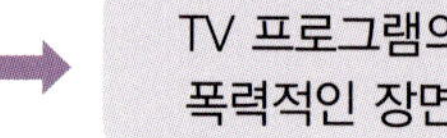

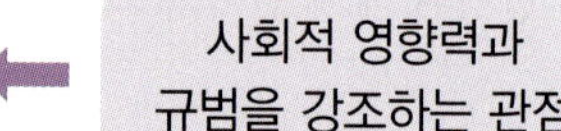

←

내용 전개상 반드시 필요하다면 괜찮다.

TV 프로그램을 접할 수 있는 청소년과 어린아이를 고려한다면 부적절하다.

이 밖에 드라마나 영화 등이 현실을 그대로 반영하는 매체 자료라는 관점과 현실을 새롭게 만들어 나가는 매체 자료라는 관점도 서로 완전히 상반된다.

• 단일한 관점이나 가치를 고집하기보다 다양한 관점과 가치를 고려하여 수용하려는 태도를 지녀야 한다. 이를 통해 매체 자료의 긍정적인 측면과 부정적인 측면을 모두 발견할 수 있으며 다양한 수용자의 의견도 이해할 수 있다.

(3) 매체 자료의 의미를 비판적으로 분석하기

사회 문화적 맥락	매체 자료의 사회 문화적 맥락 고려하기
관점	제작 의도와 관점 파악하기
타당성	매체 자료가 다루는 내용의 타당성 평가하기
공정성	의견의 공정성을 평가하여 특정 이익을 목적으로 하지 않았는지 확인하기
신뢰성	과장되고 왜곡된 내용은 없는지 출처를 확인하여 자료의 신뢰성 평가하기

필수 개념어

사회적 의제
사회적으로 토론을 주고받을 만한 문제.

관점
사물이나 현상을 관찰할 때, 그 사람이 보고 생각하는 태도나 방향 또는 처지.

가치
인간의 욕구나 관심의 대상 또는 목표가 되는 진, 선, 미 따위를 통틀어 이르는 말.

타당성
사물의 이치에 맞는 옳은 성질. 주장에 대해 합리적인 이유와 근거가 제시될 때 타당하다고 평가함.

공정성
한쪽으로 치우치지 않아 공평하고 올바른 성질.

신뢰성
굳게 믿고 의지할 수 있는 성질.

2 매체 자료의 비평

(1) 매체 자료 비판적으로 수용하기

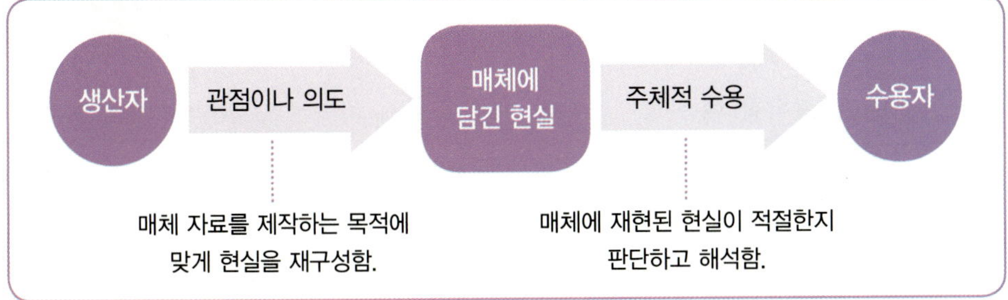

(2) 매체 자료 비평하기

전문성 있는 기존의 매체 비평 자료에 대한 이해를 통해 매체 자료를 비판적으로 수용하는 방법 익히기

비평하고자 하는 매체 자료의 '제작 목적', '표현 방법'. '수용자의 주목을 끌기 위한 방법', '수용자에게 미치는 영향력', '특정 개인이나 집단에 대한 묘사' 등을 중심으로 자신의 생각 정리해 보기

해당 매체 자료에 대한 기존의 자료를 참조하여 자신의 생각과 비교, 대조해 보며 공통점과 차이점 파악해 보기

최종적으로 자신의 관점을 정한 뒤 이유와 근거를 타당하게 들어 주체적으로 비평하기

필수 개념어

비평
사물의 옳고 그름, 아름다움과 추함 따위를 분석하여 가치를 논함.

개념+

재현
매체는 현실을 있는 그대로 반영하는 것이 아니라, 생산자의 관점이나 의도를 담아 매체 형식에 맞게 새롭게 구성하는데, 이를 매체의 현실 '재현'이라고 한다.

☑ 개념 학습 체크

1 매체 자료를 바라보는 (   )와/과 가치에 따라 그것에 대한 평가와 해석이 달라질 수 있다.
2 수용자는 매체 자료에 (   )된 현실이 적절한지 판단하고 해석하여야 한다.
3 매체 자료에 대해 자신의 관점을 정하고 그것을 뒷받침하는 (   )와/과 근거를 들어 비평한다.

답 1 관점 2 재현 3 이유

교과서 열기 ①

이 매체는

(가)는 (나)의 학생들이 이야기를 나누고 있는 TV 프로그램에 대한 간략한 설명이며, (나)는 휴대 전화 메신저를 통해 학생 3명이 자유롭게 TV 프로그램과 관련한 생각을 공유하고 있는 모습이다.

[01~03] (가)는 학생들이 시청한 매체 자료에 대한 정보이고, (나)는 (가)를 시청한 학생들이 휴대 전화 메신저로 나눈 대화이다. 물음에 답하시오.

(가)

- **방송사**: ○○S
- **프로그램 유형**: 예능
- **제목**: 길 따라 맛 따라
- **내용**: 무작위로 찾아갈 도시를 정하고, 도시 곳곳을 돌아다니면서 맛집을 발견하고 추천함.

(나)

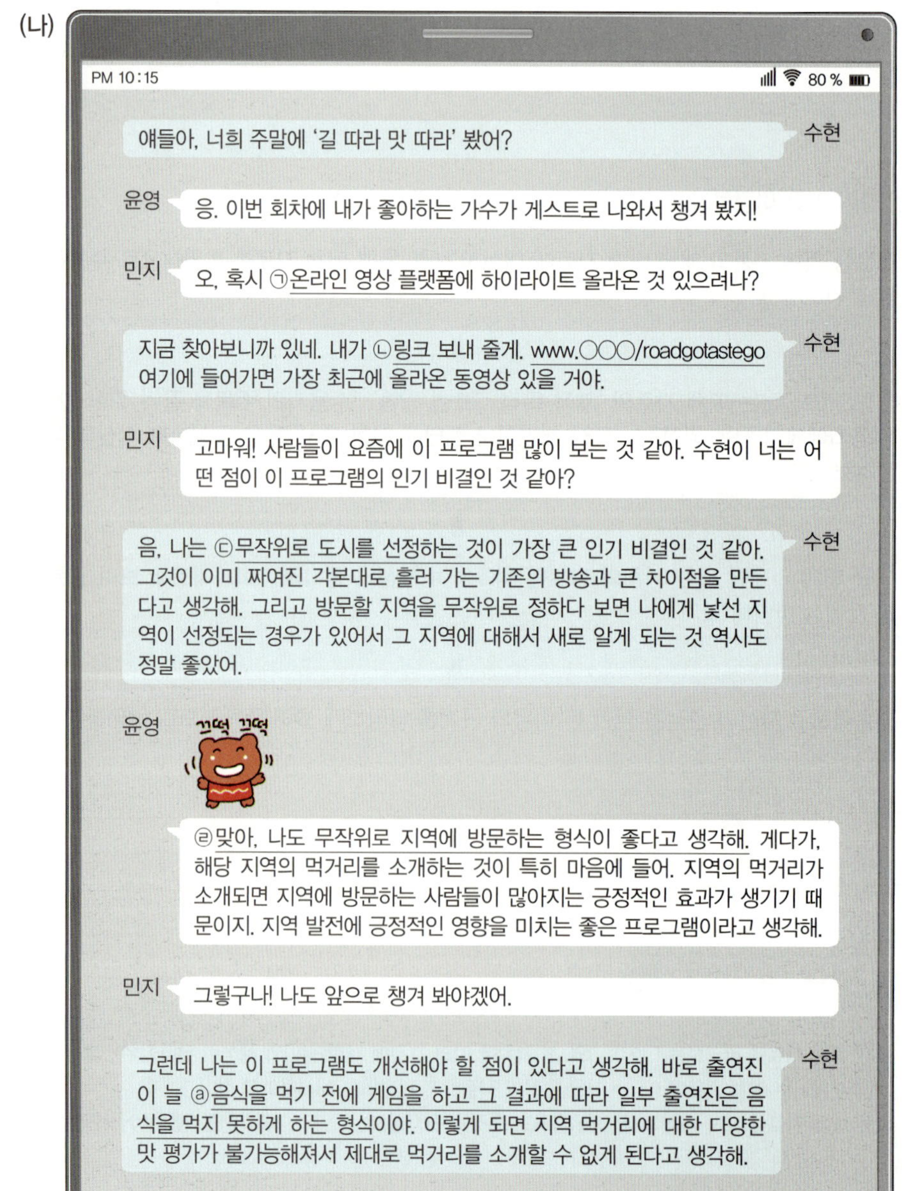

윤영 그래? 내 생각은 조금 달라. 이 프로그램은 ⓜ각 지역의 음식을 소개하는 장점을 지녔지만, 그 전에 시청자를 즐겁게 하는 것이 목적인 예능 프로그램이야. 게임을 통해 음식을 먹는 형식이 시청자의 즐거움을 유발하는 데 큰 역할을 하고 있기에 앞으로도 필요하다고 생각해.

▸ 242013-0169

01 ㉠~㉤에 대한 설명으로 적절하지 않은 것은?

① ㉠: 복합 양식의 매체 자료가 게시되는 인터넷상의 공간이다.
② ㉡: '수현'이 동영상이 있는 페이지로 바로 접근할 수 있도록 '민지'에게 제공하고 있다.
③ ㉢: '수현'이 '길 따라 맛 따라'가 사람들에게 인기 있는 이유라고 여기는 요인이다.
④ ㉣: '수현'의 의견에 동의하는 '윤영'의 의견이 담긴 발화이다.
⑤ ㉤: '윤영'이 '길 따라 맛 따라'에 대해 아쉬움을 느끼는 부분이다.

▸ 242013-0170

02 (나)를 통해 알 수 있는 휴대 전화 메신저의 특성으로 가장 적절한 것은?

① 전문성을 가진 일부 사람들만 참여할 수 있는 매체이다.
② 주로 생산자가 수용자에게 정보를 일방향적으로 전달하는 매체이다.
③ 타인과 사적인 정보보다는 공적인 정보를 주로 공유하게 되는 매체이다.
④ 시각적 요소로 다른 사람의 생각에 대한 반응을 드러낼 수 있는 매체이다.
⑤ 참여자들이 실제로 만나서 소통할 때보다 공간의 제약을 많이 받는 매체이다.

▸ 242013-0171

03 〈보기〉는 ⓐ를 둘러싼 '수현'과 '윤영'의 평가를 도식화한 것이다. 빈칸에 들어갈 적절한 말을 쓰시오.

단일한 관점이나 가치를 고집하기보다 다양한 관점과 가치를 고려하여 수용하려는 태도를 지니면, 매체 자료의 긍정적, 부정적 측면을 모두 발견하고 다양한 수용자의 의견을 이해할 수 있다.

보기

'수현'의 평가		'윤영'의 평가
지역 먹거리에 대한 다양한 맛 평가가 불가능하여 제대로 먹거리를 소개할 수 없게 하는 형식이다.	→ 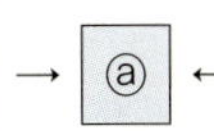 ←	시청자를 즐겁게 해야 하는 목적을 지닌 프로그램이라는 점에서 필요한 형식이다.

∴ 이렇게 두 사람의 평가가 다르게 나오는 이유는 서로 간에 (   )이/가 다르기 때문이다.

교과서 열기 ❷

[01~03] 다음은 누리 소통망에 대해 쓴 비평문이다. 물음에 답하시오.

이 글은
누리 소통망(SNS)을 통해 맺는 관계 형성에 대하여 다양한 이유와 근거를 들어 비판적 관점을 제시하고 있는 글이다.

'누리 소통망(SNS)'이 인간의 관계 형성에 큰 비중을 차지하기 시작하자 우리가 다른 사람과 맺는 '관계'의 모습도 조금씩 변화하기 시작하였다. 보통의 관계는 물리적 거리와 반비례한다. 멀어지는 만큼 소통과 만남의 횟수는 줄어들고 관계는 약해지게 된다. 하지만 누리 소통망은 이러한 공식을 허물고, '거리'가 가진 의미를 무의미하게 만들었다. 언제 어디서든 서로가 연결되어 순간의 감정, 생각을 공유할 수 있다.

그뿐만 아니라 누리 소통망에서 만나는 친구들과는 굉장히 수월하게 관계를 만들어 나갈 수 있다. 누리 소통망에서의 만남은 오프라인에서의 만남에 비해 훨씬 편안하다. 상대의 표정, 몸짓, 시선에 신경 쓰지 않아도 되고 친구의 대답이나 질문에 바로 반응할 필요도 없다. 이렇게 누리 소통망상에서 관계를 유지하는 것은 오프라인에서보다 시간과 에너지가 덜 들기에 쉽게 관계를 만들고 넓혀 갈 수 있다.

하지만 누리 소통망을 통해 만들어진 관계는 우리에게 피로감을 가져다준다. 매 순간 울리는 누리 소통망의 알림은 일상생활의 집중을 방해하기도 하며 온라인에서 맺어지는 관계의 양이 너무 많다면 결국 관계 유지를 위해 소모되는 에너지의 합은 온라인이 오프라인을 능가하며 어느 순간에는 한계에 부딪힐 수도 있다.

영국 옥스퍼드 대학의 교수이자 진화 생물학자인 로빈 던바는 관계 과잉에 따른 피로감과 관련한 흥미로운 이론을 제시한다. 그에 따르면 인간은 뇌 용량 때문에 친밀한 관계를 유지할 수 있는 지인의 수가 최대 150명이라는 것이다. 그의 이론에 따르면 누리 소통망은 인간의 뇌가 감당할 수 있는 수를 넘어서는 인간관계를 맺게 하기에 관계 유지에 대해 즐거움이 아니라 피로감을 갖게 된다는 것이다. 즐거움으로 시작했던 누리 소통망 서비스가 오히려 우리를 힘들게 하는 것이다.

그리고 누리 소통망을 통한 관계 형성에 익숙해지다 보면 오히려 현실에서의 관계 형성 능력이 떨어질 수 있다. 누리 소통망에서의 관계 형성은 비교적 적은 에너지로 가능하며, 굳이 관계 형성을 희망하지 않는 사람들과는 관계를 형성하지 않고 내가 원하고 필요한 사람들과만 관계를 형성하게 된다. 이렇게 수월한 관계 형성에 익숙해지면 훨씬 더 많은 에너지와 전략이 필요한 오프라인 관계 형성에는 어려움을 겪을 수 있다.

누리 소통망은 우리가 시간과 공간의 제약에서 벗어나 자유롭게 소통할 수 있게 하지만, 관계의 질 측면에서 타인과 깊은 관계를 맺는 데에는 큰 도움이 되지 않고 있다. 시간과 노력을 들이지 않는 관계는 약하다. 신뢰는 쉽게 쌓이지 않기 때문이다. 또한 누리 소통망상에 게시된 생각과 감정은 실제 생각과 감정의 극히 일부분이기도 하다. 게시물을 통해 게시자의 생각과 감정을 충분히 파악할 수 없다.

따라서 우리는 누리 소통망에서 이루어지는 관계 형성의 빛과 그림자를 응시하여, 단순히 누리 소통망의 친구가 많아졌다고 해서 인간관계가 좋아졌다는 착각에 빠지지 말아야 할 것이다.

- **수월** 까다롭거나 힘들지 않아 하기가 쉬움.
- **능가** 능력이나 수준 따위가 비교 대상을 훨씬 넘어섬.
- **과잉** 예정하거나 필요한 수량보다 많아 남음.
- **응시** 눈길을 모아 한 곳을 똑바로 바라봄.

▸ 242013-0172

01 윗글에 대한 설명으로 가장 적절한 것은?

① 중심 화제에 대한 인식 변화를 시대순으로 드러낸 글이다.
② 독자에게 필자의 의견이 아닌 사실적 정보만을 전달하는 글이다.
③ 특정 소재에 대한 상반된 주장을 언급하고 그것을 절충하는 글이다.
④ 전문가가 제시한 이론을 근거로 제시하여 주장의 타당성을 높이고 있는 글이다.
⑤ 시각 자료를 활용하여 글쓴이가 개인적으로 겪은 경험을 생생하게 전달하는 글이다.

▸ 242013-0173

02 〈보기〉는 윗글을 읽은 학생들의 반응이다. 이에 대한 설명으로 적절하지 않은 것은?

보기

학생 1: 나도 누리 소통망을 이용하면서 가까워진 사람들이 있었는데 그 관계가 오래 가지는 않았던 기억이 있어. 그 사람들에게는 내 속이야기를 다 털어놓기가 어려웠어.

학생 2: 글쓴이가 말한 것처럼 분명 누리 소통망을 통한 관계 형성에 익숙해지면 현실에서의 관계 형성 능력이 떨어질 수 있을 것 같아. 하지만, 만약 현실에서 깊은 관계를 형성한 친구가 멀리 이사를 간 경우에 누리 소통망은 관계 유지에 도움이 되지 않을까?

학생 3: 그동안 누리 소통망을 통한 인간관계 형성에 대해 생각해 보지 못했는데, 이 글을 통해서 생각해 볼 수 있어서 유익했어. 누리 소통망에 대한 전문 비평 자료를 좀 더 찾아보고 이 글이나 내 생각과 비교해 보아야겠어.

① '학생 1'은 누리 소통망을 통한 관계 형성과 관련한 자신의 경험을 떠올리고 있다.
② '학생 1'은 '학생 3'과 달리 윗글의 주장과 자신의 생각을 대조하고 있다.
③ '학생 2'는 누리 소통망이 관계 유지에 도움이 되는 경우가 있을 것이라 여기고 있다.
④ '학생 3'은 윗글이 자신에게 미친 긍정적인 영향에 대해 언급하고 있다.
⑤ '학생 3'은 '학생 2'와 달리 앞으로 무엇을 할지에 대한 계획을 밝히고 있다.

매체 자료를 비평하고 있는 여러 학생들의 관점과 그것을 뒷받침하는 근거를 확인하는 문제이다. 선지에서 두 학생을 비교하는 설명은 특히 주의하여 선지의 설명이 둘 모두에게 해당하는지 혹은 한 명에게만 해당하거나 둘 모두에게 해당하지 않는지를 정확히 파악하여야 한다.

▸ 242013-0174

03 〈보기〉는 윗글을 읽고 정리한 내용이다. 빈칸에 들어갈 말을 차례대로 쓰시오.

보기

▣ 글쓴이의 관점

– 누리 소통망을 통한 관계 형성은 (   ) 측면을 지니고 있기에 이를 비판적으로 접근하여야 한다.

▣ 이유 및 근거

(1) 누리 소통망을 통해 만들어진 관계는 (   )을/를 준다.
(2) 누리 소통망을 통한 관계 형성에 익숙해지다 보면 (   )에서의 관계 형성 능력이 떨어질 수 있다.
(3) 누리 소통망을 통해서는 깊은 관계를 형성할 수 없으며, 누리 소통망에서 확인하는 게시자의 생각과 감정은 실제의 극히 일부분이다.

수능 맛보기

자료 탐구

해제 제시된 자료는 온라인 카페에서 '재원'이 1인 미디어 방송에 대한 자신의 관점을 드러내어 비평한 글과 그 글에 달린 댓글이다. 자료를 통해 학생들이 자신의 관점을 드러내며 소통하는 모습을 확인할 수 있다.

■ 다음은 온라인 카페 화면의 일부이다. 물음에 답하시오.

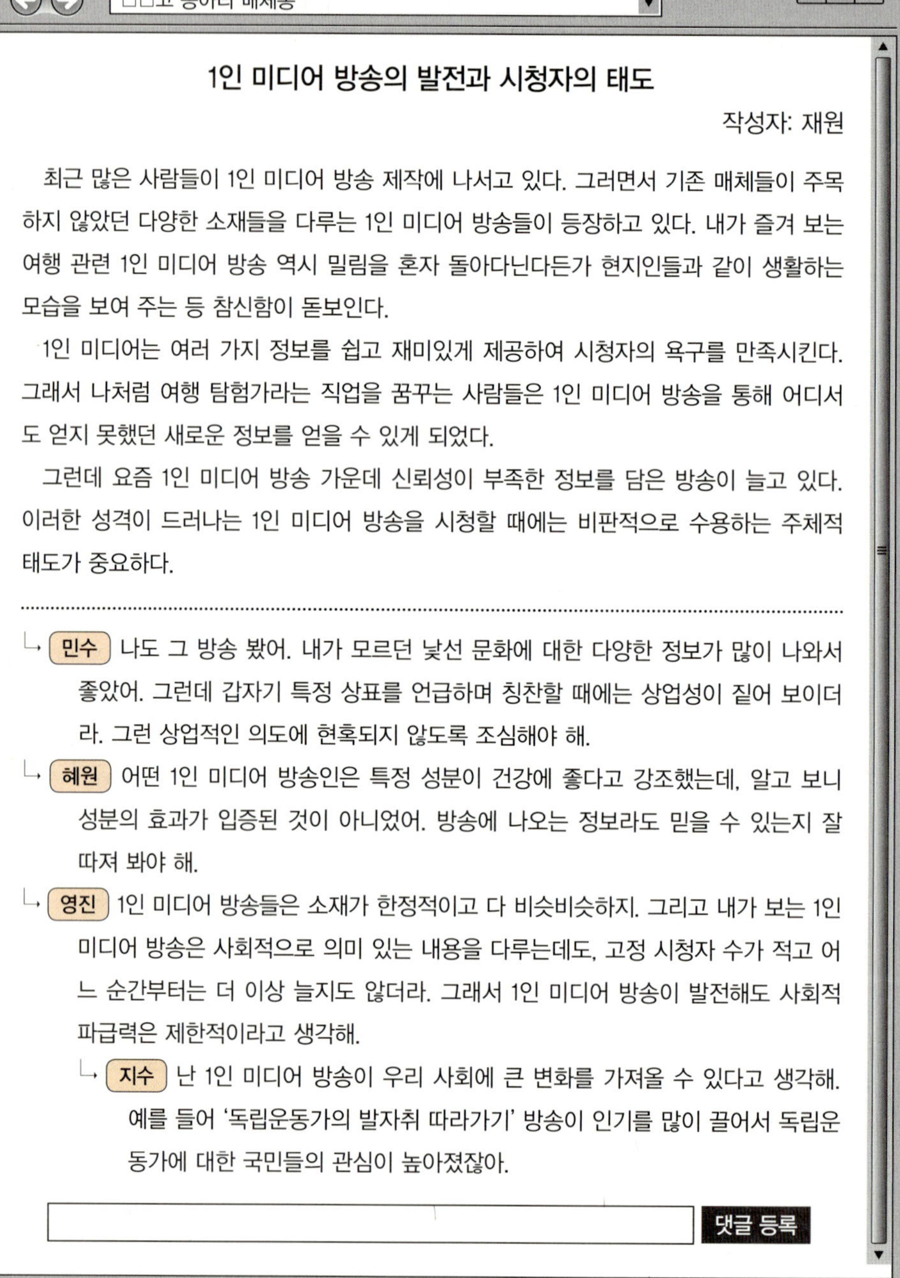

□□고 동아리 매체통

1인 미디어 방송의 발전과 시청자의 태도

작성자: 재원

최근 많은 사람들이 1인 미디어 방송 제작에 나서고 있다. 그러면서 기존 매체들이 주목하지 않았던 다양한 소재들을 다루는 1인 미디어 방송들이 등장하고 있다. 내가 즐겨 보는 여행 관련 1인 미디어 방송 역시 밀림을 혼자 돌아다닌다든가 현지인들과 같이 생활하는 모습을 보여 주는 등 참신함이 돋보인다.

1인 미디어는 여러 가지 정보를 쉽고 재미있게 제공하여 시청자의 욕구를 만족시킨다. 그래서 나처럼 여행 탐험가라는 직업을 꿈꾸는 사람들은 1인 미디어 방송을 통해 어디서도 얻지 못했던 새로운 정보를 얻을 수 있게 되었다.

그런데 요즘 1인 미디어 방송 가운데 신뢰성이 부족한 정보를 담은 방송이 늘고 있다. 이러한 성격이 드러나는 1인 미디어 방송을 시청할 때에는 비판적으로 수용하는 주체적 태도가 중요하다.

↳ **민수** 나도 그 방송 봤어. 내가 모르던 낯선 문화에 대한 다양한 정보가 많이 나와서 좋았어. 그런데 갑자기 특정 상표를 언급하며 칭찬할 때에는 상업성이 짙어 보이더라. 그런 상업적인 의도에 현혹되지 않도록 조심해야 해.

↳ **혜원** 어떤 1인 미디어 방송인은 특정 성분이 건강에 좋다고 강조했는데, 알고 보니 성분의 효과가 입증된 것이 아니었어. 방송에 나오는 정보라도 믿을 수 있는지 잘 따져 봐야 해.

↳ **영진** 1인 미디어 방송들은 소재가 한정적이고 다 비슷비슷하지. 그리고 내가 보는 1인 미디어 방송은 사회적으로 의미 있는 내용을 다루는데도, 고정 시청자 수가 적고 어느 순간부터는 더 이상 늘지도 않더라. 그래서 1인 미디어 방송이 발전해도 사회적 파급력은 제한적이라고 생각해.

↳ **지수** 난 1인 미디어 방송이 우리 사회에 큰 변화를 가져올 수 있다고 생각해. 예를 들어 '독립운동가의 발자취 따라가기' 방송이 인기를 많이 끌어서 독립운동가에 대한 국민들의 관심이 높아졌잖아.

댓글 등록

▸ 242013-0175

■ **위 자료를 바탕으로 '1인 미디어 방송'에 대한 학생들의 수용 양상을 이해한 내용으로 적절하지 않은 것은?**

① '재원'은 자신의 진로와 관련된 새로운 정보를 얻은 경험을 근거로 1인 미디어 방송이 유용하다고 판단하였다.

② '혜원'은 증명되지 않은 정보를 접했던 경험을 근거로 1인 미디어 방송이 제공하는 정보에 대한 신뢰성을 점검해야 한다고 판단하였다.

③ '재원'과 '민수'는 모두, 1인 미디어 방송의 상업적 의도를 알아차린 경험을 근거로 1인 미디어 방송을 시청할 때 주의가 필요하다고 판단하였다.

④ '재원'은 '영진'과 달리, 자신이 본 여행 관련 1인 미디어 방송을 근거로 1인 미디어 방송의 소재가 다양하다고 판단하였다.

⑤ '영진'은 '지수'와 달리, 고정 시청자 수가 늘지 않는 1인 미디어 방송 사례를 근거로 1인 미디어 방송이 사회에 미치는 영향력에는 한계가 있다고 판단하였다.

이 문제는
매체 비평 자료에 담긴 다양한 관점과 가치를 파악할 수 있는지를 확인하는 문제이다. 학생들의 관점과 그 근거를 파악하고, 선지의 설명과 비교하여 문제를 해결한다.

이렇게 풀어 보자!

1 단계

문제에서 묻고 있는 바를 확인한다.

제시된 자료에서 각 학생의 글을 읽고 학생들의 관점과 가치를 파악하여 설명이 적절하지 않은 선지를 골라내는 문항이다.

2 단계

각 학생의 관점과 그것을 뒷받침하는 이유, 근거 등을 확인하고 자료와 선지의 설명을 비교하며 옳고 그름을 파악한다.

자료를 이해하는 과정에서 '민수'는 1인 미디어 방송의 상업적 의도를 알아차린 경험을 근거로 들고 있지만, '재원'은 1인 미디어 방송 가운데 신뢰성이 부족한 정보를 담은 방송이 늘고 있다는 것을 관점의 근거로 들고 있음을 파악할 수 있다. 따라서 ③에서 둘 모두 1인 미디어 방송의 상업적 의도를 알아차린 경험을 근거로 들고 있다는 설명이 옳지 않음을 발견할 수 있다.

답 ③

오답을 확인하자!

① '재원'은 '나처럼 여행 탐험가라는 직업을 꿈꾸는 사람'이 어디서도 얻지 못했던 새로운 정보를 얻었다는 경험을 근거로 1인 미디어 방송이 유용하다고 판단하였다.

② '혜원'은 1인 미디어 방송인이 건강에 좋다고 강조했던 특정 성분이 실제로는 그 효과가 입증되지 않았음을 확인한 경험을 근거로 1인 미디어 방송에서 제공하는 정보에 대한 신뢰성을 점검해야 한다고 판단하였다.

④ 1인 미디어 방송의 소재에 대하여 '재원'은 '기존 매체들이 주목하지 않았던 다양한 소재들을 다루'었다고 판단하였지만, '영진'은 이와 달리 '소재가 한정적이고 다 비슷비슷하'다고 판단하였다.

⑤ '영진'은 '고정 시청자 수가 적고 어느 순간부터는 더 이상 늘지도 않더라.'라고 하면서 1인 미디어 방송의 사회적 파급력이 제한적이라고 판단하였다. 하지만 '지수'는 '독립운동가의 발자취 따라가기' 방송의 파급력을 예로 들면서 '1인 미디어 방송이 우리 사회에 큰 변화를 가져올 수 있다'고 판단하였다.

인용 사진/문헌 출처

김원중, 『맹자: 민심을 얻는 왕도 정치의 고전』, 휴머니스트, 2021. 72쪽(맹자의 사상)

CBW / Alamy Stock Photo 84쪽(전쟁의 폐허 속에서 책을 찾아 무너진 서가 앞에 선 사람들의 모습)

김광희 외, 『미디어 리터러시 수업』, 휴머니스트, 2019. 188쪽(누리 소통망에 대한 비평)

2022 개정 교육과정 적용

고등학교
입 문 서
NO. 1

고등 예비 과정

공통국어

정답과 해설

고등학교
입 문 서
NO. 1

고등 예비 과정

공통국어

정답과 해설

정답과 해설

I. 문학

01 문학과 문학 소통

교과서 열기 ❶

본문 10~11쪽

01 ③ **02** ① **03** ⑤ **04** 예시 답 운명적 사랑과 만나는 공간이자, 화자가 사랑에 대한 깨달음을 얻는 공간이다.

장석남, 「배를 매며」

- **해제** 이 작품은 예상치 못한 순간에 사랑이 시작되는 과정을 배를 매는 일에 빗대어 사랑의 의미를 사색한 작품이다. 유사한 구조의 시구를 반복하여 대상의 의미를 밝혀 나가고 있으며, 명사로 시행을 종결하여 시적 여운을 주고 있다.
- **주제** 사랑이 시작되는 과정과 사랑의 본질에 대한 깨달음
- **구성**
  1연: 배를 매는 화자와 뭍에 닿는 배
  2연: 배를 매는 경험으로 표현된 사랑이 시작되는 과정
  3연: 바다에 구름과 빛과 시간과 함께 떠 있는 배
  4연: 떠 있는 배를 통해 깨닫게 된 사랑의 본질
  5연: 울렁이며 떠 있는 배로 표현된 사랑의 마음

01 표현상의 특징 파악 답 ③

이 시는 갑자기 날아온 밧줄을 잡아 배를 맨 경험을 통해 사랑의 의미를 알게 된 화자의 깨달음을 드러내고 있다.

오답 피하기

① 인격화된 자연물은 찾아볼 수 없다.
② 이 시는 담담한 어조가 일관되게 유지되고 있으며, 화자의 태도 변화도 나타나지 않는다.
④ 이 시에서 다양한 색채어는 드러나지 않는다.
⑤ 특정한 계절적 배경이 드러나는 시어는 찾아볼 수 없으며, 인간과 자연의 관계를 드러내고 있다는 설명도 적절하지 않다.

02 시어, 시구의 의미와 기능 파악 답 ①

'배를 매'는 행위는 사랑을 의미하므로, '배를 매면'서 '구름과 빛과 시간이 함께 / 매어진다는 것'을 아는 것은 사랑의 본질에 대해 깨닫는 것을 의미한다. [A]의 3행에서 '사랑이란 그런 것을 처음 아는 것'이라는 표현을 통해 직접 확인할 수 있다.

오답 피하기

② 자연의 섭리를 확인할 수 있는 구절은 나타나지 않는다.
③ 2연에 '사랑은', '배를 매게 되는 것'이라는 표현이 나타나 있으므로, [A]에 비로소 드러난다는 것은 적절하지 않다.
④ 인생의 무상함을 의미하는 구절은 찾아볼 수 없다.
⑤ 진정한 사랑의 의미는 나타나지만, 이를 위한 화자의 노력이나 희생은 찾아볼 수 없다.

03 외적 준거에 따른 작품 감상 답 ⑤

'배'가 '울렁이며' 떠 있는 것은 흔들리는 물결로 인해 배가 움직이는 것과 가슴이 두근거리는 것 사이의 유사성을 바탕으로 한 비유로 볼 수 있다. '울렁이다'에는 속이 메슥하여 토할 것 같다는 의미도 있으나, 시의 맥락을 고려할 때 이를 내면의 고통으로 해석하는 것은 적절하지 않다.

오답 피하기

① 밧줄이 갑자기 날아오는 것과 갑자기 사랑이 시작되는 것 사이에는 예기치 못했다는 유사성이 있으므로 적절하다.
② 배가 멀리서부터 천천히 다가오는 과정과 사랑이 시작되는 순간 사이의 유사성이 있으므로 적절하다.
③ 어찌할 수 없이 배를 매게 되는 것과 운명적으로 시작된 사랑은 의도 없이 시작되었다는 유사성이 있으므로 적절하다.
④ 배와 사랑 사이에 유추의 관계가 적용되므로, 다른 존재들과 함께 떠 있는 배를 통해 사랑 또한 다른 존재들과 함께 있는 것이며, 사랑의 대상과 주변의 존재까지 함께 받아들이는 것임을 알 수 있다.

04 시어, 시구의 의미와 기능 파악 예시 답 참조

'부둣가'는 우연히 날아온 밧줄을 잡아 배를 매는 장소이며, 작품의 주제를 고려할 때 배를 매는 행위의 의미를 깨닫는 장소이기도 하다. 따라서 이는 화자가 운명적 사랑과 만나는 공간이자, 사랑에 대한 깨달음을 얻는 공간으로 이해할 수 있다.

교과서 열기 ❷

본문 12~13쪽

01 ④ **02** ⑤ **03** ④

나희덕, 「풀 비린내에 대하여」

- **해제** 이 작품은 글쓴이가 자동차를 타다 겪은 우연한 경험을 바탕으로 의도치 않게 자연에 가한 자신의 폭력을 반성하는

글로, 자동차를 비롯한 현대 문명의 사용에 대한 바람직한 태도를 제시하고 있다.

• **주제** 현대 문명을 사용하는 바람직한 태도와 생태주의적 성찰
• **구성**
처음: '감성적 기계' 관람과 자동차에 대한 글쓴이의 생각
중간: 자동차에 대한 종속과 풀 비린내에 대한 경험
끝: 자동차에 대한 글쓴이의 태도 정리

01 표현상의 특징 파악 답 ④

이 글에 스웨덴의 생태주의자인 에민 텡스룀의 말을 직접 인용한 대목이 있지만, 이는 현대인들이 자동차를 선호하는 현실에 대한 분석으로, 현실 속 사회 문제를 해결하기 위한 대안으로는 볼 수 없다.

오답 피하기

① '아늑한 자궁'과 같은 표현 외에도 자동차를 비유적으로 표현한 예술 작품의 제목인 '감성적 기계'를 통해 자동차에 대한 현대인의 감정을 제시하고 있다.
② 고속 도로에서 의도치 않게 풀벌레들을 죽인 경험을 바탕으로 현대 문명에 대한 자신의 성찰을 주제로 글을 전개하고 있다.
③ 글쓴이가 풀벌레를 해친 일화와, 옛날 티베트의 승려들의 사례를 구체적인 일화로 제시하며 생명을 소중히 생각하는 바람직한 삶의 자세를 제시하고 있다.
⑤ 고속 도로에서 풀벌레들을 죽인 경험을 바탕으로, 안락한 공간으로 여기던 자동차에 대한 글쓴이의 태도가 바뀌고 있다. 또한 문명의 이기에 대한 비판적인 성찰이 드러나고 있다.

02 작품의 내용 파악 답 ⑤

이 글의 주제를 고려할 때, 글쓴이는 현대 문명의 이기를 사용할 때 의도치 않게 자연을 파괴할 수 있다는 그 위험성을 인지하고자 한다. 따라서 ⓜ을 풀벌레를 죽인 경험에서 비롯한 마음의 상처를 극복하겠다는 다짐으로 이해하는 것은 주제와 어긋난 것이므로 적절하지 않다.

오답 피하기

① 운전 과정에서 풀벌레들을 죽인 사건을 '엄청난 범죄'라는 극단적인 말로 표현하고 있으므로 적절하다.
② 글쓴이는 운전을 할 때마다 풀벌레들을 죽인 기억을 떠올리며 손을 씻고 있으므로 적절하다.
③ 자동차의 양면성은 '인간에게 안락한 공간이 다른 생명을 해칠 수 있다'는 깨달음에 해당하므로 적절하다.
④ 글쓴이는 자동차를 소유하는 것에 대해, 자동차를 소유한 자신은 생태적인 발언을 할 자격이 없다고 인식하고 있다. 이는 자동차 사용에 대한 글쓴이의 성찰로 볼 수 있다.

03 작품의 종합적 이해와 감상 답 ④

이 글에 따르면 '나'는 고속 도로에서 풀벌레들을 죽인 경험 이후, 자동차의 사용을 자제할 것을 스스로 다짐하고 있다. 그러나 자기모순적인 욕망을 제거하겠다는 내용은 이 글에서 찾아볼 수 없다.

오답 피하기

① 수라시 쿠솔웡은 '감성적 기계'라는 예술 작품을 통해, 자동차를 해체하여 그 기능을 잃으면 그네와 같이 감성적인 사물이 될 수 있다는 새로운 시각을 제시하고 있다.
② '나'는 에민 텡스룀의 견해를 인용하며 자동차를 해체하지 않아도 이미 충분히 '감성적 기계' 노릇을 할 수 있다고 보고 있다.
③ 에민 텡스룀은 자동차가 '자기 자신의 영토 안에 머물고자 하는 의지와 이 영토 밖으로 움직일 필요성'을 동시에 충족해 준다고 설명하고 있다. 또한 '나'는 이 말의 의미에 대해 '모순된 욕망을 자동차라는 공간이 해결'해 준다고 설명하고 있다.
⑤ 티베트의 승려들은 공기 중의 미생물을 죽이게 될까 봐 얼굴에 일곱 겹의 천을 두르고 다닌다고 설명하고 있다.

02 문학의 갈래

교과서 열기 ❶

본문 18~19쪽

01 ① **02** ② **03** ⑤ **04** ⓐ 달팽이의 뿔, ⓑ 대붕

이규보, 「슬견설」

• **해제** 이 작품은 고려의 문인 이규보가 지은 한문 수필로, 이[虱]와 개[犬]를 소재로 하여 사물의 본질을 제대로 보아야 함을 주장하고 있다. 이 작품은 글쓴이와 한 손님이 나누는 대화로 구성되어 있으며, 내용은 기승전결의 구조를 이루고 있다.
• **주제** 편견과 선입견을 버리고 사물의 본질을 볼 수 있어야 함.

• 구성
기: '개'의 죽음에 마음이 아프다는 '손'
승: '이'의 죽음에 마음이 아프다는 '나'
전: '이'를 미물로 평가하는 '손'
결: 생명의 소중함은 본질적으로 같다는 '나'의 결론

01 시점 및 서술상의 특징 파악 답 ①

이 글에서 '나'가 성현의 말을 인용한 대목은 찾아볼 수 없다. '나'는 사례의 열거와 유추의 논리를 통해 자신의 주관적인 깨달음을 '손'에게 전달하고 있다.

오답 피하기

② 이 글은 '나'와 '손'의 대화로 이루어져 있어 극의 한 장면을 보는 듯한 효과를 주고 있다. 따라서 주제를 극적으로 제시하고 있다고 볼 수 있다.
③ '개'를 죽이는 일과 '이'를 죽이는 일이 같다는 것을 제시하기 위해 엄지와 나머지 손가락의 관계 등 유사한 관계를 제시하고 있다. 이를 통해서 대화의 주제가 사물은 본질적으로 평등하다는 보편적인 내용으로 나아가고 있다.
④ 크기가 작은 미물인 '이'와 '개'의 죽음은 다르다는 '손'의 통념을 반박하고 사물은 평등하다는 생각을 제시하며 새로운 깨달음을 주고 있다.
⑤ '개'를 쳐서 죽이는 일과 '이'를 잡아 죽이는 것은 '나'와 '손'의 일상 중에 일어난 일임을 알 수 있다.

02 인물의 심리, 태도 파악 답 ②

'손'은 자신이 목격한 '개'의 죽음은 동정하고 있지만, '이'의 죽음은 동정하지 않고 있다. 이는 '손'이 '이'와 '개'의 죽음을 구별하고 있음을 보여 준다. '손'은 그 이유로 '이'가 '미물', 즉 작고 변변치 않은 짐승임을 강조하고 있으며, '덩그렇게 크고 육중한 짐승'과 구별하고 있다.

오답 피하기

① '나'가 '이'의 죽음을 불쌍하다고 했을 때 '손'은 그 말을 자신을 조롱하는 의도라고 받아들였다. 이를 통해 '손'이 '이'의 죽음은 불쌍히 여길 만한 것이 아니라고 보았음을 알 수 있다.
③ '손'은 '개'를 '덩그렇게 크고 육중한 짐승'이라고 직접 말하고 있으므로 적절하지 않다.
④, ⑤ '손'과 '나'의 대화에서 확인할 수 없는 내용이다.

03 외적 준거에 따른 작품 감상 답 ⑤

'나'가 '손'에게 손가락을 깨물어 보라고 한 것은 유추의 논리를 통해 '나'의 주장을 확인해 볼 수 있음을 말한 것으로, 경험을 통해 깨달음을 얻는 것을 조언하고 있지 않다.

오답 피하기

① 〈보기〉에 따르면 '나'와 '손'의 대화는 글쓴이인 '나' 자신의 체험에서 비롯한 것임을 알 수 있다.
② '나'가 자신을 놀리고 있는 것이 아니냐는 '손'의 물음에 '나'는 자신의 의도를 밝힘과 동시에 사물의 본질에 대한 자신의 생각을 제시하고 있다.
③ '사람', '소, 말, 돼지, 양, 벌레, 개미'는 생명이 있는 것은 본질적으로 모두 죽음을 싫어한다는 점에서 공통점이 있다는 '나'의 주장의 설득력을 높이기 위한 사례로 볼 수 있다.
④ '나'가 '손'의 말 뒤에 '이'의 죽음을 제시한 이유는 '큰 놈과 작은 놈을 적절히 대조'하기 위한 것으로, 비유를 통해 '손'에게 깨달음을 주려 했음을 알 수 있다.

04 세부 내용 파악 답 ⓐ 달팽이의 뿔, ⓑ 대붕

'달팽이의 뿔'과 '메추리'는 '이'와 마찬가지로 작은 것에 해당하며, '쇠뿔', '대붕'은 '개'와 마찬가지로 큰 것에 해당한다.

교과서 열기 ❷ 본문 20~22쪽

01 ③ **02** ⑤ **03** ① **04** 예시 답 전쟁으로 인해 엄마의 가슴에 박힌 상처와 고통을 의미한다.

박완서, 「엄마의 말뚝 2」
• **해제** 이 작품은 '나'를 서술자로 하여 6·25 전쟁으로 말미암아 가족들이 겪은 비극적인 사건과 그 기억을 안고 분단 사회를 살아가는 사람들의 고통을 드러내고 있다. 특히 눈앞에서 아들이 총을 맞고 죽는 일을 경험했고 고향에도 돌아가지 못하고 있는 어머니의 상처를 통해 분단의 아픔이 계속되고 있는 우리의 현실을 고발하고 이에 대한 극복 의지를 담은 작품이다.
• **주제** 전쟁의 후유증과 분단 문제의 극복 의지
• **전체 줄거리** 어느 날 '나'는 친정어머니가 눈길에서 넘어져 다치셨다는 소식을 전해 듣는다. 다리가 부러져 수술을 받은 어머니는 수술 후 마취가 풀리면서 허공에 대고 소리치는 등 이상한 행동을 보이다 환각 속에서 6·25 전쟁 때 아들을 죽인 군관의 모습을 본다. 과거 '나'의 오빠는 인민군 치하에서 어쩔 수 없이 의용군에 지원했다가 겨우 탈출했으나, 곧 군관에게 발각되어 총을 맞고 숨졌다. 이후 환각에서 깨어난 어머니는 다시 정신을 차리고, 자신이 죽으면 시신을 화장하여 아들의 유골을 뿌린 곳에 자신의 유골도 뿌려 달라고 부탁한다.

01 시점 및 서술상의 특징 파악 답 ③

이야기 속의 서술자인 '나'가 '어머니'가 환각을 보고 고통스러워하는 모습을 보며 과거 '어머니'가 아들을 잃은 사건을 떠올리고, 이에 대한 자신의 생각을 드러내고 있다.

오답 피하기

① 이야기 속의 서술자라는 설명은 적절하지만, '나'가 '수간호원'과 대화하는 대목에서 과거 일어난 사건의 의미를 부정하는 부분은 찾아볼 수 없다.
② 이 글의 서술자는 이야기 속의 서술자이며, 다른 인물의 내면을 직접 제시하는 부분도 찾아볼 수 없다.
④ 이 글의 서술자는 이야기 속의 서술자이며, 자신의 내면을 바탕으로 사건에 대한 주관적인 해석을 밝히고 있다.
⑤ 이야기 속의 서술자라는 설명은 적절하지만, 서술자는 '나' 한 사람으로 고정되어 있으며, 따라서 여러 시점에서 중심 사건을 입체적으로 제시하는 부분은 찾아볼 수 없다.

02 인물의 심리, 태도 파악 답 ⑤

'수간호원'이 '어머니'가 본 환각의 원인을 특이 체질로 본 것은, '어머니'가 겪은 상처에 대한 이해가 부족하기 때문이다. 따라서 곧 나아질 것이라는 '수간호원'의 위로를 어머니의 상처 극복 가능성을 암시하는 것으로 해석하는 것은 적절하지 않다.

오답 피하기

① '군관 동무'라는 말을 통해 '나'는 '어머니'가 보고 있는 것이 저승의 사자가 아니라는 것과, 아들이 죽는 장면을 보고 있다는 것을 알게 된다.
② 앞의 내용을 통해 '어머니'가 자신의 다리를 아들로 여기고 있음을 알 수 있다. 환각 속에서 아들의 죽음을 예감한 '어머니'가 아들을 숨기려는 행동이 현실에서 다리를 숨기는 행동으로 나타나고 있다.
③ 차라리 '어머니'를 죽게 하는 것이 낫다는 내용을 통해, '나'는 '어머니'가 아들의 죽음을 다시 경험하는 것이 죽음의 고통보다 크다고 생각하고 있음을 알 수 있다.
④ 피를 보자 광란이 극에 달한 '어머니'는 아들을 죽게 한 환각 속의 군관에 대해 이까지 갈며 분노를 터뜨리고 있다.

03 외적 준거에 따른 작품 감상 답 ①

〈보기〉에서 작가는 진실로 통일을 원하는 사람들은 통일에 대한 꿈을 유지하고 관심을 멈추지 않기 위해서 분단의 상처를 쥐어뜯을 수밖에 없다고 말하고 있다. 이는 진심으로 통일을 이루기 위해서는 분단의 고통을 현실의 고통으로 받아들이고 절대 그 고통을 잊지 말아야 한다는 뜻으로, 착란을 일으켜 비극적인 사건을 다시 겪으면서 상처 입고 있는 어머니의 고통은 이것에 해당한다고 볼 수 있다.

오답 피하기

② 이 글에는 '어머니'가 분단의 극복을 바라고 있음을 알 수 있는 장면이 없다. 또한 〈보기〉에서 '통일이 직업인 사람'은 '진실로 통일이 꿈인 사람'과 대조되는 사람으로, 작가는 이러한 사람들을 부정적으로 판단하고 있다.
③ 〈보기〉에 따르면 '통일이란 말'이 '도처에 범람'한 현실이 구호에 지나지 않다는 작가의 인식이 드러나 있다. 작가는 이러한 현실에 부정적인 태도를 보이고 있다.
④ 〈보기〉에서 작가는 '산 채로 분단된 자'를 위해 진실로 통일을 이루기 위해서는 '분단된 상처'를 쥐어뜯어야지 상처가 아물어 버리면 다시 이을 수 없다고 설명하고 있다.
⑤ 〈보기〉에서 작가는 분단의 상처가 '굳은 딱지'가 되었다고 인정하고 있다.

04 작품의 종합적 이해와 감상 예시 답 참조

〈보기〉를 바탕으로 '어머니'에게 전쟁 도중 아들이 죽은 기억이 오랜 시간이 지나도 극복하기 어려운 고통이었음을 알 수 있다. 따라서 이 글의 제목과 연결하면 이러한 정신적 상처가 바로 '엄마의 말뚝'이었음을 알 수 있다.

교과서 열기 ❸

본문 23~25쪽

01 ⑤ **02** ③ **03** ③ **04** 예시 답 ① 관객들에게 현실 속 자신의 모습을 성찰하게 할 수 있다. ② 등장하는 인물의 수에 제한을 겪는 극의 한계를 극복할 수 있다. ③ 관객들에게 역할을 부여함으로써 관객들이 극의 상황에 더욱 몰입하게 된다.

이강백, 「파수꾼」

- **해제** 이 작품은 진실이 은폐되고 있는 상황을 우의적으로 표현한 희곡으로, 진실과 평화를 상징하는 '흰 구름'과 권력을 유지하기 위한 거짓을 의미하는 '이리'를 통해 1970년대 독재 정권의 위선을 풍자하고 있다.
- **주제** 진실이 은폐된 사회의 비극과 이러한 현실에 대한 비판 의식
- **전체 줄거리** 파수꾼 '가', '나', '다'는 황야에 세워진 망루에서 이리 떼의 습격을 감시하는 임무를 수행한다. 그러나 새로 온 가장 어린 파수꾼 '다'는 사실 이리 떼는 없고 아름다운 흰 구름만 있다는 진실을 발견한다. 이 사실을 알게 된 마을 사람

들은 분노하여 망루로 몰려온다. 그러나 마을의 질서 유지를 위해 가상의 이리 떼가 필요하다는 촌장의 말에 회유된 파수꾼 '다'는 이리 떼가 있다는 거짓말로 마을 사람들을 돌려보낸다. 마을 사람들이 돌아가고 난 뒤, 촌장은 파수꾼 '다'에게 평생 황야에 남아 있어야 한다고 말한다. 이후 거친 바람 소리와 다시 이리 떼를 알리는 거짓 외침과 함께 막이 내린다.

01 갈래의 특징과 성격 파악 답 ⑤

'흰 구름', '이리', '망루', '양철 북', '파수꾼', '촌장'과 같은 상징적인 소재들을 통해 작가가 의도한 주제인 진실이 통하지 않는 사회의 비극을 풍자하고 있다.

오답 피하기

① 이 글에 역순행적 구성은 드러나지 않는다.

② 이 글에서 인물의 독백은 제시되고 있지 않다.

③ 이 글은 1970년대 현실을 풍자하고 있지만, 구체적인 시대적 배경을 설정하고 있지 않으며, 이솝 우화를 모티브로 하고 있으므로 적절하지 않다.

④ 이 글의 등장인물들은 '촌장', '식량 운반인'처럼 직업으로 등장하거나, '나', '다'처럼 기호화된 이름으로 등장하므로 이를 통해 등장인물들의 고유한 성격을 파악할 수는 없다.

02 작품의 내용 파악 답 ③

'촌장'의 말을 통해 파수꾼 '다'가 '이리 떼'는 없고 '흰 구름' 뿐이라는 편지를 썼으며, 그 편지를 '식량 운반인'이 마을 사람들에게 공개했음을 추론할 수 있다.

오답 피하기

① '나'의 대사를 통해 '나'는 '이리'를 본 적 없음을 알 수 있다.

② '촌장'은 '이리'가 없다는 진실을 알고 있으므로, '나'를 진심으로 응원하지 않을 것임을 알 수 있다.

④ '이리 떼'가 몰려오고 있다는 '다'의 말은 거짓이므로, '이리 떼'가 몰려오는 것을 '가'가 함께 보고 있다는 이해는 적절하지 않다.

⑤ '촌장'은 '흰 구름'은 없고 '이리 떼'뿐이라는 거짓말을 바탕으로 '망루'와 '양철 북'의 필요성을 강조하고 있다.

03 외적 준거에 따른 작품 감상 답 ③

'나'는 진실을 알지 못하는 인물로, 진실을 알고 이에 대한 고민으로 앓는 '다'를, 담요를 덮지 않아 병이 났다고 생각하는 인물이다. 따라서 '나'가 과오를 깨닫고 '다'에게 진실을 알리는 노력의 중요함을 강조하고 있다는 이해는 적절하지 않다.

오답 피하기

① '이리 떼는 없고 흰 구름뿐'이라는 진실에는 무관심한 '나'가 촌장에게 아첨하는 모습을 통해 권력에 영합하는 세력을 풍자하고 있다.

② 촌장은 진실을 알고 이에 대한 '다'의 고민을 흔히 앓는 가벼운 병으로 치부하고 있다.

④ '다'가 진실을 알고 있음에도 결국 '촌장'의 회유에 넘어가고 마는 상황을 통해 그 어리석음을 풍자하고 동시에 진실을 알리는 것의 어려움을 제시하고 있다.

⑤ 〈보기〉를 바탕으로 할 때, '촌장'이 '이리 떼'의 위험성을 강조하는 것은 1970년대 안보 상황의 위기를 강조하는 것으로 볼 수 있다. 이는 권력을 유지하기 위한 거짓 선동에 해당한다.

04 극적 형상화 방식의 이해 예시 답 참조

우매한 대중을 상징하는 작품 속 '마을 사람들'의 역할을 수행한 관객들은 극이 끝나고 현실 사회에서 자신의 모습을 성찰하게 된다. 또 연극은 갈래의 특성상 등장하는 인물의 수에 한계가 있으므로, 다수에 해당하는 '마을 사람들'의 역할을 관객에게 부여함으로써 그 제한을 극복할 수 있다. 또한 관객들은 극 중의 '마을 사람들'의 입장에서 극 중 상황을 체험하게 되면서 현장감과 몰입감을 느낄 수 있다.

03 한국 문학의 흐름 1 - 고전

교과서 열기 ❶

본문 32~33쪽

01 ③ **02** ② **03** ④ **04** ㉠ (죽은) 누이, ㉡ 화자 **05** ④

월명사, 「제망매가」

• **해제** 이 작품은 월명사가 죽은 누이를 위해 지은 10구체 향가이다. 10구체 향가는 일반적으로 내용상 세 단락으로 나누어진다. 작가는 이른 나이에 죽은 누이의 죽음에 대한 안타까움을 표출하고, 이어 누이의 죽음에서 느끼는 인생무상을 표현하고 있다. 하지만 극락세계에서 다시 만날 때까지 도를 닦으며 기다리겠다고 하여 종교적인 힘으로 이를 극복하고 있다. 또한 이 작품은 죽음의 문제를 깊이 있게 성찰한 한편, 이를 고도의 비유로 잘 표현해 높은 문학성을 인정받고 있다.

• **주제** 혈육의 죽음으로 인한 슬픔의 종교적 승화
• **구성**
기(1~4행): 누이의 죽음으로 인한 안타까움
서(5~8행): 누이의 죽음에서 느끼는 인생무상
결(9~10행): 누이의 죽음으로 인한 슬픔의 종교적 승화

01 표현상의 특징 파악 답 ③

이 글은 '누이의 죽음'이라는 시적 상황을 '가을 이른 바람에' '떨어질 잎'에 비유하여 나타내고 있다. 따라서 자연물을 활용하여 시적 상황을 드러내고 있다고 할 수 있다.

오답 피하기

① 이 글에 사물에 인격을 부여하여 표현하는 '의인법'은 나타나지 않는다.
② 이 글은 화자의 내면을 드러내고 있을 뿐, 원경에서 근경으로 시선을 이동하고 있지 않다.
④ 화자가 누이와의 재회를 기대하는 극락세계인 '미타찰'이 나오기는 하나, 색채 대비를 통해 이미지를 부각하고 있지는 않다.
⑤ 이 글에서 동일한 단어를 반복적으로 사용하여 운율을 형성하는 부분은 찾아볼 수 없다.

02 시어, 시구의 의미와 기능 파악 답 ②

이 글에서 화자는 혈육이었던 누이의 죽음을 가을바람에 떨어지는 잎에 비유하고 있으므로 하나의 나뭇가지에서 났다는 것은 누이와 자신을 모두 잎에 비유하고, 두 잎이 하나의 나뭇가지에서 생겨났음을 나타낸 것이다. 따라서 하나의 나뭇가지란 화자와 누이를 탄생하게 한 부모님이라고 할 수 있으므로 ⓐ에 들어갈 말로 적절한 것은 '한 부모'이다. 또한 화자는 누이의 죽음 앞에서 '한 가지에 나고 / 가는 곳 모르온저'라고 말하고 있는데, 이는 혈육의 죽음 앞에서 쓸쓸함과 안타까움을 드러낸 것이다. 따라서 ⓑ에 들어갈 말로 적절한 것은 '쓸쓸함' 또는 '안타까움'이다.

03 외적 준거에 따른 작품 감상 답 ④

'미타찰'은 아미타불이 살고 있는 정토로, 인간 세계에서 서쪽으로 10만억 불토를 지난 곳에 있다고 한다. 따라서 〈보기〉에서 말하는 종이돈이 날아간 서쪽을 가리키는 것으로 볼 수 있다. 그런데 화자는 '미타찰'에서 누이와의 재회를 기대하고 있으므로 '미타찰'을 화자가 두려워하는 세계라고 볼 수는 없다.

오답 피하기

① 〈보기〉에서 누이는 유언도 남기지 못하고 죽었다고 했다. 따라서 '나는 간다는 말도 / 못다 니르고'는 누이가 유언도 남기지 못하고 죽은 것을 의미한다고 할 수 있다.
② 〈보기〉에서 누이는 일찍 죽었다고 했다. 따라서 '어느 가을 이른 바람'에서 '이른 바람'은 '이르다'라는 표현을 통해 누이가 일찍 죽었음을 나타낸 것이라 할 수 있다.
③ 〈보기〉에서 이 노래에는 죽은 누이에 대한 작가의 슬픔이 나타난다고 했다. 따라서 '이에 저에 떨어질 잎처럼'에서 떨어지는 잎은 나뭇가지에서 잎이 떨어지는 것처럼 죽음을 맞이한 누이의 모습을 나타낸 것이라 할 수 있다.
⑤ 〈보기〉에서 이 노래에는 혈육의 죽음으로 인한 고통을 종교적으로 이겨 내겠다는 적극적 의지가 담겨 있다고 했다. 따라서 '도 닦아 기다리겠노라'는 누이의 죽음으로 인한 슬픔을 종교적으로 극복하겠다는 의지를 드러낸 것이다.

04 시어, 시구의 의미와 기능 파악 답 ㉠ (죽은)누이, ㉡ 화자

㉠의 '나'는 '간다는 말도 / 못다 니르고' 떠난 존재이므로, 화자의 '누이'를 가리키는 말이다. 또한 ㉡의 '나'는 죽은 누이를 '미타찰'에서 만날 '나'이므로, 화자를 가리키는 말이다.

05 작품 간의 공통점, 차이점 파악 답 ④

이 글은 누이의 죽음이 창작 동기이므로 대상의 부재가 창작의 동기로 작용하고 있다고 할 수 있다. 하지만 〈보기〉에는 대상의 부재가 나타나지 않는다.

오답 피하기

① 이 글에서 화자는 누이의 죽음을 바탕으로 삶과 죽음에 대한 성찰의 자세를 나타내고 있다. 하지만 〈보기〉에는 삶과 죽음에 대한 성찰의 자세가 나타나지 않는다.
② 이 글은 9행에서 '아아'라는 감탄사를 사용하여 화자의 정서를 집약시키고 있다. 하지만 〈보기〉에는 감탄사가 나타나지 않는다.
③ 〈보기〉는 '나 ᄒᆞᆫ 간 ᄃᆞᆯ ᄒᆞᆫ 간에 청풍 ᄒᆞᆫ 간 맛져 두고'에서 화자가 '달', '청풍'과 어울려 살고자 하는 모습이 나타난다. 따라서 화자의 자연 친화적인 태도를 드러낸다고 할 수 있다. 하지만 이 글에는 화자의 자연 친화적인 태도가 나타나지 않는다.
⑤ 이 글은 마지막 부분에서 종교적 수행에 대한 화자의 의지를 드러내고 있고, 〈보기〉도 마지막 부분에서 자연 친화

적인 삶에 대한 의지를 드러내고 있다. 따라서 이 글과 〈보기〉 모두 화자의 의지적 어조로 시상을 마무리하고 있다.

교과서 열기 ❷

본문 34~37쪽

01 ⑤ 02 ② 03 ⑤ 04 ⑤ 05 ②

작자 미상, 「춘향전」

- **해제** 이 작품은 판소리 사설의 영향을 받아 소설로 정착한 판소리계 소설로, 조선 후기에 큰 인기를 누린 소설이다. 이 작품이 널리 사랑받을 수 있었던 것은 이몽룡과 성춘향의 신분을 뛰어넘는 사랑이 주는 감동도 있지만, 신분적 제약을 벗어난 인간 해방이라는 이면적 주제도 있기 때문이다.
- **주제** 신분을 초월한 남녀 간의 사랑
- **전체 줄거리** 남원에 사는 이몽룡은 춘향의 아름다운 모습에 첫눈에 반해 백년가약을 맺지만 아버지를 따라 한양으로 떠나게 된다. 이몽룡이 떠난 후 남원에 새로 부임한 사또 변학도는 춘향에게 수청을 강요하지만, 춘향은 이를 거절하고 옥에 갇힌다. 과거에 급제해 암행어사가 된 이몽룡은 남원에 돌아오지만 춘향에게 자신의 신분을 감춘 채 걸인의 모습으로 만난다. 변학도의 생일잔치에 찾아간 이몽룡은 암행어사가 되어 출두하고 변학도를 봉고파직한다. 옥에서 풀려난 춘향은 이몽룡을 따라 한양으로 올라가 정렬부인의 칭호를 받게 되고, 두 사람은 백년해로하며 행복하게 산다.

01 시점 및 서술상의 특징 파악 답 ⑤

이 글에 인물의 심리가 나타나긴 하지만, 작품 속 서술자가 자신의 속마음을 드러낸 것이 아니라, 작품 밖 서술자가 인물의 심리를 드러낸 것이다.

오답 피하기

① '정렬부인에게 삼남삼녀를 두었으니 모두가 총명하여 그 부친보다 낫더라. 일품 관직이 대대로 이어져 길이 전하더라.'에서 작품 속 인물인 춘향의 후일담을 전하고 있다.
② 이 글의 끝부분에 시를 삽입하여 고향을 떠나는 춘향의 심리를 드러내고 있다.
③ '춘향'과 '어사또'와의 대화를 통해 사건을 전개하고 있다.
④ '암행어사의 출두', '춘향과 어사또의 대화' 등 시간의 흐름에 따라 진행되는 사건을 순차적으로 제시하고 있다.

02 구절의 의미 이해 답 ②

ⓛ은 춘향이 자신의 마음을 반어적으로 표현한 것이므로, 어사또를 진짜로 명관이라고 말한 것이 아니다. 즉 춘향은 ⓛ을 통해 변학도와 마찬가지로 자신에게 수청을 강요한 어사또의 행위를 비난하고 있는 것이다.

오답 피하기

① ㉠에서 어사또는 춘향에게 실제로 수청을 강요하는 것이 아니라 자신의 속마음을 숨긴 채 상대를 시험하고 있다고 할 수 있다.
③ ㉢에서 춘향은 자신의 변치 않는 절개를 바람에 무너지지 않는 '바위'와 눈이 와도 변하지 않는 '푸른 나무'에 빗대어 나타내고 있다.
④ ㉣에서 어사또는 춘향에게 얼굴을 들어 자신을 보라고 하고 있는데, 이는 자신이 이몽룡임을 춘향에게 드러내기 위해서이다. 따라서 ㉣은 춘향으로 하여금 자신을 알아보게 하려는 행동으로 볼 수 있다.
⑤ 춘향은 어사또가 이몽룡임을 알게 된 후 이것이 꿈이냐 생시냐고 말하며 감격하고 있다. 따라서 ㉤은 춘향이 낭군을 다시 만난 것에 대한 감격을 드러낸 것으로 볼 수 있다.

03 외적 준거에 따른 작품 감상 답 ⑤

〈보기〉에서 판소리계 소설은 내용을 과장하여 표현한다고 했다. 하지만 '임금께서 크게 칭찬하시며 즉시 이조 참의 대사성을 봉하시고 춘향으로 정렬부인을 봉하신다.'에는 내용을 과장하여 표현한 부분이 나타나지 않는다.

오답 피하기

① 〈보기〉에서 판소리계 소설은 서술자가 작품 속 상황에 개입하여 서술한다고 했다. '강산이 무너지고 ~ 초목금수인들 아니 떨랴.'에서 서술자는 작품 속에 개입하여 암행어사 출두가 초목금수도 떨 만큼 두려운 일임을 나타내고 있다.
② 〈보기〉에서 판소리계 소설은 특정 상황을 장황하게 나열한다고 했다. '인궤 잃고 강정 들고 ~ 깨지는 것은 북과 장고라.'를 통해 암행어사 출두에 관리에게 중요한 물건들은 잃고 쓸데없는 것들만 들고 허둥대는 수령들의 모습을 장황하게 나열하고 있다.
③ 〈보기〉에서 판소리계 소설에는 언어유희를 사용한 해학적 표현이 쓰인다고 했다. '어 추워라. 문 들어온다 바람 닫아라. 물 마르다 목 들여라.'에서 '문'과 '바람', '물'과 '목'의 도치를 통해 언어유희가 사용되고 있으며, 이를 통해 웃음

을 유발하는 해학적 표현이 쓰이고 있음을 확인할 수 있다.
④ 〈보기〉에서 판소리계 소설에는 한자어 표현이 자주 나타난다고 했다. '층암절벽 높은 바위 ~ 청송녹죽 푸른 나무가 눈이 온들 변하리까.'에서 '층암절벽', '청송녹죽'과 같은 한자어 표현이 나타남을 확인할 수 있다.

04 구절의 의미 이해 답 ⑤

[A]에서 춘향이 고향을 떠나는 슬픔을 노래한 것은 맞지만, 다시 고향에 돌아올 것을 약속하는 모습은 나타나지 않는다. 오히려 '다시 보기 기약 없네.'라고 말하면서 재회의 어려움을 드러내고 있다.

오답 피하기

① '너 부디 잘 있거라'를 보면 대상에게 말을 건네는 방식이 나타난다.
② 춘향이 고향을 떠나면서 자신의 마음을 읊은 시가이므로, 시가의 화자는 춘향이다.
③ '부용당', '광한루'를 의인화하여 말을 건네고 있다.
④ '부용당', '광한루'는 춘향이 고향에서 지내던 공간이므로, 자신이 지내던 공간을 소재로 사용한 것이 맞다.

05 작품 간의 공통점, 차이점 파악 답 ②

이 글의 ㉮에서는 수령과 본관 사또의 우스꽝스러운 모습을 드러내고 있는데, 이는 풍자를 사용하여 대상에 대한 웃음을 유발한 것이다. 또한 〈보기〉의 ⓐ에서는 말뚝이가 양반을 비난하는데도 이를 알아차리지 못하고 속아 넘어가는 어리석은 양반의 모습을 드러내고 있는데, 이것도 풍자를 사용하여 대상에 대한 웃음을 유발한 것이다.

오답 피하기

① 이 글의 ㉮와 〈보기〉의 ⓐ 모두 대상의 위업을 예찬하는 모습은 나타나지 않는다.
③ 이 글의 ㉮와 〈보기〉의 ⓐ 모두 대상의 심리를 상세하게 표현하는 모습은 나타나지 않는다.
④ 이 글의 ㉮와 〈보기〉의 ⓐ 모두 대상이 지닌 모순적 태도는 나타나지 않는다.
⑤ 이 글의 ㉮와 〈보기〉의 ⓐ 모두 대상에 대한 비판과 조롱이 나타날 뿐, 연민의 정서는 나타나지 않는다.

04 한국 문학의 흐름 2 - 현대

교과서 열기 ❶

본문 42~43쪽

01 ② 02 ⑤ 03 ⑤ 04 ③

윤동주, 「서시」

- **해제** 이 작품은 윤동주의 유고 시집 『하늘과 바람과 별과 시』의 서두에 실린 작품으로, 암울한 시대 상황에서도 양심을 지키며 현실에 타협하지 않는 삶을 추구하겠다는 간절한 소망을 담고 있다. 2연 9행으로 이루어진 이 시는 과거, 미래, 현재라는 시간의 이동에 따라 세 부분으로 나눌 수 있는데, 순수하고 맑은 삶을 살고자 했던 젊은 지식인의 모습을 간결한 언어와 상징적인 시어들을 통해 잘 형상화하고 있다.
- **주제** 순수한 삶에 대한 간절한 소망과 의지
- **구성**
  과거(1~4행): 부끄러움 없는 삶에 대한 소망(과거)
  미래(5~8행): 앞으로의 삶에 대한 결의(미래)
  현재(9행): 어두운 현실에 대한 자각(현재)

01 표현상의 특징 파악 답 ②

이 시는 화자가 암울한 시대 상황에 대한 자신의 마음을 드러내며 시상을 전개하고 있다. 따라서 화자의 내적 독백을 통해 시상을 전개하고 있다고 할 수 있다.

오답 피하기

① '수미상관'이란 처음과 끝을 서로 같거나 비슷하게 구성하는 것을 말하는데, 이 시에 수미상관은 나타나지 않는다.
③ 이 시에 통사 구조의 반복은 나타나지 않는다.
④ 이 시에 역설적 표현은 나타나지 않는다.
⑤ 이 시는 독백적인 어조를 사용하여 자신의 내면을 표현하고 있을 뿐, 명령형의 문장은 사용하고 있지 않다.

02 시상 전개 방식 파악 답 ⑤

㉮에서 화자는 하늘을 우러러 부끄럽지 않은 삶을 살겠다고 다짐하고 있으며, ㉯에서는 이를 바탕으로 자신에게 주어진 삶을 살아가겠다는 소명 의식을 드러내고 있다. 따라서 ㉮에서 겪은 일로 인해 ㉯에서 절대자에 대한 화자의 태도가 변화하고 있다는 것은 적절하지 않다.

오답 피하기

① ㉮는 화자의 과거의 삶의 경험을, ㉯는 화자가 앞으로 살

아가고자 하는 삶에 대한 다짐을, ㉰는 화자가 현재 처해 있는 현실을 나타내고 있다. 또한 이 시에서는 '괴로워했다', '걸어가야겠다', '스치운다' 등의 시제 표현을 통해 시간을 나타내고 있다.

② ㉮에서 화자는 '하늘'을 우러러 한 점 부끄럼이 없는 삶에 대한 의지를 드러내고 있는데, 이는 윤리적 판단의 기준인 '하늘'을 우러러보며 부정적 현실과의 타협을 거부하는 것이다.

③ ㉯에서 화자는 모든 죽어 가는 것들을 사랑하겠다고 말하고 있는데, '모든 죽어 가는 것'이란 유한한 생명을 갖고 있는 모든 살아 있는 존재를 가리키는 말이다. 따라서 화자가 살아 있는 모든 존재들에 대한 연민과 사랑을 나타내고 있다고 볼 수 있다.

④ ㉰에서 화자는 '밤'이라는 어두운 현실 속에서 '바람'과 같은 시련에 시달리고 있는 자신의 모습을 비유적으로 나타내고 있다. 따라서 '밤'과 '바람'이라는 소재를 통해 화자가 처한 상황을 보여 주고 있다고 할 수 있다.

03 외적 준거에 따른 작품 감상 답 ⑤

〈보기〉에서 이 시의 화자는 일제 강점기라는 암울한 시대 상황에서 현실에 타협하지 않는 삶을 추구하고 있다고 했다. '오늘 밤에도 별이 바람에 스치운다.'에서 '별'은 바람에 스치우고 있으므로, 끝내 고난을 이겨 낸 화자를 의미하는 것이 아니라 현실의 시련에 시달리고 있는 화자의 순수한 삶이라 할 수 있다.

오답 피하기

① 〈보기〉에서 이 시의 화자는 암울한 시대 상황에서도 양심을 지키며 현실에 타협하지 않는 삶을 추구하고 있다고 했다. '한 점 부끄럼이 없기를'은 양심에 부끄럽지 않은 삶을 살겠다는 것이므로, 양심을 지키며 살아가려는 화자의 삶의 태도가 나타난다고 할 수 있다.

② 〈보기〉에서 이 시의 화자는 때로 이상과 현실 사이의 갈등에 괴로워한다고 했다. '잎새에 이는 바람에도 / 나는 괴로워했다.'에 화자가 암울한 시대 상황에서 괴로워하는 모습이 제시되고 있으므로, 이상과 현실 사이의 갈등에서 괴로워하는 화자의 모습이 드러난다고 할 수 있다.

③ 〈보기〉에서 화자는 순결한 삶을 살기를 소망하고 있다고 했다. '별을 노래하는 마음'에서 화자가 별을 추구하고 있음을 알 수 있으므로, '별'은 화자가 소망하는 순결한 삶을 상징한다고 할 수 있다.

④ 〈보기〉에서 화자는 자신에게 주어진 삶을 꿋꿋하게 살아갈 것을 다짐하고 있다고 했다. '나한테 주어진 길을 / 걸어가야겠다.'에는 자신에게 주어진 삶을 살아가겠다는 태도가 나타나고 있으므로, 자신에게 주어진 삶을 꿋꿋하게 살아가겠다는 화자의 다짐이 드러난다고 할 수 있다.

04 작품 간의 공통점, 차이점 파악 답 ③

이 시에서 화자는 암울한 시대 상황 속에서도 순결한 삶을 추구하며 자신에게 주어진 삶을 살아가겠다는 의지를 보이고 있다. 따라서 부정적 상황에 굴하지 않는 의지가 나타난다고 할 수 있다. 〈보기〉에서 화자는 '마침내 호수 속 깊이 거꾸러져 / 차마 바람도 흔들진 못해라.'라는 구절에서 자신이 죽음을 맞이하더라도 절대 부정적 상황에 굴하지 않겠다는 의지를 나타내고 있다. 따라서 이 시와 〈보기〉 모두 부정적 상황에 굴하지 않는 의지를 나타낸다고 볼 수 있다.

오답 피하기

① 이 시와 〈보기〉 모두 고향에 대한 간절한 그리움은 나타나지 않는다.

② 이 시와 〈보기〉 모두 인간 존재의 본질에 대한 성찰은 나타나지 않는다.

④ 이 시와 〈보기〉 모두 새로운 세계에 대한 혼돈과 불안은 나타나지 않는다.

⑤ 이 시와 〈보기〉 모두 도시 문명에서 느끼는 고독과 비애는 나타나지 않는다.

교과서 열기 ❷

본문 44~45쪽

01 ① **02** ③ **03** ⑤

김유정, 「봄·봄」

- **해제** 이 작품은 우직하고 순진한 '나'가 점순과의 결혼을 핑계 삼아 '나'에게 임금도 주지 않고 고된 일을 시키는 장인과 갈등하는 내용을 다룬 소설이다. 우직하고 순진한 '나'의 모습은 독자로 하여금 웃음 짓게 하지만, 당시 지주와 마름과 소작인의 지배 구조를 날카롭게 비판하는 작품이기도 하다.
- **주제** 순박한 데릴사위와 이를 이용하는 장인 간의 갈등
- **전체 줄거리** '나'는 점순과 혼례를 올리기로 하고 삼 년 칠 개월이나 변변한 대가 없이 점순네 집의 머슴 일을 해 주고 있다. 혼례를 시켜 달라는 '나'의 요구에 장인은 점순이 아직 키가 덜 컸다는 이유로 혼례를 미룬다. 이에 '나'는 구장에게 억울함을 호소하며 중재를 요청하지만, '나'의 기대와는 달리 구장은 장인의 편을 든다. 그러던 중 점순이 '나'에게 장인에게 혼례를 시켜 줄 것을 요구하라고 부추기자 '나'는 장인과

대판 몸싸움을 벌인다. 그런데 내 편을 들 줄 알았던 점순이 자기 아버지의 편을 들고, '나'는 망연자실한다. 장인은 '나'에게 가을에는 꼭 혼례를 시켜 주겠다고 약속하고, '나'는 이 말을 믿고 다시 일하러 간다.

01 서술상의 특징 파악 답 ①

이 글은 장인이 '나'의 터진 머리를 치료하고 담배 한 봉을 넣어 주는 장면을 먼저 제시하고, 장인과 '나'의 싸움이 극에 달하는 장면을 그 후에 제시하고 있다. 따라서 이 글의 마지막 부분은 역순행적 구성을 통해 '나'의 회상 장면을 나타낸다고 할 수 있다.

오답 피하기

② 이 글에서 인물의 외양을 상세히 묘사하는 장면은 나타나지 않는다.
③ 이 글에 비현실적인 소재는 나타나지 않는다.
④ 이 글에 공간적 배경을 구체적으로 묘사하거나, 이를 통해 사건을 지연시키는 모습은 나타나지 않는다.
⑤ 이 글은 1인칭 시점으로, 작품 속 주인공인 '나'가 사건의 내용을 주관적으로 전달하고 있다.

02 구절의 의미 이해 답 ③

㉢에서 장인이 점순을 부른 것은 다급한 마음에서 한 행위일 뿐, 점순에 대한 분노 때문이 아니다.

오답 피하기

① ㉠에서 '나'는 장인을 '빙장님'이라는 호칭에서 '할아버지'로 바꾸고 있는데, 이러한 호칭 변화를 통해 독자에게 웃음을 유발하고 있다.
② ㉡은 독백체의 서술을 통해, 자신의 바짓가랑이를 붙잡았다가 거의 까무러치게 되니까 놓은 장인의 행동에 대한 '나'의 속마음을 솔직하게 드러내고 있다.
④ ㉣을 보면 점순이 '나'에게 아버지를 혼내 주라고 했다가, 이제 와서는 '나'에게 달려드는 모습이 나타나고 있다. 따라서 '나'에 대한 점순의 모습에서 이중적 태도가 드러난다.
⑤ ㉤에서 '나'는 점순이 자신의 예상과 달리 자신에게 달려들어 귀를 잡아당기는 모습을 보며 망연자실하고 있다.

03 외적 준거에 따른 작품 감상 답 ⑤

〈보기〉에서 '나'는 어수룩한 존재로 영악한 장인과 대조적으로 그려지고 있다고 했다. 이 글에서 '나'가 장인의 바짓가랑이를 움켜쥔 것은 장인이 자신의 바짓가랑이를 움켜쥔 것에 대한 복수의 마음에서 한 행위일 뿐, 당대의 모순적인 사회 구조를 깨달았기 때문이 아니다.

오답 피하기

① 〈보기〉에서 '나'는 어수룩한 존재로 영악한 장인과 대조적으로 나타난다고 했다. 이 글에서 '나'는 장인을 유달리 착하다고 말하고 있는데, '나'를 속여 계속해서 부려 먹으려는 장인의 영악한 의도를 고려할 때, '나'의 어수룩함이 나타난다고 할 수 있다.
② 〈보기〉를 바탕으로 할 때, 장인이 '나'에게 성례를 빌미로 콩밭을 갈라고 하는 것은 '나'를 기만하는 행위이므로, 장인의 영악함이 드러난다고 할 수 있다.
③ 〈보기〉에서 이 소설은 '데릴사위'를 소재로 한다고 했다. 이를 바탕으로 할 때, '나'가 농사일을 하는 것은 점순네 집에 데릴사위가 되려고 들어왔기 때문이라고 할 수 있다.
④ 〈보기〉에서 이 소설은 강자인 마름이 머슴이라는 약자를 착취하는 수탈의 상황을 그려 낸 것으로 볼 수 있다고 했다. 이를 바탕으로 할 때, '나'에 대한 장인의 횡포는 약자인 머슴에 대한 강자인 마름의 착취로 볼 수 있다.

05 문학의 수용과 생산

교과서 열기 ❶

본문 50~52쪽

01 ④ **02** ② **03** ④ **04** 예시 답 작가들도 자신처럼 쓸쓸한 삶을 살았으며 자신도 그들처럼 높은 문학적 성취를 이룰 수 있음을 드러내고자 한 것이다.

백석, 「흰 바람벽이 있어」

- **해제** 이 작품은 고향을 떠나 외로운 처지에 놓인 화자가 흰 바람벽을 보며 자신에 대해 성찰하는 과정을 한 편의 영상물처럼 그려 낸 시다.
- **주제** 고단한 삶 속에서도 고결함을 잃지 않으려는 삶의 자세
- **구성**
  1~6행: 흰 바람벽에 비친 쓸쓸하고 애처로운 삶의 단면
  7~16행: 흰 바람벽에 비친 그리운 사람들
  17~23행: 흰 바람벽에 비친 화자의 내면 인식
  24~29행: 자기 운명에 대한 긍정적 수용과 극복 의지

01 **표현상의 특징 파악** 답 ④

화자는 내적 성찰을 통해 자신의 현실에 대한 인식을 바꾸고 있지만, 현실을 바꾸기 위한 시도는 나타나지 않는다.

오답 피하기

① 화자는 자신의 내면을 담담한 어조로 고백하며 성찰하고 있다.
② '흰 바람벽'이라는 매개물을 통해 화자의 내면이 시각적으로 투사되고 있으며, 이를 바탕으로 시상이 전개되고 있다.
③ '내 가난한 늙은 어머니', '내 사랑하는 어여쁜 사람'과 같은 객관적 상관물들로 인해 화자의 애상적 정서가 고조되고 있다.
⑤ '희미한', '어두운', '추운', '차디찬'과 같이 시각과 촉각을 환기하는 시어들을 통해 화자의 외롭고 쓸쓸한 정서를 표현하고 있다.

02 **외적 준거에 따른 작품 감상** 답 ②

'흰 바람벽'에 나타난 글자를 화자의 자기 인식으로 이해할 때, [A]에는 가난함과 외로움 같은 부정적인 상황을 자신의 운명으로 담담히 받아들이는 화자의 모습이 나타나고 있으며, [B]에는 화자가 긍정적으로 여기는 대상들도 자신과 같은 부정적인 상황을 겪었을 것이라는 인식을 통해 부정적인 상황에서 긍정적인 가치를 발견하고 있음이 드러나고 있다.

오답 피하기

① [B]에는 자신의 운명을 받아들이는 화자의 모습이 나타나고 있다.
③ [B]에서 화자는 자신의 운명을 받아들이지만, 부정적인 상황을 그대로 수용하고 있지 않다. 오히려 '프랑시쓰 쨈', '도연명', '라이넬 마리아 릴케'와 같이 화자가 선망하는 인물들과 자신을 동일시하며 긍정적 가치를 발견하고 있다.
④ [B]에 나열된 대상들은 화자가 외로움을 극복하기 위한 현실적인 대안과 거리가 멀다.
⑤ 〈보기〉에 따르면 [A]에서 제시된 화자의 자기 인식은 부정적인 상황을 벗어나려는 것이 아니라 받아들이고 있는 것이므로 이를 벗어나려는 화자가 의지가 드러난다는 이해는 적절하지 않다. 또한 [B]에도 자신의 단점을 바꿀 수 있다는 화자의 희망이 드러나지 않는다.

03 **시어, 시구의 의미 파악** 답 ④

'이 세상'은 화자에게 슬픔을 불러일으키는 원인으로, 따뜻한 연민을 불러일으킨다고 볼 수 없다.

오답 피하기

① '십오 촉 전등'의 불빛은 '희미'하고 '지치운' 것으로, 의인법을 통해 화자가 자신의 처지를 투영하고 있음을 알 수 있다.
② '어머니'는 그리움과 연민의 대상이며, '가난한', '늙은', '추운 날', '차디찬 물'과 같은 부정적 상황이 중첩되며 그리움과 연민이 증폭되고 있다.
③ '먼 앞대'라는 표현을 통해 화자와 멀리 떨어진 공간임을 알 수 있으며, 화자가 외로움에 시달리고 있는 '좁다란 방'과 대조적으로 가족이 단란한 시간을 보내는 공간에 해당한다.
⑤ '초생달', '바구지꽃', '짝새', '당나귀'는 화자가 자신과 동일시하고 있는 대상으로, 여리고 순수하다는 공통점을 가지고 있다.

04 **외적 준거에 따른 새로운 가치 발견** 예시 답 참조

제시된 작가들은 모두 화자가 선망하는 문인들로, 쓸쓸하고 외로운 삶을 살았다는 공통점이 있다. 이러한 문인들을 나열함으로써 화자는 자신의 쓸쓸하고 외로운 상황도 문학적 성취로 이어질 수 있다는 희망을 얻고 있다.

교과서 열기 ❷ 본문 53~55쪽

01 ④ **02** ① **03** ⑤ **04** 예시 답 (1) 글을 아는 사람, (2) 조선 사회의 병폐가 지식인으로부터 비롯됐기 때문이다.

박지원, 「허생전」

- **해제** 이 작품은 조선 후기 박지원이 지은 한문 소설로, 허생이라는 선비를 내세워 당시 조선의 취약한 경제 구조를 지적하고 북벌이라는 허울 좋은 구호에만 집중했던 당시 위정자의 허위를 풍자하였다.
- **주제** 지배층인 사대부의 무능과 허위의식 비판
- **전체 줄거리** 남산 아래 묵적골에 사는 허생은 독서를 좋아하였으나 몹시 가난한 선비였다. 바느질을 하여 살림을 꾸려 나가던 아내의 질책에 독서를 중단한 허생은 한양에서 제일 부자라는 변 씨에게 만 금을 빌린다. 과일, 말총 등을 사재기하여 많은 돈을 번 허생은 변산에 도적 떼가 창궐하자 도적들을 설득하여 그들과 무인도에 들어가 농사를 짓고, 3년 동안 거두어들인 농산물을 흉년이 든 장기도에 팔아 거금을 벌게 된다. 이후 본토로 돌아온 허생은 빈민들을 구제하고 남은 돈 십만 금을 변 씨에게 갚는다. 변 씨에게서 허생의 이야기를

들은 어영청 대장 이완이 허생을 찾아 나라에서 인재를 구하는 뜻을 전하고 청나라를 이길 대책을 묻는다. 이에 허생이 세 가지의 계책을 제시하지만, 이완이 이를 거절하자 허생은 분노한다. 이완이 이튿날 다시 허생을 찾아갔으나 허생은 이미 자취를 감추고 그의 집은 비어 있었다.

01 작품의 내용 이해 답 ④

허생이 오십만 냥을 바닷속에 던진 이유는 허생과 남녀 이천 명이 살고 있는 무인도가 좁기 때문인데, 이는 궁극적으로는 조선의 궁핍한 경제 상황을 풍자하기 위함이다. 허생이 장기도의 경제 상황을 파악하고 이를 비판하고 있다고 보기는 어렵다.

오답 피하기

① 허생이 제주도의 말총을 다 거두어들이자 망건값이 올랐다는 내용을 볼 때, 말총이 망건의 필수적인 재료임을 알 수 있다.

② 허생이 과일을 사재기하는 바람에 나라 안에서 연회를 열 수 없었다는 내용을 통해 알 수 있다.

③ 섬의 땅 기운이 온전하여 곡식이 심는 대로 크고 무성하게 자란다는 내용을 통해 알 수 있다.

⑤ 허생의 말 중, '먼저 너희들을 풍부하게 만들어 놓은 다음'이란 표현을 통해 경제력을 먼저 갖춘 이후 문자와 의관 제도를 만들 것을 계획했음을 알 수 있다.

02 대화의 특징 파악 답 ①

[A]에서 허생은 도적들에게 고작 백 금을 들기에도 힘이 부족하므로, 도적질조차 변변히 할 수 없을 것이며, 이름이 이미 도적의 명부에 올라 평민으로의 삶도 살 수 없을 것이라는 점을 지적하고 있다. [B]에서 허생은 자신이 빈 섬에서 세웠던 계획이 있었으나, 섬이 작고 자신의 덕이 얇다는 한계 때문에 그 계획을 실현할 수 없었음을 토로하고 있다.

오답 피하기

② [A]에서 신분 제도의 허점을 비판하는 부분은 찾아볼 수 없다.

③ [A]에서 허생이 도적들의 성찰을 유도한다고 볼 수 없으며, [B]에 허생이 자신의 과거를 회상하는 부분 또한 드러나지 않는다.

④ [A]에 허생이 도적들에게 바라는 바를 직접 제시하고 있는 부분이 있지만, [B]에 도적들의 부족한 점을 지적하는 부분은 드러나지 않는다.

⑤ [A]에서 허생은 상대가 처한 현실을 부정적으로 보고 있으나, [B]에서 빈 섬의 미래를 어둡게 전망한다는 것은 적절하지 않다.

03 외적 준거에 따른 작품 감상 답 ⑤

㉤은 비록 작은 섬이지만 무역을 통해 큰 이득을 얻음으로써 허생이 자신의 생각이 옳았음을 확인한 것으로 볼 수 있다. 그러나 이후 허생의 말을 통해 허생이 이상적인 사회를 건설하기에는 섬의 규모가 너무 작고, 자신의 덕이 부족하다는 한계점을 인지하고 있음을 알 수 있으므로 적절하지 않다.

오답 피하기

① '만 금'이라는 돈으로 조선의 경제가 위협을 받음을 통해 조선의 경제 규모가 빈약하다는 현실을 풍자하고 있다.

② 허생은 도적들이 힘이 약해서 도적질도 변변히 할 수 없음을 지적하고 있다. 즉 허생은 이들이 도적에 필요한 조건을 갖추지 못했음에도 도적이 될 수밖에 없었던 필연적 이유를 지적하고 있다. 도적들은 허생에게 백 금을 받고 빈 섬에서 성실한 농민으로 변모하는데, 이를 통해 도적들이 궁핍함 때문에 어쩔 수 없이 몰린 백성이었음을 추론할 수 있다.

③ 허생은 나라의 고민을 해결할 수 있는 능력을 갖추었음에도 나라로부터 등용되지 못하였다. 이는 유능한 인재를 알아보지 못하는 현실에 대한 풍자로 볼 수 있다.

④ 섬의 풍족한 곡식을 곡식이 부족한 장기도에 수출함으로써, 허생은 장기도의 굶주린 사람들을 진휼하고 동시에 은 백만 냥을 얻게 되었다. 이는 무역이 무역 당사자 양쪽 모두에게 이익을 주고 있는 상황을 가정한 것으로, 이를 통해 무역의 필요성을 제시하고 있는 것으로 볼 수 있다.

04 구절의 의미 이해 예시 답 참조

인물의 발화 이후 행적을 고려할 때, 허생은 '글을 아는 사람'을 화근으로 여겼으며, 그 이유는 허생은 조선의 병폐가 글을 아는 지식인들로부터 비롯됐다고 여겼음을 짐작할 수 있다.

Ⅱ. 읽기

01 읽기의 본질과 태도

교과서 열기 ❶

본문 62~64쪽

01 ① **02** ③ **03** ② **04** 예시 답 상호 작용으로서 읽기

도시의 구조와 기능에 대한 이해

- **해제** 이 글은 도시의 구조와 기능을 설명하기 위해 20세기에 제시된 중심지 이론, 르 코르뷔지에의 도시 모델, 도시 기능의 핵심에 대한 제인 제이콥스의 주장, 이후 학자들의 신도시주의 사조 등 여러 관점을 통시적으로 설명하고 있다.
- **주제** 도시 구조와 기능을 이해하기 위한 다양한 관점
- **구성**
  1문단: 중심지 이론에서 중요하게 생각하는 도시의 구조
  2문단: 세계 대전 이후 르 코르뷔지에가 계획한 '빛나는 도시'
  3문단: 르 코르뷔지에의 고속 도로 중심의 도시 구조와 이로 인한 문제점
  4문단: 제인 제이콥스가 분석한 도시 기능의 핵심과 이후 학자들의 신도시주의 사조

01 글의 구조와 전개 방식 답 ①

이 글은 도시의 구조와 기능을 설명하기 위해 20세기에 제시된 여러 관점을 설명하고 있다. 20세기 초 중심지 이론과 르 코르뷔지에의 '빛나는 도시' 계획, 20세기 중반 제인 제이콥스의 관점, 이후의 신도시주의 사조를 시간 순서대로 제시하고 있으므로, 중심 화제를 다룬 이론을 통시적 관점에서 소개하고 있음을 알 수 있다.

오답 피하기

② 중심 화제를 다룬 여러 이론을 제시하고 있지만, 각 이론을 통합한 새로운 이론은 이 글에서 찾아볼 수 없다.
③ 각 관점들은 도시의 구조와 기능에 대해 공통적으로 설명하고 있으나, 이를 바탕으로 새로운 대안이 제시된 것은 찾아볼 수 없다.
④ 도시의 교통망과 밀집도에 대해 르 코르뷔지에와 제인 제이콥스는 상반된 견해를 나타내고 있다. 그러나 이 두 견해의 절충안은 이 글에서 찾아볼 수 없다.
⑤ 제인 제이콥스의 견해에 대해 장단점을 제시한 내용은 이 글에서 찾아볼 수 없다.

02 세부 내용 파악 답 ③

제인 제이콥스는 도심 내부의 거주 환경이 불량해지는 원인으로 도심에 집중한 대규모 단일 시설의 등장을 지적하고 있으나 이 글에서 이러한 거주 환경을 개선하는 방법에 대해서는 언급하고 있지 않다.

오답 피하기

① 1문단에서 교통 시설이 집중되는 도심과 도시의 핵심 기능을 담당하는 공간으로 중심지의 의미를 제시하고 있다.
② 1문단에서 중심지 이론에서는 도시의 기능을 효율적으로 활용하기 위한 도로망으로 방사형을 적절한 형태로 보았다고 제시하고 있다.
④ 4문단에서 신도시주의 사조는 도시 내부 기능 중 다양성과 유기성을 존중하고 있다고 제시하고 있다.
⑤ 2문단에서 르 코르뷔지에는 '빛나는 도시' 모델에서 도로를 중심으로 도시를 거주, 여가, 노동, 교통의 네 구역으로 나누었다며 그 구조를 제시하고 있다.

03 구체적 사례 적용 답 ②

이 글과 〈보기〉에 따르면 도심 내 단일 시설은 교통 체증과 도심 대기 오염의 원인에 해당한다. 따라서 도심 내 단일 시설의 밀집도를 높이는 것은 교통 체증과 대기 오염을 줄일 수 있는 해결책으로 볼 수 없다.

오답 피하기

① 이 글에서는 도심 내 위치한 대규모 단일 시설이 교통 체증을 유발한다고 제시하고 있는데, 〈보기〉에서 교통의 집중은 연료의 소모량이 크기 때문에 온도를 높이는 요인이 될 수 있다고 설명하고 있으므로 적절하다.
③ 〈보기〉는 도심 내 대규모 단일 시설을 대기 오염을 유발하는 원인으로 지적하고 있다. 대기 오염은 거주지 환경을 불량하게 만드는 요인이 되므로, 빈민가가 형성되는 원인으로 작용한다.
④ 이 글에서 중산층은 도심의 거주 환경이 악화되어 빈민가가 형성되면 이를 피해 도시 외곽의 주택 단지로 이동한다고 했다. 〈보기〉에 따르면 도심의 대기 오염은 도심 인근의 거주 환경을 악화시키는 요인에 해당하며, 빈민가가 형성되는 원인이다. 따라서 대기 오염은 중산층들이 도심 외곽의 주택 단지로 이동하는 원인으로 작용한다고 볼 수 있다.
⑤ 〈보기〉에서 도심의 대기 오염의 원인으로 열용량이 큰 콘크리트와 교통의 집중을 제시하고 있다. 따라서 이 둘을 줄이면 도시의 대기 오염을 줄일 수 있다고 볼 수 있다.

04 읽기의 특성 이해 (예시 답) 참조

〈보기〉에서는 이 글을 읽고 자신이 살고 있는 도시의 구조를 조사하여 친구들과 의견을 나누었다고 하고 있다. 또한 이 글에서 제시하고 있는 주민 소모임에 직접 참여할 동기를 얻고 있다. 이와 같이 읽기를 통해 독자가 다른 구성원 상호 간에 의견을 공유하는 것은 상호 작용이 이루어지는 읽기의 사례로 적절하다.

교과서 열기 ❷

본문 65~67쪽

01 ② **02** ③ **03** 진로 독서

감정 표현과 감정의 진화

- **해제** 이 글은 사람의 감정 표현과 감정의 근원에 대해 설명하는 글로, (가)는 갓난아기들과 영장류의 표정을 통해 인간의 감정이 선천적이라는 주장을 제시하고 있다. (나)는 인간의 감정이 호르몬에 의해 유발되며, 감정이 진화한 이유에 대해 감정이 생존의 과정에서 유리한 요인으로 작용했을 것이라고 설명하고 있다.
- **주제** 감정 표현의 근원과 그 진화 과정
- **구성**

(가) 1문단: 다윈이 제시한 감정 표현의 개념
2문단: 감정 표현이 선천적, 본능적이라고 본 다윈
3문단: 감정 표현과 인간의 진화에 대한 다윈의 견해
(나) 1문단: 감정이 진화하게 된 요인인 호르몬
2문단: 진화에 따라 호르몬이 유발하는 감정의 변화

01 글의 구조와 전개 방식 답 ②

(가)의 2문단에서 다윈이 감정을 선천적인 것으로 보고, 이를 증명하기 위해 학습과 문화권의 영향을 받지 않는 갓난아기의 표정을 연구한 과정을 제시하고 있다. 그러나 (나)에서는 이러한 내용을 찾아볼 수 없다.

오답 피하기

① 감정 표현에 대한 최근의 연구 결과를 소개하고 있는 것은 (가)가 아닌 (나)이므로, 적절하지 않다.
③ (가)는 감정 표현의 사례를 구체적으로 열거하고 있으며, (나) 또한 감정에 영향을 미치는 호르몬의 구체적인 사례로 도파민과 옥시토신을 제시하고 있다. 따라서 (가)와 (나) 모두 중심 화제와 관련된 구체적인 예시를 열거하고 있으므로, 적절하지 않다.
④ (나)는 동물의 감정이 진화하는 과정을 통해 인간 감정의 진화를 설명하고 있으므로, 인간의 감정이 진화하는 과정을 동물과 구분하고 있다는 설명은 적절하지 않다.
⑤ (가)에서 진화에 영향을 미치는 환경적 요인과 관련된 내용은 찾아볼 수 없다. 또한 (나)는 환경이 진화에 영향을 미치는 내용에 대해서는 언급하고 있으나, 이를 분석하고 있는 내용은 찾아볼 수 없다.

02 세부 내용 파악 답 ③

다윈은 동물 대부분이 감정을 느끼며, 종마다 고유한 감정 표현을 가지고 있다고 보았다. 따라서 생쥐가 감정을 느끼고 이를 표현한다는 연구 결과에 동의할 것이다. 그러나 다윈은 감정을 선천적인 것으로 보았으므로, 감정이 문화적으로 학습한 결과라는 견해에는 동의하지 않을 것이다.

오답 피하기

① 다윈은 동물의 표정, 즉 감정 표현이 인간과 근원적으로 다르다는 ㄱ의 견해에 동의하지 않을 것이며 또한 감정이 문화적으로 학습한 결과라는 ㄷ의 견해에도 동의하지 않을 것이다.
② 다윈은 생쥐도 감정을 느끼고 이를 표현할 수 있다는 ㄴ의 견해에 동의할 것이다. 또한 다윈은 뇌를 통해 인간의 마음을 전부 이해할 수 있다는 주장을 부정하였으므로, 뇌와 호르몬에 대한 연구를 통해 인간의 마음을 이해할 수 있다는 주장을 부정하는 일부 심리학자들의 견해에도 동의할 것이다.
④ 진화 심리학자는 인간의 감정이 동물과 마찬가지로 진화의 결과로 발생한 것으로 이해하고 있으므로 ㄱ의 견해에 동의하지 않을 것이다. 또한 호르몬을 인간의 감정의 주된 요인으로 보고 있으므로, 이를 부정하고 있는 ㄹ의 견해에 동의하지 않을 것이다.
⑤ 진화 심리학자는 인간의 감정이 동물과 마찬가지로 호르몬에 의한 것이며, 진화의 과정에서 생겨난 선천적인 것으로 보고 있다. 따라서 진화 심리학자는 ㄴ의 견해에 동의하고, 감정이 문화적으로 학습한 결과라는 ㄷ의 견해에는 동의하지 않을 것이다.

03 읽기의 특성 이해 답 진로 독서

〈보기〉는 자신의 진로와 관련된 주제의 글을 읽고 관련 지식을 넓혀 나가는 모습을 제시하고 있으며, 다른 직업에 대해서도 정보를 얻고 탐색하는 과정을 제시하고 있다. 이러한 독서는 진로 독서에 해당한다.

02 읽기의 방법 1

교과서 열기 ❶

본문 72~73쪽

01 ④ **02** 예시 답 인간은 선천적으로 선한 본성을 갖고 태어난다. **03** ③

맹자의 사상

- **해제** 공자의 사상을 발전시켜 유학을 후세에 전하는 데 크게 기여한 맹자의 왕도 정치와 성선설에 대해 설명한 글이다. 이때 왕도 정치는 민심을 기반으로 한 정치 형태를 말하는데, 당시 전쟁을 통해 영토를 넓히고 부국강병을 추구하던 위정자들에게 맹자는 올바른 군주로서 갖추어야 할 도리에 대해 역설했다. 또한 맹자는 인간의 본성에 대해 성선설을 주장했는데, 인간이 갖고 있는 '측은지심', '수오지심', '사양지심', '시비지심' 등의 네 가지 마음을 근거로 제시하였다. 또한 이 네 가지 마음을 유학의 기본 원리인 인(仁), 의(義), 예(禮), 지(知)와 연결 지어 설명하였다. 맹자의 사상은 전쟁이 치열했던 시기에 백성과 즐거움을 함께한다는 민본주의의 정치 사상을 제시했다는 점에서 큰 의의가 있다.
- **주제** 맹자의 왕도 정치와 성선설
- **구성**
  1문단: 중국 전국 시대의 사상가 맹자
  2문단: 맹자의 저서인 『맹자』
  3문단: 『맹자』 제1편에 나타난 왕도 정치
  4문단: 『맹자』 제11편에 나타난 맹자와 고자의 인간 본성에 관한 주장
  5문단: 맹자의 성선설을 뒷받침하는 인간의 네 가지 마음
  6문단: 맹자의 사상이 갖는 의의

01 세부 내용 파악 답 ④

3문단과 6문단에 따르면, 맹자는 위정자에게 왕도 정치에 근거하여 나라를 다스려야 한다고 주장했다. 따라서 위정자에게 나라를 다스리는 방법으로 민심을 얻는 정치인 왕도 정치를 역설했다는 것은, 적절한 설명이다.

오답 피하기

① 3문단에 따르면, 맹자는 전쟁이란 결국 승리자 없이 모두 패배하는 길이라고 생각했다. 따라서 백성의 삶을 윤택하게 하기 위해서라면 전쟁이 필요하다는 주장을 했다는 것은 적절하지 않다.

② 1문단에 따르면, 맹자의 어머니가 맹자를 훌륭하게 키우기 위해 세 번 이사를 했다는 일화가 널리 알려져 있다고 했다. 이것은 맹자의 어머니와 관련된 내용이지 맹자에 대한 내용이라고 보기 어렵다.

③ 5문단에 따르면, 맹자는 인의예지는 밖에서 말미암아 나에게 녹아든 것이 아니라 내가 원래부터 가지고 있었던 것이라고 주장했다. 따라서 맹자는 인의예지를 교육을 통해 후천적으로 습득할 수 있다고 생각하지 않았다.

⑤ 4문단에 따르면, 고자는 인간의 본성은 소용돌이치는 물과 같다고 하면서 인간의 본성은 선과 불선의 구분이 없다는 성무선성악설을 주장했다. 따라서 이는 맹자가 아닌 고자에 대한 설명이다.

02 논증 파악하기 예시 답 참조

㉠에서 맹자는 선하지 않은 사람은 없다는 성선설을 주장했는데, 그 이유로 물이 위와 아래의 분별이 있으며 아래로 내려가지 않는 물이 없음을 들었다. 즉 물이 위에서 아래로 흐르는 자연의 이치가 있는 것처럼, 인간도 그러한 자연의 이치에 따라 선천적으로 선하게 태어난다는 것이다. 따라서 빈칸에 들어갈 주장은 '인간은 선천적으로 선한 본성을 갖고 태어난다.'이다.

03 구체적 사례 적용 답 ③

맹자는 인간의 본성이 선하다는 증거로 인간이 선천적으로 갖고 있는 마음인 '측은지심'을 제시했다. 따라서 인간이 명예를 위해 '측은지심'을 버릴 수 있다는 것은 적절하지 않다.

오답 피하기

① 5문단에서 맹자는 '측은지심'을 제시했는데, 이는 대상을 측은하게 여기는 마음을 말한다. 따라서 〈보기〉에서 우물로 들어가려는 어린아이를 측은히 여기는 마음은 '측은지심'이라고 할 수 있다.

② 〈보기〉에서 맹자는 측은해하는 마음, 부끄러워하고 미워하는 마음, 사양하는 마음, 옳고 그름을 따지는 마음이 없으면 사람이 아니라고 했으므로, 이러한 네 가지 마음을 가지지 않은 사람은 없다고 주장한다고 볼 수 있다.

④ 5문단에서 맹자는 인간의 본성이 선하다는 증거로 인간이 선천적으로 갖고 있는 마음인 '측은지심'을 제시했다. 따라서 〈보기〉에서 사람들이 갖고 있는 마음은 모두 선천적으로 갖고 있는 마음이라 할 수 있다.

⑤ 〈보기〉에서 인간은 '측은지심'을 갖고 있으며, '측은지심'이 없으면 사람이 아니라고 했다. 또한 맹자는 5문단에서 인간의 본성이 선하다는 증거로 '측은지심'을 제시했다. 이

를 종합해 보면 맹자는 '측은지심'을 인간이 선천적으로 가진 선한 마음으로 보는 것이며, '측은지심'이 있기 때문에 인간의 본성이 선하다고 보는 것이다.

교과서 열기 ❷

본문 74~75쪽

01 ⑤ **02** ⑤ **03** ⑤

뮤지컬의 역사와 특징

- **해제** 이 글은 뮤지컬의 역사를 네 개의 시기로 구분하여 각 시기별로 뮤지컬이 어떻게 발전했는지를 설명하고 있으며, 마지막 문단에서는 오페라와의 비교를 통해 뮤지컬이 가진 특징을 설명하고 있다. 뮤지컬은 노래, 춤, 연기가 결합된 종합 예술로서 19세기 영국에서 탄생하였지만, 발전하게 된 것은 영국이 아니라 미국에서였다. 제1차 세계 대전 이후 대공황을 겪던 미국 국민에게 뮤지컬은 선풍적인 인기를 끌었고, 이러한 인기를 바탕으로 뮤지컬은 점점 발전했다.
- **주제** 뮤지컬의 탄생과 발전 및 주요 특징
- **구성**
  1문단: 뮤지컬의 개념
  2문단: 뮤지컬의 탄생
  3문단: 뮤지컬의 발전
  4문단: 뮤지컬의 역사
  5문단: 뮤지컬의 특징

01 읽기 방식의 이해 답 ⑤

'학생'은 '뮤지컬이 최고의 공연 양식이다.'라는 주장과 '대중들로부터 많은 사랑을 받고 있다.'라는 이유 사이의 관계에 대해 논리적 문제점을 지적하고 있다.

오답 피하기

① '학생'은 글에 제시된 내용의 공정성을 판단하고 있지 않다.
② '학생'이 글에 제시된 내용의 사실 여부를 의심하는 모습은 나타나지 않는다.
③ '학생'은 글의 내용을 이해하고 있을 뿐, 이를 자신의 삶과 연계하고 있지 않다.
④ '학생'은 글쓴이에 대한 배경지식을 드러내고 있지 않다.

02 세부 내용 파악 답 ⑤

5문단에서 오페라는 이탈리아어나 독일어와 같은 원래의 언어로 공연되지만, 뮤지컬은 현지 언어로 공연되는 경우도 많다고 했다. 따라서 현지 언어로 공연되는 경우가 많은 것은 ㉠(뮤지컬)이고, 원래의 언어로 공연되는 것은 ㉡(오페라)이다.

오답 피하기

① ㉠과 ㉡은 모두 무대에서 공연되는 예술이다.
② 5문단에서 ㉠은 재즈, 록, 팝 등 보다 넓은 범위의 음악을 수용하지만, ㉡은 주로 고전주의 음악을 사용한다고 했다. 따라서 ㉠과 달리, ㉡은 공연할 때 주로 특정 장르의 음악을 사용한다는 것은 적절하다.
③ 5문단에서 ㉠은 연극성을 중시한다고 했고, ㉡은 이와 달리 노래 위주의 공연을 한다고 했다. 따라서 ㉠이 연극성을 중시하는 것과 달리, ㉡은 노래 위주의 공연을 한다는 것은 적절하다.
④ 5문단에서 ㉠은 다양한 창작 이야기를 다루고 있다고 했고, ㉡은 이와 달리 고전적인 문학의 서사에 근거한다고 했다. 따라서 ㉠이 다양한 창작 이야기를 다루는 것과 달리, ㉡은 고전적인 문학에 기반을 둔다는 것은 적절하다.

03 구체적 사례 적용 답 ⑤

1920년대 말에 뮤지컬이 연극적인 플롯을 도입하여 등장인물을 강조한 것은 말초적인 감각을 즐겁게 하던 쇼에서 벗어나 보다 예술적인 공연으로 발전한 것이므로 적절하지 않다.

오답 피하기

① 〈보기〉에서 공연 예술은 동시대의 욕망을 반영해야 사람들로부터 높은 호응을 얻을 수 있다고 했다. 이를 바탕으로 할 때, 미국에서 대공황 이후 뮤지컬이 인기를 끌 수 있었던 것은 낙천적이고 유쾌한 오락 문화에 대한 욕망을 반영했기 때문이라고 볼 수 있다.
② 〈보기〉에서 공연 예술은 동시대의 관심사를 반영해야 사람들로부터 높은 호응을 얻을 수 있다고 했다. 이를 바탕으로 할 때, 1960년대 뮤지컬들이 사회적 주제를 다룬 것은 당시 사람들의 관심사를 고려하여 이를 작품 속에 나타낸 것이라 할 수 있다.
③ 〈보기〉에서 최근에는 기술의 발전이 예술에 영향을 끼치기도 한다고 했다. 이를 바탕으로 할 때, 오늘날의 뮤지컬이

예전보다 더욱 화려한 무대를 선보일 수 있게 된 것은 시대의 변화에 따라 기술이 발전했기 때문이라고 할 수 있다.
④ 〈보기〉에서 힘들고 어려운 상황에서 아픔을 딛고 앞으로 나아갈 수 있도록 유도하는 것도 예술의 역할이라고 했다. 이를 바탕으로 할 때, 1950년대 뮤지컬 중 새로운 세계를 지향하는 작품들은 관객들이 전쟁의 아픔을 딛고 앞으로 나아갈 수 있도록 유도하는 것이라 할 수 있다.

03 읽기의 방법 2

교과서 열기 ❶

본문 80~81쪽

01 ② **02** ⑤ **03** 표현

미성년자의 계약

- **해제** 이 글은 미성년자의 계약과 관련하여 우리나라의 민법이 계약을 위해 갖추어야 할 능력을 무엇으로 규정하였는지와 미성년자는 그중 '행위 능력'을 갖추지 못하여 법정 대리인의 동의를 얻어야 법률 행위인 계약을 할 수 있음을 밝히고 있다. 더불어 미성년자의 계약 시 그것을 취소할 수 있지만 이를 제한하는 경우와 거래의 상대방 역시 보호하는 민법상의 보장을 내용으로 다루며, 이와 함께 미성년자의 독자적인 법률 행위가 가능한 경우인 '결혼'한 미성년자의 계약에 대해 설명하고 있다.
- **주제** 미성년자의 계약
- **구성**
  1문단: 일상생활에서의 계약
  2문단: 미성년자가 유효한 계약을 할 수 있는 조건
  3문단: 미성년자의 계약 취소
  4문단: 미성년자의 계약 취소 제한과 거래 상대방의 보호
  5문단: 결혼한 미성년자의 계약

01 세부 내용 파악 답 ②

2문단에서 스스로 효력 있는 법률 행위를 할 수 있는 능력은 '의사 능력'이 아니라 '행위 능력'임을 밝히고 있다.

오답 피하기

① 2문단에서 우리나라의 민법에서는 만 19세 미만 사람인 미성년자가 단독으로 유효한 법률 행위를 할 수 없도록 규정하고 있음을 밝히고 있다.
③ 5문단에서 미성년자가 결혼한 이후에 어떠한 계약을 한다면 그것은 유효하고 법정 대리인에 의한 취소가 성립될 수 없음을 밝히고 있다. 그리고 이는 이혼을 한 경우도 마찬가지라고 설명하고 있다.
④ 1문단을 통해 휴대폰을 구매하여 이용하고, 통신사에 요금을 내고 요금제를 사용하는 것 모두 일정한 대금을 지급하고 사용하는 계약임을 알 수 있다.
⑤ 4문단에서 미성년자와 거래하는 상대방의 보호에 대해 설명하고 있는데, 거래 상대방을 보호하기 위해 법에서 일정한 요건에 따라 미성년자와의 계약 효과를 부인할 수 있도록 하는 철회권과 거절권을 주고 있음을 확인할 수 있다.

02 구체적 사례 적용 답 ⑤

A는 미성년자인데, 3문단에서 미성년자 본인 역시 계약의 효과를 원하지 않는다면 취소할 수 있음을 밝히고 있다. 따라서 A 스스로 계약을 취소하는 법률 행위를 할 수 없다는 설명은 적절하지 않다.

오답 피하기

① 3문단에서 계약이 취소되면 처음부터 무효인 것으로 된다는 내용을 확인할 수 있다.
② 4문단에서 미성년자가 거짓말 등의 수단으로 사업자에게 자신을 성년이라고 믿게 한 경우 계약을 취소할 수 없음을 밝히고 있다.
③ 3문단에서 미성년자는 계약이 취소되면 받은 이익이 현존하는 한도에서 상환할 책임이 있다고 밝히고 있다. 구매로 인한 이익은 옷이므로 A의 부모에 의해 계약이 취소된다면 A는 이를 돌려주어야 한다.
④ 4문단에서 미성년자의 거래 상대방은 미성년자와의 계약이 취소될 수 있기에 이러한 상황을 방지하기 위해 법정 대리인에게 취소에 대한 확답을 요구할 수 있는 최고권이 부여됨을 확인할 수 있다.

03 읽기 방법의 파악 답 표현

〈보기〉의 독자는 글쓴이가 글의 2문단에서 의문형 문장을 활용한 것이 글을 읽는 과정에서 내용에 집중하는 데 도움이 되었다고 밝히고 있다. 이는 곧 글을 읽을 때 글에 사용된 표현 방법이 글의 내용 전달에 효과적으로 기능하고 있는지 파악하며 읽는 방법을 활용한 것이라고 볼 수 있다.

교과서 열기 ❷

본문 82~83쪽

01 ③ **02** ③ **03** ④ **04** 예시 답 글쓴이가 글에서 제시한 주장과 함께 합리적인 이유나 근거가 제시되었는지 확인하며 읽는, 내용의 타당성을 중심으로 비판적 읽기를 수행하고 있다고 할 수 있다.

과거 기후의 측정

- **해제** 이 글은 과거 기후를 알아낼 수 있는 다양한 '기후 대리 지표'의 종류와 기후를 알아내는 여러 가지의 원리, 구체적 예시 등이 제시되어 있다. 그런데 필자는 이러한 방법을 통해 과거의 기후를 정확히, 절대적으로 측정할 수는 없으나 이를 모르는 것과 아는 것의 차이가 있음을 밝히고 있다. 그리고 과거 기후를 앎으로써 미래 기후 변화에 대응하여 위기가 닥친 지구의 기후를 지켜야 함을 주장하고 있다.
- **주제** 기후 대리 지표를 통한 과거 기후의 측정과 당위성
- **구성**

  1문단: 과거와 현재의 기후 측정
  2문단: 기후 대리 지표를 통한 과거 기후 측정 ①
  3문단: 기후 대리 지표를 통한 과거 기후 측정 ②
  4문단: 기후 대리 지표를 이용한 기후 분석과 당위성
  5문단: 과거 기후 측정을 통한 미래 기후 변화에의 대응

01 글의 구조와 전개 방식 답 ③

이 글은 기후 대리 지표에 해당하는 다양한 사례를 구체적으로 제시하여 중심 화제인 과거 기후 측정에 대해 설명하고 있다.

오답 피하기

① 이 글에서는 기후 대리 지표에 대한 평가를 시대별로 구분하여 제시하는 것을 확인할 수 없다.
② 이 글에서는 기후 대리 지표와 관련한 논란이 제시되지 않았으며 따라서 그에 대한 반박 역시 확인할 수 없다.
④ 이 글에서는 기후 대리 지표로 인해 발생할 수 있는 부정적 효과 및 해결책을 확인할 수 없다.
⑤ 이 글에서는 기후 대리 지표에 대한 상반된 입장을 소개하고 있지 않다.

02 중심 내용 파악 답 ③

4문단에서 현재에도 기후를 완벽하게 측정할 수 없듯이 과거의 기후를 완벽하게 측정할 수 없다고 설명하고 있다. 따라서 과거와 달리 현재에는 관측 기기의 발달로 기후를 오차 없이 측정할 수 있다는 진술은 적절하지 않다.

오답 피하기

① 2문단에서 기온이 높아질수록 산소의 증발이 활발해지고 증발한 산소가 눈으로 내려 빙하를 만들기에, 기온이 높은 시기의 빙하를 구성하는 무거운 산소의 비율이, 기온이 낮은 시기의 빙하를 구성하는 무거운 산소의 비율보다 높다고 설명하고 있다. 따라서 빙하를 만드는 눈 속 무거운 산소의 비율은 온도와 연관이 깊다고 할 수 있다.
② 1문단에서 1979년 이후에 위성 체계가 갖추어졌음을 확인할 수 있고, 이렇게 갖추어진 환경으로 지구 전체 기후 변화를 살피고 있다는 사실을 확인할 수 있다.
④ 3문단에서 침엽수인 소나무의 꽃가루는 활엽수인 단풍나무의 꽃가루와 비교했을 때 발견된 지역이 더 추운 날씨였음을 알 수 있는 기후 대리 지표라고 제시하고 있다. 이를 통해 침엽수가 주로 자라는 지역이 활엽수가 주로 자라는 지역보다 춥다는 것을 파악할 수 있다.
⑤ 2문단에서 플랑크톤 껍질은 탄산 칼슘으로 만들어지고, 기온이 낮은 경우의 바닷물 속의 탄산 칼슘에는 기온이 높은 경우의 바닷물보다 질량이 무거운 산소가 더 포함되어 있다고 하였다. 따라서 상대적으로 온도가 낮은 바닷물의 플랑크톤 껍질은 온도가 높은 경우보다 질량이 무거운 산소의 비율이 높다고 할 수 있다.

03 세부 내용 파악 답 ④

4문단에서 기후 대리 지표를 이용해 과거 기후를 분석하는 과정에서 일정한 지역에 한정된 특징을 걸러 내기 위해 여러 지역의 자료를 함께 분석한다고 하였다. 따라서 한 지역의 자료를 다른 지역과 비교하지 않는다는 설명은 적절하지 않다.

오답 피하기

① 2문단에서 기후 대리 지표에는 과거 기후(기온, 강수량)에 반응한 흔적이 남아 있다는 것을 확인할 수 있다.
② 5문단에서 과거 기후는 대리 지표에서 양적, 질적 속성을 숫자로 나타낸다고 밝히고 있다.
③ 3문단에서 기후 대리 지표인 나이테를 통해 수십 년에서 수천 년까지 기후를 알아낼 수 있음을 확인할 수 있다.
⑤ 4문단에서 기후 대리 지표는 왜곡이나 오차가 나타나는 자료의 질에 부족함이 있더라도 과거의 기후를 알려 준다고 하였으며 글의 맥락상 기후 대리 지표를 통해 그러한 과거 기후를 알게 되는 것이 의미가 있음을 확인할 수 있다.

04 비판적 읽기의 이해 (예시 답) 참조

비판적 읽기는 '관점이나 내용의 타당성', '관점이나 내용의 공정성', '내용의 신뢰성', '자료의 적절성' 등을 기준으로 수행할 수 있다. 독자는 주장에 대한 근거가 부족하다는 점, 즉 주장이 합리적으로 뒷받침되지 않은 점을 중심으로 비판적 읽기를 수행했으므로 관점이나 내용, 주장이 타당한지를 중심으로 글을 읽었다고 볼 수 있다.

04 읽기의 목적과 점검

교과서 열기 ❶

본문 88~89쪽

01 ③ **02** ⑤ **03** (예시 답) (A): 국가의 부는 국민이 소비할 수 있는 재화와 용역의 양으로 결정된다. (B): 모든 상품이 절대 우위인 상황에서 무역은 일어나지 않는다.

고전주의 경제학과 무역

- **해제** 이 글은 대표적인 고전주의 경제학자인 애덤 스미스와 리카도의 사상을 다루고 있다. 이 두 학자는 자유 무역을 통해 국가의 부가 증대할 수 있다고 본다는 점에서 공통된 견해를 가지고 있지만, 무역의 이점이 일어나는 조건에 있어서는 견해의 차이를 드러내고 있다.
- **주제** 무역에 대한 고전주의 경제학자들의 견해
- **구성**
  1문단: 애덤 스미스가 정의한 국가의 부
  2문단: 애덤 스미스의 절대 우위론
  3문단: 리카도의 비교 우위론과 하벌러의 기회비용
  4문단: 고전주의 경제학의 의의와 자유 무역에 대한 비판

01 세부 내용 파악 (답) ③

3문단에 따르면, 리카도는 상품의 가치를 해당 상품의 생산에 투입된 노동의 양으로 평가해야 한다는 노동 가치설을 제시하고 있다.

오답 피하기

① 3문단에 따르면, 하벌러는 기회비용이라는 새로운 관점에서 리카도의 비교 우위론을 재조명했다고 하였으므로 적절하지 않다.

② 4문단에 따르면, 고전주의 경제학자들은 각자의 기준에서 자유 무역의 이점을 주장하고 있으므로, 적절하지 않다.

④ 1문단에 따르면, 중상주의자들은 높은 관세를 통해 귀금속이 외국으로 유출되는 것을 막을 수 있다는 주장을 펼치고 있으므로 적절하지 않다.

⑤ 1문단에 따르면, 애덤 스미스는 국제적 분업을 통해 각 국가가 다른 국가보다 더 적은 비용으로 생산할 수 있는 상품을 생산해야 한다고 주장하고 있으므로 적절하지 않다.

02 구체적 사례 적용 (답) ⑤

갑국과 병국이 비교 우위에 따라 특화하면, 갑국은 쌀, 병국은 콩을 생산하게 된다. 10명의 노동력으로 생산할 수 있는 각 국의 생산량은 갑국의 경우 쌀 5단위($\frac{10}{2}$), 병국의 경우 콩 2.5단위($\frac{10}{4}$)이다. 따라서 두 나라가 생산한 쌀과 콩을 모두 합치면 7.5단위가 되므로 선지의 이해는 적절하지 않다.

오답 피하기

① 애덤 스미스는 상대국보다 적은 비용으로 생산할 수 있는 생산품에 절대 우위가 있다고 보았다. 갑국의 쌀 생산에 들어가는 노동력은 2명으로, 을국의 4명보다 적기 때문에 쌀 생산에 절대 우위가 있다고 볼 수 있다.

② 갑국이 2명으로 1단위의 쌀을 생산할 수 있으므로, 5명의 노동력이 있을 경우, 2.5단위($\frac{5}{2}$)를 생산할 수 있다.

③ 리카도는 갑국이 병국보다 쌀과 콩 모두 절대 우위에 있더라도 비교 우위를 통해 각 국이 특화한 상품을 교역하면 이익이 발생할 수 있다고 보았으므로 적절하다.

④ 갑국은 5명의 노동력으로 쌀 1단위와 콩 1단위를 생산할 수 있으며, 을국도 마찬가지로 5명의 노동력으로 쌀 1단위와 콩 1단위를 생산할 수 있다. 총합은 4단위이므로 적절하다.

03 중심 내용 파악 (예시 답) 참조

국가의 부를 귀금속의 양으로 정의한 중상주의자들의 기존 견해에 대해 애덤 스미스는 국민이 소비할 수 있는 재화와 용역의 양으로 결정된다고 주장하였다. 리카도가 비교 우위론을 통해 반박하고자 한 애덤 스미스의 주장은 모든 상품이 절대 우위인 상황에서 무역은 일어나지 않는다는 주장이다.

교과서 열기 ❷

본문 90~91쪽

01 ⑤ **02** ④ **03** (1): 4, (2): 2, (3): 5

노이즈 캔슬링 기술의 원리

- **해제** 이 글은 이어폰에서 소음을 차단하는 기술인 노이즈 캔슬링 기술을 소개하고 있다. 특히 노이즈 캔슬링 기술을 패시브 노이즈 캔슬링 기술과 액티브 노이즈 캔슬링 기술로 구분하고 있으며, 두 기술이 소음을 차단하는 원리를 설명하고 있다.
- **주제** 노이즈 캔슬링 기술의 종류와 그 원리
- **구성**
  1문단: 무선 이어폰에 적용된 노이즈 캔슬링 기술
  2문단: 노이즈 캔슬링 기술의 종류와 패시브 노이즈 캔슬링의 원리
  3문단: 액티브 노이즈 캔슬링 기술에 적용된 과학 원리
  4문단: 액티브 노이즈 캔슬링 기술의 과정
  5문단: 액티브 노이즈 캔슬링 기술의 한계와 의의

01 세부 내용 파악 답 ⑤

5문단에 따르면, 액티브 노이즈 캔슬링 기술은 진폭이 규칙적이지 않은 소음이나 고음의 제거에 한계를 보인다. 그러나 패시브 노이즈 캔슬링 기술은 이러한 한계점이 제시되어 있지 않다.

오답 피하기

① 4문단에 따르면, 액티브 노이즈 캔슬링 장치에 내장된 마이크가 외부의 소음을 수집한다.
② 4문단에서 액티브 노이즈 캔슬링 장치는 마이크로 외부의 소음을 수집한 이후 반대 파형의 음파를 생성하여 스피커를 통해 내보내 외부 소음을 줄일 수 있음을 알 수 있다.
③ 4문단에 따르면, 일부 액티브 노이즈 캔슬링 장치는 외부 소음의 진동을 빠르게 분석하기 위해 미리 학습한 데이터를 사용한다.
④ 3문단을 통해 동일한 형태의 파형이 중첩되면 진폭이 커진다는 내용과, 진폭이 커지면 소리가 커진다는 내용을 확인할 수 있다. 따라서 액티브 노이즈 캔슬링 장치의 스피커가 외부의 소음과 동일한 파형의 음파를 생성하면 외부 소음이 오히려 더욱 크게 들릴 수 있음을 알 수 있다.

02 구체적 사례 적용 답 ④

〈보기〉에 의하면 A 사의 액티브 노이즈 캔슬링 기술은 고음을 차단하지 못하는 기술적 한계가 있다. 이는 고음의 반대 파형을 만드는 것에 한계가 있다는 의미이므로, 큰 음량의 반대 파형을 만드는 데 한계가 있다는 내용은 적절하지 않다.

오답 피하기

① 〈보기〉에 A 사의 초기 모델은 고음의 차단에 한계가 있다고 제시되어 있다.
② A 사의 이어폰 초기 모델은 커널형 구조와 달리 밀폐되지 않은 오픈형 구조의 이어폰이므로, 착용자의 답답함이 적었을 것이다.
③ A 사가 최종 채택한 이어폰은 패시브 노이즈 캔슬링 기술이 적용된 커널형 구조로, 작은 음량의 소리도 전달할 수 있다는 장점이 있다.
⑤ A 사가 최종 채택한 이어폰은 커널형 구조로 패시브 노이즈 캔슬링 기술이 접목되어 있으며, 동시에 액티브 노이즈 캔슬링 기술도 적극 활용하고 있다. 한 기술의 한계점을 보완하기 위해 다른 기술을 적용하는 구조로 이해할 수 있다.

03 읽기 방법의 선택 답 (1): 4, (2): 2, (3): 5

읽기는 목적에 따라 그 읽기 방법을 선택할 수 있다. 글을 통해 확인하고자 하는 정보가 글의 특정 부분에 있다면, 글의 부분을 발췌하여 읽기 방법을 통해 효율적으로 정보를 파악할 수 있다.

Ⅲ. 듣기·말하기

01 대화와 발표

교과서 열기 ❶ 본문 98~99쪽

01 ④ 02 ④ 03 ⑤ 04 ⑤

01 화법의 다양한 성격 이해 답 ④

㉠의 '양의 격률'은 대화의 목적에 필요한 만큼만 정보를 제공해야 한다는 것이다. A는 민수에게 떡볶이 가게의 이름을 물은 것이지, 해당 가게의 주소나 역사를 물은 것이 아니다. 따라서 이는 '양의 격률'을 어긴 대화 상황이므로 ㉠과 관련 있는 대화 상황이라고 할 수 있다.

오답 피하기

① 책상 위에 두었던 볼펜이 어디 있는지를 묻는 A의 질문에 B는 볼펜이 바닥에 떨어진 것을 알고 있으면서도 모른다고 답변하고 있다. 이는 대화를 할 때 진실을 말하지 않은 것이므로, '질의 격률'과 관련 있는 대화 상황이다.
② 모둠 과제를 도와줄 수 있느냐는 A의 질문에 B는 도와줄 수 있을 것 같기도 하고 없을 것 같기도 하다면서 분명하지 않게 답변하고 있다. 이는 대화를 할 때 모호하게 말한 것이므로, '태도의 격률'과 관련 있는 대화 상황이다.
③ 동아리 발표회에서 발표할 주제에 대한 A의 질문에 B는 방과 후에 산책하러 가자고 말하고 있다. 이는 '동아리 발표의 주제 선정'이라는 대화 주제와 관련 없는 내용을 말한 것이므로, '관련성의 격률'과 관련 있는 대화 상황이다.
⑤ 환경 보호를 위해 일회용품 사용을 줄이자는 A의 발언에 B는 타당한 근거 없이 그냥 싫다고 발언하고 있다. 이는 대화를 할 때 타당한 근거를 들지 않은 것이므로, '질의 격률'과 관련 있는 대화 상황이다.

02 화법의 담화 관습 이해 답 ④

(가)의 속담은 말이 많으면 장맛이 쓰고, 말은 할수록 거칠어진다는 내용이다. 이는 말이 많아질수록 잘못된 말을 할 가능성이 높아지므로 되도록 말을 아끼고 꼭 필요한 말만 해야 한다는 뜻을 담고 있다. (나)는 말을 황금처럼 아끼고 깊이 침묵하라는 내용이다. 이 역시 말을 많이 하지 말고 꼭 필요한 말만 하라는 내용을 담고 있다. 따라서 (가)와 (나)에 나타난 옛사람들의 담화 관습은, 말을 많이 하지 않고 꼭 필요한 말만 신중하게 하는 것임을 알 수 있다.

오답 피하기

① (가)와 (나) 모두 다른 사람의 말을 공감하여 들어 주는 내용은 나타나지 않는다.
② (가)와 (나) 모두 상대방이 잘한 점은 과장하여 칭찬하라는 내용은 나타나지 않는다.
③ (가)와 (나) 모두 자신을 낮추고 상대방에게 예의를 갖추어 말하라는 내용은 나타나지 않는다.
⑤ (가)와 (나) 모두 상처가 될 말은 직설적으로 말하지 않고 완곡하게 돌려서 말하라는 내용은 나타나지 않는다.

03 화법을 통한 의사소통과 사회적 상호 작용 답 ⑤

'학생 3'은 준수의 발표 내용과 상관없이 준수가 발표하느라 힘들었을 것에 대해 공감의 말을 하고 있다. 따라서 이는 준수가 스스로 내세우는 공개적인 이미지인 '체면'과 아무 관련이 없는 발화이다.

오답 피하기

① '학생 1'은 준수의 발표 내용에 대해 긍정적인 평가를 내리고 있으며, '학생 2'는 준수의 발표 내용에 대해 부정적인 평가를 내리고 있다.
② '학생 3'은 준수에게 발표하느라 힘들었을 것이라고 말하고 있는데, 이는 준수의 발표 내용과는 상관없이 준수를 이해하고 다독이는 발화이다.
③ '학생 1'은 친구들 앞에서 준수가 발표를 잘한다고 칭찬하고 있다. 이는 준수를 다른 사람에게 독립적 주체로서 인정해 준 것이므로, 준수의 적극적 체면을 세워 준 발화로 볼 수 있다.
④ '학생 2'는 친구들 앞에서 준수의 발표가 형편없음을 지적하며 자신에게 배우라고 질책하고 있다. 이는 다른 사람 앞에서 준수의 공개적인 이미지를 망가뜨린 것이므로, 친구들 앞에서 준수의 체면을 훼손한 발화로 볼 수 있다.

04 화법의 영향력과 의사소통 윤리 답 ⑤

'학생 2'는 '학생 1'의 발화를 들은 후, '학생 1'과 다르게 생각하는 결말 부분에 대해서는 앞부분에 잠깐 언급한 뒤, 동일하게 생각하는 인물과 연출 부분에 대해서는 상세하게 말하고 있다. 이는 상대와 의견이 다름을 드러내는 말은 줄이고 상대와 의견이 같음을 드러내는 말은 늘린 것이라 할 수 있다.

오답 피하기

① '학생 2'의 발화에서 상대를 비방하는 말을 줄이거나 상대를 칭찬하는 말을 늘리는 것은 나타나지 않는다.
② '학생 2'의 발화에서 상대에게 부담을 주는 말을 줄이거나 상대에게 이익을 주는 말을 늘리는 것은 나타나지 않는다.
③ '학생 2'의 발화에서 자신에게 이익을 주는 말을 줄이거나 자신에게 부담을 주는 말을 늘리는 것은 나타나지 않는다.
④ '학생 2'의 발화에서 자신을 스스로 칭찬하는 말을 줄이거나 자신을 겸손하게 표현하는 말을 늘리는 것은 나타나지 않는다.

교과서 열기 ❷

본문 100~101쪽

01 ② **02** ④ **03** ⑤

01 발표 표현 전략 사용하기 답 ②

이 발표에서 발표자는 '블루레이 디스크'와 관련된 통계 자료를 제시하고 있지 않다.

오답 피하기

① 발표자는 발표 대상인 '블루레이 디스크'를 청중에게 직접 보여 주어 청중의 흥미를 유발하고 있다.
③ 발표자는 '블루레이 디스크'와 DVD의 저장 용량을 비교하여 설명할 때 구체적인 수치를 제시함으로써, 발표 대상에 대한 객관적인 내용을 전달하고 있다.
④ 발표자는 발표 끝부분에 자신처럼 좋아하는 영화를 영구히 소장하는 일에 동참해 보자고 권유하고 있다. 이는 발표 내용과 관련하여 청중에게 '블루레이 디스크'를 구매하여 이용해 보기를 제안함으로써 자신이 바라는 바를 언급한 것이다.
⑤ 발표자는 발표를 하기 전에 학급 친구들에게 '블루레이 디스크'를 알고 있는지 물어본 뒤, 이를 통해 발표 대상으로 '블루레이 디스크'를 정했음을 밝히고 있다.

02 발표 내용 조직하기 답 ④

이 발표에서 발표자가 발표 대상인 '블루레이 디스크'에 대한 사람들의 잘못된 편견을 제시하는 모습은 나타나지 않는다.

오답 피하기

① 발표자는 발표 도입 부분에서 자신의 손에 들고 있는 것이 무엇인지 물어보면서, 청중의 호기심을 유발하고 있다.
② 발표자는 '블루레이 디스크'의 장점을 소개하는 부분에서 목소리를 조금 높이고 있는데, 이는 준언어적 표현 전략을 활용하여 발표의 중심 내용을 강조한 것이다.
③ 발표자는 발표 도중에 청중에게 온라인 동영상 서비스에 있던 특정 영화를 더 이상 볼 수 없게 된 경험에 대해 묻고 있는데, 이는 발표 내용과 관련된 청중의 경험을 환기하는 질문을 한 것이다.
⑤ 발표자는 오른손을 펼쳐 앞으로 내밀며 청중의 동참을 제안하고 있는데, 이는 비언어적 표현 전략을 활용한 것이다.

03 발표 내용 이해, 평가하기 답 ⑤

'학생 2'는 발표를 통해 '블루레이 디스크'에 대해 많이 알게 되어 좋았다고 말하며, 발표 내용이 자신에게 유용했음을 드러내고 있다. 하지만 '학생 3'은 발표 내용이 자신에게 유용했음을 드러내는 반응을 보이고 있지 않다.

오답 피하기

① '학생 1'은 차세대 DVD 경쟁에서 블루레이 디스크가 HD-DVD를 이긴 방법을 궁금해하고 있는데, 이는 발표에서 언급되지 않은 정보이다.
② '학생 2'는 발표 내용인 '블루레이 디스크'와 관련하여 얼마 전에 '블루레이 디스크'인 줄도 모르고 좋아하는 가수의 콘서트 영상이 담긴 디스크를 구매했던 경험을 떠올리고 있다.
③ '학생 3'은 '블루레이 디스크' 다음 매체인 4K UHD에 대한 배경지식을 바탕으로, 발표에서 4K UHD를 다루지 않은 것에 대한 아쉬움을 드러내고 있다.
④ '학생 1'은 발표 내용과 관련하여 '블루레이 디스크'가 HD-DVD를 이긴 방법을 직접 찾아보겠다는 반응을 보이고 있고, '학생 3'도 4K UHD에 대해 조사해 봐야겠다는 반응을 보이고 있다. 이처럼 '학생 1'과 '학생 3'은 둘 다 발표 내용과 관련하여 추가 정보를 탐색하려는 모습을 보이고 있다.

02 토론과 협상

교과서 열기 ❶

본문 106~107쪽

01 ① **02** 예시 답 인공 지능을 활용한 채용 방식이 객관적이기 때문이다. **03** ⑤

01 토론 맥락 분석하기 답 ①

이 토론에서 '사회자'는 '공공 기관에 인공 지능을 활용한 채용 제도를 전면 도입해야 한다.'라는 토론 논제를 제시하며 토론을 시작하고 있다. 하지만 '사회자'가 토론 규칙을 제시하는 모습은 나타나지 않는다.

오답 피하기

② '사회자'는 토론 순서에 따라 찬성 측 첫 번째 토론자와 반대 측 두 번째 토론자에게 각각 발언 기회를 부여하고 있다.
③ '찬성 1' 토론자는 화법을 연구하고 있는 대학 교수의 견해를 제시하며 자신의 주장을 뒷받침하고 있다.
④ '찬성 1' 토론자는 '반대 2' 토론자의 반대 신문에서 채용 비리의 개념을 지적한 부분에 대해 맞다고 말하며 시인하고 있다. 이는 반대 신문에서 지적한 내용을 인정한 것이라 할 수 있다.
⑤ '반대 2' 토론자는 '찬성 1' 토론자가 제시한 자료의 출처를 묻고 있는데, 이는 자료의 신뢰성을 점검한 것이다.

02 토론 내용 생성하기 예시 답 참조

'찬성 1' 토론자는 '공공 기관에 인공 지능을 활용한 채용 제도를 전면 도입해야 한다.'라는 논제에 찬성한다고 말하면서, 그 이유로 인공 지능을 활용한 채용 방식이 객관적이기 때문이라고 했으며, 전문가의 견해를 근거로 제시했다. 따라서 빈칸에 들어갈 내용은 '인공 지능을 활용한 채용 방식이 객관적이기 때문이다.'이다.

03 토론 내용 이해, 평가하기 답 ⑤

반대 측이 반대 신문에서 출처를 질문한 것은, '논증의 신뢰성'과 관련하여 제시된 자료를 신뢰할 수 있는지 파악하기 위해서이다. 따라서 '문제의 심각성'과 관련하여 문제가 심각하지 않다는 것을 주장하기 위해 질문했다는 것은 적절하지 않다.

오답 피하기

① '공공 기관에 인공 지능을 활용한 채용 제도를 전면 도입해야 한다.'라는 논제는 특정 정책의 도입에 대한 논제이므로 '정책 논제'에 해당된다. 그리고 〈보기〉를 참고할 때 '정책 논제'의 경우에는 토론에서 문제의 심각성, 방안의 적절성, 효과와 이익 등을 필수 쟁점으로 다루어야 한다.
② 찬성 측은 입론에서 채용 비리에 대한 기사가 자주 보도되고 있다고 하면서, 채용 비리는 공정 경쟁을 해치는 것과 동시에 취업 준비생들에게 상대적인 박탈감을 주기 때문에 시급히 해결해야 할 문제라고 했다. 따라서 채용 비리에 관한 보도 현황을 제시하며 문제 해결의 시급성을 강조하고 있다고 할 수 있다.
③ 찬성 측은 입론에서 인공 지능을 활용한 채용 제도를 도입하면 채용 진행에 드는 시간을 크게 줄일 수 있다는 이익을 언급하고 있다. 하지만 제도를 도입했을 때 필요한 비용과 관련된 내용은 언급하고 있지 않다.
④ 찬성 측은 대학 교수의 의견을 제시하며 인공 지능을 활용한 채용 제도를 도입하면 객관적으로 사람을 뽑을 수 있다고 주장하고 있는데, 이는 인공 지능을 활용한 채용이라는 방안으로 문제를 해결할 수 있다는 내용을 뒷받침하기 위해서이다.

교과서 열기 ❷

본문 108~109쪽

01 ③ 02 ④ 03 ③

01 협상 맥락 분석하기 답 ③

학교 측은 축제 날짜를 이틀 정도 뒤로 미루는 안과 DJ를 축제에 초청하는 안을 제시하고 있다. 이에 대해 학생 측이 대안의 실현 불가능성을 지적하는 모습은 나타나지 않는다.

오답 피하기

① 이 협상은 축제 준비 시간을 확보하기 위해 기말고사 일정을 앞당기고 음향 장비 대여비를 증액해 달라는 학생 측의 요구에 따라 학교 측과 진행하고 있는 협상이다. 따라서 이 협상의 의제는 '○○ 고등학교의 기말고사 일정과 음향 장비 대여비 증액'이라고 할 수 있다.
② 학생 측은 첫 번째 발화에서 기말고사 일정을 일주일 앞당기고 음향 장비 대여비 지원을 2배 늘려 달라는 기본 입장을 분명하게 제시하고 있다.
④ 학교 측은 기말고사 일정을 일주일 앞당겨 달라는 학생 측의 요구 조건에 대해, 기말고사를 준비하는 학생들 중에서 불편함을 겪는 학생들도 있을 수 있고, 기말고사 후 학사 운영에도 어려움을 초래할 수 있다는 이유를 밝히고 있다.
⑤ 학교 측은 학생 측의 요구 조건 중에서 음향 장비 대여비 지원을 2배씩이나 올리는 것은 과하지만, 어느 정도의 인상은 수용할 용의가 있음을 밝히고 있다.

02 협상 표현 전략 사용하기 답 ④

㉣에서 학생 측은 선생님들이 항상 학생의 행복을 가장 큰 중요한 가치라고 말씀하셨음을 언급하며, 학생의 행복을 위해 음향 장비 대여비 지원을 2배로 늘려 줄 것을 요구하고 있다. 이는 학생 측이 상대방이 평소 중요하게 여기는 가치를 활용하여 설득한 것이므로, 〈보기〉의 '상대방의 표준 활용하기 전략'이 나타났다고 할 수 있다.

오답 피하기

① ㉠에서 학생 측은 자신들이 조사한 결과를 바탕으로 학사 일정 변경이 가능하다는 사실을 강조하고 있을 뿐, 특별한 협상 전략은 사용하고 있지 않다.
② ㉡에서 학교 측은 학생들이 근본적으로 원하는 것이 축제 준비 기간을 늘리는 것임을 감안하여 축제 일정 연기를 제안하고 있다. 따라서 '근원적 동기 파악하기 전략'이 나타났다고 할 수 있다.
③ ㉢에서 학생 측은 기말고사 일정을 앞당기지 않고 축제 날짜를 뒤로 미루자는 제안을 받아들이면서, 동시에 이틀이 아닌 3일 뒤로 미루어 줄 것을 제안하고 있다. 이는 일부 제안을 받아들이는 조건으로 다른 대안을 제시한 것이므로 '여러 제안 맞교환하기 전략'이 나타났다고 할 수 있다.
⑤ 학교 측은 학생들이 원하는 것이 축제를 즐겁게 보내는 것임을 고려하여 학교 축제에 DJ를 초청할 것을 제안하고 있으므로 '근원적 동기 파악하기 전략'이 나타났다고 할 수 있다.

03 협상 내용 조직하기 답 ③

학교 측은 학생 측에게 축제 날짜를 이틀 뒤로 미루자고 했지만, 학생 측은 이를 거부하고 3일 뒤로 미루자고 했다. 그리고 학교 측은 세 번째 발화에서 축제 날짜를 3일 뒤로 미루자는 학생 측의 제안을 수용했다. 따라서 ⓒ에 들어갈 말은 '2일'이 아니라 '3일'이다.

오답 피하기

① 학생 측은 첫 번째 발화에서 기말고사를 일주일 앞당겨 줄 것을 요구하고 있다.
② 학생 측은 세 번째 발화에서 기말고사 일정을 변경하지 않겠다는 학교 측의 제안을 수용하고 있다.
④ 학생 측은 다섯 번째 발화에서 기존의 음향 장비를 사용하는 대신 축제에 DJ를 초청하자는 학교 측의 제안을 수용하고 있다. 따라서 ⓓ에 들어갈 말은 '늘리지 않는다.'이다.
⑤ 학생 측은 다섯 번째 발화에서 축제에 지역 센터의 DJ를 초청하자는 학교 측의 제안을 수용하고 있다.

Ⅳ. 쓰기

01 언어 공동체와 쓰기

교과서 열기 ❶ 본문 116~117쪽

01 ③ 02 ④ 03 (예시 답) 만족하지 않은 학생, 만족한 학생, 비싼, 낮추는

01 보고 글쓰기 내용 조직하기 답 ③

학생은 조사 방법 중 하나로 설문 조사를 선택하여 실시하였는데, 이를 어떤 매체를 활용하여 진행하였는지는 보고서에서 확인할 수 없다.

오답 피하기

① 학생은 매점, 편의점, 마트의 물품별 가격을 현장 조사로 조사하였고, 그 결과를 보고서에 표로 정리하여 제시하였다. 표로 정보를 제시하는 것은 시각적으로 정보를 드러내는 경우라고 할 수 있다.
② 보고서의 설문 조사 결과를 살펴보면 설문 결과를 구체적 수치를 밝혀 제시하고 있음을 확인할 수 있다.
④ 보고서에 조사 기간이 20××년 5월 13일부터 20일까지임이 구체적으로 드러나 있다.
⑤ 보고서의 조사 배경 및 목적에서 최근 매점 이용에 대한 학생들의 불만이 다양하게 제기되고 있음을 언급하고 있다.

02 보고 글쓰기 자료, 매체 활용하기 답 ④

'나'에는 평소 받는 용돈에 비해 매점에서 파는 것들의 가격이 비싸서 부담스럽다는 학생의 인터뷰가 제시되어 있다. 설문 조사 결과에 매점에서 파는 식품의 가격이 비싸다는 내용이 있으므로, 'Ⅲ. 조사 결과'에 '나'와 같은 인터뷰 결과를 추가할 수 있다.

오답 피하기

① 현재 학교에서는 컴퓨터용 사인펜과 슬리퍼를 팔고 있지 않음을 보고서를 통해 확인할 수 있으므로 적절하지 않다.
② '나'에서 매점 이용에 대한 긍정적 평가를 확인할 수 없으므로 이를 추가할 수 없다.
③ '가'의 표를 보면 A, B 두 학교에서 컴퓨터용 사인펜과 슬리퍼를 팔고 있음을 확인할 수 있다.

⑤ '가'에서 수정 테이프의 가격을 확인할 수 없을 뿐더러 '나'에서는 수정 테이프를 팔지 않는 것을 지적하였다. 따라서 '가', '나'를 '조사 결과'에 활용하여 수정 테이프의 가격이 다른 학교에 비해 비싸다는 내용을 추가하는 것은 적절하지 않다.

03 보고 글쓰기 내용 생성하기 예시 답 참조

〈보기〉의 보고서의 결론에서는 조사한 내용을 요약, 정리한 것과 문제에 대한 해결책을 밝히고 있다. 첫 번째 문장의 경우 설문 조사에 대한 응답을 정리한 것이며, 두 번째 문장은 현장 조사 결괏값이 의미하는 바를 요약한 것이다. 그리고 이것과 관련한 해결책으로는 가격을 다소 낮추는 것을 언급할 수 있을 것이다.

교과서 열기 ② 본문 118~119쪽

01 ⑤ 02 ③ 03 예시 답 점심 식사를 하는 과정에서 되새긴 교훈을 추가하기

01 소개 글쓰기 표현 전략 사용하기 답 ⑤

이 글에서는 불국사에서 본 국가유산인 석가탑과 다보탑에 대해 생김새가 달랐지만 각기 다른 아름다움을 보이고 있다고 하였으나, 이를 구체적으로 묘사하여 비교한 것은 아니다.

오답 피하기

① 글쓴이는 불국사에서 나오는 길에 들은 관광 가이드의 말을 직접 인용하고 있다.
② 글쓴이는 버스 창밖으로 바라본 풍경에 대해서 언급하며 '파란', '초록빛'이라는 색채어를 활용하고 있다.
③ 이 글에는 경주로 이동할 때와 불국사로 이동할 때의 소요 시간이 구체적으로 제시되어 있다.
④ 글쓴이는 왕릉 앞에서 사진 찍은 것을 보고 자신들이 '개미처럼' 작아 보였다고 하며 비유적 표현을 활용하여 느낀 점을 부각하고 있다.

02 소개 글쓰기 내용 이해, 평가하기 답 ③

5문단에서 석가탑을 보고 예전에 소설을 읽었던 경험을 밝히고 있다. 그러나 대릉원과 관련해서는 글쓴이가 여행 전의 경험을 밝히고 있지 않으므로, 어릴 적 보았던 유사한 국가유산과 비교하고 있다는 것은 적절하지 않다.

오답 피하기

① '다음으로'나 '점심을 먹은 후' 등은 전후의 맥락이 시간 순서대로 이어질 때 쓰이는 말이다. 따라서 이를 통해 기행문에서 여정을 시간 순서대로 제시하고 있다고 볼 수 있다.
② 1문단에서 우리 지역과 가까운 신라의 수도 경주에 직접 가서 국가유산들을 보고 싶다는 일부 친구들의 의견이 있어 경주를 여행지로 선택하게 되었다고 밝히고 있다.
④ 2문단에서 첨성대에 대해 한국사 교과서를 보고 엄청나게 클 것이라고 생각했던 기존의 인식과 실제로 첨성대를 보고 생각보다 작았지만 곡선의 아름다움을 느낄 수 있었다는 인식을 언급하고 있다.
⑤ 마지막 문단에서 글쓴이는 관광 가이드에게 들었던 동궁과 월지를 방문하지 못한 아쉬움을 드러내고 있으며, 이후에 숙박하는 일정으로 경주 여행을 하겠다는 다짐을 밝히고 있다.

03 소개 글쓰기 내용 점검, 조정하기 예시 답 참조

〈보기〉의 '초고'와 [A]를 비교해 보면, [A]에 '미리 계획하고 준비하는 자세의 중요성을 다시금 떠올'렸다는 내용이 추가되어 있다. 이는 우리가 일상에서 떠올릴 수 있는 교훈과 이를 되새긴 경험을 추가한 것이기에, 글쓴이는 '초고'를 [A]와 같이 고쳐 쓰는 과정에서 '점심 식사를 하는 과정에서 되새긴 교훈을 추가하기'를 고려했다고 할 수 있다.

02 견해와 주장을 드러내는 글 쓰기

교과서 열기 ① 본문 124~125쪽

01 ③ 02 ④ 03 예시 답 이 글은 공손한 말투를 갖추어 독자를 설득하고 있고, 글의 처음과 끝에 감사의 인사를 전하는 격식을 갖추고 있다.

01 건의 글쓰기 맥락 분석하기 답 ③

이 글의 필자는 학교 앞 통학로에서 직접 느낀 문제의식을 바탕으로, 문제로 인한 피해를 받는 입장에서 문제가 해결되어야 함을 건의문을 통해 요청하고 있다.

오답 피하기

① 이 글은 공동체의 문제에 대해 이유와 근거를 들어 밝히고 그에 대한 해결을 촉구하는 건의문이다. 따라서 특정 경험을 통해 얻은 반성을 진솔하게 밝히는 글과는 거리가 멀다.

② 이 글은 설득을 목적으로 하고 있으나, 다른 지역의 통학로 안전사고 발생 예시를 논거로 하고 있지 않다.
④ 이 글에서 핵심적으로 전달하고자 하는 바는 시청 측에 불법 주차 차량을 단속하는 횟수를 늘리고 인도를 설치해 달라고 요청하는 것이며, 이에 더하여 학교 측도 시청과 힘을 합치고자 하는 의지를 밝히고 있다고 볼 수 있다. 따라서 학교 측에서 시청 측보다 더 노력해야 함을 주제로 하는 글이라고 보기 어렵다.
⑤ 이 글은 문제 해결을 시청 측에 건의하는 글이다. 따라서 시청 관계자들을 독자로 상정하였다고 볼 수 있다.

02 건의 글쓰기 내용 점검, 조정하기 답 ④

3문단에서 자동차 이용자 역시 불법 주차 차량이 없다면 다른 차량과의 접촉 사고의 걱정을 덜 수 있을 것이라고 그들이 얻을 수 있는 이익을 밝히고 있으므로 적절하지 않다.

오답 피하기

① 1문단에서 필자는 자신의 소속과 이름을 밝히고 있다.
② 2문단에서 자동차 사고가 발생했을 때 겨우 몸을 피해 위험에서 벗어날 수 있었던 친구의 경험을 토대로 통학로가 안전하지 않다는 사실을 밝히고 있다.
③ 3문단에서 현재 통학로 문제를 해결할 수 있는 방안으로 '불법 주차 단속 횟수 증가'와 '인도 설치' 두 가지를 제시하고 있다.
⑤ 마지막 문단에서 독자에게 글을 끝까지 읽어 준 것에 대한 감사의 내용을 담은 인사를 전달하고 있다.

03 건의 글쓰기 내용 이해, 평가하기 예시 답 참조

이 글의 필자는 높임법을 사용하는 등 공손한 말투를 통해 독자에게 자신의 의견을 전달하고 있고, 글의 처음과 끝에 감사의 인사를 전하고 있다. 이는 독자를 설득하기 위해 격식과 예의를 갖추어 정중하게 표현한 것이라고 볼 수 있다.

교과서 열기 ❷

본문 126~127쪽

01 ③ **02** ⑤ **03** 예시 답 글의 흐름에 어긋나는 문장을 삭제

01 설득 글쓰기 내용 조직하기 답 ③

이 글에서 온라인 영상 플랫폼과 관련된 문제 상황을 제시하는 과정에서 '혐오 표현'에 대한 개념을 4문단에서 밝히고 있음을 확인할 수 있다.

오답 피하기

① 이 글에서 다른 나라의 사례를 확인할 수 없다.
② 이 글에서 온라인 영상 플랫폼이 지닌 문제 상황과 관련한 특정 이론과 그 발달 과정을 확인할 수 없다.
④ 이 글에는 온라인 영상 플랫폼이 지닌 문제 상황에 대한 연령대별 인식이 제시되어 있지 않다.
⑤ 마지막 문단에 강력한 규제가 표현의 자유를 침해하고 자유롭게 의견을 공유하는 토론의 장을 무너뜨린다는 반론이 제시되어 있다고 할 수 있으나, 필자가 이를 인정하고 자신의 의견과 절충하는 해결책을 제시하고 있지는 않다.

02 설득 글쓰기 내용 생성하기 답 ⑤

3문단에서 방송 통신 위원회와 온라인 영상 플랫폼의 규제에 대해 다루고 있는데, 각각의 장단점을 밝히고 있지는 않다.

오답 피하기

① 4문단에서 미디어학과 교수인 전문가의 의견을 인용하고 있으며, 이는 필자가 자신의 주장을 좀 더 합리적으로 뒷받침하기 위함이라고 볼 수 있다.
② 1문단에서 누구나 온라인 영상 플랫폼에 쉽게 접근하여 자유롭게 영상을 올림으로써 자신의 생각을 표현할 수 있기(원인)에 기존의 미디어 채널보다 신선하고 개성 있는 양질의 콘텐츠가 나오게 되었다(결과)고 밝히고 있다. 따라서 인과적 구성을 통해 온라인 영상 플랫폼의 장점을 제시한 것이라고 할 수 있다.
③ 5문단에서 '소비자인 개개인의 태도 역시 중요하지 않을까?'와 같은 의문형 문장으로 온라인 영상 플랫폼을 사용하는 사람들의 태도 역시 중요하다는 점을 강조하고 있다.
④ 2문단에서 악성 댓글로 인해 유명인들이 극단적인 선택을 한 사례, 국민 청원 게시판에 허위 사실 방송으로 피해를 입은 자영업자가 글을 쓴 사례 등을 제시하여 온라인 영상 플랫폼이 유발할 수 있는 문제점을 드러내고 있다.

03 설득 글쓰기 내용 점검, 조정하기 예시 답 참조

[초고]는 [A]로 고쳐 쓰기 전의 글이다. [A]에는 [초고]에 있던 '또한 각종 누리 소통망(SNS) 역시 젊은이들에게 인기를 끌고 있다.'라는 문장이 삭제되었다. 이 문장의 경우 온라인 영상 플랫폼에 대해 논하는 글의 맥락을 고려했을 때 통일성을 해치는 문장이기 때문이다.

V. 문법

01 음운의 변동

교과서 열기 ❶

본문 136~137쪽

01 ④ 02 ① 03 ④ 04 ②
05 예시 답 (1) [방녀다지], (2) '밖'의 'ㄲ'은 음절의 끝소리 규칙에 의해 'ㄱ'으로 바뀐다. '여닫이'는 '밖'과 결합하면서 'ㄴ' 첨가에 의해 'ㄴ'이 첨가되고, 구개음화에 의해 'ㄷ'이 'ㅈ'으로 바뀐다. 그리고 '박'의 'ㄱ'이 비음화에 의해 'ㅇ'으로 바뀐다.

01 국어의 음운 변동 답 ④

탈락에 의한 음운 변동은 일부 표기에 반영된다고 하였다. '좋아[조:아]'의 경우, 'ㅎ' 탈락이 일어나지만, 표기에는 반영되지 않아 '좋아'로 표기한다.

오답 피하기

① 음운 변동은 음운이 일정한 환경에 따라 다르게 발음되는 현상이라고 하였다. 따라서 같은 음운이라 하더라도 어떠한 환경에 놓이느냐에 따라 변동이 일어나지 않을 수도 있고, 변동이 일어나도 변동의 결과가 달라질 수 있다. 예를 들어, '학교[학꾜]'에서 '학'의 'ㄱ'은 변함이 없지만, '학문[항문]'에서 '학'의 'ㄱ'은 'ㅇ'으로 변한다.
② '풀잎'은 'ㄴ' 첨가(첨가)에 의해 'ㄴ'이 추가되고, 그 'ㄴ'이 다시 앞말의 끝소리 'ㄹ'의 영향을 받아 'ㄹ'로 바뀌는 유음화(교체)가 일어난다. 그리고 음절의 끝소리 규칙(교체)에 의해 'ㅍ'이 'ㅂ'으로 바뀌어 [풀립]으로 발음된다. 첨가가 한 번, 교체가 두 번 나타났다.
③ 교체나 축약, 첨가에 의한 음운 변동은 표기에 반영되지 않는다고 하였다. 따라서 첨가가 일어난 '맨입[맨닙]'은 음운 변동의 결과를 표기에 반영하지 않는다.
⑤ '꽃을[꼬츨]'은 발음하는 과정에서 달라지는 음운이 없으므로 음운의 변동에 해당하지 않는다.

02 음운 변동 – 교체 답 ①

'안팎'에서 '팎'의 'ㄲ'이 음절의 끝소리 규칙에 의해 'ㄱ'으로 바뀌기 때문에 '안팎'은 [안팍]으로 발음된다. 'ㄲ'이라는 하나의 음운이 다른 음운인 'ㄱ'으로 바뀐 것이기 때문에 교체에 해당한다.

오답 피하기

② '진리'에서 '진'의 'ㄴ'이 뒤에 오는 유음 'ㄹ'의 영향을 받아 'ㄹ'로 바뀌기 때문에 '진리'는 [질리]로 발음된다. 'ㄴ'이 'ㄹ'로 바뀐 것이기 때문에 교체에 해당한다.
③ '먹물'에서 '먹'의 'ㄱ'이 뒤에 오는 비음 'ㅁ'의 영향을 받아 'ㅇ'으로 바뀌기 때문에 '먹물'은 [멍물]로 발음된다. 'ㄱ'이 'ㅇ'으로 바뀐 것이기 때문에 교체에 해당한다.
④ '솜이불[솜:니불]'은 합성어로 자음으로 끝나는 '솜'과 'ㅣ'로 시작하는 '이불'의 결합 과정에서 'ㄴ'이 덧붙어 발음된다. 없던 음운이 추가된 것이기 때문에 첨가에 해당한다.
⑤ '놀-'과 '-는'이 결합하면 '노는'이 되어 'ㄹ'이 사라진다. 원래 있던 한 음운이 없어지는 것이기 때문에 탈락에 해당한다.

03 음운 변동 – 교체, 축약, 탈락, 첨가 답 ④

'뜻하다[뜨타다]'는 음절의 끝소리 규칙(교체)에 의해 'ㅅ'이 'ㄷ'으로 바뀌고, 거센소리되기(축약)에 의해 'ㄷ'과 'ㅎ'이 결합하여 'ㅌ'으로 바뀐다. 교체와 축약이 한 번씩 일어났으며, 음운의 개수가 7개에서 6개로 하나 줄었다.

오답 피하기

① '집일[짐닐]'은 'ㄴ' 첨가(첨가)에 의해 'ㄴ'이 새로 생기고, 이 'ㄴ'의 영향으로 'ㅂ'이 'ㅁ'으로 바뀌는 비음화(교체)가 일어난다. 첨가와 교체가 한 번씩 일어났으며 음운의 개수가 하나 늘었다.
② '흙만[흥만]'은 자음군 단순화(탈락)에 의해 'ㄺ'이 'ㄱ'으로 바뀌고, 'ㄱ'이 다시 뒤의 'ㅁ'의 영향을 받아 'ㅇ'으로 바뀌는 비음화(교체)가 일어난다. 탈락과 교체가 한 번씩 일어났으며, 음운의 개수가 하나 줄었다.
③ '넓히다[널피다]'는 거센소리되기(축약)에 의해 'ㅂ'과 'ㅎ'이 결합하여 'ㅍ'으로 바뀐다. 축약 한 번만 일어났으며, 음운의 개수가 하나 줄었다.
⑤ '똑같이[똑까치]'는 된소리되기(교체)에 의해 'ㄱ'이 'ㄲ'으로 바뀌고, 구개음화(교체)에 의해 'ㅌ'이 'ㅊ'으로 바뀐다. 교체만 두 번 일어났으며, 음운의 개수는 변함이 없다.

04 음운 변동 – 탈락 답 ②

'푸는'은 어간 '풀-'과 어미 '-는'이 결합하는 과정에서 'ㄹ'이 탈락한 형태로 표기에 그대로 반영되었으므로 ⓐ의 예로 적절하다. '나서서'는 어간 '나서-'와 어미 '-어서'가 결합하는 과정에서 'ㅓ'가 탈락한 것이다. 탈락한 형태가 그대로 표기에 반영된 경우이기 때문에 ⓑ의 예로 적절하지 않다.

오답 피하기

① '써'는 어간 '쓰-'와 어미 '-어'가 결합하는 과정에서 'ㅡ'가 탈락한 형태로 표기에 그대로 반영되었으므로 ⓐ의 예로 적절하다. '낳은'은 'ㅎ'이 탈락하여 [나은]으로 발음되지만 음운 변동의 결과가 표기에 반영되지 않았기 때문에 ⓑ의 예로 적절하다.
③ '담가서'는 어간 '담그-'와 어미 '-아서'가 결합하는 과정에서 'ㅡ'가 탈락한 형태로 표기에 그대로 반영되었으므로 ⓐ의 예로 적절하다. '떡볶이'는 된소리되기에 의해 [떡뽀끼]로 발음되지만 음운 변동의 결과가 표기에 반영되지 않았기 때문에 ⓑ의 예로 적절하다.
④ '나'는 어간 '나-'와 어미 '-아'가 결합하는 과정에서 'ㅏ'가 탈락한 형태로 표기에 그대로 반영되었으므로 ⓐ의 예로 적절하다. '놓지'는 거센소리되기에 의해 [노치]로 발음되지만 음운 변동의 결과가 표기에 반영되지 않았기 때문에 ⓑ의 예로 적절하다.
⑤ '나는'은 어간 '날-'과 어미 '-는'이 결합하는 과정에서 'ㄹ'이 탈락한 형태로 표기에 그대로 반영되었으므로 ⓐ의 예로 적절하다. '좁히지'는 거센소리되기에 의해 [조피지]로 발음되지만 음운 변동의 결과가 표기에 반영되지 않았기 때문에 ⓑ의 예로 적절하다.

05 음운 변동 – 교체, 첨가 (예시 답) 참조

'밖'은 뒤에 실질 형태소가 오기 때문에 'ㄲ'을 연음하지 않는다. 'ㄲ'은 음절의 끝소리 규칙(교체)에 의해 올 수 없으므로 'ㄱ'으로 바뀌어 '박'으로 발음된다. '여닫이'는 '밖'과 결합하면서 'ㄴ' 첨가(첨가)가 일어나고, 구개음화(교체)에 의해 'ㄷ'이 'ㅈ'으로 바뀐다. 그리고 '박'의 'ㄱ'은 뒤에 오는 'ㄴ'의 영향으로 비음화(교체)가 일어나 'ㅇ'으로 바뀐다.

교과서 열기 ❷ 본문 138~139쪽

01 ① **02** ③ **03** ② **04** ⑤
05 (예시 답) '인력'은 제20항에 따라 'ㄴ'이 'ㄹ' 앞에서 'ㄹ'로 바뀌어 [일력]으로 발음된다. '척력'은 제19항-[붙임]에 따라 받침 'ㄱ' 뒤의 'ㄹ'이 'ㄴ'으로 바뀌고, 다시 제18항에 따라 받침 'ㄱ'이 'ㅇ'으로 바뀌어 [청녁]으로 발음된다.

01 음운 변동 – 교체, 축약, 탈락, 첨가 (답) ①

'낚시[낙씨]'는 음절의 끝소리 규칙(교체)에 의해 'ㄲ'이 'ㄱ'으로 바뀌고, 된소리되기(교체)에 의해 'ㅅ'이 'ㅆ'으로 바뀌어 [낙씨]로 발음된다. 교체만 두 번 나타난다.

오답 피하기

② '국회[구쾨]'는 거센소리되기(축약)에 의해 'ㄱ'과 'ㅎ'이 결합하여 'ㅋ'이 되어 [구쾨]로 발음된다. 축약이 한 번 나타난다.
③ '들녘[들:력]'은 유음화(교체)에 의해 'ㄴ'이 'ㄹ'로 바뀌고, 음절의 끝소리 규칙(교체)에 의해 'ㅋ'이 'ㄱ'으로 바뀌어 [들:력]으로 발음된다. 교체만 두 번 나타난다.
④ '물엿[물렫]'은 'ㄴ' 첨가(첨가)에 의해 'ㄴ'이 추가되며, 이 'ㄴ'은 다시 앞 음절의 끝소리 'ㄹ'의 영향을 받아 유음인 'ㄹ'로 바뀐다. 그리고 음절의 끝소리 규칙(교체)에 의해 'ㅅ'이 'ㄷ'으로 바뀌어 [물렫]으로 발음된다. 첨가가 한 번, 교체가 두 번 나타난다.
⑤ '묻히다[무치다]'는 거센소리되기(축약)에 의해 'ㄷ'과 'ㅎ'이 결합하여 'ㅌ'으로 바뀌고, 'ㅣ' 모음 앞에 오는 'ㅌ'에 구개음화(교체)가 일어나 'ㅊ'으로 바뀌어 [무치다]로 발음된다. 축약이 한 번, 교체가 한 번 나타난다.

02 음운 변동 – 교체, 첨가, 탈락 (답) ③

'텃밭을[텯빠틀]'은 음절의 끝소리 규칙에 의해 'ㅅ'이 'ㄷ'으로 바뀌고, 된소리되기에 의해 'ㅂ'이 'ㅃ'으로 바뀌어 [텯빠틀]로 발음된다. 구개음화는 나타나지 않는다.

오답 피하기

① '급행열차[그팽녈차]'는 거센소리되기에 의해 'ㅂ+ㅎ'이 'ㅍ'으로 바뀌고, 'ㄴ' 첨가에 의해 'ㄴ'이 추가되어 [그팽녈차]로 발음된다.
② '일단락[일딸락]'은 된소리되기에 의해 'ㄷ'이 'ㄸ'으로 바뀌고, 유음화에 의해 'ㄴ'이 'ㄹ'로 바뀌어 [일딸락]으로 발음된다.
④ '해맑게[해말께]'는 자음군 단순화에 의해 'ㄺ'이 'ㄹ'로 바뀌고, 된소리되기에 의해 'ㄱ'이 'ㄲ'으로 바뀌어 [해말께]로 발음된다.
⑤ '첫사랑[천싸랑]'은 음절의 끝소리 규칙에 의해 'ㅅ'이 'ㄷ'으로 바뀌고, 된소리되기에 의해 'ㅅ'이 'ㅆ'으로 바뀌어 [천싸랑]으로 발음된다.

03 표준 발음법 – 받침의 발음 답 ②

'읊고'에 쓰인 겹받침 'ㄿ'은 표준 발음법 제11항에 따라 [ㅂ]으로 발음해야 한다. 따라서 '읊고'는 [읍꼬]라고 발음해야 한다.

오답 피하기

① '맑지'에 쓰인 겹받침 'ㄺ'은 표준 발음법 제11항에 따라 [ㄱ]으로 발음해야 하므로 '맑지'는 [막찌]라고 발음해야 한다.
③ '여덟이'에 쓰인 겹받침 'ㄼ'은 모음으로 시작된 조사 앞에 쓰였기 때문에 표준 발음법 제14항에 따라 뒤엣것만을 뒤 음절 첫소리로 옮겨 발음해야 한다. 따라서 '여덟이'는 [여덜비]라고 발음해야 한다.
④ '흙가루'에 쓰인 겹받침 'ㄺ'은 표준 발음법 제11항에 따라 [ㄱ]으로 발음해야 한다. 따라서 '흙가루'는 [흑까루]라고 발음해야 한다.
⑤ '가엾다'에 쓰인 겹받침 'ㅄ'은 표준 발음법 제10항에 따라 [ㅂ]으로 발음해야 한다. 따라서 '가엾다'는 [가:엽따]라고 발음해야 한다.

04 표준 발음법 – 받침의 발음 답 ⑤

'닳지[달치]'는 'ㅀ'의 'ㅎ'이 'ㅈ'과 결합하여 [ㅊ]으로 발음되기 때문에 ㉠의 예로, '싫소[실쏘]'는 'ㅀ' 뒤에서 'ㅅ'을 [ㅆ]으로 발음한 것이기 때문에 ㉡의 예로 적절하다. '닿는[단:는]'은 'ㅎ' 뒤에 'ㄴ'이 결합되어 'ㅎ'을 [ㄴ]으로 발음한 것이기 때문에 ㉢의 예로, '많아[마:나]'는 'ㄶ'이 모음으로 시작된 어미와 만나 'ㅎ'을 발음하지 않은 것이기 때문에 ㉣의 예로 적절하다.

오답 피하기

① '많던[만:턴]'은 'ㄶ'의 'ㅎ'이 'ㄷ'과 결합하여 [ㅌ]으로 발음한 것이기 때문에 ㉢이 아닌 ㉠의 예로 적절하다.
② '법학[버팍]'은 'ㅂ'이 뒤 음절 첫소리 'ㅎ'과 결합하여 [ㅍ]으로 발음된 경우이기 때문에 제12항의 1–[붙임 1]의 예로 적절하다. '놓아[노아]'는 'ㅎ'이 모음으로 시작된 어미와 결합할 때 'ㅎ'을 발음하지 않은 경우이기 때문에 ㉣의 예로 적절하다. '쌓네[싼네]'는 'ㅎ'이 'ㄴ'과 결합하여 [ㄴ]으로 발음된 경우이기 때문에 ㉢의 예로 적절하다.
③ '않고[안코]'는 'ㄶ'의 'ㅎ'이 뒤 음절 첫소리 'ㄱ'과 결합하여 [ㅋ]으로 발음되는 경우이기 때문에 ㉠의 예로 적절하다.
④ '넓혀[널펴]'는 'ㄼ'의 'ㅂ'이 뒤 음절 첫소리 'ㅎ'과 결합하여 [ㅍ]으로 발음된 경우이기 때문에 제12항의 1–[붙임 1]의 예로 적절하다. '많네[만:네]'는 'ㄴ' 앞에서 'ㄶ'의 'ㅎ'을 발음하지 않은 경우이기 때문에 제12항의 3–[붙임]의 예로 적절하다.

05 표준 발음법 – 받침의 발음 예시 답 참조

'인력'은 표준 발음법 제20항에 따라 'ㄴ'을 [ㄹ]로 발음해야 하기 때문에 [일력]으로 발음한다. '척력'은 제19항–[붙임]에 따라 'ㄹ'을 [ㄴ]으로, 다시 제18항에 따라 '척'의 받침 'ㄱ'을 [ㅇ]으로 발음해야 하기 때문에 [청녁]으로 발음한다.

02 문법 요소 1

교과서 열기 ❶

본문 144~145쪽

01 ③ **02** ④ **03** ④ **04** ④
05 예시 답 나오셨습니다 → 나왔습니다 / 선어말 어미 '–시–'는 주체를 높일 때 쓰이는데, 해당 문장의 주어는 '커피'로 높임의 대상이 될 수 없기 때문이다.

01 높임 표현 답 ③

문장의 목적어나 부사어가 지시하는 대상을 높이는 방법은 '객체 높임'이라고 한다. '주체 높임'은 문장의 주어가 지시하는 대상, 즉 서술의 주체를 높이는 방법을 말한다.

오답 피하기

① 주체 높임을 위한 특수 어휘로는 '계시다, 주무시다, 잡수다' 등이 있으며, 객체 높임을 위한 특수 어휘로는 '모시다, 뵈다, 여쭈다' 등이 있다.
② 주체 높임에서는 주격 조사 '이/가' 대신에 '께서'를, 객체 높임에서는 부사격 조사 '에게' 대신에 '께'를 사용하기도 한다.
④ 말하는 이가 듣는 이를 높이거나 낮추는 태도를 나타내는 상대 높임은 주로 종결 표현을 통해 실현된다. 상대 높임 표현은 격식체와 비격식체로 나뉜다.
⑤ 높임 표현은 화자가 어떤 대상에 대하여 높이거나 낮추는 정도를 구별하여 표현하는 방법이다. 대상을 높여서 표현하기 위한 방법만을 의미하지는 않는다.

02 객체 높임 표현 답 ④

'모시다'는 객체 높임을 위한 특수 어휘이다. ⓒ에서 동사 '모시다'는 청자인 '아버지'가 아니라 목적어가 지시하는 대상인 '할머니'를 높이기 위해 쓰였다.

오답 피하기

① '께'는 부사어가 지시하는 대상(객체)인 '할머니'를 높이기 위해 사용된 부사격 조사이다.

② '-어요'는 해요할 자리에 쓰여, 설명·의문·명령·청유의 뜻을 나타내는 종결 어미로, 어미 '-어'와 보조사 '요'가 결합한 말이다. 보조사 '요'는 상대 높임의 비격식체에서 높임의 뜻을 더해 준다. ⓑ에서는 상대(청자)가 '할머니'이기 때문에 '-어요'를 통해 '할머니'를 높이고 있다.

③ '드시다'는 주체 높임을 위한 특수 어휘이다. ⓑ에서 동사 '드시다'는 문장의 주어(주체)인 '할머니'를 높이기 위해 쓰였다.

⑤ ⓒ에서 상대에 해당하는 청자는 '아버지'이며, 보조사 '요'를 통해 상대 높임이 실현되었다. 목적어가 가리키는 대상(객체)은 '할머니'로 '모시고'를 통해 객체 높임이 실현되었다.

03 간접 높임 표현 답 ④

간접 높임은 높여야 할 대상의 신체 부분, 소유물, 생각 등과 관련된 말에 '-(으)시-'를 사용하여 주체를 간접적으로 높이는 것을 말한다. ⓓ에서는 선생님의 표정을 '아름다우시다'라고 표현하여 선생님을 간접적으로 높이고 있다.

오답 피하기

① '뵈다'라는 말을 사용하여 객체인 선생님을 높이고 있다.

② '께서'와 '계시다'를 사용하여 주체인 선생님을 직접 높이고 있다.

③ '께서'와 '-시-'를 사용하여 주체인 선생님을 직접 높이고 있다.

⑤ '께'와 '드리다'를 사용하여 객체인 선생님을 높이고 있다.

04 높임 표현 답 ④

'주말에 볼 만한 영화 좀 소개해 줘.'는 듣는 이를 높이는 표현이 아니고, 격식체에 해당하지도 않는다. 따라서 ㉣에 들어갈 문장으로 적절하다.

05 주체 높임 표현 예시 답 참조

'나오셨습니다'에는 주체를 높이는 선어말 어미 '-시-'와 상대를 높이는 어말 어미 '-습니다'가 쓰였다. 청자는 '손님'이기 때문에 손님을 높이기 위하여 '-습니다'를 쓸 수는 있지만, 문장의 주체가 '커피'이기 때문에 주체를 높이는 선어말 어미 '-시-'를 쓰는 것은 부적절하다.

교과서 열기 ❷ 본문 146~147쪽

01 ② **02** ① **03** ② **04** ②
05 예시 답 '-았-/-었-'은 단순히 과거에 일어난 사건을 나타내지만, '-았었-/-었었-'은 현재와 비교하여 다르거나 단절되어 있는 과거의 사건을 나타낸다.

01 시제 답 ②

'비 온 뒤라 하늘이 무척 파랗다.'에서 서술어로 쓰인 '파랗다'는 형용사 '파랗다'의 기본형으로 현재 시제를 나타낸다. 따라서 이 문장은 ㉡의 예로 적절하다.

오답 피하기

① 선어말 어미 '-었-'을 사용하여 과거 시제를 나타내었다.

③ 선어말 어미 '-는-'을 사용하여 현재 시제를 나타내었다.

④ 선어말 어미 '-ㄴ-'을 사용하여 현재 시제를 나타내었다.

⑤ 선어말 어미 '-겠-'을 사용하여 미래 시제를 나타내었다.

02 시제 - 미래 시제 답 ①

'쌀을 준비하지 못했으니 이제 밥은 다 먹었다.'에서 '-었-'은 이야기하는 시점에서 볼 때 미래의 사건이나 일을 이미 정해진 사실인 양 말할 때 쓰이는 어미이기 때문에 ⓐ의 예로 적절하다. '지금쯤 서울에도 눈이 내리고 있겠지?'에서 '-겠-'은 추측을 나타내는 어미이기 때문에 ⓑ의 예로 적절하다.

오답 피하기

② '잠시 후에 후반전이 이어지겠습니다.'에서 '-겠-'은 미래에 일어날 일을 나타낸 것이기 때문에 ⓑ의 예로 적절하지 않다.

③ '누나가 생일 선물로 운동화를 사 주었다.'에서 '-었-'은 과거에 일어난 사건을 나타낸 것이기 때문에 ⓐ의 예로 적절하지 않다.

④ '동생은 어제 하루 종일 텔레비전만 보았다.'에서 '-았-'은 과거에 일어난 사건을 나타낸 것이기 때문에 ⓐ의 예로 적절하지 않다. '그렇게 쉬운 문제는 유치원생도 다 풀겠다.'에서 '-겠-'은 가능성이나 능력을 나타내기 때문에 ⓑ의 예로 적절하지 않다.

⑤ '이번 시험에서는 꼭 목표로 한 성적을 받겠다.'에서 '-겠-'은 주체의 의지를 나타내기 때문에 ⓑ의 예로 적절하지 않다.

03 시제 답 ②

ㄴ에서는 '가는'에 관형사형 어미 '-는'을 사용하여 현재를 나타내었다.

오답 피하기

① 서술격 조사 '이다'의 기본형이 서술어로 쓰이면 현재 시제에 해당한다.
③ 관형사형 어미 '-던'은 과거의 어떤 상태를 나타내는 어미이다.
④ '지금'은 현재 시제에 쓰이는 시간 부사어이며, '분다'에 쓰인 '-ㄴ-'은 현재 시제를 실현하는 선어말 어미이다.
⑤ 관형사형 어미 '-ㄹ'과 의존 명사 '것'이 결합된 '-ㄹ 것'은 미래 시제를 실현할 때 쓰인다.

04 동작상 - 완료상, 진행상 답 ②

'피어 있다'는 핀 상태가 완료된 결과 상태가 지속됨을 나타내는 완료상에 해당한다.

오답 피하기

① '붓고 있다'는 동작이 진행되고 있음을 나타내는 진행상에 해당한다.
③ '떠났다'는 과거 시제에 해당하며 동작상에 해당하지 않는다.
④ '가고 있다'는 동작이 진행되고 있음을 나타내는 진행상에 해당한다.
⑤ '풀고 있다'는 동작이 진행되고 있음을 나타내는 진행상에 해당한다.

05 시제 - 과거 시제 예시 답 참조

'만화책을 보았다'는 단순히 과거에 만화책을 본 사실만을 나타내지만, '만화책을 보았었다'는 과거에는 만화책을 보았지만 지금은 그렇지 않다는 의미가 더 담긴다. '벚꽃이 활짝 피었다'는 작년에 일어난 사건을 나타내지만, '벚꽃이 활짝 피었었다'는 작년과 다르게 지금은 활짝 피지 않았다는 의미가 더 담긴다.

03 문법 요소 2 / 어휘의 표현 효과

교과서 열기 ❶ 본문 152~153쪽

01 ① 02 ⑤ 03 ③ 04 ②
05 예시 답 행위의 주체보다는 행위의 대상에 주목하도록 하기 위해서이다.

01 피동 표현 답 ①

'늘리다'는 '물체의 넓이, 부피 등을 본디보다 커지게 하다.'를 뜻하는 말이다. 따라서 '학교는 주차장의 규모를 늘렸다.'는 능동 표현에 해당한다.

오답 피하기

② 명사 '무시' 뒤에 접사 '-당하다'가 결합하여 피동 표현을 실현하였다.
③ 명사 '사랑' 뒤에 접사 '-받다'가 결합하여 피동 표현을 실현하였다.
④ 동사의 어간 '차-'에 피동 접미사 '-이-'가 결합하여 피동 표현을 실현하였다.
⑤ 동사의 어간 '찢-'에 '-어지다'가 결합하여 피동 표현을 실현하였다.

02 피동 표현 답 ⑤

ⓐ의 서술어 '빼앗았다'가 필요로 하는 문장 성분은 주어와 부사어, 목적어이다. ⓑ의 서술어 '빼앗겼다'가 필요로 하는 문장 성분도 주어와 부사어, 목적어이다. 둘 다 세 자리 서술어에 해당한다.

오답 피하기

① ⓐ의 주어 '형이'는 ⓑ에서 부사어 '형에게'로 바뀌었다.
② ⓐ의 부사어 '동생에게서'는 ⓑ에서 주어 '동생이'로 바뀌었다.
③ ⓐ에서는 문장의 주체인 '형'이, ⓑ에서는 문장의 주체인 '동생'이 강조되는 효과가 있다.
④ ⓑ의 서술어 '빼앗겼다'는 동사의 어간 '빼앗-'에 피동 접미사 '-기-'와 선어말 어미 '-었-', 종결 어미 '-다'가 결합된 형태이다.

03 이중 피동 표현 답 ③

'밝혀지다'는 '진리, 가치, 옳고 그름 등을 판단하여 드러내 알리다.'를 뜻하는 동사 '밝히다'의 어간 '밝히-'에 피동의 의미를 더하는 '-어지다'가 결합한 말이다. 피동 표현이 한 번만 쓰였기 때문에 ㉠의 예에 해당하지 않는다.

오답 피하기

① 명사 '목격' 뒤에 접사 '-되다'가 결합하면 피동 표현이 되는데, 여기에 다시 '-어지다'가 결합된 것이기 때문에 이중 피동에 해당한다.
② 어간 '놓-'에 피동 접미사 '-이-'가 결합하면 피동 표현이 되는데, 여기에 다시 '-어지다'가 결합된 것이기 때문에 이중 피동에 해당한다.
④ 어간 '바꾸-'에 피동 접미사 '-이-'가 결합하면 피동 표현이 되는데, 여기에 다시 '-어지다'가 결합된 것이기 때문에 이중 피동에 해당한다.
⑤ 어간 '잊-'에 피동 접미사 '-히-'가 결합하면 피동 표현이 되는데, 여기에 다시 '-어지다'가 결합된 것이기 때문에 이중 피동에 해당한다.

04 피동 표현 답 ②

㉮를 피동문으로 바꾸면 '선생님의 칭찬이 준호에게 들렸다.'가 되는데, 이는 어색한 표현이 된다. 따라서 ㉮는 피동문으로 바꿀 수 없는 문장이다. ㉯를 피동문으로 바꾸면 '이 영화에서는 이순신의 일대기가 그려졌다.'가 되는데 이는 통사적 피동문에 해당한다. ㉰를 피동문으로 바꾸면 '파란 하늘이 건물 사이로 보였다.'가 되는데 이는 파생 접미사가 쓰인 파생적 피동문에 해당한다.

05 피동 표현 (예시 답) 참조

피동 표현이 실현되면 동작이나 행위를 당하는 대상이 주어로 나타나므로 동작이나 행위를 당한 대상이 강조되는 효과가 있다고 하였다. 따라서 〈보기〉에 제시된 기사의 표제에서는 각각 '한국 인재 양성 과정'과 '전기', '청소년들'에 주목하도록 하기 위해 피동 표현이 쓰였다고 볼 수 있다.

교과서 열기 ❷

본문 154~155쪽

01 ④ 02 ④ 03 (예시 답) 어제 그는 오늘 자기가 나에게 책을 갖다 주겠다고 말했다. 04 ⑤ 05 ③

01 인용 표현 답 ④

말이나 글에서 전문가의 견해나 글을 인용하면 내용의 권위와 객관성을 높일 수 있다. 이는 직접 인용뿐만 아니라 간접 인용의 효과에도 해당한다.

오답 피하기

① 직접 인용은 큰따옴표와 종결 표현에 따른 문장 부호를 사용하고, 조사 '라고'를 붙여 표현한다.
② 다른 사람의 말이나 글을 원래의 내용과 형식 그대로 옮겨 표현하는 것을 '직접 인용'이라고 한다.
③ 원래의 내용을 전달하되 말하는 사람의 관점에서 표현하는 것을 '간접 인용'이라고 한다.
⑤ 간접 인용문은 화자의 관점에서 표현하기 때문에 직접 인용문과 비교할 때 인칭, 지시 표현, 높임 표현, 시간 표현, 종결 표현 등에서 변화가 나타나기도 한다.

02 인용 표현 답 ④

ⓐ의 인용절 "댁에 계시면 제가 뵈러 갈게요."에는 주체 높임과 객체 높임이 모두 나타나 있다. 하지만 ⓑ는 화자의 관점에서 표현한 것이기 때문에 이러한 주체 높임과 객체 높임이 나타나 있지 않다.

오답 피하기

① 직접 인용을 실현하기 위한 큰따옴표가 ⓑ의 간접 인용문에서는 쓰이지 않았다.
② '라고'는 직접 인용에, '고'는 간접 인용에 쓰이는 조사이다.
③ ⓐ의 인용절에 쓰인 1인칭 '제'는 '제자'가 자신을 가리킨 말이기 때문에, ⓑ의 인용절에서는 3인칭 '자기'로 바뀌었다.
⑤ ⓐ의 인용절에 쓰인 '댁', '계시다', '뵈다'와 같은 존칭 어휘가, ⓑ에서는 각각 '집', '있다', '보다'와 같은 평칭 어휘로 바뀌었다.

03 인용 표현 (예시 답) 참조

직접 인용절 속의 '내일'은 말하는 시점에서 '오늘'에 해당하기 때문에 '오늘'로 바꾸어야 한다. 그리고 직접 인용절 속의 '내'는 '그'가 자기를 가리킨 것이기 때문에 '자기'로 바꾸고, '너'는 말하는 이를 가리킨 것이기 때문에 '나'로 바꾸어야 한다.

04 어휘의 활용 답 ⑤

'약탈(掠奪)'은 '폭력을 써서 남의 것을 억지로 빼앗음.'을 뜻하는 한자어로, '가져가다'라는 말에 비해 자신들이 식민 지배를 했던 시기에 힘으로 빼앗아 갔다는 의미를 더해 줄 수 있다. '반환(返還)'은 '빌리거나 차지했던 것을 되돌려줌.'을 뜻하는 한자어로, '돌려주다'라는 말에 비해 자신들이 차지하고 있던 것을 되돌려준다는 의미를 더해 줄 수 있다.

오답 피하기

① '훔치다'는 '남의 물건을 남몰래 슬쩍 가져다가 자기 것으로 하다.'를 뜻하는 고유어로, 기사에서 말하려는 의도와 일치하지 않는다. '되돌리다'는 '어떤 대상이나 현상을 본디의 상태가 되게 하다.'를 뜻하는 고유어로, 기사에서 말하려는 의도를 충분히 반영하지 못한다.
② '탈취(奪取)'는 '빼앗아 가짐.'을 뜻하는 한자어로, 기사에서 말하려는 의도를 반영한다고 볼 수 있다. '갚다'는 '남에게 빌리거나 꾼 것을 도로 돌려주다.'를 뜻하는 고유어로, 기사에서 말하려는 의도와 일치하지 않는다.
③ '강탈(强奪)'은 '남의 물건이나 권리를 강제로 빼앗음.'을 뜻하는 한자어로, 기사에서 말하려는 의도를 반영한다고 볼 수 있다. '환수(還收)'는 '도로 거두어들임.'을 뜻하는 한자어로, 이 단어로 바꿀 경우 '돌려주다'나 '반환하다'를 쓸 때와 달리 주체가 달라지기 때문에 적절하지 않다.
④ '박탈(剝奪)'은 '남의 재물이나 권리, 자격 등을 빼앗음.'을 뜻하는 한자어로, 기사에서 말하려는 의도를 어느 정도 반영한다고 볼 수 있다. '수거(收去)'는 '거두어 감.'을 뜻하는 한자어로, 기사에서 말하려는 의도를 반영하지 못한다.

05 사고 도구어 답 ③

특정 분야에서 주로 사용되어 폐쇄성이 강한 어휘는 전문어이다. 해당 학문 분야에서만 나타나는 전문어와 달리 사고 도구어는 여러 학문 분야에 걸쳐 두루 나타난다. 전문어가 해당 분야의 전문가가 되기 위해 알아야 하는 어휘라고 하면, 사고 도구어는 여러 학문 능력을 배양하기 위해 꼭 알아야 하는 어휘라고 할 수 있다.

오답 피하기

① 〈보기〉에서 추출된 사고 도구어들은 모두 한자어이다. 이를 통해 우리말 중에서 한자어가 특히 사고 도구어로 많이 쓰이고 있음을 알 수 있다.
② '한계 효용 체감의 법칙'이라는 전문어의 개념을 설명하기 위해 동원된 어휘들이 대부분 사고 도구어라는 점을 통해, 사고 도구어가 학문 분야에서 사고 및 논리 전개 과정을 담당하는 어휘라는 것을 알 수 있다.
④ 글을 읽고 이해하는 능력을 '문해력'이라고 하는데, 사고 도구어를 익히는 것은 문해력을 신장하는 것과 밀접한 관련이 있다.
⑤ 일상적 대화에서는 상대적으로 기초 어휘가 많이 사용되지만, 학문적 대화나 글에서는 기초 어휘보다는 사고 도구어가 많이 사용된다.

04 한글 맞춤법

교과서 열기 ❶ 본문 160~161쪽

01 ⑤ **02** ④ **03** ① **04** ⓑ, ⓒ, ⓔ, ⓗ

01 한글 맞춤법 규정 답 ⑤

어근과 접미사, 용언과 용언 등이 결합할 때와 같이 두 개 이상의 형태소가 결합할 때는 일정한 조건에 따라 본 모양을 밝혀 적기도 하지만, 소리대로 적기도 한다. 예를 들어 '마중(맞-+-웅)'의 경우 접미사 '-웅'이 일부 어근에만 결합하기 때문에 소리대로 적고, '쓰러지다(쓸다+지다)'의 경우 앞말인 '쓸다'가 본뜻에서 멀어져 그 의미가 유지되지 않아 소리대로 적는다고 하였다.

오답 피하기

① '설거지[설거지]'는 표준어를 소리대로 적은 것이다.
② '햇볕이[핻뼈치]'는 소리대로 적을 경우 형태소의 경계가 모호하여 뜻을 파악하기 어려워질 수 있다.
③ 표준어를 모두 소리대로 적을 경우 독서의 능률이 떨어질 수 있기 때문에 '어법에 맞도록 한다.'라는 원칙을 추가한 것이다.
④ '굽히다'를 소리대로 적으면 '구피다'인데, 이렇게 할 경우 실질 형태소인 어간과 형식 형태소인 어미의 경계가 잘 드러나지 않을 수 있다. 따라서 둘 사이의 경계가 잘 드러나 가독성을 높이기 위하여 본 모양을 밝혀 적도록 한 것이다.

02 한글 맞춤법 규정 답 ④

'얼음'은 어근 '얼-'과 접미사 '-음'이 결합된 말이다. '-음'이 비교적 여러 어근에 결합하고, 결합한 후에도 어근 '얼-'의 본래 뜻이 유지되므로 어법에 맞도록 적은 것이다.

오답 피하기

① '구름이'를 소리대로 적으면 '구르미'가 되어 뜻을 파악하기 어려워질 수 있다. 따라서 두 형태소 사이의 경계를 알아보기 쉽도록 체언과 조사의 본 모양을 밝혀 적도록 한 것이다.

② '걷히자'를 소리대로 적으면 '거치자'가 되는데, 이렇게 될 경우 '어떤 과정이나 단계를 겪거나 밟다.'를 뜻하는 동사 '거치다'와 형태가 같아져 뜻을 파악하는 데 시간이 더 걸릴 수 있다.

③ '드러나'는 '들다'와 '나다'가 결합하는 과정에서 앞말인 '들다'가 본뜻에서 멀어져 그 의미가 유지되지 않기 때문에 소리대로 적은 것이다.

⑤ '돌아섰다'는 '돌다'와 '서다'가 결합하는 과정에서 앞말인 '돌다'가 본뜻을 유지하고 있기 때문에 본 모양을 밝혀 적은 것이다.

03 한글 맞춤법 규정 답 ①

'넘어'는 뒤에 조사 '를'이 결합한 것으로 보아 체언임을 알 수 있다. 어근 '넘-'과 접미사 '-어'가 결합한 것인데, '-어'는 일부 어근에만 결합하기 때문에 '너머'와 같이 소리대로 적어야 한다.

오답 피하기

② '목걸이'에서 접사 '-이'는 비교적 여러 어근에 결합하고, 결합한 후에도 어근의 본래 뜻이 유지되므로 형태소의 본 모양을 밝혀 적어야 한다.

③ '놀이'는 '여러 사람이 모여서 즐겁게 노는 일. 또는 그런 활동.'을 뜻하고, '노름'은 '돈이나 재물 등을 걸고 주사위, 골패, 마작, 화투, 트럼프 따위를 써서 서로 내기를 하는 일.'을 뜻한다. '노름'과 같이 '-이'나 '-음'이 붙어서 명사로 바뀐 것이라도 그 어근의 뜻과 멀어진 것은 원형을 밝혀 적지 않는다.

④ '믿음'과 '앎', '행함'은 어근 뒤에 접미사 '-음'과 '-ㅁ'이 결합된 것으로 어근의 본래 뜻이 유지되므로 형태소의 본 모양을 밝혀 적어야 한다.

⑤ '죽음'에는 접미사 '-음'이, '주검'에는 접미사 '-엄'이 결합되어 있다. '-음'은 비교적 여러 어근에 결합하고, 결합한 후에도 어근의 본래 뜻이 유지되기 때문에 형태소의 본 모양을 밝혀 '죽음'이라고 적어야 한다. 이와 달리 '-엄'은 일부 어근에만 결합하기 때문에 소리대로 적어야 한다.

04 한글 맞춤법 규정 답 ⓑ, ⓒ, ⓔ, ⓗ

'랴'로 시작하는 한자음 '량'이 단어의 첫머리에 쓰이면 두음 법칙을 따라야 한다고 했으므로 '양심'으로 적어야 한다. '료'로 시작하는 한자음 '룡'이 단어의 첫머리 이외에 오면 본음대로 적어야 한다고 했으므로 '공룡'이 맞춤법에 맞는 표기이다. '률'이나 '렬'도 단어의 첫머리 이외에는 '확률'과 같이 '률', '렬'로 적어야 하지만, 모음이나 'ㄴ' 받침 뒤에서는 '열', '율'로 적는다고 규정하였으므로 '균열'이 맞춤법에 맞는 표기이다.

교과서 열기 ❷

본문 162~163쪽

01 ③ **02** ③ **03** ④ **04** ⑤ **05** ②
06 (예시 답) 남산 위에 저 소나무 철갑을 두른 듯 바람서리 불변함은 우리 기상일세.

01 한글 맞춤법 규정 답 ③

'마개'는 소리대로 적은 것에 해당하고, '좁히다[조피다]'는 어법에 맞도록 적은 것에 해당한다.

오답 피하기

① '코끼리'와 '거름' 모두 소리대로 적은 것에 해당한다.

② '옷걸이'와 '묶음' 모두 어법에 맞도록 적은 것에 해당한다.

④ '달맞이'는 어법에 맞도록 적은 것에, '비로소'는 소리대로 적은 것에 해당한다.

⑤ '다듬이'는 어법에 맞도록 적은 것에, '날리다'는 소리대로 적은 것에 해당한다.

02 한글 맞춤법 규정 답 ③

한자어인 '인사(人事)'와 순우리말인 '말'이 결합하여 이루어진 '인사말'은 '조건 2'의 어느 것에도 해당되지 않기 때문에 사이시옷을 적을 수 없다. 따라서 '인사말'이 맞는 표기이다.

오답 피하기

① 한자어인 '등교(登校)'와 순우리말인 '길'이 결합하였고, 뒷말의 첫소리가 된소리로 나는 경우에 해당하기 때문에 '등굣길'로 표기하는 것이 맞다.

② 순우리말인 '장마'와 순우리말인 '비'가 결합하였고, 뒷말의 첫소리가 된소리로 나는 경우에 해당하기 때문에 '장맛비'로 표기하는 것이 맞다.
④ 한자어인 '예사(例事)'와 순우리말인 '일'이 결합하였고, 뒷말의 첫소리 모음 앞에서 'ㄴㄴ'소리가 덧나는 경우에 해당하기 때문에 '예삿일'로 표기하는 것이 맞다.
⑤ 순우리말인 '아래'와 순우리말인 '마을'이 결합하였고, 뒷말의 첫소리 'ㅁ' 앞에서 'ㄴ' 소리가 덧나는 경우에 해당하기 때문에 '아랫마을'로 표기하는 것이 맞다.

03 한글 맞춤법 규정 – 소리에 관한 조항 답 ④

'제5항-2-다만'에서 같은 음절이나 비슷한 음절이 겹쳐 나는 경우가 아니면 된소리로 적지 아니한다고 하였는데, '짭짤하다'는 비슷한 음절이 겹쳐 나는 경우에 해당하기 때문에 '짭짤하다'가 맞는 표기이다.

오답 피하기

① 'ㄴ, ㄹ, ㅁ, ㅇ' 받침 뒤에서 나는 된소리에 해당하기 때문에 '듬뿍'으로 적어야 한다.
② 'ㄱ, ㅂ' 받침 뒤에서 나는 된소리는 된소리로 적지 않는다고 했으므로 '깍두기'로 적어야 한다.
③ 두 모음 사이에서 나는 된소리에 해당하기 때문에 '해쓱하다'로 적어야 한다.
⑤ 'ㄱ, ㅂ' 받침 뒤에서 나는 된소리는 된소리로 적지 않는다고 했으므로 '야단법석'으로 적어야 한다.

04 한글 맞춤법 규정 – 소리에 관한 조항 답 ⑤

'하' 앞의 받침 소리가 [ㄱ, ㄷ, ㅂ]이면 '하'가 통째로 준다고 하였다. '깨끗하지'는 '하' 앞의 받침 소리가 [ㄷ]이기 때문에 '하'가 통째로 줄어 '깨끗지'로 적어야 한다.

오답 피하기

① '답답하지'는 '하' 앞의 받침 소리가 [ㅂ]이기 때문에 '하'가 아주 줄어 '답답지'로 적어야 한다.
② '생각하건대'는 '하' 앞의 받침 소리가 [ㄱ]이기 때문에 '하'가 아주 줄어 '생각건대'로 적어야 한다.
③ '편하지'는 '하'의 'ㅏ'가 줄고 'ㅎ'이 다음 음절의 첫소리 'ㅈ'과 어울려 거센소리 [ㅊ]이 되기 때문에 '편치'로 적어야 한다.
④ '청하건대'는 '하'의 'ㅏ'가 줄고 'ㅎ'이 다음 음절의 첫소리 'ㄱ'과 어울려 거센소리 [ㅋ]이 되기 때문에 '청컨대'로 적어야 한다.

05 띄어쓰기에 관한 조항 답 ②

'떠내려가'는 합성 용언이기 때문에 그 뒤에 오는 보조 용언은 띄어 써야 한다. 따라서 '떠내려가∨버렸다'와 같이 띄어 쓰는 것이 맞다.

오답 피하기

① '다시없을'은 합성 용언이기 때문에 그 뒤에 오는 보조사 '듯하다'와 띄어 쓰는 것이 맞다.
③ '아는 척하다'와 같이 띄어 쓰는 것이 원칙이지만, '아는'은 '제47항-다만'의 경우에 해당하지 않기 때문에 그 뒤에 이어지는 보조사 '척하다'와 붙여 쓸 수 있다.
④ '읽어 보았다'와 같이 띄어 쓰는 것이 원칙이지만, '읽어'는 '제47항-다만'의 경우에 해당하지 않기 때문에 그 뒤에 이어지는 보조사 '보았다'와 붙여 쓸 수 있다.
⑤ '먹어 버렸다'와 같이 띄어 쓰는 것이 원칙이지만, '먹어'는 '제47항-다만'의 경우에 해당하지 않기 때문에 그 뒤에 이어지는 보조사 '버렸다'와 붙여 쓸 수 있다.

06 띄어쓰기에 관한 조항 예시 답 참조

'저'는 대명사이기 때문에 뒤에 있는 명사 '소나무'와 띄어 써야 한다. '듯'은 의존 명사이기 때문에 앞에 있는 동사 '두른'과 띄어 써야 한다. '바람서리'는 하나의 단어이기 때문에 붙여 써야 한다.

05 국어의 변화

교과서 열기 ❶

본문 168~169쪽

01 ③ 02 ⑤ 03 ④ 04 ②
05 예시 답 백성들이 쉽게 익혀서 자기의 뜻을 펼칠 수 있도록 하기 위해서이다.(모든 사람들이 쉬이 익혀서 날마다 편안하게 사용할 수 있도록 하기 위해서이다.)

01 중세 국어의 문법 답 ③

중세 국어에서는 글자 왼쪽에 방점을 찍어 성조를 나타내었다. 성조란 음절 안에서 나타나는 소리의 높낮이를 뜻한다.

오답 피하기

① '말씀이'라고 적지 않고, '말쓰미'라고 적은 것으로 보아 주로 이어 적기(연철) 방식으로 적었음을 알 수 있다.
② 전체적으로 띄어쓰기가 적용되지 않았음을 알 수 있다.
④ 어두 자음군은 단어의 첫머리에 오는 둘 또는 그 이상의 자음의 연속체를 뜻한다. '뜯'의 'ㅼ', '쁘'의 'ㅄ' 등이 어두 자음군에 해당한다.
⑤ 현대 국어에서는 쓰이지 않는 자음 'ㅸ', 'ㆆ'과 모음 'ㆍ'가 존재하였음을 알 수 있다.

02 어휘의 변천 답 ⑤

'놈'은 '사람'을 뜻하였는데, 현대 국어에서는 남자를 낮잡는 뜻으로 쓰이므로 의미 축소에 해당한다. '어엿비'는 '가엽게'를 뜻하였는데, 현대 국어에서는 '예쁘다'는 뜻으로 쓰이므로 의미 이동에 해당한다.

오답 피하기

• '말쑴'은 '말'을 뜻하였는데, 현대 국어에서는 남의 말을 높여 이르거나 자기 말을 낮추어 이르는 말을 뜻하므로 의미 축소에 해당한다.
• '하다'는 '많다'를 뜻하였는데, 현대 국어에서는 '사람이나 동물, 물체 따위가 행동이나 작용을 이루다.'라는 뜻으로 쓰이므로 의미 이동에 해당한다.
• '어린'은 '어리석은'을 뜻하였는데, 현대 국어에서는 '나이가 적다.'라는 뜻으로 쓰이므로 의미 이동에 해당한다.

03 중세 국어의 문법 답 ④

'사룸'은 유정 명사이고 끝음절에 양성 모음이 쓰였기 때문에 관형격 조사 'ᄋᆡ'와 어울려 '사ᄅᆞᄆᆡ'라고 적는다. '부텨'는 높임의 대상이기 때문에 관형격 조사 'ㅅ'과 어울려 '부텻'이라고 적는다. '그력'은 유정 명사이고 끝음절 모음에 음성 모음이 쓰였기 때문에 관형격 조사 '의'와 어울려 '그려긔'라고 적는다.

04 중세 국어의 문법 답 ②

'니르고져'는 현대어 풀이에서 '이르고자'에 대응한다. 중세 국어에는 두음 법칙이 적용되지 않아 'ㄴ'이 단어의 첫머리에 올 수 있었으나, 현대 국어에서는 두음 법칙의 적용을 받아 단어의 첫머리에서 'ㄴ'이 나타나지 않는 것을 확인할 수 있다.

오답 피하기

① 'ᄉᆞᄆᆞᆺ디'는 현대어 풀이에서 '통하지'에 대응한다. 현대 국어에는 쓰이지 않는 단어이다.
③ '배(바+ㅣ)'는 현대어 풀이에서 '바가'에 대응한다. 현대 국어에서는 모음으로 끝나는 체언 뒤에 주격 조사 '가'가 결합되지만, 중세 국어에서는 주격 조사 'ㅣ'가 결합된 것을 확인할 수 있다.
④ 중세 국어에는 목적격 조사로 '를'과 함께 'ᄅᆞᆯ'이 있어서 앞에 있는 체언의 끝음절이 양성 모음으로 끝날 경우 모음 조화에 의해 'ᄅᆞᆯ'이 결합되었다.
⑤ '뿜'은 현대 국어에서 '사용하다'에 대응하는 '쓰-'에 명사형 어미 '-움'이 결합된 것이다.

05 세부 내용 파악 예시 답 참조

어리석은 백성들이 이르고자 하는 바가 있어도 자기 뜻을 능히 펴지 못하는 사람이 많은 현실을 가엽게 여겨 새로 스물여덟 글자를 만들었다고 밝히고 있다. 모든 사람이 글자를 쉽게 익혀 날마다 사용함에 편안하게 하고자 한다는 의도가 함께 드러나 있다.

교과서 열기 ❷

본문 170~171쪽

01 ④ **02** ③ **03** ⑤ **04** 父부母모

01 중세 국어의 문법 답 ④

'우희'는 '우ㅎ'와 '의'가 결합된 말인데, 현대어 풀이에서 '전에'와 대응하는 것을 통해 '의'가 때를 나타내는 부사격 조사로 쓰인 것을 알 수 있다.

오답 피하기

① '불휘'가 현대어 풀이에서 '뿌리가'에 대응하는 것을 통해 중세 국어에서는 현대 국어와 달리 모음으로 끝나는 체언 뒤에 주격 조사 '가'가 쓰이지 않았음을 알 수 있다.
② 'ᄇᆞᄅᆞ매'가 현대어 풀이에서 '바람에'에 대응하는 것을 통해 '애'가 원인을 나타내는 부사격 조사임을 알 수 있다.
③ '시미'는 체언 '심'과 주격 조사 '이'가 결합한 것이다. 현대 국어와 마찬가지로 자음으로 끝나는 체언 뒤에 주격 조사 '이'가 결합되었음을 알 수 있다.
⑤ '하나빌'은 '할아버지'를 뜻하는 '하나비'에 목적격 조사 'ㄹ'이 결합된 것이다.

02 어휘의 변천 답 ③

'뮈씨'는 현대어 풀이에서 '움직이므로'에 대응한다. '움직이다'를 뜻하는 '뮈다'가 현대 국어에서는 쓰이지 않기 때문에 '있던 말이 사라지기도 하며'의 예로 들기에 적절하다.

오답 피하기

① '불휘'는 현대 국어에서 '뿌리'로 형태가 바뀌어 쓰이고 있다.
② 'ᄇᆞ롬'은 현대 국어에서 '바람'으로 형태가 바뀌어 쓰이고 있다.
④ '믈'은 현대 국어에서 '물'로 형태가 바뀌어 쓰이고 있다.
⑤ 'ᄀᆞ물'은 현대 국어에서 '가물', '가뭄'으로 형태가 바뀌어 쓰이고 있다.

03 중세 국어의 문법 답 ⑤

〈보기〉의 설명에 따르면 선어말 어미 '-잇-'은 상대 높임법에 쓰인다고 하였다. 따라서 ⓜ에 쓰인 '-잇-'은 객체에 해당하는 '하나비'가 아니라 청자인 '님금'을 높이기 위해 사용된 선어말 어미라고 볼 수 있다.

오답 피하기

① 선어말 어미 '-샤-'는 주체 높임을 실현하기 위해 쓰이며, 여기에서는 문장의 주어가 생략되어 있다.
② 선어말 어미 '-으시-'는 주체 높임을 실현하기 위해 쓰이기 때문에 주어가 가리키는 '卜年(복년)'을 높인다고 할 수 있다.
③ 호격 조사 '하'는 상대 높임을 실현하기 위해 쓰인다고 하였으므로 청자인 '님금'을 높인다고 할 수 있다.
④ 상대 높임은 주로 종결 어미로 실현된다고 하였으므로 '-ᄋᆞ쇼셔'는 상대 높임을 위한 종결 어미로 청자인 '님금'을 높인다고 할 수 있다.

04 중세 국어의 문법 답 父부母모

객체 높임은 문장의 목적어나 부사어가 가리키는 대상을 높이는 표현 방법이다. 제시된 자료에서는 조사 '씌'와 선어말 어미 '-줍-'을 사용하여 부사어가 가리키는 대상인 '父부母모'를 높이고 있다.

Ⅵ. 매체

01 매체와 소통

교과서 열기 ❶ 본문 178~179쪽

01 ③ **02** ② **03** 예시 답 ㉠을 통해서는 정보 수용자가 키워드와 관련된 다양한 정보를 쉽게 찾아볼 수 있는 편리함이, ㉡을 통해서는 기사의 정렬 기준을 선택할 수 있으므로 수용자의 필요에 따라 기사의 제시 순서를 조절할 수 있는 편리함이 있다.

01 매체 유형에 따른 특성 답 ③

(가)는 종이 신문, 즉 인쇄 매체이며 (나)는 인터넷으로 검색한 기사의 목록이다. 종이 신문의 경우 정보가 인쇄 과정을 거쳐 수용자들에게 유포되는 반면, 인터넷의 경우 정보의 게시와 동시에 수용자들이 확인할 수 있게 할 수 있다. 따라서 (가)는 (나)에 비해 정보의 유통 속도가 느리다고 할 수 있다.

오답 피하기

① 종이 신문은 신문사의 전문가들이 생산자로 참여한다. 일반인들이 생산자로 참여하기에는 어렵다.
② 인터넷의 경우 생산된 정보가 수용자에게 일방향적으로 전달되는 것이 아니라, 수용자 역시 정보에 대해 쉽게 반응하여 의견을 게시할 수 있는 쌍방향적 소통을 가능하게 한다.
④ (나)를 보면 사진이나 영상을 정보로서 전달할 수 있다는 것을 확인할 수 있으므로 (나)가 복합 양식성을 보이는 매체라고 할 수 있다.
⑤ (나)와 달리 (가)가 오히려 인쇄되어 유포되는 과정을 거친다.

02 매체 언어의 의미 전달 방식 답 ②

(가)에서 ⓑ는 문자 언어로 제시되어 있다. 종이 신문에서 음성 언어로 정보를 구성하여 수용자에게 실감 나게 전달하기는 어렵다.

오답 피하기

① ⓐ는 신문 기사의 제목인 '표제'로서 기사 내용의 핵심을 담아 작성된다. 따라서 독자는 이를 통해 신문 기사의 내용을 가늠해 보고 아래 내용을 읽어 나갈지 판단할 수 있다.

③ ⓒ는 인터넷 기사에 대한 수용자들의 댓글을 볼 수 있게 하는 것으로, 다양한 사람들의 의견을 확인할 수 있다.
④ ⓓ는 기사가 게재된 신문사가 '오늘의 스포츠'이고, 기사가 22시간 전에 게시되었다는 것을 알 수 있게 한다.
⑤ ⓔ는 인터넷 기사의 특징을 드러내는데, 인터넷 기사는 단순히 문자 언어로만 정보를 구성하는 것이 아니라 수용자가 간편하게 접근할 수 있는 영상 형태의 정보를 같이 볼 수 있게 한다.

03 뉴 미디어의 특성 (예시 답) 참조

인터넷 환경에서는 간편하게 얻고자 하는 정보의 키워드를 검색하면 관련 정보를 다양하게 얻을 수 있으며, 이 정보 역시 수용자의 필요에 따라 정렬하여 수용할 수 있다. ㉠과 ㉡은 이를 가능케 하는 뉴 미디어의 구성이라고 할 수 있다.

교과서 열기 ❷

본문 180~181쪽

01 ④ **02** ④

01 매체 언어의 의미 전달 방식 답 ④

제시된 실시간 쌍방향 화상 강의에서 강사가 시각 자료를 공유하고 있는 부분을 확인할 수 없다.

오답 피하기

① 강사는 '학생 1', '학생 2'의 질문에 대해 답하며 정보를 제공하고 있다.
② 진행자는 오늘 강의를 동아리 누리집에서 다시 볼 수 있음을 참여자들에게 안내하고 있다.
③ 강사는 사과 조각 전체에 골고루 설탕이 묻었는지 질문을 던진 후 '그렇다면 사과 조각을 뒤집어서 다시 설탕을 뿌려 주세요.'와 같이 다음 정보를 제공하고 있다.
⑤ 진행자는 실시간으로 참여자들을 화면을 통해 확인하며 준비가 되었는지 파악한 후 강의를 진행하고 있다.

02 매체 언어의 표현 방법 답 ④

〈보기〉에서 다음에 정과를 만드는 영상을 게시할 것이라고 언급한 부분을 확인할 수는 있지만, 다음 게시물에 접근할 수 있는 하이퍼링크는 확인할 수 없다.

오답 피하기

① 〈보기〉에서 게시글의 수용자들이 '좋아요'를 눌러 반응한 것이 154개라는 수치로 나타나 있다.
② 누리 소통망은 '게시물 공유' 기능을 통해 게시물을 다른 매체에 전달할 수 있다.
③ 〈보기〉의 게시글에는 귤을 정과로 만들었음을 밝히고 있고 이를 촬영한 이미지를 게시한 것을 볼 수 있다. 이는 생생하게 정보를 전달하는 기능을 한다.
⑤ 누리 소통망과 같은 매체의 해시태그(#)는 게시물에서 다루는 소재들과 관련이 깊으며, 해시태그를 한 정보를 다른 게시물을 사람들이 쉽게 검색할 수 있게 한다.

02 매체의 수용

교과서 열기 ❶

본문 186~187쪽

01 ⑤ **02** ④ **03** 관점

01 매체 언어 생활의 특징 답 ⑤

'윤영'은 ㉤에 대해 장점이라고 말하고 있으며, 발화에서 '길 따라 맛 따라'에 대한 아쉬움을 드러내고 있지도 않다.

오답 피하기

① 학생들의 대화를 통해 TV 프로그램 하이라이트 영상이 ㉠에 게시되어 있음을 알 수 있다. 또한 하이라이트 영상의 경우 복합 양식성을 가진 매체 자료이다.
② '수현'은 '민지'에게 온라인 영상 플랫폼에 접근할 수 있는 ㉡에 해당하는 하이퍼링크를 제공하고 있음을 확인할 수 있다.
③ '수현'은 ㉢이 프로그램의 인기 비결이라고 언급하고 있다.
④ '수현'이 앞선 발화에서 무작위로 도시를 선정하는 것을 긍정적으로 평가함에 대해 '윤영'은 ㉣에서 '맞아.'라고 동의하고 있다.

02 매체 유형에 따른 특성 답 ④

'윤영'이 사용한 이모티콘을 통해 휴대 전화 메신저와 같은 누리 소통망에서 시각적 요소로 다른 사람의 생각에 대한 긍정 혹은 부정의 반응을 드러낼 수 있음을 확인할 수 있다.

오답 피하기

① 세 학생이 전문성을 가진 사람들이라고 할 수는 없다. 휴대 전화 메신저는 일반 사람들이 간편하게 참여하여 소통할 수 있게 하는 매체이다.

② (나)에서 소통에 참여하는 세 사람은 자신의 생각과 의견을 실시간으로 공유하고 있다. 따라서 휴대 전화 메신저는 쌍방향적으로 정보 전달이 이루어지는 매체라고 볼 수 있다.

③ 휴대 전화 메신저에서는 공적, 사적 정보를 모두 공유할 수 있다. 또한 (나)의 대화에서 사적 대화를 주로 나누고 있다는 점에서 휴대 전화 메신저가 사적 정보보다 공적 정보를 주로 공유하는 매체라고 파악하기는 어렵다.

⑤ 휴대 전화 메신저를 통한 소통은 공간의 제약을 많이 받지 않는다. 네트워크가 갖추어져 있고 전자 기기를 가지고 있다면 어디에서든 소통하기 쉽다.

03 매체 자료 수용의 관점과 가치 답 관점

매체 자료를 바라보는 관점과 가치는 다양한데, 이에 따라 동일한 매체 자료라도 평가와 해석이 달라질 수 있다. '수현'과 '윤영'은 같은 'TV 예능 프로그램의 진행 형식'을 다른 관점으로 보고 있으므로 각각 부정과 긍정의 의견을 드러낸 것이다.

교과서 열기 ❷ 본문 188~189쪽

01 ④ **02** ② **03** 부정적, 피로감, 현실

01 매체 비평의 이해 답 ④

이 글은 비평문으로, 4문단에 진화 생물학자인 로빈 던바의 이론이 제시되고 있다. 비평문은 필자의 관점을 뒷받침하는 논거가 제시되어야 하는데, 전문가의 논거는 주장을 합리적으로 뒷받침하는 데 도움이 되기에 주장의 타당성을 높인다고 볼 수 있다.

오답 피하기

① 이 글의 중심 화제는 누리 소통망(SNS)인데, 누리 소통망에 대한 인식 변화를 시대순으로 드러낸 부분을 확인할 수 없다.

② 이 글에서 필자는 누리 소통망과 관련된 자신의 의견을 밝히고 있으므로, 독자에게 의견이 아닌 사실적 정보를 전달하고 있다는 설명은 적절하지 않다.

③ 이 글은 누리 소통망을 통한 관계 형성에 대해 부정적인 관점을 주로 취하고 있으며, 2문단에서 누리 소통망을 통해 수월한 관계를 형성할 수 있다는 내용을 밝히고 있기는 하지만 상반된 주장을 절충하는 부분은 확인할 수 없다.

⑤ 이 글에서는 시각 자료를 활용하고 있지 않다.

02 매체 자료의 주체적 수용 답 ②

'학생 1'은 이 글의 주장에 대해 공감하는 반응을 보이고는 있으나 자신의 생각을 필자의 주장과 대조하고 있지는 않다.

오답 피하기

① '학생 1'은 누리 소통망을 이용하여 사람들과 가까워진 경험을 떠올리고 있다.

③ '학생 2'는 현실에서 깊은 관계를 형성한 친구가 멀리 떠났을 때 관계를 유지하는 데에는 누리 소통망이 도움이 될 수 있을 것이라는 생각을 드러내고 있다.

④ '학생 3'은 이 글을 통해 누리 소통망을 통한 인간관계 형성에 대해 생각해 볼 수 있어서 유익했다고 말하고 있다.

⑤ '학생 2'의 말에서는 앞으로의 계획에 대해 언급한 내용이 없지만, '학생 3'의 말에서는 전문 비평 자료를 좀 더 찾아보겠다는 앞으로의 계획을 확인할 수 있다.

03 매체 비평 자료의 관점과 논거 답 부정적, 피로감, 현실

이 글의 필자는 누리 소통망을 통한 관계 형성이 가진 부정적 측면에 주목하고 그러한 이유 때문에 주의하여야 함을 주된 관점으로 취하고 있다. 그리고 그 논거로는 누리 소통망을 통해 만들어진 관계가 피로감을 주며, 누리 소통망을 통한 관계 형성에 익숙해지다 보면 현실에서의 관계 형성이 어려워지고, 누리 소통망상에서 깊은 관계를 맺을 수 없는 데다가 누리 소통망에서는 상대의 극히 일부분만 볼 수 있다는 점을 제시하고 있다.

고등학교
입 문 서
NO. 1

고등 예비 과정

공통국어

내신 중점 ★고1~2 권장

구분	고교 입문		기초	기본	연습	특화
국어	고등 예비 과정	내 등급은?	윤혜정의 개념의 나비효과 입문 편 + 워크북 어휘가 독해다! 수능 국어 어휘	기본서 올림포스 유형서 올림포스 유형편	올림포스 전국연합 학력평가 기출문제집	국어의 원리
영어			정승익의 수능 개념 잡는 대박구문 주혜연의 해석공식 논리 구조편			Grammar POWER Reading POWER Listening POWER Voca POWER 고급 올림포스 고급영어독해
수학			기초 50일 수학 + 기출 워크북 매쓰 디렉터의 고1 수학 개념 끝장내기			고급 올림포스 고난도 수학의 왕도
한국사 사회				기본서 개념완성 개념완성 문항편	개념완성 전국연합 학력평가 기출문제집	고등학생을 위한 多담은 한국사 연표
과학		50일 통합과학				인공지능 수학과 함께하는 고교 AI 입문 수학과 함께하는 AI 기초

과목	시리즈명	특징	난이도	권장 학년
전 과목	고등예비과정	예비 고등학생을 위한 과목별 단기 완성		예비 고1
국/영/수	내 등급은?	고1 첫 학력평가 + 반 배치고사 대비 모의고사		예비 고1
국/영/수	올림포스	내신과 수능 대비 EBS 대표 국어·수학·영어 기본서		고1~2
국/영/수	올림포스 전국연합학력평가 기출문제집	전국연합학력평가 문제 + 개념 기본서		고1~2
한/사/과	개념완성&개념완성 문항편	개념 한 권 + 문항 한 권으로 끝내는 한국사·탐구 기본서		고1~2
한/사/과	개념완성 전국연합학력평가 기출문제집	전국연합학력평가 문제 + 개념 기본서		고1~2
국어	윤혜정의 개념의 나비효과 입문 편 + 워크북	윤혜정 선생님과 함께 시작하는 국어 공부의 첫걸음		예비 고1~고2
국어	어휘가 독해다! 수능 국어 어휘	학평·모평·수능 출제 필수 어휘 학습		예비 고1~고2
국어	국어의 원리	원리로 이해하는 내신과 수능 대비 국어 특화서		고1~2
영어	정승익의 수능 개념 잡는 대박구문	정승익 선생님과 CODE로 이해하는 영어 구문		예비 고1~고2
영어	주혜연의 해석공식 논리 구조편	주혜연 선생님과 함께하는 유형별 지문 독해		예비 고1~고2
영어	Grammar POWER	구문 분석 트리로 이해하는 영어 문법 특화서		고1~2
영어	Reading POWER	수준과 학습 목적에 따라 선택하는 영어 독해 특화서		고1~2
영어	Listening POWER	유형 연습과 모의고사·수행평가 대비 올인원 듣기 특화서		고1~2
영어	Voca POWER	영어 교육과정 필수 어휘와 어원별 어휘 학습		고1~2
영어	올림포스 고급영어독해	영어 독해력을 높이는 영미 문학/비문학 읽기		고2~3
수학	50일 수학 + 기출 워크북	50일 만에 완성하는 초·중·고 수학의 맥		예비 고1~고2
수학	매쓰 디렉터의 고1 수학 개념 끝장내기	스타강사 강의, 손글씨 풀이와 함께 고1 수학 개념 정복		예비 고1~고1
수학	올림포스 유형편	유형별 반복 학습을 통해 실력 잡는 수학 유형서		고1~2
수학	올림포스 고난도	1등급을 위한 고난도 유형 집중 연습		고1~2
수학	수학의 왕도	직관적 개념 설명과 세분화된 문항 수록 수학 특화서		고1~2
한국사	고등학생을 위한 多담은 한국사 연표	연표로 흐름을 잡는 한국사 학습		예비 고1~고2
과학	50일 통합과학	50일 만에 통합과학의 핵심 개념 완벽 이해		예비 고1~고1
기타	수학과 함께하는 고교 AI 입문/AI 기초	파이선 프로그래밍, AI 알고리즘에 필요한 수학 개념 학습		예비 고1~고2